建设工程监理从业人员能力教育系列教材

# 建设工程法律法规及相关知识

王东升　杨松森　主编

中国建筑工业出版社

**图书在版编目(CIP)数据**

建设工程法律法规及相关知识 / 王东升，杨松森主编. —北京 ：中国建筑工业出版社，2021.6
建设工程监理从业人员能力教育系列教材
ISBN 978-7-112-26211-3

Ⅰ. ①建… Ⅱ. ①王… ②杨… Ⅲ. ①建筑法—汇编—中国—职业培训—教材 Ⅳ. ①D922.297.9

中国版本图书馆 CIP 数据核字(2021)第 108158 号

责任编辑：李　杰
责任校对：李欣慰

建设工程监理从业人员能力教育系列教材

**建设工程法律法规及相关知识**

王东升　杨松森　主编

*

中国建筑工业出版社出版、发行（北京海淀三里河路 9 号）
各地新华书店、建筑书店经销
北京红光制版公司制版
天津安泰印刷有限公司印刷

*

开本：787 毫米×1092 毫米　1/16　印张：29¼　字数：621 千字
2021 年 8 月第一版　　2021 年 8 月第一次印刷
定价：**108.00** 元

ISBN 978-7-112-26211-3
(36713)

# 本 书 编 委 会

**主　　编：** 王东升　杨松森

**副 主 编：** 任晓亚　李晓东　卜伟伟

**参编人员：** 李尚秦　江伟帅　王志超　郭　倩

**审　　定：** 陈　文

# 出 版 说 明

为了进一步提高建设工程监理从业人员的工作能力和水平，提升建设工程监理队伍的整体素质，促进建设工程监理工作高质量发展，本书编委会按照《中华人民共和国民法典》《中华人民共和国建筑法》《中华人民共和国安全生产法》《建设工程质量管理条例》《建设工程安全生产管理条例》《民用建筑节能条例》《注册监理工程师管理规定》《建设工程监理规范》GB/T 50319—2013、《国务院办公厅关于促进建筑业持续健康发展的意见》（国办发〔2017〕19 号）、《国务院办公厅转发住房城乡建设部关于完善质量保障体系提升建筑工程品质指导意见的通知》（国办函〔2019〕92 号）等法律、法规、规范，编写了这套《建设工程监理从业人员能力教育系列教材》，供各级建设管理部门、行业协会和监理企业组织开展监理人员岗前培训及继续教育使用。

建设工程监理从业人员教育培训，旨在使从业人员熟悉有关工程监理相关法律法规及规范要求，掌握基本的监理业务知识，增强从业人员的法律意识、责任意识，规范监理工作行为，提高业务水平，培养造就一支懂经济、懂技术、懂法律、会管理的建设工程监理专业人才队伍，促进建设工程监理高质量发展。在编撰过程中，我们本着理论联系实践的原则，着重于提高监理人员解决实际问题的能力，重点体现综合性、实践性、通用性和前瞻性。本套教材与相关学历教育相结合，与监理人员业务水平相结合，与现行建设工程法律、法规、标准规范相结合，与建设工程监理咨询服务需求相结合，以适应现代化建设的发展需要，可以作为建设工程监理从业人员能力教育培训用书，也可供工程类院校师生教学时参考。

在本套教材编写过程中，得到了山东省住房和城乡建设厅、山东省建设工程监理与咨询协会、清华大学、中国海洋大学、山东师范大学、山东科技大学、山东建筑大学、烟台大学、青岛理工大学、北京清大鲁班国际信息技术集团有限公司、山东海达云工程咨询集团有限公司、山东中英国际建筑技术集团有限公司、青岛华海科技文化传媒有限公司、中国建筑工业出版社等单位及部分监理企业的大力支持，在此表示衷心的感谢。

本套教材的编写，虽经反复推敲核证，仍难免有疏漏之处，恳请广大读者提出宝贵意见。

编审委员会

2021 年 6 月

# 前　言

目前我国经济社会已进入高质量发展新阶段，工程建设在国民经济中的地位和作用日益增强，建设工程监理从业人员作为工程建设的主要组织者和管理者，对工程质量和安全发挥着举足轻重的作用。没有健全的法制体系对市场经济的主体行为加以行之有效的规范，就不可能有市场经济的持续、稳定、健康发展，建设工程监理从业人员应当立足新发展阶段，贯彻新发展理念，学法、懂法、守法，依法从事建设工程监理工作，同时运用法律武器维护自己的合法权利。

本书由高等院校、行政管理部门、行业协会及相关企业的专家学者参与编写，相关内容参考了现行国家法律、行政法规、部门规章、规范性文件、司法解释和国际公约。本书可以作为建设工程监理从业人员的能力教育培训用书，也可供工程类院校师生教学时参考。

本书虽经反复推敲核证，仍难免有疏漏之处，恳请广大读者提出宝贵意见。

编者

2021 年 6 月

# 目　　录

# 第一章　工程建设法律法规基础知识

## 第一节　工程建设法律法规概述

### 一、工程建设法律法规的概念和调整范围

工程建设法律法规是法律体系的重要组成部分，它直接体现国家组织、管理、协调城市建设、乡村建设、工程建设、建筑业、房地产业、市政公用事业等各项建设活动的方针、政策和基本原则。

工程建设法律法规是调整国家管理机关、企业、事业单位、经济组织、社会团体，以及公民在工程建设活动中所发生的社会关系的法律、规范的总称。工程建设法律法规的调整范围主要体现在三个方面：一是工程建设活动中的行政管理关系，即国家及其授权的建设行政主管部门对工程建设单位、勘察设计单位、施工单位、监理单位及其有关单位的组织、监督、协调等职能活动，指导、协调与服务的同时，负责检查、监督、控制与调节。这种关系的处理必须依据有关的建设法规，纳入调整的范围。二是工程建设活动中的协作经济关系，即从事工程建设活动的平等主体之间平等自愿、等价有偿发生的往来、协作关系，如发包人与承包人通过协商达成一致签订工程建设合同等，必须纳入建设行政主管部门制定的有关招标、投标法规调整的范围。三是从事工程建设活动的主体内部民事关系，即从事建设活动中产生的国家、单位法人、公民之间的民事权利、义务关系。主要包括建设活动中发生的有关自然人的损害、侵权、赔偿关系，如建设领域从业人员订立劳动合同、规范劳动纪律等，房产交易中买卖、租赁、产权关系，土地征用、房屋拆迁导致的拆迁安置关系等。建设活动主体内部民事关系既涉及国家社会利益，又关系着个人的权益和自由，必须按照《民法典》[1] 和建设法规中的民事法律规范予以调整。

### 二、工程建设法律法规的法律地位和基本原则

（一）工程建设法律法规的法律地位

社会主义国家的法，是作为一个整体而存在的，构成这个整体的是各个不同的法

---

[1] 《中华人民共和国民法典》简称《民法典》，全书同。

的部门，各个法的部门又分成更小的分支，各个法的部门和分支由不同层次的法律、法规所组成。这些法的部门和分支部门，与不同层次的法律、法规组成一个以宪法为统帅，以部门法为主体，相互区别和联系，内容和谐一致，法律规范完整统一的有机整体，这就是我国的社会主义法律体系。

建设法律法规的法律地位体现在以下几个方面：

1. 建设法律法规的法律性质。建设法律法规属于综合性法律部门，其主要部分为行政法。建设法律法规调整的最基本最主要的对象是建设行政管理关系，其特征完全符合行政法律关系的特征，其内容是建设行政管理的内容，其调整方式是行政监督、行政检查、行政命令、行政处罚等行政手段。因此，建设法律法规就其主要的法律规范的性质来说，属于行政法的范围，是行政法部门的分支部门，具体可称作建设行政法律部门。

当然，把建设法律法规作为行政法部门的分支，称作建设行政法律部门只具有相对的意义，与其他部门法，如经济法、民事法律规范并不是截然分开的。建设法律法规也调整部分经济关系和民事关系，部分建设法律法规也具有经济法或民事法律规范的性质。因为，一则它们不占有主要地位，二则这两种法律关系调整的方式也包括行政手段。所以，从整体上讲，建设法律法规属于行政法范围。

2. 建设法律法规与其他法律部门的关系。要确定建设法律法规在社会主义法律体系中的位置，还必须明确建设法律法规与其他法律部门的关系，理清它们之间的联系与区别。

与宪法的关系。宪法是国家的根本大法，它的调整对象是我国最基本的社会关系，并且宪法还规定其他部门法的基本指导原则，从而为其他部门法提供法律基础。宪法所确认的法律规范属于对全局性、根本性问题作出的一般规范，对所有具体法律规范起统帅作用。但宪法的原则性规定，必须通过具体法律规范使之具体化，才能付诸实施。建设法律法规属于具体法律规范，它既以宪法的有关规定为依据，又将国家对建设活动的组织管理方面的原则规定具体化，是宪法实施法组成部分。

与刑法的关系。刑法规定什么是犯罪，对罪犯适用什么刑罚。刑法调整和保护的社会关系非常广泛，几乎涉及社会关系的各个方面。凡行为人出于故意或过失，损害国家和社会利益，造成严重后果构成犯罪的，都需由刑法来调整。刑法也是其他各部门法律规范得以实现的保障。它规定的制裁是所有法中最严厉的。建设行政法规所调整的社会关系也包括在刑法调整范围之内，所区别的是调整手段不同。刑法用刑罚来调整，建设法规用行政和经济手段来调整。但建设行政法规以刑法为自己的坚强后盾，在许多建设法规文件中都规定违反建设法规情节和后果严重构成犯罪的，由司法机关依据刑法追究刑事责任。在刑法中也有部分条款，直接规定对建设活动或建设行政管理活动中的犯罪行为的处罚。

与行政法关系。建设法规主要属于行政法，是行政法分支部门。另外，行政法中还有许多分支部门，如工商行政管理法等。建设法律法规与它们按照行政管理部门的职责划分，在行政部门法中处于同等地位。

与经济法和民事法律规范关系。建设法律法规有部分法律规范具有经济法和民事法律规范性质，它们分别属于经济法和民事法律规范。

（二）工程建设法律法规的基本原则

工程建设活动通常具有周期长、涉及面广、人员流动性大、技术要求高等特点，因此在建设活动的整个过程中，必须贯彻以下基本原则，才能保证建设活动的顺利进行。

1. 工程建设活动应确保工程建设质量与安全原则

工程建设质量与安全是整个工程建设活动的核心，是关系到人民生命、财产安全的重大问题。工程建设质量是指国家规定和合同约定的对工程建设的适用、安全、经济、美观等一系列指标的要求。工程建设活动确保工程建设质量就是确保工程建设符合有关适用、安全、经济、美观等各项指标的要求。工程建设的安全是指工程建设在人身和财产方面的安全。确保工程建设的安全就是确保工程建设不能引起人身伤亡和财产损失。

2. 工程建设活动应当符合国家的工程建设安全标准原则

国家的建设安全标准是指国家标准和行业标准。国家标准是指由国务院行政主管部门制定的在全国范围内适用的统一的技术要求。行业标准是指由国务院有关行政主管部门制定并报国务院标准化行政主管部门备案的，没有国家标准而又需要在全国范围内适用的统一技术要求。工程建设安全标准是对工程建设的设计、施工方法和安全所作的统一要求。工程建设活动符合工程建设安全标准对保证技术进步，提高工程建设质量与安全，发挥社会效益与经济效益，维护国家利益和人民权益具有重要作用。

3. 从事工程建设活动应当遵守法律、法规原则

社会主义市场经济是法制经济，工程建设活动应当依法行事。法律是全国人大及其常委会审议通过并发布，在全国有效的规范性文件；行政法规是国务院制定与发布，在全国有效的规范性文件；地方性法规是由地方人大及其常委会制定与发布，在本区域有效的规范性文件。作为工程建设活动的参与者，从事工程建设勘察、设计的单位、个人，从事工程建设监理的单位、个人，从事工程建设施工的单位、个人，从事建设活动监督和管理的单位、个人，以及建设单位等，都必须遵守法律、法规的强制性规定。

4. 不得损害社会公共利益和他人的合法权益原则

社会公共利益是全体社会成员的整体利益，保护社会公共利益是法律的基本出发点，从事工程建设活动不得损害社会公共利益也是维护建设市场秩序的保障。

5. 合法权利受法律保护原则

宪法和法律保护每一个市场主体的合法权益不受侵犯，任何单位和个人都不得妨碍和阻挠依法进行的建设活动，这也是维护建设市场秩序的必然要求。

## 三、工程建设法律法规的特征及作用

（一）工程建设法律法规的特征

工程建设法律法规作为调整工程建设管理和协作所发生的社会关系的法律规范，除具备一般法律基本特征外，还具有不同于其他法律的特征。

1. 行政隶属性

这是工程建设法的主要特征，也是区别于其他法律的主要特征。这一特征决定了工程建设法律法规必然要采用直接体现行政命令的调整方法，即以行政指令为主的方法调整工程建设法律关系。调整方式包括以下几种。

（1）授权。国家通过工程建设法律规范，授予国家工程建设管理机关某种管理权限，或具体的权利，对工程建设进行监督管理。如规定设计文件的审批权限、工程建设质量监督、工程建设合同的鉴证等。

（2）命令。国家通过工程建设法律规范赋予工程建设法律关系主体某种作为的义务。如限期拆迁房屋，进行企业资质认定，领取开工许可证等。

（3）禁止。国家通过工程建设法律规范赋予工程建设法律关系主体某种不作为的义务，即禁止主体某种行为。如严禁利用工程建设承发包索贿受贿，严禁无证设计、无证施工，严禁工程建设转包、肢解发包、挂靠等行为。

（4）许可。国家通过工程建设法律规范，授予特别的主体在法律允许范围内某种作为的权利。如房屋建筑工程施工总承包企业资质等级，特级企业可承担各类房屋建筑工程的施工；一级企业可承担高度在200m以下的工业、民用建筑工程以及高度在240m以下的构筑物工程的施工；二级企业可承担高度在100m以下的工业、民用建筑工程，高度120m以下的构筑物工程，建筑面积4万$m^2$以下的单体工业、民用建筑工程以及单跨跨度在39m以下的建筑工程的施工；三级企业可承担高度在50m以下的工业、民用建筑工程，高度在70m以下的构筑物工程，建筑面积1.2万$m^2$以下的单体工业、民用建筑工程以及单跨跨度在27m以下的建筑工程的施工。

（5）免除。国家通过工程建设法律规范，对主体依法应履行的义务在特定情况下予以免除。如用炉渣、粉煤灰等废渣作为主要原料生产建筑材料的企业可享有减、免税的优惠等。

（6）确认。国家通过工程建设法律规范，授权工程建设管理机关依法对争议的法律事实和法律关系进行认定，并确定其是否存在，是否有效。如各级工程建设质量监督站检查受监工程的勘察、设计、施工单位和建筑构件厂的资质等级和营业范围，监督勘察、设计、施工单位和建筑构件厂是否严格执行技术标准，并检查其工程（产品）质量等。

（7）计划。国家通过工程建设法律规范，对工程建设进行计划调节。计划可分为两种：一种是指令性计划，一种是指导性计划。指令性计划具有法律约束力，具有强制性。当事人必须严格执行，违反指令性计划的行为，要承担法律责任。指令性计划本身就是行政管理。指导性计划一般不具有约束力，是可以变动的，但是在条件可能的情况下也是应该遵守的。工程建设必须执行国家的固定资产投资计划。

（8）撤销。国家通过工程建设法律规范，授予工程建设行政管理机关，运用行政权力对某些权利能力或法律资格予以撤销或消灭。如没有落实工程建设投资计划的项目必须停建、缓建。对无证设计、无证施工、转包和挂靠予以坚决取缔等。

2. 经济性

工程建设法律法规是经济法的重要组成部分。经济性是工程建设法的又一重要特征。工程建设活动直接为社会创造财富，为国家增加积累。工程建设法律法规的经济性既包括财产性，也包括其与生产、分配、交换、消费的联系性。如工程建设勘察设计、施工安装等都直接为社会创造财富，随着工程建设的发展，其在国民经济中的地位日益突出。许多国家把建筑业看作是国民经济的强大支柱之一，不是没有道理的。可见，调整建筑等行业的工程建设法律法规的经济性是非常明显的。

3. 政策性

工程建设法律法规体现着国家的工程建设政策。它一方面是实现国家工程建设政策的工具，另一方面也把国家工程建设政策规范化。国家工程建设形势总是处于不断发展变化之中，工程建设法律法规要随着工程建设政策的变化而变化，灵活而机敏地适应变化了的工程建设形势的客观需要。如国家人力、财力、物力紧张时，基建投资就要压缩，通过法律规范加以限制。国力储备充足时，就可以适当增加基建投资，同时，以法律规范予以扶植、鼓励。可见工程建设法律法规的政策性比较强，相对比较灵活。

4. 技术性

技术性是工程建设法律规范一个十分重要的特征。工程建设的发展与人类的生存、进步息息相关。工程建设产品的质量与人民的生命财产紧紧连在一起。为保证工程建设产品的质量和人民生命财产的安全，大量的工程建设法律法规是以技术规范形式出现的，直接、具体、严密、系统，便于广大工程技术人员及管理机构遵守和执行。如各种设计规范、施工规范、验收规范、产品质量监测规范等。有些非技术规范的工程建设法律规范中也带有技术性的规定。如城乡规划法就含有计量、质量、规划技术、规划编制内容等技术性规范。

（二）工程建设法律法规的作用

工程建设业是与社会进步、国家强盛、民族兴衰紧密相连的一个行业。它所从事的生产活动，不仅为人类自身的生存发展提供一个最基本的物质环境，而且反映各个历史时期的社会面貌，反映各个地区、各个民族科学技术、社会经济和文化艺术的综合发展水平。工程建设产品是人类精神文明发展史的一个重要标志。工程建设管理是自然科学与社会科学交叉的一个独立学科，它由工程技术、经济、管理、法律四条腿支撑。工程建设法律、法规是工程建设管理的依据。

在国民经济中，工程建设业是一个重要的物质生产部门，工程建设法的作用就是保护、巩固和发展社会主义的经济基础，最大限度地满足人们日益增长的物质和文化生活的需要，保障工程建设业健康有序的发展。

国家要发展，人类要生存，国家建设必不可少。工程建设业要最大限度地满足各行各业最基本的环境，为人们创造良好的工作环境、生活环境、教学研究环境和生产环境。为此，工程建设法通过各种法律规范规定工程建设业的基本任务、基本原则、基本方针，加强工程建设业的管理，充分发挥其效能，为国民经济各部门提供必需的物质基础，为国家增加积累，为社会创造财富，推动社会主义各项事业的发展，促进社会主义现代化建设。

## 第二节　工程建设法律关系

### 一、工程建设法律关系的概念

（一）法律关系的概念和国内外法律体系

1. 法律关系的概念

法律关系是指由法律规范调整一定社会关系而形成的权利与义务关系。一定的法律关系是以一定的法律规范为前提的，是一定法律规范调整一定社会关系的结果。

2. 国内外法律体系

国际上不同国家的法律制度可以分为两大体系，判例法系和成文法系。

（1）判例法系

该法系以英国和美国为主，又称英美法系，源于英国。其主要特点如下：

① 法律规定不仅仅是体现在法律条文和细则上。要了解法律的规定和规律，不仅要看法律条文，还要综合以往典型判例的裁决。

② 对于民事关系行为，合同是第一性的，是最高法律。因此合同条文的逻辑关系和法律责任的描述和推理要十分严谨，合同附件多，合同约定非常具体。合同条款之间的互相关联和互相制约多。

③ 由于判例在纠纷的解决中具有特殊作用，国家有时会颁布或取消某些典型的值得仿效的判例。律师和法官对过去判例的熟悉很重要。

④ 在裁决纠纷时更注重合同的文字表达。正是由于该特点，国际上比较完备和成熟的工程合同文本大多出自英国和美国，国际工程中典型的案例通常也常出自判例法系的国家。

(2) 成文法系

该法系源于法国，又称大陆法系。法国、德国、印度等以成文法为主。其主要特点如下。

① 国家对合同的签订和执行有具体的法律、法规和细则的明文规定，在不违反这些规定的基础上合同双方再约定合同条件。如果有抵触，则以国家法律法规为准。

② 由于法律规定比较细致，因此，合同条款比较短小。如果合同中存在漏洞、不完备，则以国家法律和细则为准。

③ 合同纠纷的裁决以合同文字、国家成文的法律和细则为依据，也注重实事求是、合同目的和合情合理原则。

3. 我国的法律体系

法律体系（也称为部门法体系），是指一国的全部现行法律规范，按照一定的标准和原则，划分为不同的法律部门而形成的内部和谐一致、有机联系的整体。

我国的法律体系通常包括下列部分。

(1) 宪法及宪法相关法

宪法是整个法律体系的基础，主要表现形式是《中华人民共和国宪法》。此外，宪法部门还包括主要国家机关组织法、选举法、民族区域自治法、特别行政区基本法、授权法、立法法、国籍法等附属的低层级的法律。

(2) 民法商法

民法是调整平等主体的公民之间、法人之间、公民和法人之间的财产关系和人身关系的法律规范，遵循民事主体地位平等、意思自治、公平、诚实信用等基本原则。为保护民事主体的合法权益，调整民事关系，维护社会和经济秩序，适应中国特色社会主义发展要求，弘扬社会主义核心价值观，根据宪法，2020 年 5 月 28 日第十三届全国人民代表大会第三次会议通过《民法典》，自 2021 年 1 月 1 日起施行。商法调整商事主体之间的商事关系，遵循《民法典》的基本原则，同时秉承保障商事交易自由、等价有偿、便捷安全等原则。

(3) 行政法

行政法是关于行政权的授予、行政权的行使以及对行政权的监督的法律规范，调整的是行政机关与行政管理相对人之间因行政管理活动发生的关系，遵循职权法定、程序法定、公正公开、有效监督等原则，既保障行政机关依法行使职权，又注重保障公民、法人和其他组织的权利。

(4) 经济法

经济法是调整国家从社会整体利益出发，对经济活动实行干预、管理或者调控所产生的社会经济关系的法律规范。经济法为国家对市场经济进行适度干预和宏观调控提供法律手段和制度框架，防止市场经济的自发性和盲目性所导致的弊端。

（5）社会法

社会法是调整劳动关系、社会保障、社会福利和特殊群体权益保障等方面的法律规范，遵循公平和谐和国家适度干预原则，通过国家和社会积极履行责任，对劳动者、失业者、丧失劳动能力的人以及其他需要扶助的特殊人群的权益提供必要的保障，维护社会公平，促进社会和谐。

（6）刑法

刑法是规定犯罪与刑罚的法律规范。它通过规范国家的刑罚权，惩罚犯罪，保护人民，维护社会秩序和公共安全，保障国家安全。

（7）诉讼与非诉讼程序法

诉讼与非诉讼程序法是规范解决社会纠纷的诉讼活动与非诉讼活动的法律规范。诉讼法律制度是规范国家司法活动解决社会纠纷的法律规范，非诉讼程序法律制度是规范仲裁机构或者人民调解组织解决社会纠纷的法律规范。

（二）工程建设法律关系的概念

工程建设法律关系是法律关系的一种，是指由工程建设法律规范所确认和调整的，在建设管理和建设协作过程中所产生的权利、义务关系。

工程建设法律关系是工程建设法律规范在社会主义市场经济活动中实施的结果，只有当社会组织按照工程建设法律规范进行建设活动，形成具体的权利和义务关系时才构成工程建设法律关系。

## 二、工程建设法律关系的特征

不同的法律关系有着不同的特征，构成其特征的条件是不同的法律关系的主体及其所依据的法律规范。建设业活动面广，内容繁杂，法律关系主体广泛，所依据的法律规范多样，由此决定工程建设法律关系具有如下特征。

（一）综合性

与工程建设法律规范相应，工程建设法律关系不是单一的，而是带有明显的综合性。工程建设法律规范是由工程建设行政法律、工程建设民事法律和工程建设技术法规构成的。这三种法律规范在调整工程建设活动中是相互作用、综合运用的。如国家建设主管部门行使组织、管理、监督的职权，依据工程建设程序、工程建设计划，组织、指导、协调、检查建设单位和勘察、设计、施工、安装等企业工程建设活动，就一定要导致某种法律关系的发生。这种法律关系是以指令服从、组织管理为特征的工程建设行政法律关系。与建设行政法律关系交叉相互作用的则是民事法律关系。这主要是建设单位和银行、勘察、设计、施工、安装等企业之间产生的权利义务关系。如资金借贷关系、工程承包关系、设备和材料承包供应关系等。这些关系往往表现为平等、自愿、公平的合同关系。而建设单位与勘察、设计、施工、安装等企业完成工程建设任务的标准及评价依据是设计规范、施工规范和验收规范。可见，调整工程建设活动是建设行政法律、工程建设民事法律和工程建设技术法规的综合运用。由此而产生了工程建设法律关系。

（二）复杂性

工程建设法律关系是一种涉及面广、内容复杂的权利义务关系。工程建设活动，关系到国民经济和人民生活的方方面面。如建设单位要进行工程建设，则必须使自己的建设项目获得批准，列入国家计划，由此而产生了它与业务主管机关、计划批准机关的关系。建设计划被批准后，又需进行筹备资金、购置材料、招标投标，进一步组织设计、施工、安装，以便将建设计划付诸实施，这样又产生建设单位与银行，物资供应部门，勘察、设计、施工、安装等企业的关系，项目管理关系等。这些关系中有纵向的关系，横向的关系，也有纵横交错的关系。

（三）协同性

工程建设行政法律关系决定、制约、影响着工程建设协作关系。工程建设活动的法律调整是以行政管理法律规范为主的，工程建设行政法规与工程建设民事法规保持着高度协调一致性，具有与其同步平行发展的特征。

## 三、工程建设法律关系的构成要素

任何法律关系都是由法律关系主体、法律关系客体和法律关系内容三个要素构成，缺少其中一个要素就不能构成法律关系。由于三要素的内涵不同，则组成不同的法律关系，诸如民事法律关系、行政法律关系、劳动法律关系、经济法律关系等。同样，变更其中一个要素就不再是原来的法律关系。

工程建设法律关系则是由工程建设法律关系主体、工程建设法律关系客体和工程建设法律关系内容构成的。

（一）工程建设法律关系主体

工程建设法律关系主体是指参加建设业活动，受工程建设法律规范调整，在法律上享有权利、承担义务的人。

1. 自然人

自然人是基于出生而依法成为民事法律关系主体的人。在我国的民事法律规范中，公民与自然人在法律地位上是一样的。但实际上，自然人的范围要比公民的范围广。公民是指具有本国国籍，依法享有宪法和法律所赋予的权利和承担宪法和法律所规定的义务的人。在我国，公民是社会中具有我国国籍的一切成员，包括成年人与未成年人。自然人则既包括公民，又包括外国人和无国籍的人。各国的法律一般对自然人都没有条件限制。

自然人在工程建设活动中也可以成为工程建设法律关系的主体。如施工企业工作人员（建筑工人、专业技术人员、注册执业人员等）同企业签订劳动合同时，即成为工程建设法律关系主体。

2. 法人

法人与自然人相对，法人是具有民事权利能力和民事行为能力，依法独立享有民事权利和承担民事义务的组织。法人的存在必须具备如下几个条件：依法成立；有自己的名称、组织机构、住所、财产或者经费。

我国的《民法典》规定，法人分为营利法人、非营利法人、特别法人。

1）营利法人

营利法人是指以取得利润并分配给股东等出资人为目的成立的法人。包括有限责任公司、股份有限公司和其他企业法人等。在我国的各类法人中，最基本的、最典型的、为数众多的、在社会经济生活中活动最频繁的，就是营利法人。工程建设活动中，营利法人的表现形式有以下几种。

（1）勘察设计单位

勘察设计单位是指从事工程勘察设计工作的各类设计院、所等。我国有勘察设计合一的机构，也有分立的勘察和设计机构。根据《建设工程勘察设计资质管理规定》，国家对工程勘察、设计企业的资质等级及业务范围的规定如下：

① 工程勘察资质分为工程勘察综合资质、工程勘察专业资质、工程勘察劳务资质。

工程勘察综合资质只设甲级。工程勘察专业资质设甲级、乙级，根据工程性质和技术特点，部分专业可以设丙级。工程勘察劳务资质不分等级。

取得工程勘察综合资质的企业，可以承接各专业（海洋工程勘察除外）、各等级工程勘察业务。取得工程勘察专业资质的企业，可以承接相应等级相应专业的工程勘察业务。取得工程勘察劳务资质的企业，可以承接岩土工程治理、工程钻探、凿井等工程勘察劳务业务。

② 工程设计资质分为工程设计综合资质、工程设计行业资质、工程设计专业资质和工程设计专项资质。

工程设计综合资质只设甲级。工程设计行业资质、工程设计专业资质、工程设计专项资质设甲级、乙级。

根据工程性质和技术特点，个别行业、专业、专项资质可以设丙级，建筑工程专业资质可以设丁级。

取得工程设计综合资质的企业，可以承接各行业、各等级的建设工程设计业务。取得工程设计行业资质的企业，可以承接相应行业相应等级的工程设计业务及本行业范围内同级别的相应专业、专项（设计施工一体化资质除外）工程设计业务。取得工程设计专业资质的企业，可以承接本专业相应等级的专业工程设计业务及同级别的相应专项工程设计业务（设计施工一体化资质除外）。取得工程设计专项资质的企业，可以承接本专项相应等级的专项工程设计业务。

（2）城市规划编制单位

城市规划编制单位的任务是进行城镇建设总体规划、详细规划及建设项目选址、可行性研究等。根据2012年7月2日住房城乡建设部令第12号发布的《城乡规划编制单位资质管理规定》，国家根据城市规划编制单位的技术条件和资历将其分为甲、乙、丙三级，授予等级证书，并规定取得不同等级证书的编制单位的业务范围，城市规划编制单位必须严格执行。

（3）建筑业企业

建筑业企业，是指从事土木工程、建筑工程、线路管道设备安装工程、装修工程的新建、扩建、改建等活动的企业。2015年1月22日颁布的中华人民共和国住房和城乡建设部部令第22号《建筑业企业资质管理规定》做了如下规定：建筑业企业资质分为施工总承包资质、专业承包资质和施工劳务资质三个序列。

施工总承包资质、专业承包资质按照工程性质和技术特点分别划分为若干资质类别，各资质类别按照规定的条件划分为若干资质等级。施工劳务资质不分类别与等级。建筑业企业资质标准和取得相应资质的企业可以承担工程的具体范围，由国务院住房城乡建设主管部门会同国务院有关部门制定。

（4）房地产开发企业

房地产开发企业是指依法设立、具有企业法人资格的、专营城市综合开发建设、经营商品房屋等房地产开发项目的经济实体。2015年5月4日修订的《房地产开发企业资质管理规定》规定了房地产开发企业按资质条件划分为一、二、三、四共四个等级。国家严格规定了不同等级的业务范围，房地产开发企业必须严格遵照执行。

2）非营利法人

非营利法人是指为公益目的或者其他非营利目的成立，不向出资人、设立人或者会员分配所取得利润的法人。具体包括：事业单位、社会团体、基金会、社会服务机构等。

（1）事业单位法人

事业单位法人是指具备法人条件，为适应经济社会发展的需要，提供公益服务设立的事业单位，经依法登记成立，取得事业单位法人资格；依法不需要办理法人登记的，从成立之日起，具有事业单位法人资格。

（2）社会团体法人

社会团体法人是指具备法人条件，基于会员共同意愿，为公益目的或者会员共同利益等非营利目的设立的社会团体，经依法登记成立，取得社会团体法人资格；依法不需要办理法人登记的，从成立之日起，具有社会团体法人资格。

3）特别法人

特别法人是指我国现实生活中存在的，既不属于营利法人，也不属于非营利法人，具有民事权利能力和民事行为能力，依法独立享有民事权利和承担民事义务的组织。包括：机关法人、农村集体经济组织法人、城镇农村的合作经济组织法人、基层群众自治性组织法人。

3. 非法人组织

非法人组织是指不具有法人资格，但是能够依法以自己的名义从事民事活动的组织。包括个人独资企业、合伙企业、不具有法人资格的专业服务机构等。

（二）工程建设法律关系客体

工程建设法律关系客体是指参加工程建设法律关系的主体享有的权利和承担的义务所共同指向的事物。在通常情况下，建设主体都是为了某一客体，彼此才设立一定的权利、义务，从而产生工程建设法律关系，这里的权利、义务所指向的事物，便是工程建设法律关系的客体。

法学理论上，一般客体分为财、物、行为和非物质财富。工程建设法律关系客体也不外乎四类。

1. 表现为财的客体

财一般指资金及各种有价证券。在工程建设法律关系中表现为财的客体主要是建设资金，如基本建设贷款合同的标的，即一定数量的货币。

2. 表现为物的客体

法律意义上的物是指可为人们控制的并具有经济价值的生产资料和消费资料。在工程建设法律关系中表现为物的客体主要是建筑材料，如钢材、木材、水泥等，及其构成的建筑物，还有建筑机械等设备。某个具体基本建设项目即是工程建设法律关系中的客体。

3. 表现为行为的客体

法律意义上的行为是指人的有意识的活动。在工程建设法律关系中，行为多表现为完成一定的工作，如勘察设计、施工安装、检查验收等活动。工程建设勘察设计合同的标的，即完成一定的勘察设计任务。工程建设施工合同的标的，即按期完成一定质量要求的施工行为。

4. 表现为非物质财富的客体

法律意义上的非物质财富是指人们脑力劳动的成果或智力方面的创作，也称智力成果。在工程建设法律关系中，如果设计单位提供了具有创造性的设计图纸，该设计单位依法可以享有专有权，使用单位未经允许不能无偿使用。

（三）工程建设法律关系的内容

工程建设法律关系的内容即建设权利和建设义务。工程建设法律关系的内容是建设主体的具体要求，决定着工程建设法律关系的性质，它是联结主体的纽带。

1. 建设权利

建设权利是指工程建设法律关系主体在法定范围内，根据国家建设管理要求和自己企业活动的需要有权进行各种建设活动。权利主体可要求其他主体作出一定的行为或抑制一定行为，以实现自己的建设权利，因其他主体的行为而使建设权利不能实现时有权要求国家机关加以保护并予以制裁。

2. 建设义务

建设义务是指工程建设法律关系主体必须按法律规定或约定承担应负的责任。建设义务和建设权利是相互对应的，相应主体应自觉履行建设义务，义务主体如果不履行或不适当履行，就要受到法律制裁。

## 四、工程建设法律关系的产生、变更和消灭

（一）工程建设法律关系的产生、变更和消灭的概念

1. 工程建设法律关系的产生

工程建设法律关系的产生是指工程建设法律关系的主体之间形成了一定的权利和义务关系。某建设单位与施工单位签订了工程建设承包合同，主体双方产生了相应的权利和义务。此时，受工程建设法律规范调整的工程建设法律关系即告产生。

2. 工程建设法律关系的变更

工程建设法律关系的变更是指工程建设法律关系的三个要素发生变化。

（1）主体变更。主体变更是指工程建设法律关系主体数目增多或减少，也可以是主体改变。在建设合同中，客体不变，相应权利义务也不变，此时主体改变也称为合同转让。

（2）客体变更。客体变更是指工程建设法律关系中权利义务所指向的事物发生变化。客体变更可以是其范围变更，也可以是其性质变更。

工程建设法律关系主体与客体的变更，必然导致相应的权利和义务，即内容的变更。

3. 工程建设法律关系的消灭

工程建设法律关系的消灭是指工程建设法律关系主体之间的权利义务不复存在，彼此丧失约束力。

（1）自然消灭。工程建设法律关系自然消灭是指某类工程建设法律关系所规范的权利义务顺利得到履行，取得了各自的利益，从而使该法律关系达到完结。

（2）协议消灭。工程建设法律关系协议消灭是指工程建设法律关系主体之间协商

解除某类工程建设法律关系规范的权利义务，致使该法律关系归于消灭。

(3) 违约消灭。工程建设法律关系违约消灭是指工程建设法律关系主体一方违约，或发生不可抗力，致使某类工程建设法律关系规范的权利不能实现。

(二) 工程建设法律关系产生、变更和消灭的原因

工程建设法律关系并不是由工程建设法律规范本身产生的，工程建设法律规范并不直接产生法律关系。工程建设法律关系只有在一定的情况下才能产生，而这种法律关系的变更和消灭也是由一定情况决定的。这种引起工程建设法律关系产生、变更和消灭的情况，人们通常称之为法律事实。法律事实即是工程建设法律关系产生、变更和消灭的原因。

1. 法律事实

法律事实是指能够引起工程建设法律关系产生、变更和消灭的客观现象和事实。工程建设法律关系不会自然而然地产生，不是任何客观现象都可以作为法律事实，也不能仅因为工程建设法律规范规定，当事人之间就产生具体的工程建设法律关系。只有存在一定的法律事实，当事人之间才能产生一定的法律关系，或者原来的法律关系得以变更或消灭。不是任何事实都可成为工程建设法律事实，只有当工程建设法规把某种客观情况同一定的法律后果联系起来时，这种事实才被认为是工程建设法律事实，成为产生工程建设法律关系的原因，从而和法律后果形成因果关系。

2. 工程建设法律事实的分类

工程建设法律事实按是否包含当事人的意志分为两类。

1) 事件。事件是指不以当事人意志为转移而产生的自然现象。

当工程建设法律规范规定把某种自然现象和建设权利义务关系联系在一起的时候，这种现象就成为法律事实的一种，即事件。它是工程建设法律关系的产生、变更或消灭的原因之一。如洪水灾害导致工程施工延期，致使某建筑安装合同不能履行。事件产生大致有三种情况。

(1) 自然事件。自然现象引起的，如地震、台风、水灾、火灾等自然灾害等。

(2) 社会事件。社会现象引起的，如战争、暴乱、政府禁令等。

(3) 意外事件。即突发事故，如失火、爆炸、触礁等。

2) 行为。行为是指人的有意识的活动。包括积极的作为或消极的不作为，都能引起工程建设法律关系的产生、变更或消灭。行为通常表现为以下几种。

(1) 民事法律行为。民事法律行为是指民事主体通过意思表示设立、变更、终止民事法律关系的行为。如根据设计任务书进行的初步设计的行为、依法签订工程建设承包合同的行为。

(2) 违法行为。违法行为是指受法律禁止的侵犯其他主体的建设权利和建设义务的行为。如违反法律规定或因过错不履行工程建设合同，没有国家批准的建设、擅自

动工建设等行为。

(3) 行政行为。行政行为是指国家授权机关依法行使对建设业的管理权而发生法律后果的行为。如国家建设管理机关下达基本建设计划、监督执行工程项目建设程序的行为。

(4) 立法行为。立法行为是指国家机关在法定权限内通过规定的程序，制定、修改、废止工程建设法律的活动。如国家制定、颁布工程建设法律、法规、条例等行为。

(5) 司法行为。司法行为是指国家司法机关的法定职能活动。它包括各级检察机构所实施的法律监督，各级审判机构的审判、调解活动等。如人民法院对工程建设纠纷案件作出判决的行为。

## 第三节　工程建设基本民事法律制度

### 一、法律制度的含义

法律制度有多种含义，从广义上讲，法律制度是指一个国家法律规范的总和；从狭义上讲，法律制度是指调整某一类特定关系，规范某一类特定行为的法律规范的总和。在本书中我们所要了解的是狭义的法律制度。

法律制度按照划分方式不同，可以作出不同的分类，但多数都以法律部门为依据来建立法律制度，如企业法律制度、民事法律制度、诉讼法律制度等。在一个部门法中，还有许许多多不同的具体法律制度，如在宪法制度中包含有政党制度、议会制度、经济制度等。在诉讼法制度中有回避制度、两审终审制度等。在工程建设法律制度中有质量责任制度、安全生产制度、招标投标制度、许可证制度等。

由于本书把工程建设管理作为重点，所以我们在此只阐述了工程建设所涉及的相关法律制度。本节中，我们重点要介绍与工程建设有关的基本民事法律制度。

### 二、法人制度

(一) 法人概述

1. 法人的概念

依照《民法典》第五十七条规定，“法人是具有民事权利能力和民事行为能力，依法独立享有民事权利和承担民事义务的组织”。

法人是与自然人相对应的一个法律概念，是指在法律上与自然人（或称公民）相对应的“人”。

2. 法人成立的条件

(1) 依法成立。①法人组织的设立必须符合法律的规定，包括它的组织机构、设立方式、经营范围和方式等必须合法。②法人成立的审核和登记程序必须符合法律的规定。

（2）有自己的财产或者经费。法人拥有必要的财产或者经费，这是法人开展活动和发展的物质基础，也是法人承担民事责任的前提和保障。所谓必要的财产或者经费，一般而言，“财产”是对企业法人的要求，“经费”则是针对非企业法人而言的。根据法律规定，企业法人必须具备法定的最低财产限额。

（3）有自己的名称、组织机构和住所。法人的名称是其拥有独立人格的标志，也是区别于不同法人的标志，法人的名称权是财产性的权利，除了享有专用权之外，还可以转让、出卖。法人的组织机构是对内管理法人事务和对外代表法人进行民事活动的机构总称，也包括法人的分支机构。不同类别的法人，其组织机构设置也不尽相同。法人的组织机构通常包括决策机构、执行机构和监督机构。法人的住所指法人从事生产经营活动的地点。法人以其主要办事机构所在地为住所，依法需要办理法人登记的，应当将主要办事机构登记为住所。

设立法人，法律、行政法规规定须经有关机关批准的，依照其规定进行审批。

（二）法定代表人

法人的法定代表人是指依照法律或者法人章程的规定，代表法人从事民事活动的负责人。法定代表人以法人的名义从事民事活动，其法律后果由法人承受。法人章程或者法人权力机构对法定代表人代表权的限制，不得对抗善意相对人。所以，法定代表人是法人实施行为的第一载体。在了解法定代表人时需要注意几个问题。

1. 法定代表人不一定是法人的最高领导人

一方面，成为法定代表人往往要受到一定条件的限制，如法定代表人的户籍所在地应当与法人的注册地相一致。另一方面，法定代表人是代表法人实施行为的载体，其作用是对外代表本单位，与内部管理往往没有直接关系。所以，作为法定代表人首先要注意的是在代表法人实施有关民事法律行为时，必须贯彻法人的决策意志，不可一意孤行。

2. 法定代表人享有的权利和承担的义务具有特殊性

由于法定代表人对外代表着法人整体，所以，他具有特殊的权利和义务范围。在权利方面，法定代表人享有授权代理权、诉讼权、签约权、指令职工实施法人权限之内行为的权利等；在义务方面，法定代表人相应地也要承担一些特殊的法律责任。

3. 法定代表人的变更并非意味着法人的变更

尽管法人的行为都是通过法定代表人或其法定代理人实施的，但归根结底还应当是法人的行为。因此，法人更换法定代表人不影响法人所实施行为的法律效力。

### 三、代理制度

（一）代理的概念

代理是指代理人代被代理人实施民事法律行为，其法律效果直接归属于被代理人的行为。由此可见，在代理关系中，通常涉及三个人，即被代理人、代理人和第三人。如某甲委托某乙去某丙处为自己购买机床一台，在这个代理关系中，某甲为被代理人，某乙为代理人，某丙为第三人。

（二）代理的种类

代理有委托代理和法定代理两种形式。

1. 委托代理

委托代理是指按照代理人的委托行使代理权的代理，有的学者称之为“意定代理”“授权代理”等。

委托代理可采用口头形式委托，也可采用书面形式委托，如果法律明确规定必须采用书面形式委托的，必须采用书面形式，如代签工程建设合同就必须采用书面形式。

在实际生活中，委托代理应注意下列问题。

（1）被代理人应慎重选择代理人。因为代理活动要由代理人来实施，且实施结果要由被代理人承受，因此，如果代理人不能胜任工作，将会给被代理人带来不利的后果，甚至还会损害被代理人的利益。

（2）委托授权的范围要明确。由于委托代理是基于被代理人的委托授权而产生的，所以，被代理人的授权范围一定要明确。如果由于授权不明确而给第三人造成损失的，则被代理人要向第三人承担责任，代理人承担连带责任。

（3）委托代理的事项必须合法。被代理人自己不能亲自进行违法活动，也不能委托他人进行违法活动。同时，代理人也不能接受此类的委托，否则，被代理人、代理人要承担连带责任。

2. 法定代理

法定代理是指依照法律的规定来行使代理权的代理。法定代理人的代理权来自于法律的直接规定，无须被代理人的授权，也只有在符合法律规定条件的情况下才能取消代理人的代理权。如父母代理未成年人进行民事活动就是属于法定代理。法定代理是为了保护无行为能力人或限制行为能力人的合法权益而设立的一种代理形式，适用范围比较窄。

（三）代理人在代理活动中应注意的几个问题

1. 代理人应在代理权限范围内进行代理活动

如果代理人没有代理权、超越代理权限范围或代理权终止后进行活动，即属于无权代理，倘若被代理人不予以追认的话，则由行为人承担法律责任。

2. 代理人应亲自进行代理活动

代理关系中的委托授权，是基于对代理人的信任，委托代理就是建立在这种人身信任的基础上的，因此，代理人必须亲自进行代理活动，完成代理任务。

3. 代理人应认真履行职责

代理人接受了委托，就有义务尽职尽责地完成代理工作。如果不履行或不认真履行代理职责而给被代理人造成损害的，代理人应承担赔偿责任。

4. 不得滥用代理权

滥用代理权表现为以下几个方面。

(1) 以被代理人的名义同自己实施法律行为。如果以被代理人的名义同自己订立合同，就属于此种情形。

(2) 代理双方当事人实施同一个法律行为。例如，在同一诉讼中，律师既代理原告，又代理被告，这就很可能损害合同一方当事人的利益，因此，此种情形为法律所禁止。

(3) 代理人与第三人恶意串通损害被代理人的利益。例如，代理人与第三人相互勾结，在订立合同时给第三人以种种优惠，而损害了被代理人的利益，对此，代理人、第三人要承担连带责任。

(四) 代理权的终止

由于代理的种类不同，代理关系终止的原因也不尽相同。

1. 委托代理的终止

(1) 代理期限届满或代理事务完成。

(2) 被代理人取消委托或代理人辞去委托。

(3) 代理人丧失民事行为能力。

(4) 代理人或者被代理人死亡。

(5) 作为代理人或者被代理人的法人、非法人组织终止。

委托代理终止存在例外情况：

被代理人死亡后，有下列情形之一的，委托代理人实施的代理行为有效：代理人不知道且不应当知道被代理人死亡；被代理人的继承人予以承认；授权中明确代理权在代理事务完成时终止；被代理人死亡前已经实施，为了被代理人的继承人的利益继续代理。

2. 法定代理的终止

(1) 被代理人或代理人死亡。

(2) 代理人丧失民事行为能力。

(3) 被代理人取得或恢复完全民事行为能力。

(4) 法律规定的其他情形。

## 四、诉讼时效制度

(一) 时效的概念

时效是指一定事实状态在法律规定期间内的持续存在，从而产生与该事实状态相适应的法律效力。时效一般可分为取得时效和消灭时效。

关于时效，《民法典》作了专章规定。在我国只承认消灭时效制度，不承认取得时效制度。消灭时效就是我们所说的诉讼时效。

（二）诉讼时效

1. 诉讼时效的概念

诉讼时效是指权利人在法定期间内不行使权利，该期间届满后，发生义务人可以拒绝履行其给付义务效果的法律制度。

2. 诉讼时效期限及法律后果

《民法典》第一百八十八条规定，向人民法院请求保护民事权利的诉讼时效的期间为 3 年，法律另有规定的，依照其规定。由此可见，普通诉讼时效期间通常为 3 年。

诉讼时效期间届满的，义务人可以提出不履行义务的抗辩。诉讼时效期间届满后，义务人同意履行的，不得以诉讼时效期间届满为由抗辩，义务人已经自愿履行的，不得请求返还。

3. 诉讼时效的起算

诉讼时效的起算，也即诉讼时效期间的开始，它是从权利人知道或应当知道其权利受到侵害以及义务人之日起开始计算，即从权利人能行使请求权之日开始算起。但是，从权利被侵害之日起超过 20 年的，人民法院不予保护。有特殊情况的，人民法院可以根据权利人的申请决定延长。

《民法典》同时规定了，分期履行债务诉讼时效的起算。当事人约定同一债务分期履行的，诉讼时效期间自最后一期履行期限届满之日起计算。无民事行为能力人或限制民事行为能力人对其法定代理人的请求权的诉讼时效期间，自该法定代理终止之日起计算。未成年人遭受性侵害的损害赔偿请求权的诉讼时效期间，自受害人年满十八周岁之日起计算。

4. 诉讼时效的中止

诉讼时效中止，是因法定事由的存在使诉讼时效停止进行，待法定事由消除后继续进行的制度。

《民法典》第一百九十四条规定：在诉讼时效期间的最后六个月内，因下列障碍，不能行使请求权的，诉讼时效中止：

（1）不可抗力。

（2）无民事行为能力人或者限制民事行为能力人没有法定代理人，或者法定代理人死亡、丧失民事行为能力、丧失代理权。

（3）继承开始后未确定继承人或者遗产管理人。

（4）权利人被义务人或者其他人控制。

（5）其他导致权利人不能行使请求权的障碍。

自中止时效的原因消除之日起满六个月，诉讼时效期间届满。

5. 诉讼时效的中断

诉讼时效的中断，是指诉讼时效期间进行过程中，出现了权利人积极行使权利的法定事由，从而使已经经过的诉讼时效期间归于消灭，重新计算期间的制度。我国《民法典》第一百九十五条规定，有下列情形之一的，诉讼时效中断，从中断、有关程序终结时起，诉讼时效期间重新计算：（1）权利人向义务人提出履行请求；（2）义务人同意履行义务；（3）权利人提起诉讼或者申请仲裁；（4）与提起诉讼或者申请仲裁具有同等效力的其他情形。

6. 不适用诉讼时效的请求权

《民法典》第一百九十六条规定，下列请求权不适用诉讼时效的规定：请求停止侵害、排除妨碍、消除危险；不动产物权和登记的动产物权的权利人请求返还财产；请求支付抚养费、赡养费或者扶养费；依法不适用诉讼时效的其他请求权。

## 五、物权制度

（一）物权的概念

物权是指权利人依法对特定的物享有直接支配和排他的权利，包括所有权、用益物权和担保物权。

所有权是指所有权人对自己的动产或者不动产，依法享有占有、使用、收益和处分的权利。

用益物权是指用益物权人对他人所有的不动产或者动产，依法享有占有、使用和收益的权利。这是从所有权的权能中分离出来的权能，表现的是对财产的利用关系。用益物权人享有用益物权，就可以占有用益物、使用用益物，对用益物直接支配并进行收益。

担保物权是指担保物权人在债务人不履行到期债务或者发生当事人约定的实现担保物权的情形，依法享有就担保财产优先受偿的权利，但是法律另有规定的除外。担保物权以确保债权人的债权得到完全清偿为目的，这是担保物权与其他物权最大的区别。

（二）物权的保护方法

物权收到侵害的，权利人可以通过和解、调解、仲裁、诉讼等途径解决。

和解是当事人之间私了。调解是通过第三人调停解决纠纷。仲裁是当事人协议选择仲裁机构，由仲裁机构裁决解决争端。诉讼包括民事、行政、刑事三大诉讼，物权保护的诉讼主要指提起民事诉讼。

1. 请求确认物权

因物权的归属、内容发生争议的，利害关系人可以请求确认权利。

2. 返还原物请求权

无权占有不动产或者动产的，权利人可以请求返还原物。

所有权人在其所有物被他人非法占有时，可以向非法占有人请求返还原物，或请求人民法院责令非法占有人返还原物。适用本保护方法的前提是原物仍然存在，如果原物已经灭失，只能请求赔偿损失。

3. 排除妨害、消除危险请求权

妨害物权或者可能妨害物权的，权利人可以请求排除妨害或者消除危险。

4. 物权损害的救济方式

造成不动产或者动产毁损的，权利人可以依法请求修理、重作、更换或者恢复原状。

侵害物权，造成权利人损害的，权利人可以依法请求损害赔偿，也可以依法请求承担其他民事责任。

## 六、债权制度

（一）债的概念

债是因合同、侵权行为、无因管理、不当得利以及法律的其他规定，在特定当事人之间发生的权利义务关系。

《民法典》第一百一十八条规定：债权是因合同、侵权行为、无因管理、不当得利以及法律的其他规定，权利人请求特定义务人为或者不为一定行为的权利。

（二）债与物权的区别

债与物权都是与财产有密切联系的法律关系，但它们却有着明显的不同。

1. 债与物权的主体不同

债权的权利主体和义务主体都是特定的，是对人权；物权的权利主体是特定的，义务主体则为不特定的，是对世权。

2. 债与物权的内容不同

债权的实现需要义务主体的积极行为的协助，是相对权；物权的实现则不需要他人的协助，是绝对权。

3. 债与物权的客体不同

债权的客体可以是物、行为和智力成果；物权的客体则只能是物。

（三）债的发生根据

根据我国法律规范的规定，能够引起债的发生的法律事实，即债的发生根据，主要有：

1. 合同之债

合同之债是当事人在平等基础上自愿设定的，订不订合同、与谁订合同、合同的内容如何等，由当事人自愿约定。但是，合同依法成立后，对当事人具有了法律约束力。

2. 侵权责任之债

侵权行为是指侵害他人民事权益的行为。民事权益受到侵害的，被侵权人有权请求侵权人承担侵权责任。

3. 不当得利之债

因他人没有法律根据，取得不当利益，受损失的人有权请求其返还不当得利。

4. 无因管理之债

没有法定的或者约定的义务，为避免他人利益受损而进行管理的人，有权请求受益人偿还由此支出的必要费用。

5. 债的其他发生根据

债的发生根据除前述几种外，法律的其他规定也会引起债的发生，民事主体依法享有债权。如父母对未成年子女负有抚养、教育和保护的义务，成年子女对父母负有赡养、扶助和保护的义务，父母不履行抚养义务时，未成年的或不能独立生活的子女，有要求父母给付抚养费的权利，子女不履行赡养义务时，无劳动能力或者生活困难的父母，有要求子女给付赡养费的权利。

## 第四节　工程建设基本法律制度案例

**案例 1**

原告：××房地产开发有限公司（以下简称甲方）

被告：××建筑集团第六分公司（以下简称乙方）

1. 基本案情

2015 年 4 月，甲方与自称是××建筑集团第六分公司的乙方签订《建设工程施工合同》，约定：经甲方同意，技措费及赶工费用按实际发生进入结算价款。2016 年 1 月双方又签订《终止协议》，该协议约定："技措费及赶工费另行协商，如不能达成协议，此纠纷交由某仲裁委员会仲裁。"2018 年 5 月乙方根据《终止协议》中的仲裁条款就技措费、赶工费问题向协议约定的仲裁委员会申请仲裁。甲方则在仲裁庭首次开庭前向法院申请确认该仲裁条款无效。甲方认为：乙方在签订《建设工程施工合同》及《终止协议》时并未依法注册成立，因此根本不具有签订仲裁条款的主体资格。乙方辩称：2016 年 9 月某建筑集团申请成立了第六分公司，而且早在 2011 年，某建筑集团就为乙方出具了授权其在该地区承揽工程的委托书，因此上述《建设工程施工合同》及《终止协议》有效，仲裁条款当然有效。

2. 案件处理

法院认为，仲裁条款应由具有民事行为能力的民事主体签订。乙方与甲方签订仲裁条款时，尚未取得工商管理部门的工商登记，无缔约的民事行为能力，故法院裁定乙方与甲方签订的仲裁条款应属无效。

3. 案例评析

本案的争议焦点为，未依法注册登记的公司分支机构签订的仲裁条款是否产生法律效力。根据《仲裁法》第 17 条的规定，无民事行为能力人或限制民事行为能力人订立的仲裁协议无效。在本案中，被告在签订《建设工程施工合同》及《终止协议》时尚未依法注册登记。根据《公司登记管理条例》第 47 条的规定，公司设立分公司的，应当自决定做出之日起 30 日内向分公司所在地的公司登记机关申请登记；法律、行政法规或者国务院决定规定必须报经有关部门批准的，应当自批准之日起 30 日内向公司登记机关申请登记。分公司的公司登记机关准予登记的，发给《营业执照》。公司应当自分公司登记之日起 30 日内，持分公司的《营业执照》到公司登记机关办理备案。因此，依法办理工商登记是公司分支机构取得民事主体资格的必要条件，未注册登记的公司分支机构，不具有合法的民事主体资格，即不具有民事权利能力及民事行为能力，其签订的仲裁条款当属无效。

此外，尽管某建筑集团曾为乙方出具授权委托书，但由于当时被告并未注册登记，不具有民事主体资格，因此这种代理行为不具有法律效力。

**案例 2**

原告：中国香港××投资有限公司（以下简称香港公司）

被告：广州××有限公司（以下简称广州公司）

1. 基本案情

2014 年 6 月 10 日，香港公司与广州公司在深圳签订了一份《土地使用权转让合同书》，约定广州公司将其拥有的位于广州市××工业区的一块面积为 20000$m^2$ 的工业用地转让给香港公司，转让款共 500 万元，在合同签订后三个月内，香港公司付清余款的同时，广州公司应完善用地手续，即出具有效的土地使用权证书。该合同签订后，香港公司即依约将转让款 500 万元支付给广州公司。广州公司收款后却迟迟没有办理有关转让手续。至 2016 年 12 月，香港公司从有关部门了解到，广州公司所转让的土地根本不能依法办理过户手续。为此香港公司要求广州公司返还转让金，并于 2017 年 6 月 12 日向法院提起诉讼，要求依法解除双方签订的土地使用权转让合同，依法判决广州公司返还香港公司土地转让费人民币 500 万元及利息，并赔偿经济损失港币 28 万元。而广州公司辩称，香港公司与广州公司于 2014 年 6 月 10 日签订了土地使用权转让合同后，该合同已于 2014 年履行完毕。此后，双方从未对上述合同的履行有过任何争议或补充协议，香港公司的起诉已超过了诉讼时效，请求依法驳回香港公司的诉讼请求。

2. 案件审理

法院经审理认为，香港公司的起诉并未超过法定的诉讼时效，其诉讼请求依法应予支持，判决广州公司返还香港公司支付的土地转让费及利息，本案受理费由广州公司负担。

3. 案例评析

本案实际发生时间为2014年至2017年，此时《民法典》尚未颁布施行。为更好地适用现行法律法规，现将本案以现行法律法规的规定进行分析。

本案中，原告与被告签订的合同约定：在合同签订后三个月内，香港公司付清余款的同时，广州公司应完善用地手续，即出具有效的土地使用权证书。根据《民法典》的规定，普通诉讼时效期间为3年，因此，诉讼时效期间从合同签订之日后三个月开始计算，即从2014年9月10日起至2017年9月10日止。香港公司在法定诉讼时效期限内提起诉讼，维护权利，诉讼请求理应得到支持。

此外，为了使诉讼时效延长，权利人在诉讼时效期限内行使权利时，一定要留下证实诉讼时效中断的证据。例如，本案中香港公司致函给广州公司，应亲自送广州公司签收，留下回执，或通过邮局挂号邮寄，这样才能保证民事权利在被侵害时得到法律的保护。

**案例3**

原告：上海某房地产开发有限公司（以下简称房产公司）

被告：上海某投资集团有限公司（以下简称投资公司）

1. 基本案情

原告房产公司与被告投资公司于2010年4月25日就某写字楼项目签订协议书一份。约定投资公司投资人民币2500万元参建，根据工程进度和房产公司的申请分批投入，直至帮助房产公司获得该项目的政府批准文件。房产公司保证在两年内归还投资公司的所有参建资金并承担银行利息及提供参建总额20%的投资回报。投资公司将参建资金2500万元全部投入后，房产公司应将部分项目权证抵押给投资公司至归还参建资金。房产公司在两年内不能归还参建资金并提供约定回报，将承担违约责任并赔偿参建总额10%。投资公司不按约定投入参建资金，则向房产公司支付违约金250万元。

协议签订后投资公司向银行申请项目贷款并获批准。2010年6月投资公司从银行贷款4500万元。然而投资公司却将所有借款用于他处，始终未用于参建项目。2011年1月，房产公司提起诉讼，请求法院判令投资公司赔偿违约金250万元。投资公司辩称：双方签订的参建协议实质是企业间拆借协议，不受法律保护，同时提起反诉，要求确认该协议无效。

2. 案件审理

一审法院经审理后认为，原被告之间的两份协议是双方真实意愿表示，且无法律明文禁止的内容，应合法有效，双方均应承担义务。投资公司在接受了银行贷款后，未依约将参建资金到位，应承担协议约定的违约责任，其主张双方协议为借贷协议，无充分证据证实，不予采信。据此判决项目合作协议有效，被告应于判决生效之日起十五日内支付原告上海某房地产开发有限公司违约金人民币 250 万元。

一审判决后投资公司不服，以同样理由提起上诉。二审法院审理后认为，房产公司与投资公司订立的参建协议，无任何参建的实质内容，双方签订参建协议其实质在于双方假借参建名义进行企业间的融资借贷。故该协议系名为参建、实为企业间的借贷协议，该协议与企业间未经许可不得贷款的规定相悖，系无效协议。据此作出终审判决：撤销一审法院判决，项目合作协议无效，房产公司要求投资公司支付违约金人民币 250 万元的诉讼请求不予支持。

3. 案例评析

本案实际发生时间为 2010 年，此时《民法典》尚未颁布施行。为更好地适用现行法律法规，现将本案以现行法律法规的规定进行分析。

《民法典》第一百四十六条规定：行为人与相对人以虚假的意思表示实施的民事法律行为无效。以虚假的意思表示隐藏的民事法律行为的效力，依照有关法律规定处理。本案中，房产公司与投资公司的协议形式上是参建，但其实质企业之间的资金拆借，违反了国家金融管理规定，是自始无效的。因此，二审法院的判决是正确的。

**案例 4**

原告：赵某

被告：钱某

被告：××室内装饰装修设计工程有限公司（以下简称设计公司）

1. 基本案情

2010 年 10 月，原告赵某与被告设计公司订立一份《聘用合同》，进入设计公司从事装饰设计工作。2011 年 3 月，设计公司与深圳市××投资发展有限公司（以下简称投资公司）订立合同一份，约定由设计公司为投资公司装修某住宅小区样板间一套。合同成立后，投资公司向设计公司提供了样板间的建筑结构图，设计公司为履行合同义务，分配赵某设计样板间。2011 年 4 月赵某为完成设计公司交给的任务，利用工作时间和设计公司提供的物质技术条件，完成了样板间的室内设计施工图，其中编号为 M 的有 5 张图纸，编号为 N 的有 18 张图纸，每一张图纸的设计一栏均有原告的署名，审核一栏有钱某的署名。施工图中具体标明了每个部分应当使用的原材料及其尺寸或者规格，以及部分家具和内饰的位置和材质。施工图完成后，设计公司遂依据施工图进行施工，在施工过程中，为配合施工需要，实际工程曾对施工图的设计进行修改，一些修改是在赵某指导下进行，一些修改是在钱某指导下进行。施工图未作设计的家具、灯饰、装饰品和装饰物，由钱某设计、选购和配置。样板间完成后，设计公司针对样板间的不同角度，摄制了许多照片。2011 年，该省举行室内装修设计大赛，钱某和设计公司持样板间拍摄的效果图片参赛，获得优胜奖。奖杯上无获奖者或者设计者的署名，未发给获奖证书或者奖金。2011 年设计公司持上述效果图片参加市家居装饰设计作品展，获得一等奖，获奖证书上载明获奖单位为设计公司，设计师为钱某。2012 年 2 月后，被告在一系列媒体上通过报道和广告等形式，运用图片和文字方式，宣传样板间的设计者是钱某，只字未提到原告。原告遂以被告的上述行为构成著作权侵权为由向市中级人民法院提起诉讼。

2. 案件审理

市中级人民法院经审理认为，样板间有三种表现形式，一是设计施工图（平面），二是依据设计施工图施工而形成的实物（立体），三是对样板间实物拍照而形成的照片。样板间设计施工图属于《著作权法》第三条第（6）项所规定的工程设计图作品形式，是原告为完成设计公司的工作任务，利用设计公司的物质技术条件创作，并由法人承担责任的作品，著作权由法人所有。从样板间的设计施工图看，在设计一栏中有原告的署名，并且施工图完成时原告正受聘于设计公司，任设计师职务，应认定本案样板间设计施工图是原告的职务作品，原告对施工设计图享有署名权。

设计公司依据本案样板间的设计施工图（平面）进行施工，形成立体实物样板间，平面与实物之间确有本源与结果的关系，但是《著作权法》第五十二条规定，著作权法所称的复制是指以印刷、复印、临摹、拓印、录音、录像、翻录、翻拍等方式将作品制作一份或者多份的行为。按照工程设计、产品设计图纸及其说明进行施工、生产工业品，不属于复制。因此，被告依据样板间的设计施工图施工形成实物样板间不属于著作权法意义上的复制。双方当事人虽然都主张实物样板间也属于作品，不过著作权法未规定类似本案实物样板间属于著作权法意义上的作品。被告将本案实物样板间拍成照片，就所拍的照片而言，应当认定以实物样板间为反映内容的照片又形成新的摄影作品，赵某在本案中未主张其对摄影作品享有著作权，案件中也无证据证明赵某是摄影作品的著作权人，法院不认定原告是上述摄影作品的著作权人。原告主张其应当对本案实物样板间享有署名权，进而要求被告更换获奖的设计者名字，返还奖杯等，没有直接的法律支持和证据佐证，不予采纳。依据《中华人民共和国民事诉讼法》第六十四条、《中华人民共和国著作权法》第五十二条规定，判决驳回原告赵某的诉讼请求。

3. 案例评析

本案涉及著作权的一个重要问题即职务作品著作权归属。2020 年 11 月 11 日修正后的《著作权法》第十八条规定，“自然人为完成法人或者非法人组织工作任务所创作的作品是职务作品，除本条第二款的规定以外，著作权由作者享有，但法人或者非法人组织有权在其业务范围内优先使用。作品完成两年内，未经单位同意，作者不得许可第三人以与单位使用的相同的方式使用该作品。有下列情形之一的职务作品，作者享有署名权，著作权的其他权利由法人或者非法人组织享有，法人或者非法人组织可以给予作者奖励：（一）主要是利用法人或者非法人组织的物质技术条件创作，并由法人或者非法人组织承担责任的工程设计图、产品设计图、地图、示意图、计算机软件等职务作品……”

据此，职务作品的著作权一般由作者享有，其所在单位在业务范围内有优先使用权。但职务作品如果是作者主要利用其所在单位的物质技术条件创作，并由该单位承担责任的工程设计图、产品设计图、地图、计算机软件等，则作者只享有署名权，著作权的其他权利由其所在单位享有。本案中的原告赵某为完成被告设计公司的工作任务，利用该公司的物质技术条件创作并由该公司承担责任的样板间设计施工图，应当属于前面所述情形，原告赵某享有署名权，著作权的其他权利由被告设计公司享有。

本案争议的另一焦点在于著作权中的复制权。复制权是著作权的一项基本权利，即将作品制成有形的复制品的权利。修改后的《著作权法》规定按照工程设计图、产品设计图进行施工、生产工业品，不属于复制。因此本案应驳回原告赵某的诉讼请求。

# 第二章　工程建设职业资格制度

## 第一节　职业资格制度概述

### 一、建立职业资格制度意义

建筑工程种类很多，不同的建筑工程，其建设规模和技术要求的复杂程度可能有很大的差别。而从事建筑活动的施工企业、勘察单位、设计单位和工程监理等有关工程咨询单位的情况也不尽相同，有的资本雄厚，专业技术人员较多，有关技术装备齐全，有较强的经济和技术实力，而有的经济和技术实力则比较薄弱。为此，我国在对建筑活动的监督管理中，将从事建筑活动的单位按其具有的不同经济、技术条件，划分为不同的资质等级，并对不同的资质等级的单位所能从事的建筑活动范围作出了明确的规定。《建筑法》第十三条明确规定："从事建筑活动的建筑施工企业、勘察单位、设计单位和工程监理单位，按照其拥有的注册资本、专业技术人员、技术装备和已完成的建筑工程业绩等资质条件，划分为不同的资质等级，经资质审查合格，取得相应等级资质证书后，方可在其资质等级许可的范围内从事建筑活动。"这在法律上确定了我国职业资格许可制度。实践证明，职业资格制度是建立和维护建筑市场的正常秩序、保证建筑工程质量的一项有效措施。

国家按照有利于经济发展、社会公认、国际可比、事关公共利益的原则，在涉及国家、人民生命财产安全的专业技术工作领域，实行专业技术人员职业资格制度。其中包括注册建筑师、勘察设计注册工程师、注册城市规划师、注册监理工程师、注册造价工程师、注册物业师、注册房地产估价师、房地产经纪人及房地产经纪人协理和注册建造师等。

开展职业技能鉴定，推行职业资格证书制度，是落实党中央、国务院提出的"科教兴国"战略方针的重要举措，也是我国人力资源开发的一项战略措施。这对于提高劳动者素质、促进劳动力市场的建设以及深化国有企业改革、促进经济发展都具有重要意义。

### 二、专业技术人员职业资格分类

专业技术人员职业资格是对从事某一职业所必备的学识、技术和能力的基本要求，职业资格包括从业资格和执业资格。

从业资格是政府规定专业技术人员从事某种专业技术性工作的学识、技术和能力的起点标准；执业资格是政府对某些责任较大、社会通用性强、关系公共利益的专业技术工作实行的准入控制，是专业技术人员依法独立开业或独立从事某种专业技术工作的学识、技术和能力的必备标准。

### 三、职业资格证书制度

（一）职业资格证书制度概述

职业资格证书制度是劳动就业制度的一项重要内容，也是一种特殊形式的国家考试制度。它是指按照国家制定的职业技能标准或任职资格条件，通过政府认定的考核鉴定机构，对劳动者的技能水平或职业资格进行客观公正、科学规范地评价和鉴定，对合格者授予相应的国家职业资格证书。

（二）职业资格证书作用

职业资格证书是表明劳动者具有从事某一职业所必备的学识和技能的证明。它是劳动者求职、任职、开业的资格凭证，是用人单位招聘、录用劳动者的主要依据，也是境外就业、对外劳务合作人员办理技能水平公证的有效证件。

（三）实施职业资格证书制度的法律依据

《劳动法》第八章第六十九条规定："国家确定职业分类，对规定的职业制定职业技能标准，实行职业资格证书制度，由经备案的考核鉴定机构负责对劳动者实施职业技能考核鉴定。"《职业教育法》第一章第八条明确指出："实施职业教育应当根据实际需要，同国家制定的职业分类和职业等级标准相适应，实行学历文凭、培训证书和职业资格证书制度。"这些法律规定确定了国家推行职业资格证书制度和开展职业技能鉴定的法律依据。

（四）职业资格证书的办理

根据国家有关规定，办理职业资格证书的程序为：职业技能鉴定所（站）将考核合格人员名单报经当地职业技能鉴定指导中心审核，再报经同级劳动保障行政部门或行业部门劳动保障工作机构批准后，由职业技能鉴定指导中心按照国家规定的证书编码方案和填写格式要求统一办理证书，加盖职业技能鉴定机构专用印章，经同级劳动保障行政部门或行业部门劳动保障工作机构验印后，由职业技能鉴定所（站）送交本人。

## 第二节　从业单位资质管理制度

### 一、从业单位资质

（一）建筑业企业资质审查

2015 年 1 月 22 日住房和城乡建设部令第 22 号发布，自 2015 年 3 月 1 日实施的

《建筑业企业资质管理规定》（以下简称本规定）中明确了建筑业企业是指从事土木工程、建筑工程、线路管道设备安装工程、的新建、扩建、改建等施工活动的企业。此外2007年6月26日建设部颁布的《建筑业企业资质管理规定》（建设部令第159号）同时废止。

1. 建筑企业的资质序列、类别和等级

建筑业企业资质分为施工总承包资质、专业承包资质、施工劳务资质三个序列。

施工总承包资质、专业承包资质按照工程性质和技术特点分别划分为若干资质类别，各资质类别按照规定的条件划分为若干资质等级。施工劳务资质不分类别与等级。

住房和城乡建设部制定颁布的《建筑业企业资质等级标准》（建市〔2014〕159号）文件中对施工总承包资质、专业承包资质、劳务分包资质序列按照工程性质和技术特点分别划分为施工总承包企业12类资质、专业承包企业36类资质，各资质类别按照规定的条件划分为若干等级，劳务分包企业资质不分类别与等级。如房屋建筑工程施工总承包企业资质分为特级、一级、二级、三级。建筑业企业资质等级标准和各类等级资质企业承担工程的具体范围，由国务院建设行政主管部门会同国务院有关部门制定。

2. 资质审批

建筑业企业应当按照其拥有的注册资本、专业技术人员、技术装备和已完成的建筑工程业绩等条件申请资质，经审查合格，取得建筑业企业资质证书后，方可在资质许可的范围内从事建筑施工活动。

国务院建设主管部门负责全国建筑业企业资质的统一监督管理。国务院铁路、交通、水利、信息产业、民航等有关部门配合国务院建设主管部门实施相关资质类别建筑业企业资质的管理工作。

省、自治区、直辖市人民政府建设主管部门负责本行政区域内建筑业企业资质的统一监督管理。省、自治区、直辖市人民政府交通、水利、信息产业等有关部门配合同级建设主管部门实施本行政区域内相关资质类别建筑业企业资质的管理工作。

1）下列建筑业企业资质，由国务院住房城乡建设主管部门许可。

（1）施工总承包资质序列特级资质、一级资质及铁路工程施工总承包二级资质。

（2）专业承包资质序列公路、水运、水利、铁路、民航方面的专业承包一级资质及铁路、民航方面的专业承包二级资质。涉及多个专业的专业承包一级资质。

申请以上所列资质的，应当向企业工商注册所在地省、自治区、直辖市人民政府住房城乡建设主管部门提出申请。其中，国务院国有资产管理部门直接监管的建筑企业及其下属一层级的企业，可以由国务院国有资产管理部门直接监管的建筑企业向国务院住房城乡建设主管部门提出申请。省、自治区、直辖市人民政府住房城乡建设主管部门应当自受理申请之日起20个工作日内初审完毕，并将初审意见和申请材料报国务院住房城乡建设主管部门。

国务院住房城乡建设主管部门应当自省、自治区、直辖市人民政府住房城乡建设主管部门受理申请材料之日起60个工作日内完成审查，公示审查意见，公示时间为10个工作日。其中，涉及公路、水运、水利、通信、铁路、民航等方面资质的，由国务院住房城乡建设主管部门会同国务院有关部门审查。

2）下列建筑业企业资质，由企业工商注册所在地省、自治区、直辖市人民政府住房城乡建设主管部门许可。

（1）施工总承包资质序列二级资质及铁路、通信工程施工总承包三级资质。

（2）专业承包资质序列一级资质（不含公路、水运、水利、铁路、民航方面的专业承包一级资质及涉及多个专业的专业承包一级资质）。

（3）专业承包资质序列二级资质（不含铁路、民航方面的专业承包二级资质），铁路方面专业承包三级资质，特种工程专业承包资质。

以上规定的建筑业企业资质许可程序由省、自治区、直辖市人民政府住房城乡建设主管部门依法确定，并向社会公布。

3）下列建筑业企业资质，由企业工商注册所在地设区的市人民政府住房城乡建设主管部门许可。

（1）施工总承包资质序列三级资质（不含铁路、通信工程施工总承包三级资质）。

（2）专业承包资质序列三级资质（不含铁路方面专业承包资质）及预拌混凝土、模板脚手架专业承包资质。

（3）施工劳务资质。

（4）燃气燃烧器具安装、维修企业资质。

以上规定的建筑业企业资质许可的实施程序由设区的市级人民政府住房城乡建设主管部门依法确定，并向社会公布。

4）企业可以申请一项或多项建筑业企业资质。企业首次申请或增项申请资质，应当申请最低等级资质。

企业发生合并、分立、重组以及改制等事项，需承继原建筑业企业资质的，应当申请重新核定建筑业企业资质等级。

3. 资质申请

（1）企业申请建筑业企业资质，在资质许可机关的网站或审批平台提出申请事项，提交资金、专业技术人员、技术装备和已完成业绩等电子材料。

（2）企业申请建筑业企业资质升级、资质增项，在申请之日起前一年至资质许可决定作出前，有下列情形之一的，资质许可机关不予批准其建筑业企业资质升级申请和增项申请。

① 超越本企业资质等级或以其他企业的名义承揽工程，或允许其他企业或个人以本企业的名义承揽工程的。

② 与建设单位或企业之间相互串通投标，或以行贿等不正当手段谋取中标的。

③ 未取得施工许可证擅自施工的。

④ 将承包的工程转包或违法分包的。

⑤ 违反国家工程建设强制性标准施工的。

⑥ 恶意拖欠分包企业工程款或者劳务人员工资的。

⑦ 隐瞒或谎报、拖延报告工程质量安全事故，破坏事故现场、阻碍对事故调查的。

⑧ 按照国家法律、法规和标准规定需要持证上岗的现场管理人员和技术工种作业人员未取得证书上岗的。

⑨ 未依法履行工程质量保修义务或拖延履行保修义务的。

⑩ 伪造、变造、倒卖、出租、出借或者以其他形式非法转让建筑业企业资质证书的。

⑪ 发生过较大以上质量安全事故或者发生过两起以上一般质量安全事故的。

⑫ 其他违反法律、法规的行为。

4. 资质证书和有效期

（1）建筑业企业资质证书分为正本和副本，由国务院住房城乡建设主管部门统一印制，正、副本具备同等法律效力。

（2）资质证书有效期为 5 年。资质有效期届满，企业需要延续资质证书有效期的，应当在资质证书有效期届满 3 个月前，申请办理资质延续手续。

资质许可机关应当在建筑业企业资质证书有效期届满前作出是否准予延续的决定；逾期未做出决定的，视为准予延续。

5. 资质证书变更和补发

企业在建筑业企业资质证书有效期内名称、地址、注册资本、法定代表人等发生变更的，应当在工商部门办理变更手续后 1 个月内办理资质证书变更手续。

（1）由国务院住房城乡建设主管部门颁发的建筑业企业资质证书的变更，企业应当向企业工商注册所在地省、自治区、直辖市人民政府住房城乡建设主管部门提出变更申请，省、自治区、直辖市人民政府住房城乡建设主管部门应当自受理申请之日起 2 日内将有关变更证明材料报国务院住房城乡建设主管部门，由国务院住房城乡建设主管部门在 2 日内办理变更手续。

以上规定以外的资质证书变更，由企业工商注册所在地的省、自治区、直辖市人民政府住房城乡建设主管部门或者设区的市人民政府住房城乡建设主管部门依法另行规定。变更结果应当在资质证书变更后 15 日内，报国务院住房城乡建设主管部门备案。

涉及公路、水运、水利、通信、铁路、民航等方面的建筑业企业资质证书的变更，办理变更手续的住房城乡建设主管部门应当将建筑业企业资质证书变更情况告知同级有关部门。

（2）企业需更换、遗失补办建筑业企业资质证书的，应当持建筑业企业资质证书更换、遗失补办申请等材料向资质许可机关申请办理。资质许可机关应当在2个工作日内办理完毕。

企业遗失建筑业企业资质证书的，在申请补办前应当在公众媒体上刊登遗失声明。

6. 资质的监督管理

县级以上人民政府住房城乡建设主管部门和其他有关部门应当依照有关法律、法规和本规定，加强对企业取得建筑业企业资质后是否满足资质标准和市场行为的监督管理。

上级住房城乡建设主管部门应当加强对下级住房城乡建设主管部门资质管理工作的监督检查，及时纠正建筑业企业资质管理中的违法行为。

（1）住房城乡建设主管部门、其他有关部门的监督检查人员履行监督检查职责时，有权采取下列措施。

① 要求被检查企业提供建筑业企业资质证书、企业有关人员的注册执业证书、职称证书、岗位证书和考核或者培训合格证书，有关施工业务的文档，有关质量管理、安全生产管理、合同管理、档案管理、财务管理等企业内部管理制度的文件。

② 进入被检查企业进行检查，查阅相关资料。

③ 纠正违反有关法律、法规和本规定及有关规范和标准的行为。

监督检查人员应当将监督检查情况和处理结果予以记录，由监督检查人员和被检查企业的有关人员签字确认后归档。

（2）住房城乡建设主管部门、其他有关部门的监督检查人员在实施监督检查时，应当出示证件，并要有两名以上人员参加。

监督检查人员应当为被检查企业保守商业秘密，不得索取或者收受企业的财物，不得谋取其他利益。

有关企业和个人对依法进行的监督检查应当协助与配合，不得拒绝或者阻挠。

监督检查机关应当将监督检查的处理结果向社会公布。

（3）企业违法从事建筑活动的，违法行为发生地的县级以上地方人民政府住房城乡建设主管部门或者其他有关部门应当依法查处，并将违法事实、处理结果或者处理建议及时告知该建筑业企业资质的许可机关。

（4）取得建筑业企业资质证书的企业，应当保持资产、主要人员、技术装备等方面满足相应建筑业企业资质标准要求的条件。

企业不再符合相应建筑业企业资质标准要求条件的，县级以上地方人民政府住房城乡建设主管部门、其他有关部门，应当责令其限期改正并向社会公告，整改期限最长不超过3个月；企业整改期间不得申请建筑业企业资质的升级、增项，不能承揽新的工程；逾期仍未达到建筑业企业资质标准要求条件的，资质许可机关可以撤回其建筑业企业资质证书。

被撤回建筑业企业资质证书的企业，可以在资质被撤回后 3 个月内，向资质许可机关提出核定低于原等级同类别资质的申请。

（5）有关部门应当将监督检查情况和处理意见及时告知资质许可机关。资质许可机关应当将涉及有关公路、水运、水利、通信、铁路、民航等方面的建筑业企业资质许可被撤回、撤销、吊销和注销的情况告知同级有关部门。

（6）资质许可机关应当建立、健全建筑业企业信用档案管理制度。建筑业企业信用档案应当包括企业基本情况、资质、业绩、工程质量和安全、合同履约、社会投诉和违法行为等情况。

企业的信用档案信息按照有关规定向社会公开。

取得建筑业企业资质的企业应当按照有关规定，向资质许可机关提供真实、准确、完整的企业信用档案信息。

7. 资质的注销

（1）有下列情形之一的，资质许可机关应当撤销建筑业企业资质。

① 资质许可机关工作人员滥用职权、玩忽职守准予资质许可的。

② 超越法定职权准予资质许可的。

③ 违反法定程序准予资质许可的。

④ 对不符合资质标准条件的申请企业准予资质许可的。

⑤ 依法可以撤销资质许可的其他情形。

以欺骗、贿赂等不正当手段取得资质许可的，应当予以撤销。

（2）有下列情形之一的，资质许可机关应当依法注销建筑业企业资质，并向社会公布其建筑业企业资质证书作废，企业应当及时将建筑业企业资质证书交回资质许可机关。

① 资质证书有效期届满，未依法申请延续的。

② 企业依法终止的。

③ 资质证书依法被撤回、撤销或吊销的。

④ 企业提出注销申请的。

⑤ 法律、法规规定的应当注销建筑业企业资质的其他情形。

8. 法律责任

（1）申请企业隐瞒有关真实情况或者提供虚假材料申请建筑业企业资质的，资质许可机关不予许可，并给予警告，申请企业在 1 年内不得再次申请建筑业企业资质。

（2）企业以欺骗、贿赂等不正当手段取得建筑业企业资质的，由原资质许可机关予以撤销。由县级以上地方人民政府住房城乡建设主管部门或者其他有关部门给予警告，并处 3 万元的罚款；申请企业 3 年内不得再次申请建筑业企业资质。

（3）取得建筑业企业资质的企业，在上述申请资质升级、资质增项中，自申请之日起前一年内有上述违法、违规行为之一，《中华人民共和国建筑法》《建设工程质量管理条例》和其他有关法律、法规对处罚机关和处罚方式有规定的，依照法律、法规的规定执行；法律、法规未作规定的，由县级以上地方人民政府住房城乡建设主管部门或者其他有关部门给予警告，责令改正，并处 1 万元以上 3 万元以下的罚款。

（4）企业未按照本规定及时办理建筑业企业资质证书变更手续的，由县级以上地方人民政府住房城乡建设主管部门责令限期办理；逾期不办理的，可处以 1000 元以上 1 万元以下的罚款。

（5）企业未按照本规定要求提供企业信用档案信息的，由县级以上地方人民政府住房城乡建设主管部门或者其他有关部门给予警告，责令限期改正；逾期未改正的，可处以 1000 元以上 1 万元以下的罚款。

（6）县级以上人民政府住房城乡建设主管部门及其工作人员，违反本规定，有下列情形之一的，由其上级行政机关或者监察机关责令改正。对直接负责的主管人员和其他直接责任人员，依法给予行政处分。直接负责的主管人员和其他直接责任人员构成犯罪的，依法追究刑事责任。

① 对不符合资质标准规定条件的申请企业准予资质许可的。

② 对符合受理条件的申请企业不予受理或者未在法定期限内初审完毕的。

③ 对符合资质标准规定条件的申请企业不予许可或者不在法定期限内准予资质许可的。

④ 发现违反本规定规定的行为不予查处，或者接到举报后不依法处理的。

⑤ 在企业资质许可和监督管理中，利用职务上的便利，收受他人财物或者其他好处，以及有其他违法行为的。

（二）工程勘察和工程设计单位资质审查

《建设工程勘察设计管理条例》第七条规定："国家对从事建设工程勘察、设计活动的单位，实行资质管理制度。具体办法由国务院建设行政主管部门同国务院有关部门制定。"国家对从事建设工程勘察设计活动的单位实行统一的资质管理制度，是我国社会主义市场经济发展的客观要求。这项制度是根据建设工程勘察设计活动的特点确立的一项重要的从业资格许可制度。建设工程勘察设计单位是否具有相应的资质，决定了其是否能够成为建设工程勘察设计合同的主体。而根据《民法典》的规定，合同主体不合格，将导致合同无效。建设工程勘察设计单位资质的重要性可见一斑。

2007 年 6 月 26 日住房城乡建设部令第 160 号发布了自 2007 年 9 月 1 日实施的《建设工程勘察设计资质管理规定》（以下简称本规定），本规定根据《中华人民共和国行政许可法》《中华人民共和国建筑法》《建设工程质量管理条例》和《建设工程勘察设计管理条例》等法律法规对建设工程勘察设计企业资质管理制度进行了详细规定。此外，2001 年 2 月 16 日，建设部 2001 年第 22 号文件公布了新的《工程勘察资质分级标准》《工程设计资质分级标准》，1992 年工程勘察设计资格行业分级标准同时废止。

1. 工程勘察设计单位资质分类和分级

本规定所称建设工程勘察包括建设工程项目的岩土工程、水文地质、工程测量、海洋工程勘察等。

本规定所称建设工程设计是指建设工程项目的主体工程和配套工程［含厂（矿）区内的自备电站、道路、专用铁路、通信、各种管网管线和配套的建筑物等全部配套工程］以及与主体工程、配套工程相关的工艺、土木、建筑、环境保护、水土保持、消防、安全、卫生、节能、防雷、抗震、照明工程等的设计；建筑工程建设用地规划许可证范围内的室外工程设计、建（构）筑物设计、民用建筑修建的地下工程设计及住宅小区、工厂厂前区、工厂生活区、小区规划设计及单体设计等，以及上述建筑工程所包含的相关专业的设计内容（包括总平面布置、竖向设计、各类管网管线设计、景观设计、室内外环境设计及建筑装饰、道路、消防、安保、通信、防雷、人防、供配电、照明、废水治理、空调设施、抗震加固等）。

1）勘察设计单位资质分类和分级

工程勘察资质分为工程勘察综合资质、工程勘察专业资质、工程勘察劳务资质。

（1）工程勘察综合资质

工程勘察综合资质只设甲级。取得工程勘察综合资质的企业，可以承接各专业（海洋工程勘察除外）、各等级工程勘察业务。

（2）工程勘察专业资质

工程勘察专业资质根据工程性质和技术特点设立类别和级别。工程勘察专业类资质原则上设甲、乙两个级别，确有必要设置丙级勘察资质的地区经建设部批准后方可根据工程性质和技术特点，在部分专业可以设置丙级。取得工程勘察专业资质的企业，可以承接同级别相应专业的工程勘察业务。

（3）工程勘察劳务资质

工程勘察劳务资质不分级别。取得工程勘察劳务资质的企业，可以承接岩土工程治理、工程钻探、凿井等工程勘察劳务业务。

2）工程设计资质单位资质分类和分级

工程设计资质分为工程设计综合资质、工程设计行业资质、工程设计专业资质和工程设计专项资质。

（1）工程设计综合资质

工程设计综合资质只设甲级。取得工程设计综合资质的企业，可以承接各行业、各等级的建设工程设计业务。

（2）工程设计行业资质

工程设计行业资质设甲级、乙级，工程设计行业资质根据工程性质和技术特点，个别行业可以设丙级资质，取得工程设计行业资质的企业，可以承接相应行业相应等级的工程设计业务及本行业范围内同级别的相应专业、专项工程设计业务（设计施工一体化资质除外）。

（3）工程设计专业资质

工程设计专业资质设甲级、乙级，根据工程性质和技术特点，个别专业可以设丙级资质，建筑工程专业资质可以设丁级，取得工程设计专业资质的企业，可以承接本专业相应等级的专业工程设计业务及同级别的相应专项工程设计业务（设计施工一体化资质除外）。

（4）工程设计专项资质

工程设计专项资质设甲级、乙级，根据工程性质和技术特点，个别专项可以设丙级资质，取得工程设计专项资质的企业，可以承接本专项相应等级的专项工程设计业务。

建设工程勘察、设计资质标准和各资质类别、级别企业承担工程的范围由国务院建设行政主管部门同国务院有关部门制定。从事建设工程勘察、工程设计活动的企业，应当按照其拥有的注册资本、专业技术人员、技术装备和勘察设计业绩等条件申请资质，经审查合格，取得建设工程勘察、工程设计资质证书后，方可在资质许可的范围内从事建设工程勘察、工程设计活动。

2. 资质审批

国务院住房城乡建设主管部门负责全国建设工程勘察、工程设计资质的统一监督管理。国务院铁路、交通、水利、信息产业、民航等有关部门配合国务院住房城乡建设主管部门实施相应行业的建设工程勘察、工程设计资质管理工作。

省、自治区、直辖市人民政府住房城乡建设主管部门负责本行政区域内建设工程勘察、工程设计资质的统一监督管理。省、自治区、直辖市人民政府交通、水利、信息产业等有关部门配合同级住房城乡建设主管部门实施本行政区域内相应行业的建设工程勘察、工程设计资质管理工作。

（1）申请工程勘察甲级资质、工程设计甲级资质，以及涉及铁路、交通、水利、信息产业、民航等方面的工程设计乙级资质的，应当向企业工商注册所在地的省、自治区、直辖市人民政府住房城乡建设主管部门提出申请。其中，国务院国资委管理的企业应当向国务院住房城乡建设主管部门提出申请。国务院国资委管理的企业下属一层级的企业申请资质，应当由国务院国资委管理的企业向国务院住房城乡建设主管部门提出申请。

省、自治区、直辖市人民政府住房城乡建设主管部门应当自受理申请之日起 20 日内初审完毕，并将初审意见和申请材料报国务院住房城乡建设主管部门。

国务院住房城乡建设主管部门应当自省、自治区、直辖市人民政府建设主管部门受理申请材料之日起 60 日内完成审查，公示审查意见，公示时间为 10 日。其中，涉及铁路、交通、水利、信息产业、民航等方面的工程设计资质，由国务院住房城乡建设主管部门送国务院有关部门审核，国务院有关部门在 20 日内审核完毕，并将审核意见送国务院住房城乡建设主管部门。

（2）工程勘察乙级及以下资质、劳务资质、工程设计乙级（涉及铁路、交通、水利、信息产业、民航等方面的工程设计乙级资质除外）及以下资质许可由省、自治区、直辖市人民政府住房城乡建设主管部门实施。具体实施程序由省、自治区、直辖市人民政府住房城乡建设主管部门依法确定。

省、自治区、直辖市人民政府住房城乡建设主管部门应当自作出决定之日起30日内，将准予资质许可的决定报国务院住房城乡建设主管部门备案。

3. 资质申请

（1）企业首次申请工程勘察、工程设计资质，应当提供以下材料：

① 工程勘察、工程设计资质申请表。

② 企业法人、合伙企业营业执照副本复印件。

③ 企业章程或合伙人协议。

④ 企业法定代表人、合伙人的身份证明。

⑤ 企业负责人、技术负责人的身份证明、任职文件、毕业证书、职称证书及相关资质标准要求提供的材料。

⑥ 工程勘察、工程设计资质申请表中所列注册执业人员的身份证明、注册执业证书。

⑦ 工程勘察、工程设计资质标准要求的非注册专业技术人员的职称证书、毕业证书、身份证明及个人业绩材料。

⑧ 工程勘察、工程设计资质标准要求的注册执业人员、其他专业技术人员与原聘用单位解除聘用劳动合同的证明及新单位的聘用劳动合同。

⑨ 资质标准要求的其他有关材料。

（2）企业申请资质升级应当提交以下材料：

① 上述首次申请资质所应提供资料的第①②⑤⑥⑦⑨项。

② 工程勘察、工程设计资质标准要求的非注册专业技术人员与本单位签订的劳动合同及社保证明。

③ 原工程勘察、工程设计资质证书副本复印件。

④ 满足资质标准要求的企业工程业绩和个人工程业绩。

（3）企业增项申请工程勘察、工程设计资质，应当提交下列材料：

① 上述首次申请资质所应提供资料的第①②⑤⑥⑦⑨项。

② 工程勘察、工程设计资质标准要求的非注册专业技术人员与本单位签定的劳动合同及社保证明。

③ 原资质证书正、副本复印件。

④ 满足相应资质标准要求的个人工程业绩证明。

（4）资质许可机关不予批准企业的资质升级申请和增项申请

从事建设工程勘察、设计活动的企业，申请资质升级、资质增项，在申请之日起前一年内有下列情形之一的，资质许可机关不予批准企业的资质升级申请和增项申请：

① 企业相互串通投标或者与招标人串通投标承揽工程勘察、工程设计业务的。

② 将承揽的工程勘察、工程设计业务转包或违法分包的。

③ 注册执业人员未按照规定在勘察设计文件上签字的。

④ 违反国家工程建设强制性标准的。

⑤ 因勘察设计原因造成过重大生产安全事故的。

⑥ 设计单位未根据勘察成果文件进行工程设计的。

⑦ 设计单位违反规定指定建筑材料、建筑构配件的生产厂、供应商的。

⑧ 无工程勘察、工程设计资质或者超越资质等级范围承揽工程勘察、工程设计业务的。

⑨ 涂改、倒卖、出租、出借或者以其他形式非法转让资质证书的。

⑩ 允许其他单位、个人以本单位名义承揽建设工程勘察、设计业务的。

⑪ 其他违反法律、法规行为的。

4. 资质证书和有效期

工程勘察、工程设计资质证书分为正本和副本，正本一份，副本六份，由国务院建设主管部门统一印制，正、副本具备同等法律效力。资质证书有效期为 5 年。

资质有效期届满，企业需要延续资质证书有效期的，应当在资质证书有效期届满 60 日前，向原资质许可机关提出资质延续申请。

对在资质有效期内遵守有关法律、法规、规章、技术标准，信用档案中无不良行为记录，且专业技术人员满足资质标准要求的企业，经资质许可机关同意，有效期延续 5 年。

取得工程勘察、工程设计资质证书的企业，可以从事资质证书许可范围内相应的建设工程总承包业务，可以从事工程项目管理和相关的技术与管理服务。

5. 资质证书变更和补发

(1) 资质变更审批

企业在资质证书有效期内名称、地址、注册资本、法定代表人等发生变更的，应当在工商部门办理变更手续后 30 日内办理资质证书变更手续。取得工程勘察甲级资质、工程设计甲级资质，以及涉及铁路、交通、水利、信息产业、民航等方面的工程设计乙级资质的企业，在资质证书有效期内发生企业名称变更的，应当向企业工商注册所在地省、自治区、直辖市人民政府住房城乡建设主管部门提出变更申请，省、自治区、直辖市人民政府住房城乡建设主管部门应当自受理申请之日起 2 日内将有关变更证明材料报国务院住房城乡建设主管部门，由国务院住房城乡建设主管部门在 2 日内办理变更手续。

上述规定以外的资质证书变更手续，由企业工商注册所在地的省、自治区、直辖市人民政府住房城乡建设主管部门负责办理。省、自治区、直辖市人民政府住房城乡建设主管部门应当自受理申请之日起 2 日内办理变更手续，并在办理资质证书变更手续后 15 日内将变更结果报国务院住房城乡建设主管部门备案。

涉及铁路、交通、水利、信息产业、民航等方面的工程设计资质的变更，国务院住房城乡建设主管部门应当将企业资质变更情况告知国务院有关部门。

（2）企业申请资质证书变更，应当提交以下材料：

① 资质证书变更申请。

② 企业法人、合伙企业营业执照副本复印件。

③ 资质证书正、副本原件。

④ 与资质变更事项有关的证明材料。

企业改制的，除提供上述规定资料外，还应当提供改制重组方案、上级资产管理部门或者股东大会的批准决定、企业职工代表大会同意改制重组的决议。

（3）企业首次申请、增项申请工程勘察、工程设计资质，其申请资质等级最高不超过乙级，且不考核企业工程勘察、工程设计业绩。

已具备施工资质的企业首次申请同类别或相近类别的工程勘察、工程设计资质的，可以将相应规模的工程总承包业绩作为工程业绩予以申报。其申请资质等级最高不超过其现有施工资质等级。

（4）企业合并的，合并后存续或者新设立的企业可以承继合并前各方中较高的资质等级，但应当符合相应的资质标准条件。

企业分立的，分立后企业的资质按照资质标准及规定的审批程序核定。

企业改制的，改制后不再符合资质标准的，应按其实际达到的资质标准及本规定重新核定。资质条件不发生变化的，按上述（2）中的企业申请资质证书变更规定办理。

（5）资质证书补发

企业在领取新的工程勘察、工程设计资质证书的同时，应当将原资质证书交回原发证机关予以注销。

企业需增补（含增加、更换、遗失补办）工程勘察、工程设计资质证书的，应当持资质证书增补申请等材料向资质许可机关申请办理。遗失资质证书的，在申请补办前应当在公众媒体上刊登遗失声明。资质许可机关应当在 2 日内办理完毕。

6. 监督与管理

国务院住房城乡建设主管部门对全国的建设工程勘察、设计资质实施统一的监督管理。国务院铁路、交通、水利、信息产业、民航等有关部门配合国务院住房城乡建设主管部门对相应的行业资质进行监督管理。

县级以上地方人民政府住房城乡建设主管部门负责对本行政区域内的建设工程勘察、设计资质实施监督管理。县级以上人民政府交通、水利、信息产业等有关部门配合同级住房城乡建设主管部门对相应的行业资质进行监督管理。

上级住房城乡建设主管部门应当加强对下级住房城乡建设主管部门资质管理工作

的监督检查，及时纠正资质管理中的违法行为。

（1）住房城乡建设主管部门、有关部门履行监督检查职责时，有权采取下列措施：

① 要求被检查单位提供工程勘察、设计资质证书、注册执业人员的注册执业证书，有关工程勘察、设计业务的文档，有关质量管理、安全生产管理、档案管理、财务管理等企业内部管理制度的文件。

② 进入被检查单位进行检查，查阅相关资料。

③ 纠正违反有关法律、法规和本规定及有关规范和标准的行为。

住房城乡建设主管部门、有关部门依法对企业从事行政许可事项的活动进行监督检查时，应当将监督检查情况和处理结果予以记录，由监督检查人员签字后归档。

（2）住房城乡建设主管部门、有关部门在实施监督检查时，应当有两名以上监督检查人员参加，并出示执法证件，不得妨碍企业正常的生产经营活动，不得索取或者收受企业的财物，不得谋取其他利益。

有关单位和个人对依法进行的监督检查应当协助与配合，不得拒绝或者阻挠。

监督检查机关应当将监督检查的处理结果向社会公布。

（3）企业违法从事工程勘察、工程设计活动的，其违法行为发生地的住房城乡建设主管部门应当依法将企业的违法事实、处理结果或处理建议告知该企业的资质许可机关。

（4）企业取得工程勘察、设计资质后，不再符合相应资质条件的，住房城乡建设主管部门、有关部门根据利害关系人的请求或者依据职权，可以责令其限期改正。逾期不改的，资质许可机关可以撤回其资质。

（5）企业应当按照有关规定，向资质许可机关提供真实、准确、完整的企业信用档案信息。

企业的信用档案应当包括企业基本情况、业绩、工程质量和安全、合同违约等情况。被投诉举报和处理、行政处罚等情况应当作为不良行为记入其信用档案。

企业的信用档案信息按照有关规定向社会公示。

有关部门应当将监督检查情况和处理意见及时告知住房城乡建设主管部门。

7. 资质注销

（1）有下列情形之一的，资质许可机关或者其上级机关，根据利害关系人的请求或者依据职权，可以撤销工程勘察、工程设计资质：

① 资质许可机关工作人员滥用职权、玩忽职守作出准予工程勘察、工程设计资质许可的。

② 超越法定职权作出准予工程勘察、工程设计资质许可。

③ 违反资质审批程序作出准予工程勘察、工程设计资质许可的。

④ 对不符合许可条件的申请人作出工程勘察、工程设计资质许可的。

⑤ 依法可以撤销资质证书的其他情形。

以欺骗、贿赂等不正当手段取得工程勘察、工程设计资质证书的，应当予以撤销。

（2）有下列情形之一的，企业应当及时向资质许可机关提出注销资质的申请，交回资质证书，资质许可机关应当办理注销手续，公告其资质证书作废：

① 资质证书有效期届满未依法申请延续的。

② 企业依法终止的。

③ 资质证书依法被撤销、撤回，或者吊销的。

④ 法律、法规规定的应当注销资质的其他情形。

资质许可机关应当将涉及铁路、交通、水利、信息产业、民航等方面的资质被撤回、撤销和注销的情况及时告知有关部门。

8. 法律责任

（1）企业隐瞒有关情况或者提供虚假材料申请资质的，资质许可机关不予受理或者不予行政许可，并给予警告，该企业在 1 年内不得再次申请该资质。

（2）企业以欺骗、贿赂等不正当手段取得资质证书的，由县级以上地方人民政府住房城乡建设主管部门或者有关部门给予警告，并依法处以罚款；该企业在 3 年内不得再次申请该资质。

（3）企业不及时办理资质证书变更手续的，由资质许可机关责令限期办理；逾期不办理的，可处以 1000 元以上 1 万元以下的罚款。

（4）企业未按照规定提供信用档案信息的，由县级以上地方人民政府住房城乡建设主管部门给予警告，责令限期改正；逾期未改正的，可处以 1000 元以上 1 万元以下的罚款。

（5）涂改、倒卖、出租、出借或者以其他形式非法转让资质证书的，由县级以上地方人民政府住房城乡建设主管部门或者有关部门给予警告，责令改正，并处以 1 万元以上 3 万元以下的罚款。造成损失的，依法承担赔偿责任；构成犯罪的，依法追究刑事责任。

（6）县级以上地方人民政府住房城乡建设主管部门依法给予工程勘察、设计企业行政处罚的，应当将行政处罚决定以及给予行政处罚的事实、理由和依据，报国务院住房城乡建设主管部门备案。

（7）住房城乡建设主管部门及其工作人员，违反本规定，有下列情形之一的，由其上级行政机关或者监察机关责令改正；情节严重的，对直接负责的主管人员和其他直接责任人员，依法给予行政处分：

① 对不符合条件的申请人准予工程勘察、设计资质许可的。

② 对符合条件的申请人不予工程勘察、设计资质许可或者未在法定期限内作出许可决定的。

③ 对符合条件的申请不予受理或者未在法定期限内初审完毕的。

④ 利用职务上的便利，收受他人财物或者其他好处的。

⑤ 不依法履行监督职责或者监督不力，造成严重后果的。

（三）工程监理企业资质审查

国家对工程监理单位实行资质许可制度。《建设工程质量管理条例》第三十四条第一款规定：“工程监理单位应当依法取得相应等级的资质证书，并在其资质等级许可的范围内承担工程监理业务。”同时，该条还规定：“禁止工程监理单位超越本单位资质等级许可的范围或者以其他工程监理单位的名义承担工程监理业务。禁止工程监理单位允许其他单位或者个人以本单位的名义承担工程监理业务。工程监理单位不得转让工程监理业务。”这与对勘察、设计、施工单位的规定是相同的。

根据《中华人民共和国建筑法》《建设工程质量管理条例》，建设部于 2007 年 6 月 26 日颁布了建设部令第 158 号《工程监理企业资质管理规定》（以下简称本规定），于 2016 年修订，规定从事建设工程监理活动的企业，应当按照本规定取得工程监理企业资质，并在工程监理企业资质证书（以下简称资质证书）许可的范围内从事工程监理活动。

1. 资质等级与审批

工程监理企业资质分为综合资质、专业资质和事务所资质。其中，专业资质按照工程性质和技术特点划分为若干工程类别。

综合资质、事务所资质不分级别。专业资质分为甲级、乙级；其中，房屋建筑、水利水电、公路和市政公用专业资质可设立丙级。

1）综合资质标准

综合资质不分级别，综合资质可以承担所有专业工程类别建设工程项目的工程监理业务。

① 具有独立法人资格且具有符合国家有关规定的资产。

② 企业技术负责人应为注册监理工程师，并具有 15 年以上从事工程建设工作的经历或者具有工程类高级职称。

③ 具有 5 个以上工程类别的专业甲级工程监理资质。

④ 注册监理工程师不少于 60 人，注册造价工程师不少于 5 人，一级注册建造师、一级注册建筑师、一级注册结构工程师或者其他勘察设计注册工程师合计不少于 15 人次。

⑤ 企业具有完善的组织结构和质量管理体系，有健全的技术、档案等管理制度。

⑥ 企业具有必要的工程试验检测设备。

⑦ 申请工程监理资质之日前一年内没有本规定第十六条禁止的行为。

⑧ 申请工程监理资质之日前一年内没有因本企业监理责任造成重大质量事故。

⑨ 申请工程监理资质之日前一年内没有因本企业监理责任发生三级以上工程建设重大安全事故或者发生两起以上四级工程建设安全事故。

2）专业资质标准

（1）甲级

专业甲级资质可承担相应专业工程类别建设工程项目的工程监理业务（表 2-1）。

① 具有独立法人资格且具有符合国家有关规定的资产。

② 企业技术负责人应为注册监理工程师，并具有 15 年以上从事工程建设工作的经历或者具有工程类高级职称。

③ 注册监理工程师、注册造价工程师、一级注册建造师、一级注册建筑师、一级注册结构工程师或者其他勘察设计注册工程师合计不少于 25 人次。其中，相应专业注册监理工程师不少于《专业资质注册监理工程师人数配备表》（表 2-2）中要求配备的人数，注册造价工程师不少于 2 人。

④ 企业近 2 年内独立监理过 3 个以上相应专业的二级工程项目，但是，具有甲级设计资质或一级及以上施工总承包资质的企业申请本专业工程类别甲级资质的除外。

⑤ 企业具有完善的组织结构和质量管理体系，有健全的技术、档案等管理制度。

⑥ 企业具有必要的工程试验检测设备。

⑦ 申请工程监理资质之日前一年内没有本规定第十六条禁止的行为。

⑧ 申请工程监理资质之日前一年内没有因本企业监理责任造成重大质量事故。

⑨ 申请工程监理资质之日前一年内没有因本企业监理责任发生三级以上工程建设重大安全事故或者发生两起以上四级工程建设安全事故。

（2）乙级

专业乙级资质可承担相应专业工程类别二级以下（含二级）建设工程项目的工程监理业务（表 2-1）。

**专业工程类别和等级表** **表 2-1**

| 序号 | 工程类别 | | 一级 | 二级 | 三级 |
|---|---|---|---|---|---|
| 一 | 房屋建筑工程 | 一般公共建筑 | 28 层以上；36m 跨度以上（轻钢结构除外）；单项工程建筑面积 3 万 $m^2$ 以上 | 14～28 层；24～36m 跨度（轻钢结构除外）；单项工程建筑面积（1～3）万 $m^2$ | 14 层以下；24m 跨度以下（轻钢结构除外）；单项工程建筑面积 1 万 $m^2$ 以下 |
| | | 高耸构筑工程 | 高度 120m 以上 | 高度 70～120m | 高度 70m 以下 |
| | | 住宅工程 | 小区建筑面积 12 万 $m^2$ 以上；单项工程 28 层以上 | 建筑面积（6～12）万 $m^2$；单项工程 14～28 层 | 建筑面积 6 万 $m^2$ 以下；单项工程 14 层以下 |
| 二 | 冶炼工程 | 钢铁冶炼、连铸工程 | 年产 100 万 t 以上；单座高炉炉容 1250$m^3$ 以上；单座公称容量转炉 100t 以上；电炉 50t 以上；连铸年产 100 万 t 以上或板坯连铸单机 1450mm 以上 | 年产 100 万 t 以下；单座高炉炉容 1250$m^3$ 以下；单座公称容量转炉 100t 以下；电炉 50t 以下；连铸年产 100 万 t 以下或板坯连铸单机 1450mm 以下 | |

续表

| 序号 | 工程类别 | | 一级 | 二级 | 三级 |
|---|---|---|---|---|---|
| 二 | 冶炼工程 | 轧钢工程 | 热轧年产 100 万 t 以上，装备连续、半连续轧机；冷轧带板年产 100 万 t以上，冷轧线材年产 30 万 t 以上或装备连续、半连续轧机 | 热轧年产 100 万 t 以下，装备连续、半连续轧机；冷轧带板年产 100 万 t以下，冷轧线材年产 30 万 t 以下或装备连续、半连续轧机 | |
| | | 冶炼辅助工程 | 炼焦工程年产 50 万 t 以上或炭化室高度 4.3m 以上；单台烧结机 $100m^2$ 以上；小时制氧 $300m^3$ 以上 | 炼焦工程年产 50 万 t 以下或炭化室高度 4.3m 以下；单台烧结机 $100m^2$ 以下；小时制氧 $300m^3$ 以下 | |
| | | 有色冶炼工程 | 有色冶炼年产 10 万 t 以上；有色金属加工年产 5 万 t 以上；氧化铝工程 40 万 t 以上 | 有色冶炼年产 10 万 t 以下；有色金属加工年产 5 万 t 以下；氧化铝工程 40 万 t 以下 | |
| | | 建材工程 | 水泥日产 2000t 以上；浮化玻璃日熔量 400t 以上；池窑拉丝玻璃纤维、特种纤维；特种陶瓷生产线工程 | 水泥日产 2000t 以下；浮化玻璃日熔量 400t 以下；普通玻璃生产线；组合炉拉丝玻璃纤维；非金属材料、玻璃钢、耐火材料、建筑及卫生陶瓷厂工程 | |
| 三 | 矿山工程 | 煤矿工程 | 年产 120 万 t 以上的井工矿工程；年产 120 万 t 以上的洗选煤工程；深度 800m 以上的立井井筒工程；年产 400 万 t 以上的露天矿山工程 | 年产 120 万 t 以下的井工矿工程；年产 120 万 t 以下的洗选煤工程；深度 800m 以下的立井井筒工程；年产 400 万 t 以下的露天矿山工程 | |
| | | 冶金矿山工程 | 年产 100 万 t 以上的黑色矿山采选工程；年产 100 万 t 以上的有色砂矿采、选工程；年产 60 万 t 以上的有色脉矿采、选工程 | 年产 100 万 t 以下的黑色矿山采选工程；年产 100 万 t 以下的有色砂矿采、选工程；年产 60 万 t 以下的有色脉矿采、选工程 | |

续表

| 序号 | 工程类别 | | 一级 | 二级 | 三级 |
| --- | --- | --- | --- | --- | --- |
| 三 | 矿山工程 | 化工矿山工程 | 年产 60 万 t 以上的磷矿、硫铁矿工程 | 年产 60 万 t 以下的磷矿、硫铁矿工程 | |
| | | 铀矿工程 | 年产 10 万 t 以上的铀矿；年产 200t 以上的铀矿选冶 | 年产 10 万 t 以下的铀矿；年产 200t 以下的铀矿选冶 | |
| | | 建材类非金属矿工程 | 年产 70 万 t 以上的石灰石矿；年产 30 万 t 以上的石膏矿、石英砂岩矿 | 年产 70 万 t 以下的石灰石矿；年产 30 万 t 以下的石膏矿、石英砂岩矿 | |
| 四 | 化工石油工程 | 油田工程 | 原油处理能力150 万 t/年以上、天然气处理能力 150 万方/天以上、产能 50 万 t 以上及配套设施 | 原油处理能力 150 万 t/年以下、天然气处理能力 150 万方/天以下、产能 50 万 t 以下及配套设施 | |
| | | 油气储运工程 | 压力容器 8MPa 以上；油气储罐 10 万 $m^3$/台以上；长输管道 120km 以上 | 压力容器 8MPa 以下；油气储罐 10 万 $m^3$/台以下；长输管道 120km 以下 | |
| | | 炼油化工工程 | 原油处理能力在500 万t/年以上的一次加工及相应二次加工装置和后加工装置 | 原油处理能力在500 万t/年以下的一次加工及相应二次加工装置和后加工装置 | |
| | | 基本原材料工程 | 年产 30 万 t 以上的乙烯工程；年产 4 万 t 以上的合成橡胶、合成树脂及塑料和化纤工程 | 年产 30 万 t 以下的乙烯工程；年产 4 万 t 以下的合成橡胶、合成树脂及塑料和化纤工程 | |
| | | 化肥工程 | 年产 20 万 t 以上合成氨及相应后加工装置；年产 24 万 t 以上磷氨工程 | 年产 20 万 t 以下合成氨及相应后加工装置；年产 24 万 t 以下磷氨工程 | |

续表

| 序号 | 工程类别 | | 一级 | 二级 | 三级 |
|---|---|---|---|---|---|
| 四 | 化工石油工程 | 酸碱工程 | 年产硫酸 16 万 t 以上；年产烧碱 8 万 t 以上；年产纯碱 40 万 t 以上 | 年产硫酸 16 万 t 以下；年产烧碱 8 万 t 以下；年产纯碱 40 万 t 以下 | |
| | | 轮胎工程 | 年产 30 万套以上 | 年产 30 万套以下 | |
| | | 核化工及加工工程 | 年产 1000t 以上的铀转换化工工程；年产 100t 以上的铀浓缩工程；总投资 10 亿元以上的乏燃料后处理工程；年产 200t 以上的燃料元件加工工程；总投资 5000 万元以上的核技术及同位素应用工程 | 年产 1000t 以下的铀转换化工工程；年产 100t 以下的铀浓缩工程；总投资 10 亿元以下的乏燃料后处理工程；年产 200t 以下的燃料元件加工工程；总投资 5000 万元以下的核技术及同位素应用工程 | |
| | | 医药及其他化工工程 | 总投资 1 亿元以上 | 总投资 1 亿元以下 | |
| 五 | 水利水电工程 | 水库工程 | 总库容 1 亿 $m^3$ 以上 | 总库容 1 千万～1 亿 $m^3$ | 总库容 1 千万 $m^3$ 以下 |
| | | 水力发电站工程 | 总装机容量 300MW 以上 | 总装机容量 50～300MW | 总装机容量 50MW 以下 |
| | | 其他水利工程 | 引调水堤防等级 1 级；灌溉排涝流量 $5m^3/s$ 以上；河道整治面积 30 万亩以上；城市防洪城市人口 50 万人以上；围垦面积 5 万亩以上；水土保持综合治理面积 $1000km^2$ 以上 | 引调水堤防等级 2、3 级；灌溉排涝流量 0.5～$5m^3/s$；河道整治面积(3～30)万亩；城市防洪城市人口(20～50)万人；围垦面积(0.5～5)万亩；水土保持综合治理面积 100～$1000km^2$ | 引调水堤防等级 4、5 级；灌溉排涝流量 $0.5m^3/s$ 以下；河道整治面积 3 万亩以下；城市防洪城市人口 20 万人以下；围垦面积 0.5 万亩以下；水土保持综合治理面积 $100km^2$ 以下 |
| 六 | 电力工程 | 火力发电站工程 | 单机容量 30 万 kW 以上 | 单机容量 30 万 kW 以下 | |
| | | 输变电工程 | 330kV 以上 | 330kV 以下 | |
| | | 核电工程 | 核电站；核反应堆工程 | | |

续表

| 序号 | 工程类别 | | 一级 | 二级 | 三级 |
|---|---|---|---|---|---|
| 七 | 农林工程 | 林业局(场)总体工程 | 面积 35 万 $hm^2$ 以上 | 面积 35 万 $hm^2$ 以下 | |
| | | 林产工业工程 | 总投资 5000 万元以上 | 总投资 5000 万元以下 | |
| | | 农业综合开发工程 | 总投资 3000 万元以上 | 总投资 3000 万元以下 | |
| | | 种植业工程 | 2 万亩以上或总投资 1500 万元以上 | 2 万亩以下或总投资 1500 万元以下 | |
| | | 兽医/畜牧工程 | 总投资 1500 万元以上 | 总投资 1500 万元以下 | |
| | | 渔业工程 | 渔港工程总投资 3000 万元以上；水产养殖等其他工程总投资 1500 万元以上 | 渔港工程总投资 3000 万元以下；水产养殖等其他工程总投资 1500 万元以下 | |
| | | 设施农业工程 | 设施园艺工程 1$hm^2$ 以上；农产品加工等其他工程总投资 1500 万元以上 | 设施园艺工程 1$hm^2$ 以下；农产品加工等其他工程总投资 1500 万元以下 | |
| | | 核设施退役及放射性三废处理处置工程 | 总投资 5000 万元以上 | 总投资 5000 万元以下 | |
| 八 | 铁路工程 | 铁路综合工程 | 新建、改建一级干线；单线铁路 40km 以上；双线 30km 以上及枢纽 | 单线铁路 40km 以下；双线 30km 以下；二级干线及站线；专用线、专用铁路 | |
| | | 铁路桥梁工程 | 桥长 500m 以上 | 桥长 500m 以下 | |
| | | 铁路隧道工程 | 单线 3000m 以上；双线 1500m 以上 | 单线 3000m 以下；双线 1500m 以下 | |
| | | 铁路通信、信号、电力电气化工程 | 新建、改建铁路(含枢纽、配、变电所、分区亭)单双线 200km 及以上 | 新建、改建铁路(不含枢纽、配、变电所、分区亭)单双线 200km 及以下 | |

续表

| 序号 | 工程类别 | | 一级 | 二级 | 三级 |
|---|---|---|---|---|---|
| 九 | 公路工程 | 公路工程 | 高速公路 | 高速公路路基工程及一级公路 | 一级公路路基工程及二级以下各级公路 |
| | | 公路桥梁工程 | 独立大桥工程；特大桥总长 1000m 以上或单跨跨径 150m 以上 | 大桥、中桥桥梁总长 30～1000m 或单跨跨径 20～150m | 小桥总长 30m 以下或单跨跨径 20m 以下；涵洞工程 |
| | | 公路隧道工程 | 隧道长度 1000m 以上 | 隧道长度 500～1000m | 隧道长度 500m 以下 |
| | | 其他工程 | 通信、监控、收费等机电工程，高速公路交通安全设施、环保工程和沿线附属设施 | 一级公路交通安全设施、环保工程和沿线附属设施 | 二级及以下公路交通安全设施、环保工程和沿线附属设施 |
| 十 | 港口与航道工程 | 港口工程 | 集装箱、件杂、多用途等沿海港口工程 20000t 级以上；散货、原油沿海港口工程 30000t 级以上；1000t 级以上内河港口工程 | 集装箱、件杂、多用途等沿海港口工程 20000t 级以下；散货、原油沿海港口工程 30000t 级以下；1000t 级以下内河港口工程 | |
| | | 通航建筑与整治工程 | 1000t 级以上 | 1000t 级以下 | |
| | | 航道工程 | 通航 30000t 级以上船舶沿海复杂航道；通航 1000t 级以上船舶的内河航运工程项目 | 通航 30000t 级以下船舶沿海航道；通航 1000t 级以下船舶的内河航运工程项目 | |
| | | 修造船水工工程 | 10000t 位以上的船坞工程；船体重量 5000t 位以上的船台、滑道工程 | 10000t 位以下的船坞工程；船体重量 5000t 位以下的船台、滑道工程 | |
| | | 防波堤、导流堤等水工工程 | 最大水深 6m 以上 | 最大水深 6m 以下 | |
| | | 其他水运工程项目 | 建安工程费 6000 万元以上的沿海水运工程项目；建安工程费 4000 万元以上的内河水运工程项目 | 建安工程费 6000 万元以下的沿海水运工程项目；建安工程费 4000 万元以下的内河水运工程项目 | |

续表

| 序号 | 工程类别 | | 一级 | 二级 | 三级 |
| --- | --- | --- | --- | --- | --- |
| 十一 | 航天航空工程 | 民用机场工程 | 飞行区指标为4E及以上及其配套工程 | 飞行区指标为4D及以下及其配套工程 | |
| | | 航空飞行器 | 航空飞行器（综合）工程总投资1亿元以上；航空飞行器（单项）工程总投资3000万元以上 | 航空飞行器（综合）工程总投资1亿元以下；航空飞行器（单项）工程总投资3000万元以下 | |
| | | 航天空间飞行器 | 工程总投资3000万元以上；面积$3000m^2$以上；跨度18m以上 | 工程总投资3000万元以下；面积$3000m^2$以下；跨度18m以下 | |
| 十二 | 通信工程 | 有线、无线传输通信工程，卫星、综合布线 | 省际通信、信息网络工程 | 省内通信、信息网络工程 | |
| | | 邮政、电信、广播枢纽及交换工程 | 省会城市邮政、电信枢纽 | 地市级城市邮政、电信枢纽 | |
| | | 发射台工程 | 总发射功率500kW以上短波或600kW以上中波发射台；高度200m以上广播电视发射塔 | 总发射功率500kW以下短波或600kW以下中波发射台；高度200m以下广播电视发射塔 | |
| 十三 | 市政公用工程 | 城市道路工程 | 城市快速路、主干路，城市互通式立交桥及单孔跨径100m以上桥梁；长度1000m以上的隧道工程 | 城市次干路工程，城市分离式立交桥及单孔跨径100m以下的桥梁；长度1000m以下的隧道工程 | 城市支路工程、过街天桥及地下通道工程 |
| | | 给水排水工程 | 10万t/日以上的给水厂；5万t/日以上污水处理工程；$3m^3/s$以上的给水、污水泵站；$15m^3/s$以上的雨泵站；直径2.5m以上的给水排水管道 | (2～10)万t/日的给水厂；(1～5)万t/日污水处理工程；1～$3m^3/s$的给水、污水泵站；5～$15m^3/s$的雨泵站；直径1～2.5m的给水管道；直径1.5～2.5m的排水管道 | 2万t/日以下的给水厂；1万t/日以下污水处理工程；$1m^3/s$以下的给水；污水泵站；$5m^3/s$以下的雨泵站；直径1m以下的给水管道；直径1.5m以下的排水管道 |

续表

| 序号 | 工程类别 | | 一级 | 二级 | 三级 |
|---|---|---|---|---|---|
| 十三 | 市政公用工程 | 燃气热力工程 | 总储存容积1000$m^3$以上液化气贮罐场（站）；供气规模15万$m^3$/日以上的燃气工程；中压以上的燃气管道、调压站；供热面积150万$m^2$以上的热力工程 | 总储存容积1000$m^3$以下的液化气贮罐场（站）；供气规模15万$m^3$/日以下的燃气工程；中压以下的燃气管道、调压站；供热面积(50～150)万$m^2$的热力工程 | 供热面积50万$m^2$以下的热力工程 |
| | | 垃圾处理工程 | 1200t/日以上的垃圾焚烧和填埋工程 | 500～1200t/日的垃圾焚烧及填埋工程 | 500t/日以下的垃圾焚烧及填埋工程 |
| | | 地铁轻轨工程 | 各类地铁轻轨工程 | | |
| | | 风景园林工程 | 总投资3000万元以上 | 总投资（1000～3000）万元 | 总投资1000万元以下 |
| 十四 | 机电安装工程 | 机械工程 | 总投资5000万元以上 | 总投资5000万以下 | |
| | | 电子工程 | 总投资1亿元以上，含有净化级别6级以上的工程 | 总投资1亿元以下，含有净化级别6级以下的工程 | |
| | | 轻纺工程 | 总投资5000万元以上 | 总投资5000万元以下 | |
| | | 兵器工程 | 建安工程费3000万元以上的坦克装甲车辆、炸药、弹箭工程；建安工程费2000万元以上的枪炮、光电工程；建安工程费1000万元以上的防化民爆工程 | 建安工程费3000万元以下的坦克装甲车辆、炸药、弹箭工程；建安工程费2000万元以下的枪炮、光电工程；建安工程费1000万元以下的防化民爆工程 | |
| | | 船舶工程 | 船舶制造工程总投资1亿元以上；船舶科研、机械、修理工程总投资5000万元以上 | 船舶制造工程总投资1亿元以下；船舶科研、机械、修理工程总投资5000万元以下 | |
| | | 其他工程 | 总投资5000万元以上 | 总投资5000万元以下 | |

说明：1. 表中的“以上”含本数，“以下”不含本数。

2. 未列入本表中的其他专业工程，由国务院有关部门按照有关规定在相应的工程类别中划分等级。

3. 房屋建筑工程包括结合城市建设与民用建筑修建的附建人防工程。

① 具有独立法人资格且具有符合国家有关规定的资产。

② 企业技术负责人应为注册监理工程师，并具有 15 年以上从事工程建设工作的经历或者具有工程类高级职称。

③ 注册监理工程师、注册造价工程师、一级注册建造师、一级注册建筑师、一级注册结构工程师或者其他勘察设计注册工程师合计不少于 25 人次。其中，相应专业注册监理工程师不少于《专业资质注册监理工程师人数配备表》(表 2-2) 中要求配备的人数，注册造价工程师不少于 2 人。

**专业资质注册监理工程师人数配备表**(单位：人)　　**表 2-2**

| 序号 | 工程类别 | 甲级 | 乙级 | 丙级 |
|---|---|---|---|---|
| 1 | 房屋建筑工程 | 15 | 10 | 5 |
| 2 | 冶炼工程 | 15 | 10 | |
| 3 | 矿山工程 | 20 | 12 | |
| 4 | 化工石油工程 | 15 | 10 | |
| 5 | 水利水电工程 | 20 | 12 | 5 |
| 6 | 电力工程 | 15 | 10 | |
| 7 | 农林工程 | 15 | 10 | |
| 8 | 铁路工程 | 23 | 14 | |
| 9 | 公路工程 | 20 | 12 | 5 |
| 10 | 港口与航道工程 | 20 | 12 | |
| 11 | 航天航空工程 | 20 | 12 | |
| 12 | 通信工程 | 20 | 12 | |
| 13 | 市政公用工程 | 15 | 10 | 5 |
| 14 | 机电安装工程 | 15 | 10 | |

注：表中各专业资质注册监理工程师人数配备是指企业取得本专业工程类别注册的注册监理工程师人数。

④ 企业近 2 年内独立监理过 3 个以上相应专业的二级工程项目，但是，具有甲级设计资质或一级及以上施工总承包资质的企业申请本专业工程类别甲级资质的除外。

⑤ 企业具有完善的组织结构和质量管理体系，有健全的技术、档案等管理制度。

⑥ 企业具有必要的工程试验检测设备。

⑦ 申请工程监理资质之日前一年内没有本规定第十六条禁止的行为。

⑧ 申请工程监理资质之日前一年内没有因本企业监理责任发生三级以上工程建设重大安全事故或者发生两起以上四级工程建设安全事故。

(3) 丙级

专业丙级资质可承担相应专业工程类别三级建设工程项目的工程监理业务 (表 2-1)。

① 具有独立法人资格且具有符合国家有关规定的资产。

② 企业技术负责人应为注册监理工程师，并具有 8 年以上从事工程建设工作的

经历。

③ 相应专业的注册监理工程师不少于《专业资质注册监理工程师人数配备表》（表2-2）中要求配备的人数。

④ 有必要的质量管理体系和规章制度。

⑤ 有必要的工程试验检测设备。

3）事务所资质标准

事务所资质不分级别，事务所资质可承担三级建设工程项目的工程监理业务（表2-1），但是，国家规定必须实行强制监理的工程除外。

① 取得合伙企业营业执照，具有书面合作协议书。

② 合伙人中有3名以上注册监理工程师，合伙人均有5年以上从事建设工程监理的工作经历。

③ 有固定的工作场所。

④ 有必要的质量管理体系和规章制度。

⑤ 有必要的工程试验检测设备。

2. 资质审批

（1）申请综合资质、专业甲级资质的，应当向企业工商注册所在地的省、自治区、直辖市人民政府住房城乡建设主管部门提交申请材料。

省、自治区、直辖市人民政府住房城乡建设主管部门收到申请材料后，应当在5日内将全部申请材料报审批部门。

国务院住房城乡建设主管部门在收到申请材料后，应当依法作出是否受理的决定，并出具凭证；申请材料不齐全或者不符合法定形式的，应当在5日内一次性告知申请人需要补正的全部内容。逾期不告知的，自收到申请材料之日起即为受理。

国务院住房城乡建设主管部门应当自受理之日起20日内作出审批决定。自作出决定之日起10日内公告审批结果。其中，涉及铁路、交通、水利、通信、民航等专业工程监理资质的，由国务院住房城乡建设主管部门送国务院有关部门审核。国务院有关部门应当在15日内审核完毕，并将审核意见报国务院住房城乡建设主管部门。

组织专家评审所需时间不计算在上述时限内，但应当明确告知申请人。

（2）专业乙级、丙级资质和事务所资质由企业所在地省、自治区、直辖市人民政府住房城乡建设主管部门审批。

专业乙级、丙级资质和事务所资质许可、延续的实施程序由省、自治区、直辖市人民政府住房城乡建设主管部门依法确定。

省、自治区、直辖市人民政府住房城乡建设主管部门应当自作出决定之日起10日内，将准予资质许可的决定报国务院住房城乡建设主管部门备案。

3. 资质申请

（1）申请工程监理企业资质，应当提交以下材料：

① 工程监理企业资质申请表（一式三份）及相应电子文档。

② 企业法人、合伙企业营业执照。

③ 企业章程或合伙人协议。

④ 企业法定代表人、企业负责人和技术负责人的身份证明、工作简历及任命（聘用）文件。

⑤ 工程监理企业资质申请表中所列注册监理工程师及其他注册执业人员的注册执业证书。

⑥ 有关企业质量管理体系、技术和档案等管理制度的证明材料。

⑦ 有关工程试验检测设备的证明材料。

取得专业资质的企业申请晋升专业资质等级或者取得专业甲级资质的企业申请综合资质的，除前款规定的材料外，还应当提交企业原工程监理企业资质证书正、副本复印件，企业《监理业务手册》及近两年已完成代表工程的监理合同、监理规划、工程竣工验收报告及监理工作总结。

（2）资质证书不予批准

工程监理企业有下列行为，资质许可机关不予批准：

① 与建设单位串通投标或者与其他工程监理企业串通投标，以行贿手段谋取中标。

② 与建设单位或者施工单位串通弄虚作假、降低工程质量。

③ 将不合格的建设工程、建筑材料、建筑构配件和设备按照合格签字。

④ 超越本企业资质等级或以其他企业名义承揽监理业务。

⑤ 允许其他单位或个人以本企业的名义承揽工程。

⑥ 将承揽的监理业务转包。

⑦ 在监理过程中实施商业贿赂。

⑧ 涂改、伪造、出借、转让工程监理企业资质证书。

⑨ 其他违反法律法规的行为。

4. 资质证书和有效期

工程监理企业资质证书分为正本和副本，每套资质证书包括一本正本，四本副本。正、副本具有同等法律效力。工程监理企业资质证书的有效期为5年。工程监理企业资质证书由国务院住房城乡建设主管部门统一印制并发放。

资质有效期届满，工程监理企业需要继续从事工程监理活动的，应当在资质证书有效期届满60日前，向原资质许可机关申请办理延续手续。对在资质有效期内遵守有关法律、法规、规章、技术标准，信用档案中无不良记录，且专业技术人员满足资质标准要求的企业，经资质许可机关同意，有效期延续5年。

5. 资质证书变更和补发

工程监理企业在资质证书有效期内名称、地址、注册资本、法定代表人等发生变更的，应当在工商行政管理部门办理变更手续后 30 日内办理资质证书变更手续。

涉及综合资质、专业甲级资质证书中企业名称变更的，由国务院住房城乡建设主管部门负责办理，并自受理申请之日起 3 日内办理变更手续。

前款规定以外的资质证书变更手续，由省、自治区、直辖市人民政府住房城乡建设主管部门负责办理。省、自治区、直辖市人民政府住房城乡建设主管部门应当自受理申请之日起 3 日内办理变更手续，并在办理资质证书变更手续后 15 日内将变更结果报国务院住房城乡建设主管部门备案。

（1）申请资质证书变更，应当提交以下材料：

① 资质证书变更的申请报告。

② 企业法人营业执照副本原件。

③ 工程监理企业资质证书正、副本原件。

工程监理企业改制的，除前款规定材料外，还应当提交企业职工代表大会或股东大会关于企业改制或股权变更的决议、企业上级主管部门关于企业申请改制的批复文件。

工程监理企业合并的，合并后存续或者新设立的工程监理企业可以承继合并前各方中较高的资质等级，但应当符合相应的资质等级条件。

工程监理企业分立的，分立后企业的资质等级，根据实际达到的资质条件，按照本规定的审批程序核定。

（2）资质证书补发

企业需增补工程监理企业资质证书的（含增加、更换、遗失补办），应当持资质证书增补申请及电子文档等材料向资质许可机关申请办理。遗失资质证书的，在申请补办前应当在公众媒体刊登遗失声明。资质许可机关应当自受理申请之日起 3 日内予以办理。

6. 资质的监督管理

国务院住房城乡建设主管部门负责全国工程监理企业资质的统一监督管理工作。国务院铁路、交通、水利、信息产业、民航等有关部门配合国务院住房城乡建设主管部门实施相关资质类别工程监理企业资质的监督管理工作。

省、自治区、直辖市人民政府住房城乡建设主管部门负责本行政区域内工程监理企业资质的统一监督管理工作。省、自治区、直辖市人民政府交通、水利、信息产业等有关部门配合同级住房城乡建设主管部门实施相关资质类别工程监理企业资质的监督管理工作。

工程监理行业组织应当加强工程监理行业自律管理。鼓励工程监理企业加入工程监理行业组织。

（1）建设主管部门履行监督检查职责时，有权采取下列措施：

① 要求被检查单位提供工程监理企业资质证书、注册监理工程师注册执业证书，有关工程监理业务的文档，有关质量管理、安全生产管理、档案管理等企业内部管理制度的文件。

② 进入被检查单位进行检查，查阅相关资料。

③ 纠正违反有关法律、法规和本规定及有关规范和标准的行为。

（2）建设主管部门进行监督检查时，应当有两名以上监督检查人员参加，并出示执法证件，不得妨碍被检查单位的正常经营活动，不得索取或者收受财物、谋取其他利益。

有关单位和个人对依法进行的监督检查应当协助与配合，不得拒绝或者阻挠。

监督检查机关应当将监督检查的处理结果向社会公布。

（3）工程监理企业违法从事工程监理活动的，违法行为发生地的县级以上地方人民政府住房城乡建设主管部门应当依法查处，并将违法事实、处理结果或处理建议及时报告该工程监理企业资质的许可机关。

（4）工程监理企业取得工程监理企业资质后不再符合相应资质条件的，资质许可机关根据利害关系人的请求或者依据职权，可以责令其限期改正。逾期不改的，可以撤回其资质。

（5）工程监理企业应当按照有关规定，向资质许可机关提供真实、准确、完整的工程监理企业的信用档案信息。

工程监理企业的信用档案应当包括基本情况、业绩、工程质量和安全、合同违约等情况。被投诉举报和处理、行政处罚等情况应当作为不良行为记入其信用档案。

工程监理企业的信用档案信息按照有关规定向社会公示，公众有权查阅。

7. 资质注销

（1）有下列情形之一的，资质许可机关或者其上级机关，根据利害关系人的请求或者依据职权，可以撤销工程监理企业资质：

① 资质许可机关工作人员滥用职权、玩忽职守作出准予工程监理企业资质许可的。

② 超越法定职权作出准予工程监理企业资质许可的。

③ 违反资质审批程序作出准予工程监理企业资质许可的。

④ 对不符合许可条件的申请人作出准予工程监理企业资质许可的。

⑤ 依法可以撤销资质证书的其他情形。

以欺骗、贿赂等不正当手段取得工程监理企业资质证书的，应当予以撤销。

（2）有下列情形之一的，工程监理企业应当及时向资质许可机关提出注销资质的申请，交回资质证书，国务院住房城乡建设主管部门应当办理注销手续，公告其资质证书作废：

① 资质证书有效期届满，未依法申请延续的。

② 工程监理企业依法终止的。

③ 工程监理企业资质依法被撤销、撤回或吊销的。

④ 法律、法规规定的应当注销资质的其他情形。

8. 法律责任

(1) 申请人隐瞒有关情况或者提供虚假材料申请工程监理企业资质的，资质许可机关不予受理或者不予行政许可，并给予警告，申请人在1年内不得再次申请工程监理企业资质。

(2) 以欺骗、贿赂等不正当手段取得工程监理企业资质证书的，由县级以上地方人民政府住房城乡建设主管部门或者有关部门给予警告，并处1万元以上2万元以下的罚款，申请人3年内不得再次申请工程监理企业资质。

(3) 工程监理企业有本规定第十六条第七项、第八项行为之一的，由县级以上地方人民政府住房城乡建设主管部门或者有关部门予以警告，责令其改正，并处1万元以上3万元以下的罚款；造成损失的，依法承担赔偿责任；构成犯罪的，依法追究刑事责任。

(4) 违反本规定，工程监理企业不及时办理资质证书变更手续的，由资质许可机关责令限期办理。逾期不办理的，可处1千元以上1万元以下的罚款。

(5) 工程监理企业未按照本规定要求提供工程监理企业信用档案信息的，由县级以上地方人民政府住房城乡建设主管部门予以警告，责令限期改正；逾期未改正的，可处1千元以上1万元以下的罚款。

(6) 县级以上地方人民政府住房城乡建设主管部门依法给予工程监理企业行政处罚的，应当将行政处罚决定以及给予行政处罚的事实、理由和依据，报国务院住房城乡建设主管部门备案。

(7) 县级以上人民政府住房城乡建设主管部门及有关部门有下列情形之一的，由其上级行政主管部门或者监察机关责令改正，对直接负责的主管人员和其他直接责任人员依法给予处分；构成犯罪的，依法追究刑事责任。

① 对不符合本规定条件的申请人准予工程监理企业资质许可的。

② 对符合本规定条件的申请人不予工程监理企业资质许可或者不在法定期限内作出准予许可决定的。

③ 对符合法定条件的申请不予受理或者未在法定期限内初审完毕的。

④ 利用职务上的便利，收受他人财物或者其他好处的。

⑤ 不依法履行监督管理职责或者监督不力，造成严重后果的。

## 二、工程造价咨询企业资质审查

为了加强对工程造价咨询企业的管理，提高工程造价咨询工作质量，维护建设市场秩序和社会公共利益，根据《中华人民共和国行政许可法》《国务院对确需保留的行政审批项目设定行政许可的决定》，2006 年 3 月 22 日以住房和城乡建设部令 149 号颁布的《工程造价咨询企业管理办法》（以下简称本办法）自 2006 年 7 月 1 日起施行。2015 年 5 月 4 日住房和城乡建设部令第 24 号第一次修改，2016 年 9 月 13 日住房和城乡建设部令第 32 号第二次修改，2020 年 2 月 19 日住房和城乡建设部令第 50 号第三次修改。《工程造价咨询企业管理办法》规定，在中华人民共和国境内从事工程造价咨询活动，实施对工程造价咨询企业的监督管理，应当遵守本办法。本办法所称工程造价咨询企业，是指接受委托，对建设项目投资、工程造价的确定与控制提供专业咨询服务的企业。

1. 资质类别、资质等级与业务范围

工程造价咨询企业资质等级分为甲级、乙级。工程造价咨询企业依法从事工程造价咨询活动，不受行政区域限制。甲级工程造价咨询企业可以从事各类建设项目的工程造价咨询业务。乙级工程造价咨询企业可以从事工程造价 2 亿元人民币以下各类建设项目的工程造价咨询业务。

（1）甲级工程造价咨询企业资质标准如下：

① 已取得乙级工程造价咨询企业资质证书满 3 年。

② 技术负责人已取得一级造价工程师注册证书，并具有工程或工程经济类高级专业技术职称，且从事工程造价专业工作 15 年以上。

③ 专职从事工程造价专业工作的人员（以下简称专职专业人员）不少于 12 人，其中，具有工程（或工程经济类）中级以上专业技术职称或者取得二级造价工程师注册证书的人员合计不少于 10 人；取得一级造价工程师注册证书的人员不少于 6 人，其他人员具有从事工程造价专业工作的经历。

④ 企业与专职专业人员签订劳动合同，且专职专业人员符合国家规定的职业年龄（出资人除外）。

⑤ 企业近 3 年工程造价咨询营业收入累计不低于人民币 500 万元。

⑥ 企业为本单位专职专业人员办理的社会基本养老保险手续齐全。

⑦ 在申请核定资质等级之日前 3 年内无《工程造价咨询企业管理办法》第二十五条禁止的行为。

（2）乙级工程造价咨询企业资质标准如下：

① 技术负责人已取得一级造价工程师注册证书，并具有工程或工程经济类高级专业技术职称，且从事工程造价专业工作 10 年以上。

② 专职专业人员不少于 6 人，其中，具有工程（或工程经济类）中级以上专业技术职称或者取得二级造价工程师注册证书的人员合计不少于 4 人；取得一级造价工程师注册证书的人员不少于 3 人，其他人员具有从事工程造价专业工作的经历。

③ 企业与专职专业人员签订劳动合同，且专职专业人员符合国家规定的职业年龄（出资人除外）。

④ 企业为本单位专职专业人员办理的社会基本养老保险手续齐全。

⑤ 暂定期内工程造价咨询营业收入累计不低于人民币 50 万元。

⑥ 申请核定资质等级之日前无《工程造价咨询企业管理办法》第二十五条禁止的行为。

（3）工程造价咨询业务范围包括：

① 建设项目建议书及可行性研究投资估算、项目经济评价报告的编制和审核。

② 建设项目概预算的编制与审核，并配合设计方案比选、优化设计、限额设计等工作进行工程造价分析与控制。

③ 建设项目合同价款的确定（包括招标工程工程量清单和标底、投标报价的编制和审核）；合同价款的签订与调整（包括工程变更、工程洽商和索赔费用的计算）及工程款支付，工程结算及竣工结（决）算报告的编制与审核等。

④ 工程造价经济纠纷的鉴定和仲裁的咨询。

⑤ 提供工程造价信息服务等。

工程造价咨询企业可以对建设项目的组织实施进行全过程或者若干阶段的管理和服务。

2. 资质审批

（1）甲级工程造价咨询企业资质，由国务院住房城乡建设主管部门审批。

申请甲级工程造价咨询企业资质的，可以向申请人工商注册所在地省、自治区、直辖市人民政府住房城乡建设主管部门或者国务院有关专业部门提交申请材料。

省、自治区、直辖市人民政府住房城乡建设主管部门或者国务院有关专业部门收到申请材料后，应当在 5 日内将全部申请材料报国务院住房城乡建设主管部门，国务院住房城乡建设主管部门应当自受理之日起 20 日内作出决定。

组织专家评审所需时间不计算在上述时限内，但应当明确告知申请人。

（2）申请乙级工程造价咨询企业资质的，由省、自治区、直辖市人民政府住房城乡建设主管部门审查决定。其中，申请有关专业乙级工程造价咨询企业资质的，由省、自治区、直辖市人民政府住房城乡建设主管部门商同级有关专业部门审查决定。

乙级工程造价咨询企业资质许可的实施程序由省、自治区、直辖市人民政府住房城乡建设主管部门依法确定。

省、自治区、直辖市人民政府住房城乡建设主管部门应当自作出决定之日起 30 日内，将准予资质许可的决定报国务院住房城乡建设主管部门备案。

3. 资质申请

（1）企业在申请工程造价咨询甲级（或乙级）资质，以及在资质延续、变更时，应当提交下列申报材料：

① 工程造价咨询企业资质申请书（含企业法定代表人承诺书）。

② 专职专业人员（含技术负责人）的中级以上专业技术职称证书和身份证。

③ 企业开具的工程造价咨询营业收入发票和对应的工程造价咨询合同（如发票能体现工程造价咨询业务的，可不提供对应的工程造价咨询合同；新申请工程造价咨询企业资质的，不需提供）。

④ 工程造价咨询企业资质证书（新申请工程造价咨询企业资质的，不需提供）。

⑤ 企业营业执照。

（2）申请资质升级

企业在申请工程造价咨询甲级（或乙级）资质，以及在资质延续、变更时，企业法定代表人应当对下列事项进行承诺，并由资质许可机关调查核实：

① 企业与专职专业人员签订劳动合同。

② 企业缴纳营业收入的增值税。

③ 企业为专职专业人员（含技术负责人）缴纳本年度社会基本养老保险费用。

新申请工程造价咨询企业资质的，其资质等级按照《工程造价咨询企业管理办法》第十条第（一）项至第（四）项所列资质标准核定为乙级，设暂定期一年。

暂定期届满需继续从事工程造价咨询活动的，应当在暂定期届满 30 日前，向资质许可机关申请换发资质证书。符合乙级资质条件的，由资质许可机关换发资质证书。

4. 资质证书和有效期

准予资质许可的，资质许可机关应当向申请人颁发工程造价咨询企业资质证书。工程造价咨询企业资质证书由国务院住房城乡建设主管部门统一印制，分正本和副本。正本和副本具有同等法律效力。工程造价咨询企业遗失资质证书的，应当向资质许可机关申请补办，由资质许可机关在官网发布信息。

工程造价咨询企业资质有效期为 3 年。资质有效期届满，需要继续从事工程造价咨询活动的，应当在资质有效期届满 30 日前向资质许可机关提出资质延续申请。资质许可机关应当根据申请作出是否准予延续的决定。准予延续的，资质有效期延续 3 年。

5. 资质变更和补发

工程造价咨询企业的名称、住所、组织形式、法定代表人、技术负责人、注册资本等事项发生变更的，应当自变更确立之日起 30 日内，到资质许可机关办理资质证书变更手续。

工程造价咨询企业合并的，合并后存续或者新设立的工程造价咨询企业可以承继合并前各方中较高的资质等级，但应当符合相应的资质等级条件。

工程造价咨询企业分立的，只能由分立后的一方承继原工程造价咨询企业资质，但应当符合原工程造价咨询企业资质等级条件。

6. 监督与管理

工程造价咨询企业应当依法取得工程造价咨询企业资质，并在其资质等级许可的范围内从事工程造价咨询活动。工程造价咨询企业从事工程造价咨询活动，应当遵循独立、客观、公正、诚实信用的原则，不得损害社会公共利益和他人的合法权益。任何单位和个人不得非法干预依法进行的工程造价咨询活动。

国务院住房城乡建设主管部门负责全国工程造价咨询企业的统一监督管理工作。省、自治区、直辖市人民政府住房城乡建设主管部门负责本行政区域内工程造价咨询企业的监督管理工作。有关专业部门负责对本专业工程造价咨询企业实施监督管理。

工程造价咨询行业组织应当加强行业自律管理。鼓励工程造价咨询企业加入工程造价咨询行业组织。

（1）工程造价咨询企业在承接各类建设项目的工程造价咨询业务时，应当与委托人订立书面工程造价咨询合同。

工程造价咨询企业与委托人可以参照《建设工程造价咨询合同》（示范文本）订立合同。

（2）工程造价咨询企业从事工程造价咨询业务，应当按照有关规定的要求出具工程造价成果文件。

工程造价成果文件应当由工程造价咨询企业加盖有企业名称、资质等级及证书编号的执业印章，并由执行咨询业务的注册造价工程师签字、加盖执业印章。

（3）工程造价咨询企业跨省、自治区、直辖市承接工程造价咨询业务的，应当自承接业务之日起30日内到建设工程所在地省、自治区、直辖市人民政府住房城乡建设主管部门备案。

（6）工程造价咨询收费应当按照有关规定，由当事人在建设工程造价咨询合同中约定。

（7）工程造价咨询企业不得有下列行为：

① 涂改、倒卖、出租、出借资质证书，或者以其他形式非法转让资质证书。

② 超越资质等级业务范围承接工程造价咨询业务。

③ 同时接受招标人和投标人或两个以上投标人对同一工程项目的工程造价咨询业务。

④ 以给予回扣、恶意压低收费等方式进行不正当竞争。

⑤ 转包承接的工程造价咨询业务。

⑥ 法律、法规禁止的其他行为。

（8）除法律、法规另有规定外，未经委托人书面同意，工程造价咨询企业不得对外提供工程造价咨询服务过程中获知的当事人的商业秘密和业务资料。

（9）县级以上地方人民政府住房城乡建设主管部门、有关专业部门应当依照有关法律、法规和本办法的规定，对工程造价咨询企业从事工程造价咨询业务的活动实施监督检查。

（10）监督检查机关履行监督检查职责时，有权采取下列措施：

① 要求被检查单位提供工程造价咨询企业资质证书、造价工程师注册证书，有关工程造价咨询业务的文档，有关技术档案管理制度、质量控制制度、财务管理制度的文件。

② 进入被检查单位进行检查，查阅工程造价咨询成果文件以及工程造价咨询合同等相关资料。

③ 纠正违反有关法律、法规和本办法及执业规程规定的行为。

监督检查机关应当将监督检查的处理结果向社会公布。

（11）监督检查机关进行监督检查时，应当有两名以上监督检查人员参加，并出示执法证件，不得妨碍被检查单位的正常经营活动，不得索取或者收受财物、谋取其他利益。

有关单位和个人对依法进行的监督检查应当协助与配合，不得拒绝或者阻挠。

（12）工程造价咨询企业应当按照有关规定，向资质许可机关提供真实、准确、完整的工程造价咨询企业信用档案信息。

工程造价咨询企业信用档案应当包括工程造价咨询企业的基本情况、业绩、良好行为、不良行为等内容。违法行为、被投诉举报处理、行政处罚等情况应当作为工程造价咨询企业的不良记录记入其信用档案。

任何单位和个人有权查阅信用档案。

7. 资质撤销或注销

（1）有下列情形之一的，资质许可机关或者其上级机关，根据利害关系人的请求或者依据职权，可以撤销工程造价咨询企业资质：

① 资质许可机关工作人员滥用职权、玩忽职守作出准予工程造价咨询企业资质许可的。

② 超越法定职权作出准予工程造价咨询企业资质许可的。

③ 违反法定程序作出准予工程造价咨询企业资质许可的。

④ 对不具备行政许可条件的申请人作出准予工程造价咨询企业资质许可的。

⑤ 依法可以撤销工程造价咨询企业资质的其他情形。

工程造价咨询企业以欺骗、贿赂等不正当手段取得工程造价咨询企业资质的，应当予以撤销。

（2）工程造价咨询企业取得工程造价咨询企业资质后，不再符合相应资质条件的，资质许可机关根据利害关系人的请求或者依据职权，可以责令其限期改正；逾期不改的，可以撤回其资质。

（3）有下列情形之一的，资质许可机关应当依法注销工程造价咨询企业资质：

① 工程造价咨询企业资质有效期满，未申请延续的。

② 工程造价咨询企业资质被撤销、撤回的。

③ 工程造价咨询企业依法终止的。

④ 法律、法规规定的应当注销工程造价咨询企业资质的其他情形。

8. 法律责任

（1）申请人隐瞒有关情况或者提供虚假材料申请工程造价咨询企业资质的，不予受理或者不予资质许可，并给予警告，申请人在1年内不得再次申请工程造价咨询企业资质。

（2）以欺骗、贿赂等不正当手段取得工程造价咨询企业资质的，由县级以上地方人民政府住房城乡建设主管部门或者有关专业部门给予警告，并处以1万元以上3万元以下的罚款，申请人3年内不得再次申请工程造价咨询企业资质。

（3）未取得工程造价咨询企业资质从事工程造价咨询活动或者超越资质等级承接工程造价咨询业务的，出具的工程造价成果文件无效，由县级以上地方人民政府住房城乡建设主管部门或者有关专业部门给予警告，责令限期改正，并处以1万元以上3万元以下的罚款。

（4）违反《工程造价咨询企业管理办法》第十七条规定，工程造价咨询企业不及时办理资质证书变更手续的，由资质许可机关责令限期办理；逾期不办理的，可处以1万元以下的罚款。

（5）违反《工程造价咨询企业管理办法》第二十三条规定，跨省、自治区、直辖市承接业务不备案的，由县级以上地方人民政府住房城乡建设主管部门或者有关专业部门给予警告，责令限期改正；逾期未改正的，可处以5000元以上2万元以下的罚款。

（6）工程造价咨询企业有《工程造价咨询企业管理办法》第二十五条行为之一的，由县级以上地方人民政府住房城乡建设主管部门或者有关专业部门给予警告，责令限期改正，并处以1万元以上3万元以下的罚款。

（7）资质许可机关有下列情形之一的，由其上级行政主管部门或者监察机关责令改正，对直接负责的主管人员和其他直接责任人员依法给予处分；构成犯罪的，依法追究刑事责任：

① 对不符合法定条件的申请人准予工程造价咨询企业资质许可或者超越职权作出准予工程造价咨询企业资质许可决定的；

② 对符合法定条件的申请人不予工程造价咨询企业资质许可或者不在法定期限内作出准予工程造价咨询企业资质许可决定的；

③ 利用职务上的便利，收受他人财物或者其他利益的；

④ 不履行监督管理职责，或者发现违法行为不予查处的。

## 三、房地产估价机构资质审查

为了规范房地产估价机构行为，维护房地产估价市场秩序，保障房地产估价活动当事人合法权益，根据《中华人民共和国城市房地产管理法》《中华人民共和国行政许可法》和《国务院对确需保留的行政审批项目设定行政许可的决定》等法律、行政法规，已于2013年10月16日以住房和城乡建设部第14号令修正《房地产估价机构管理办法》（建设部令第142号）（以下简称本办法），自发布之日起施行。1997年1月9日原建设部颁布的《关于房地产价格评估机构资格等级管理的若干规定》（建房〔1997〕12号）同时废止。在我境内申请房地产估价机构资质，从事房地产估价活动，对房地产估价机构实施监督管理，适用该办法。

房地产估价机构，是指依法设立并取得房地产估价机构资质，从事房地产估价活动的中介服务机构。本办法所称房地产估价活动，包括土地、建筑物、构筑物、在建工程、以房地产为主的企业整体资产、企业整体资产中的房地产等各类房地产评估，以及因转让、抵押、房屋征收、司法鉴定、课税、公司上市、企业改制、企业清算、资产重组、资产处置等需要进行的房地产评估。

房地产估价机构从事房地产估价活动，应当坚持独立、客观、公正的原则，执行房地产估价规范和标准。地产估价机构依法从事房地产估价活动，不受行政区域、行业限制。任何组织或者个人不得非法干预房地产估价活动和估价结果。

1. 估价机构资质类别、等级标准和业务范围

房地产估价机构资质等级分为一、二、三级。

（1）一级资质

① 机构名称有房地产估价或者房地产评估字样。

② 从事房地产估价活动连续6年以上，且取得二级房地产估价机构资质3年以上。

③ 有15名以上专职注册房地产估价师。

④ 在申请核定资质等级之日前3年平均每年完成估价标的物建筑面积50万$m^2$以上或者土地面积25万$m^2$以上。

⑤ 法定代表人或者执行合伙人是注册后从事房地产估价工作3年以上的专职注册房地产估价师。

⑥ 有限责任公司的股东中有3名以上、合伙企业的合伙人中有2名以上专职注册房地产估价师，股东或者合伙人中有一半以上是注册后从事房地产估价工作3年以上的专职注册房地产估价师。

⑦ 有限责任公司的股份或者合伙企业的出资额中专职注册房地产估价师的股份或者出资额合计不低于60%。

⑧ 有固定的经营服务场所。

⑨ 估价质量管理、估价档案管理、财务管理等各项企业内部管理制度健全。

⑩ 随机抽查的 1 份房地产估价报告符合《房地产估价规范》的要求。

⑪ 在申请核定资质等级之日前 3 年内无本办法第三十三条禁止的行为。

（2）二级资质

① 机构名称有房地产估价或者房地产评估字样。

② 取得三级房地产估价机构资质后从事房地产估价活动连续 4 年以上。

③ 有 8 名以上专职注册房地产估价师。

④ 在申请核定资质等级之日前 3 年平均每年完成估价标的物建筑面积 30 万 $m^2$ 以上或者土地面积 15 万 $m^2$ 以上。

⑤ 法定代表人或者执行合伙人是注册后从事房地产估价工作 3 年以上的专职注册房地产估价师。

⑥ 有限责任公司的股东中有 3 名以上、合伙企业的合伙人中有 2 名以上专职注册房地产估价师，股东或者合伙人中有一半以上是注册后从事房地产估价工作 3 年以上的专职注册房地产估价师。

⑦ 有限责任公司的股份或者合伙企业的出资额中专职注册房地产估价师的股份或者出资额合计不低于 60％。

⑧ 有固定的经营服务场所。

⑨ 估价质量管理、估价档案管理、财务管理等各项企业内部管理制度健全。

⑩ 随机抽查的 1 份房地产估价报告符合《房地产估价规范》的要求。

⑪ 在申请核定资质等级之日前 3 年内无本办法第三十三条禁止的行为。

（3）三级资质

① 机构名称有房地产估价或者房地产评估字样。

② 有 3 名以上专职注册房地产估价师。

③ 在暂定期内完成估价标的物建筑面积 8 万 $m^2$ 以上或者土地面积 3 万 $m^2$ 以上。

④ 法定代表人或者执行合伙人是注册后从事房地产估价工作 3 年以上的专职注册房地产估价师。

⑤ 有限责任公司的股东中有 2 名以上、合伙企业的合伙人中有 2 名以上专职注册房地产估价师，股东或者合伙人中有一半以上是注册后从事房地产估价工作 3 年以上的专职注册房地产估价师。

⑥ 有限责任公司的股份或者合伙企业的出资额中专职注册房地产估价师的股份或者出资额合计不低于 60％。

⑦ 有固定的经营服务场所。

⑧ 估价质量管理、估价档案管理、财务管理等各项企业内部管理制度健全。

⑨ 随机抽查的 1 份房地产估价报告符合《房地产估价规范》的要求。

⑩ 在申请核定资质等级之日前 3 年内无本办法第三十三条禁止的行为。

(4) 业务范围

一级资质房地产估价机构可以从事各类房地产估价业务。二级资质房地产估价机构可以从事除公司上市、企业清算以外的房地产估价业务。三级资质房地产估价机构可以从事除公司上市、企业清算、司法鉴定以外的房地产估价业务。暂定期内的三级资质房地产估价机构可以从事除公司上市、企业清算、司法鉴定、房屋征收、在建工程抵押以外的房地产估价业务。

2. 资质审批

申请核定房地产估价机构资质的，应当向设区的市人民政府房地产主管部门提出申请，并提交本办法规定的材料。

设区的市人民政府房地产主管部门应当自受理申请之日起 20 日内审查完毕，并将初审意见和全部申请材料报省、自治区人民政府住房城乡建设主管部门、直辖市人民政府房地产主管部门。

省、自治区人民政府住房城乡建设主管部门、直辖市人民政府房地产主管部门应当自受理申请材料之日起 20 日内作出决定。

省、自治区人民政府住房城乡建设主管部门、直辖市人民政府房地产主管部门应当在作出资质许可决定之日起 10 日内，将准予资质许可的决定报国务院住房城乡建设主管部门备案。

3. 资质申请

(1) 申请核定房地产估价机构资质等级应当如实向资质许可机关提交下列材料：

① 房地产估价机构资质等级申请表（一式二份，加盖申报机构公章）。

② 房地产估价机构原资质证书正本复印件、副本原件。

③ 营业执照正、副本复印件（加盖申报机构公章）。

④ 法定代表人或者执行合伙人的任职文件复印件（加盖申报机构公章）。

⑤ 专职注册房地产估价师证明。

⑥固定经营服务场所的证明。

⑦ 经工商行政管理部门备案的公司章程或者合伙协议复印件（加盖申报机构公章）及有关估价质量管理、估价档案管理、财务管理等企业内部管理制度的文件、申报机构信用档案信息。

⑧ 随机抽查的在申请核定资质等级之日前 3 年内申报机构所完成的 1 份房地产估价报告复印件（一式二份，加盖申报机构公章）。

申请人应当对其提交的申请材料实质内容的真实性负责。

新设立的中介服务机构申请房地产估价机构资质的，应当提供以上第①项、第③

项至第⑧项材料。新设立中介服务机构的房地产估价机构资质等级应当核定为三级资质，设1年的暂定期。

(2) 申请资质升级的企业除提供上述 (1) 中所列材料，还须提供如下材料：

① 房地产估价机构原资质证书正本复印件、副本原件。

② 随机抽查的在申请核定资质等级之日前3年内申报机构所完成的1份房地产估价报告复印件（一式二份，加盖申报机构公章）。

房地产估价机构应当由自然人出资，以有限责任公司或者合伙企业形式设立。申请人应当对其提交的申请材料实质内容的真实性负责。

4. 资质证书和有效期

房地产估价机构资质证书分为正本和副本，由国务院建设行政主管部门统一印制，正、副本具有同等法律效力。房地产估价机构资质有效期为3年。

资质有效期届满，房地产估价机构需要继续从事房地产估价活动的，应当在资质有效期届满30日前向资质许可机关提出资质延续申请。资质许可机关应当根据申请作出是否准予延续的决定。准予延续的，有效期延续3年。

在资质有效期内遵守有关房地产估价的法律、法规、规章、技术标准和职业道德的房地产估价机构，经原资质许可机关同意，不再审查，有效期延续3年。

5. 资质变更和补发

房地产估价机构的名称、法定代表人或者执行合伙人、注册资本或者出资额、组织形式、住所等事项发生变更的，应当在工商行政管理部门办理变更手续后30日内，到资质许可机关办理资质证书变更手续。

房地产估价机构合并的，合并后存续或者新设立的房地产估价机构可以承继合并前各方中较高的资质等级，但应当符合相应的资质等级条件。

房地产估价机构分立的，只能由分立后的一方房地产估价机构承继原房地产估价机构资质，但应当符合原房地产估价机构资质等级条件。承继原房地产估价机构资质的一方由各方协商确定，其他各方按照新设立的中介服务机构申请房地产估价机构资质。

房地产估价机构遗失资质证书的，应当在公众媒体上声明作废后，申请补办。

6. 资质监督管理

国务院住房城乡建设主管部门负责全国房地产估价机构的监督管理工作。省、自治区人民政府住房城乡建设主管部门、直辖市人民政府房地产行政主管部门负责本行政区域内房地产估价机构的监督管理工作。

市、县人民政府房地产行政主管部门负责本行政区域内房地产估价机构的监督管理工作。县级以上人民政府房地产行政主管部门应当依照有关法律、法规和本办法的规定，对房地产估价机构和分支机构的设立、估价业务及执行房地产估价规范和标准的情况实施监督检查。

1）分支机构的设立

一级资质房地产估价机构可以按照本办法第二十条的规定设立分支机构。二、三级资质房地产估价机构不得设立分支机构。

分支机构应当以设立该分支机构的房地产估价机构的名义出具估价报告，并加盖该房地产估价机构公章。

（1）分支机构应当具备下列条件：

① 名称采用“房地产估价机构名称＋分支机构所在地行政区划名＋分公司（分所）”的形式。

② 分支机构负责人应当是注册后从事房地产估价工作 3 年以上并无不良执业记录的专职注册房地产估价师。

③ 在分支机构所在地有 3 名以上专职注册房地产估价师。

④ 有固定的经营服务场所。

⑤ 估价质量管理、估价档案管理、财务管理等各项内部管理制度健全。

注册于分支机构的专职注册房地产估价师，不计入设立分支机构的房地产估价机构的专职注册房地产估价师人数。

（2）新设立的分支机构，应当自领取分支机构营业执照之日起 30 日内，到分支机构工商注册所在地的省、自治区人民政府住房城乡建设主管部门、直辖市人民政府房地产行政主管部门备案。

省、自治区人民政府住房城乡建设主管部门、直辖市人民政府房地产行政主管部门应当在接受备案后 10 日内，告知分支机构工商注册所在地的市、县人民政府房地产行政主管部门，并报国务院住房城乡建设主管部门备案。

（3）分支机构备案，应当提交下列材料：

① 分支机构的营业执照复印件。

② 房地产估价机构资质证书正本复印件。

③ 分支机构及设立该分支机构的房地产估价机构负责人的身份证明。

④ 拟在分支机构执业的专职注册房地产估价师注册证书复印件。

（4）分支机构变更名称、负责人、住所等事项或房地产估价机构撤销分支机构，应当在工商行政管理部门办理变更或者注销登记手续后 30 日内，报原备案机关备案。

2）从事房地产估价活动的机构，应当依法取得房地产估价机构资质，并在其资质等级许可范围内从事估价业务。

3）房地产估价业务应当由房地产估价机构统一接受委托，统一收取费用。

房地产估价师不得以个人名义承揽估价业务，分支机构应当以设立该分支机构的房地产估价机构名义承揽估价业务。

4）房地产估价机构及执行房地产估价业务的估价人员与委托人或者估价业务相对人有利害关系的，应当回避。

5）房地产估价机构承揽房地产估价业务，应当与委托人签订书面估价委托合同。估价委托合同应当包括下列内容：

① 委托人的名称或者姓名和住所。

② 估价机构的名称和住所。

③ 估价对象。

④ 估价目的。

⑤ 估价时点。

⑥ 委托人的协助义务。

⑦ 估价服务费及其支付方式。

⑧ 估价报告交付的日期和方式。

⑨ 违约责任。

⑩ 解决争议的方法。

6）房地产估价机构未经委托人书面同意，不得转让受托的估价业务。

经委托人书面同意，房地产估价机构可以与其他房地产估价机构合作完成估价业务，以合作双方的名义共同出具估价报告。

7）委托人及相关当事人应当协助房地产估价机构进行实地查勘，如实向房地产估价机构提供估价所必需的资料，并对其所提供资料的真实性负责。

8）房地产估价机构和注册房地产估价师因估价需要向房地产行政主管部门查询房地产交易、登记信息时，房地产行政主管部门应当提供查询服务，但涉及国家秘密、商业秘密和个人隐私的内容除外。

9）房地产估价报告应当由房地产估价机构出具，加盖房地产估价机构公章，并有至少 2 名专职注册房地产估价师签字。

10）房地产估价机构不得有下列行为：

① 涂改、倒卖、出租、出借或者以其他形式非法转让资质证书。

② 超越资质等级业务范围承接房地产估价业务。

③ 以迎合高估或者低估要求、给予回扣、恶意压低收费等方式进行不正当竞争。

④ 违反房地产估价规范和标准。

⑤ 出具有虚假记载、误导性陈述或者重大遗漏的估价报告。

⑥ 擅自设立分支机构。

⑦ 未经委托人书面同意，擅自转让受托的估价业务。

⑧ 法律、法规禁止的其他行为。

11）房地产估价机构应当妥善保管房地产估价报告及相关资料。

房地产估价报告及相关资料的保管期限自估价报告出具之日起不得少于10年。保管期限届满而估价服务的行为尚未结束的，应当保管到估价服务的行为结束为止。

12）除法律、法规另有规定外，未经委托人书面同意，房地产估价机构不得对外提供估价过程中获知的当事人的商业秘密和业务资料。

13）房地产估价机构应当加强对执业人员的职业道德教育和业务培训，为本机构的房地产估价师参加继续教育提供必要的条件。

14）县级以上人民政府房地产行政主管部门履行监督检查职责时，有权采取下列措施：

① 要求被检查单位提供房地产估价机构资质证书、房地产估价师注册证书，有关房地产估价业务的文档，有关估价质量管理、估价档案管理、财务管理等企业内部管理制度的文件。

② 进入被检查单位进行检查，查阅房地产估价报告以及估价委托合同、实地查勘记录等估价相关资料。

③ 纠正违反有关法律、法规和本办法及房地产估价规范和标准的行为。

县级以上人民政府房地产行政主管部门应当将监督检查的处理结果向社会公布。

15）县级以上人民政府房地产行政主管部门进行监督检查时，应当有两名以上监督检查人员参加，并出示执法证件，不得妨碍被检查单位的正常经营活动，不得索取或者收受财物、谋取其他利益。

有关单位和个人对依法进行的监督检查应当协助与配合，不得拒绝或者阻挠。

16）房地产估价机构违法从事房地产估价活动的，违法行为发生地的县级以上地方人民政府房地产行政主管部门应当依法查处，并将违法事实、处理结果及处理建议及时报告该估价机构资质的许可机关。

17）资质许可机关或者房地产估价行业组织应当建立房地产估价机构信用档案。

房地产估价机构应当按照要求提供真实、准确、完整的房地产估价信用档案信息。

房地产估价机构信用档案应当包括房地产估价机构的基本情况、业绩、良好行为、不良行为等内容。违法行为、被投诉举报处理、行政处罚等情况应当作为房地产估价机构的不良记录记入其信用档案。

房地产估价机构的不良行为应当作为该机构法定代表人或者执行合伙人的不良行为记入其信用档案。

任何单位和个人有权查阅信用档案。

房地产估价行业组织应当加强房地产估价行业自律管理。鼓励房地产估价机构加入房地产估价行业组织。

7. 资质撤销和注销

（1）有下列情形之一的，资质许可机关或者其上级机关，根据利害关系人的请求或者依据职权，可以撤销房地产估价机构资质：

① 资质许可机关工作人员滥用职权、玩忽职守作出准予房地产估价机构资质许可的。

② 超越法定职权作出准予房地产估价机构资质许可的。

③ 违反法定程序作出准予房地产估价机构资质许可的。

④ 对不符合许可条件的申请人作出准予房地产估价机构资质许可的。

⑤ 依法可以撤销房地产估价机构资质的其他情形。

（2）房地产估价机构以欺骗、贿赂等不正当手段取得房地产估价机构资质的，应当予以撤销。

（3）房地产估价机构取得房地产估价机构资质后，不再符合相应资质条件的，资质许可机关根据利害关系人的请求或者依据职权，可以责令其限期改正。逾期不改的，可以撤回其资质。

（4）有下列情形之一的，资质许可机关应当依法注销房地产估价机构资质：

① 房地产估价机构资质有效期届满未延续的。

② 房地产估价机构依法终止的。

③ 房地产估价机构资质被撤销、撤回，或者房地产估价资质证书依法被吊销的。

④ 法律、法规规定的应当注销房地产估价机构资质的其他情形。

⑤ 房地产估价机构的工商登记注销后，其资质证书失效。

8. 法律责任

（1）申请人隐瞒有关情况或者提供虚假材料申请房地产估价机构资质的，资质许可机关不予受理或者不予行政许可，并给予警告，申请人在 1 年内不得再次申请房地产估价机构资质。

（2）以欺骗、贿赂等不正当手段取得房地产估价机构资质的，由资质许可机关给予警告，并处 1 万元以上 3 万元以下的罚款，申请人 3 年内不得再次申请房地产估价机构资质。

（3）未取得房地产估价机构资质从事房地产估价活动或者超越资质等级承揽估价业务的，出具的估价报告无效，由县级以上人民政府房地产行政主管部门给予警告，责令限期改正，并处 1 万元以上 3 万元以下的罚款；造成当事人损失的，依法承担赔偿责任。

（4）违反本办法第十六条规定，房地产估价机构不及时办理资质证书变更手续的，由资质许可机关责令限期办理；逾期不办理的，可处 1 万元以下的罚款。

（5）有下列行为之一的，由县级以上人民政府房地产行政主管部门给予警告，责令限期改正，并可处 1 万元以上 2 万元以下的罚款：

① 违反本办法第十九条第一款规定设立分支机构的。

② 违反本办法第二十条规定设立分支机构的。

③ 违反本办法第二十一条第一款规定，新设立的分支机构不备案的。

（6）有下列行为之一的，由县级以上人民政府房地产行政主管部门给予警告，责令限期改正。逾期未改正的，可处5千元以上2万元以下的罚款；给当事人造成损失的，依法承担赔偿责任：

① 违反本办法第二十五条规定承揽业务的。

② 违反本办法第二十八条第一款规定，擅自转让受托的估价业务的。

③ 违反本办法第十九条第二款、第二十八条第二款、第三十一条规定出具估价报告的。

（7）违反本办法第二十六条规定，房地产估价机构及其估价人员应当回避未回避的，由县级以上人民政府房地产行政主管部门给予警告，责令限期改正，并可处1万元以下的罚款。给当事人造成损失的，依法承担赔偿责任。

（8）违反本办法第三十条规定，房地产行政主管部门拒绝提供房地产交易、登记信息查询服务的，由其上级房地产行政主管部门责令改正。

（9）房地产估价机构有本办法第三十二条行为之一的，由县级以上人民政府房地产行政主管部门给予警告，责令限期改正，并处1万元以上3万元以下的罚款；给当事人造成损失的，依法承担赔偿责任。构成犯罪的，依法追究刑事责任。

（10）违反本办法第三十四条规定，房地产估价机构擅自对外提供估价过程中获知的当事人的商业秘密和业务资料，给当事人造成损失的，依法承担赔偿责任；构成犯罪的，依法追究刑事责任。

（11）资质许可机关有下列情形之一的，由其上级行政主管部门或者监察机关责令改正，对直接负责的主管人员和其他直接责任人员依法给予处分；构成犯罪的，依法追究刑事责任：

① 对不符合法定条件的申请人准予房地产估价机构资质许可或者超越职权作出准予房地产估价机构资质许可决定的。

② 对符合法定条件的申请人不予房地产估价机构资质许可或者不在法定期限内作出准予房地产估价机构资质许可决定的。

③ 利用职务上的便利，收受他人财物或者其他利益的。

④ 不履行监督管理职责，或者发现违法行为不予查处的。

## 四、房地产经纪机构资质审查

为了规范房地产经纪活动，保护房地产交易及经纪活动当事人的合法权益，促进房地产市场健康发展，根据《中华人民共和国民法典》《中华人民共和国城市房地产管理法》《中华人民共和国合同法》等法律法规，中华人民共和国住房和城乡建设部、中华人民共和国国家发展和改革委员会、中华人民共和国人力资源和社会保障部令第 8 号颁布的《房地产经纪管理办法》经 2010 年 10 月 27 日住房和城乡建设部第 65 次部常务会议审议通过，并经国家发展和改革委员会、人力资源和社会保障部同意，自 2011 年 4 月 1 日起施行（以下简称本办法）。本办法于 2016 年进行修订，并于 2016 年 4 月 1 日起施行。在中华人民共和国境内从事房地产经纪活动，应当遵守本办法。各地可以依据本办法制定实施细则。

1. 房地产经纪机构和人员

本办法所称房地产经纪，是指房地产经纪机构和房地产经纪人员为促成房地产交易，向委托人提供房地产居间、代理等服务并收取佣金的行为。

从事房地产经纪活动应当遵循自愿、平等、公平和诚实信用的原则，遵守职业规范，恪守职业道德。

（1）本办法所称房地产经纪机构，是指依法设立，从事房地产经纪活动的中介服务机构。

房地产经纪机构可以设立分支机构。

（2）本办法所称房地产经纪人员，是指从事房地产经纪活动的房地产经纪人和房地产经纪人协理。

房地产经纪机构和分支机构与其招用的房地产经纪人员，应当按照《中华人民共和国劳动合同法》的规定签订劳动合同。

国家对房地产经纪人员实行职业资格制度，纳入全国专业技术人员职业资格制度统一规划和管理。

房地产经纪人协理和房地产经纪人职业资格实行全国统一大纲、统一命题、统一组织的考试制度，由房地产经纪行业组织负责管理和实施考试工作，原则上每年举行一次考试。国务院住房城乡建设主管部门、人力资源社会保障部门负责对房地产经纪人协理和房地产经纪人职业资格考试进行指导、监督和检查。

（3）房地产经纪机构及其分支机构应当自领取营业执照之日起 30 日内，到所在直辖市、市、县人民政府建设（房地产）主管部门备案。

（4）直辖市、市、县人民政府建设（房地产）主管部门应当将房地产经纪机构及其分支机构的名称、住所、法定代表人（执行合伙人）或者负责人、注册资本、房地产经纪人员等备案信息向社会公示。

（5）房地产经纪机构及其分支机构变更或者终止的，应当自变更或者终止之日起 30 日内，办理备案变更或者注销手续。

2. 房地产经纪业务

（1）房地产经纪业务应当由房地产经纪机构统一承接，服务报酬由房地产经纪机构统一收取。分支机构应当以设立该分支机构的房地产经纪机构名义承揽业务。

（2）房地产经纪人员不得以个人名义承接房地产经纪业务和收取费用。

（3）房地产经纪机构及其分支机构应当在其经营场所醒目位置公示下列内容：

① 营业执照和备案证明文件。

② 服务项目、内容、标准。

③ 业务流程。

④ 收费项目、依据、标准。

⑤ 交易资金监管方式。

⑥ 信用档案查询方式、投诉电话及12358价格举报电话。

⑦ 政府主管部门或者行业组织制定的房地产经纪服务合同、房屋买卖合同、房屋租赁合同示范文本。

⑧ 法律、法规、规章规定的其他事项。

分支机构还应当公示设立该分支机构的房地产经纪机构的经营地址及联系方式。

房地产经纪机构代理销售商品房项目的，还应当在销售现场明显位置明示商品房销售委托书和批准销售商品房的有关证明文件。

（4）房地产经纪机构接受委托提供房地产信息、实地看房、代拟合同等房地产经纪服务的，应当与委托人签订书面房地产经纪服务合同。

房地产经纪服务合同应当包含下列内容：

① 房地产经纪服务双方当事人的姓名（名称）、住所等情况和从事业务的房地产经纪人员情况。

② 房地产经纪服务的项目、内容、要求以及完成的标准。

③ 服务费用及其支付方式。

④ 合同当事人的权利和义务。

⑤ 违约责任和纠纷解决方式。

建设（房地产）主管部门或者房地产经纪行业组织可以制定房地产经纪服务合同示范文本，供当事人选用。

（5）房地产经纪机构提供代办贷款、代办房地产登记等其他服务的，应当向委托人说明服务内容、收费标准等情况，经委托人同意后，另行签订合同。

（6）房地产经纪服务实行明码标价制度。房地产经纪机构应当遵守价格法律、法规和规章规定，在经营场所醒目位置标明房地产经纪服务项目、服务内容、收费标准以及相关房地产价格和信息。

房地产经纪机构不得收取任何未予标明的费用；不得利用虚假或者使人误解的标价内容和标价方式进行价格欺诈；一项服务可以分解为多个项目和标准的，应当明确标示每一个项目和标准，不得混合标价、捆绑标价。

（7）房地产经纪机构未完成房地产经纪服务合同约定事项，或者服务未达到房地产经纪服务合同约定标准的，不得收取佣金。

两家或者两家以上房地产经纪机构合作开展同一宗房地产经纪业务的，只能按照一宗业务收取佣金，不得向委托人增加收费。

（8）房地产经纪机构签订的房地产经纪服务合同，应当加盖房地产经纪机构印章，并由从事该业务的一名房地产经纪人或者两名房地产经纪人协理签名。

（9）房地产经纪机构签订房地产经纪服务合同前，应当向委托人说明房地产经纪服务合同和房屋买卖合同或者房屋租赁合同的相关内容，并书面告知下列事项：

① 是否与委托房屋有利害关系。

② 应当由委托人协助的事宜、提供的资料。

③ 委托房屋的市场参考价格。

④ 房屋交易的一般程序及可能存在的风险。

⑤ 房屋交易涉及的税费。

⑥ 经纪服务的内容及完成标准。

⑦ 经纪服务收费标准和支付时间。

⑧ 其他需要告知的事项。

房地产经纪机构根据交易当事人需要提供房地产经纪服务以外的其他服务的，应当事先经当事人书面同意并告知服务内容及收费标准。书面告知材料应当经委托人签名（盖章）确认。

（10）房地产经纪机构与委托人签订房屋出售、出租经纪服务合同，应当查看委托出售、出租的房屋及房屋权属证书，委托人的身份证明等有关资料，并应当编制房屋状况说明书。经委托人书面同意后，方可以对外发布相应的房源信息。

房地产经纪机构与委托人签订房屋承购、承租经纪服务合同，应当查看委托人身份证明等有关资料。

（11）委托人与房地产经纪机构签订房地产经纪服务合同，应当向房地产经纪机构提供真实有效的身份证明。委托出售、出租房屋的，还应当向房地产经纪机构提供真实有效的房屋权属证书。委托人未提供规定资料或者提供资料与实际不符的，房地产经纪机构应当拒绝接受委托。

（12）房地产交易当事人约定由房地产经纪机构代收代付交易资金的，应当通过房地产经纪机构在银行开设的客户交易结算资金专用存款账户划转交易资金。交易资金的划转应当经过房地产交易资金支付方和房地产经纪机构的签字和盖章。

（13）房地产经纪机构和房地产经纪人员不得有下列行为：

① 捏造散布涨价信息，或者与房地产开发经营单位串通捂盘惜售、炒卖房号，操纵市场价格。

② 对交易当事人隐瞒真实的房屋交易信息，低价收进高价卖（租）出房屋赚取

差价。

③ 以隐瞒、欺诈、胁迫、贿赂等不正当手段招揽业务，诱骗消费者交易或者强制交易。

④ 泄露或者不当使用委托人的个人信息或者商业秘密，谋取不正当利益。

⑤ 为交易当事人规避房屋交易税费等非法目的，就同一房屋签订不同交易价款的合同提供便利。

⑥ 改变房屋内部结构分割出租。

⑦ 侵占、挪用房地产交易资金。

⑧ 承购、承租自己提供经纪服务的房屋。

⑨ 为不符合交易条件的保障性住房和禁止交易的房屋提供经纪服务。

⑩ 法律、法规禁止的其他行为。

(14) 房地产经纪机构应当建立业务记录制度，如实记录业务情况。

房地产经纪机构应当保存房地产经纪服务合同，保存期不少于 5 年。

(15) 房地产经纪行业组织应当制定房地产经纪从业规程，逐步建立并完善资信评价体系和房地产经纪房源、客源信息共享系统。

3. 监督管理

(1) 建设（房地产）主管部门、价格主管部门应当通过现场巡查、合同抽查、投诉受理等方式，采取约谈、记入信用档案、媒体曝光等措施，对房地产经纪机构和房地产经纪人员进行监督。

房地产经纪机构违反人力资源和社会保障法律法规的行为，由人力资源和社会保障主管部门依法予以查处。

被检查的房地产经纪机构和房地产经纪人员应当予以配合，并根据要求提供检查所需的资料。

(2) 建设（房地产）主管部门、价格主管部门、人力资源和社会保障主管部门应当建立房地产经纪机构和房地产经纪人员信息共享制度。建设（房地产）主管部门应当定期将备案的房地产经纪机构情况通报同级价格主管部门、人力资源和社会保障主管部门。

(3) 直辖市、市、县人民政府建设（房地产）主管部门应当构建统一的房地产经纪网上管理和服务平台，为备案的房地产经纪机构提供下列服务：

① 房地产经纪机构备案信息公示。

② 房地产交易与登记信息查询。

③ 房地产交易合同网上签订。

④ 房地产经纪信用档案公示。

⑤ 法律、法规和规章规定的其他事项。

经备案的房地产经纪机构可以取得网上签约资格。

(4) 县级以上人民政府建设（房地产）主管部门应当建立房地产经纪信用档案，并向社会公示。

县级以上人民政府建设（房地产）主管部门应当将在日常监督检查中发现的房地产经纪机构和房地产经纪人员的违法违规行为、经查证属实的被投诉举报记录等情况，作为不良信用记录记入其信用档案。

(5) 房地产经纪机构和房地产经纪人员应当按照规定提供真实、完整的信用档案信息。

4. 法律责任

(1) 违反本办法，有下列行为之一的，由县级以上地方人民政府建设（房地产）主管部门责令限期改正，记入信用档案；对房地产经纪人员处以 1 万元罚款；对房地产经纪机构处以 1 万元以上 3 万元以下罚款：

① 房地产经纪人员以个人名义承接房地产经纪业务和收取费用的。

② 房地产经纪机构提供代办贷款、代办房地产登记等其他服务，未向委托人说明服务内容、收费标准等情况，并未经委托人同意的。

③ 房地产经纪服务合同未由从事该业务的一名房地产经纪人或者两名房地产经纪人协理签名的。

④ 房地产经纪机构签订房地产经纪服务合同前，不向交易当事人说明和书面告知规定事项的。

⑤ 房地产经纪机构未按照规定如实记录业务情况或者保存房地产经纪服务合同的。

(2) 违反本办法第十八条、第十九条、第二十五条第（一）项、第（二）项，构成价格违法行为的，由县级以上人民政府价格主管部门按照价格法律、法规和规章的规定，责令改正、没收违法所得、依法处以罚款；情节严重的，依法给予停业整顿等行政处罚。

(3) 违反本办法第二十二条，房地产经纪机构擅自对外发布房源信息的，由县级以上地方人民政府建设（房地产）主管部门责令限期改正，记入信用档案，取消网上签约资格，并处以 1 万元以上 3 万元以下罚款。

(4) 违反本办法第二十四条，房地产经纪机构擅自划转客户交易结算资金的，由县级以上地方人民政府建设（房地产）主管部门责令限期改正，取消网上签约资格，处以 3 万元罚款。

(5) 违反本办法第二十五条第（三）项、第（四）项、第（五）项、第（六）项、第（七）项、第（八）项、第（九）项、第（十）项的，由县级以上地方人民政府建设（房地产）主管部门责令限期改正，记入信用档案；对房地产经纪人员处以 1 万元罚款；对房地产经纪机构，取消网上签约资格，处以 3 万元罚款。

（6）县级以上人民政府建设（房地产）主管部门、价格主管部门、人力资源和社会保障主管部门的工作人员在房地产经纪监督管理工作中，玩忽职守、徇私舞弊、滥用职权的，依法给予处分；构成犯罪的，依法追究刑事责任。

## 第三节 专业人员执业资格管理制度

从事建筑活动的专业技术人员，应当依法取得相应的执业资格证书，并在执业资格证书许可的范围内从事建筑活动。

### 一、执业资格制度的含义

执业资格制度是指对具备一定专业学历、资历的从事建筑活动的专业技术人员，通过考试和注册确定其执业的技术资格，获得相应建筑工程文件签字权的一种制度。

当前，对从事建筑活动的专业技术人员实行执业资格制度非常必要，主要体现在以下几个方面的作用：

1. 推进深化我国建筑工程管理体制改革

我国较早就对从事建筑活动的单位实行资质审查制度。这种管理制度虽然从整体上管住了单位的资格，但对专业技术人员的个人技术资格缺乏定量的评定，专业技术人员的责、权、利不明确，常常出现高资质单位承接的任务，由低水平的专业技术人员来完成的现象，影响了建筑工程质量和投资效益的提高。实行专业技术人员执业资格制度有利于克服上述种种问题，保证建筑工程由具有相应资格的专业技术人员主持完成设计、施工、监理任务。

2. 促使我国工程建设领域与国际惯例接轨，适应对外开放

当前，世界大多数发达国家对从事涉及公众生命和财产安全的建筑活动的专业技术人员都制定了严格的执业资格制度，如美国、英国、日本、加拿大等国。随着我国对外开放的不断扩大，我国的专业技术人员走向世界，其他国家和地区的专业技术人员希望进入中国建筑市场，建筑专业技术人员执业资格制度有利于对等互相承认和管理。

3. 加速人才培养，提高专业技术人员业务水平和队伍素质

执业资格制度有一套严格的考试、注册办法和继续教育的要求，这种激励机制有利于促进建筑工程质量、专业技术人员水平和从业能力的不断提高。

### 二、专业人员执业资格制度

我国目前从事建筑活动的专业技术人员已开展的执业资格制度分以下八大类：注册建筑师执业资格制度、注册规划师执业资格制度、勘察设计注册工程师执业资格制

度、注册建造师执业资格制度、注册造价师执业资格制度、注册房地产估价师执业资格制度、注册物业师执业资格制度、注册房地产经纪人及协理执业资格制度。其中注册勘察设计注册工程师执业资格制度又分为注册结构工程师、注册公用设备工程师、注册电气工程师、注册土木工程师（道路工程）、注册土木工程师（港口与航道）、注册土木工程师（水利与水电）、注册土木工程师（岩土）、注册环保工程师、注册机械工程师、注册化工工程师、注册石油天然气工程师、注册冶金工程师、注册采矿/矿物工程师等执业资格制度。

## 第四节　注册监理工程师职业资格管理制度

为了加强对注册监理工程师管理，维护公共利益和建筑市场秩序，提高工程监理质量与水平，根据《中华人民共和国建筑法》《建设工程质量管理条例》等法律法规以及《注册监理工程师管理规定》（建设部令第147号）《关于印发〈注册监理工程师注册管理工作规程〉的通知》（建市监函〔2006〕28号），《关于印发〈注册监理工程师继续教育暂行办法〉的通知》（建市监函〔2006〕62号），《关于换发注册监理工程师注册执业证书工作的通知》（建办市函〔2006〕258号），《关于注册监理工程师注册和换证有关问题的说明》（建市监函〔2006〕40号）等部门规章，我国逐步建立和完善了注册监理工程师管理制度。为统一、规范监理工程师职业资格设置和管理，住房和城乡建设部、交通运输部、水利部、人力资源社会保障部于2020年2月28日联合印发《监理工程师职业资格制度规定》与《监理工程师职业资格考试实施办法》（建人规〔2020〕3号），对其进行统一规范管理。

### 一、考试

监理工程师执业资格考试实行全国统一大纲、统一命题、统一组织的办法。

监理工程师，是指通过职业资格考试取得中华人民共和国监理工程师职业资格证书，并经注册后从事建设工程监理及相关业务活动的专业技术人员。

（一）考试的组织管理

1. 住房和城乡建设部牵头组织，交通运输部、水利部参与，拟定监理工程师职业资格考试基础科目的考试大纲，组织监理工程师基础科目命审题工作。

2. 住房和城乡建设部、交通运输部、水利部按照职责分工分别负责拟定监理工程师职业资格考试专业科目的考试大纲，组织监理工程师专业科目命审题工作。

3. 人力资源社会保障部负责审定监理工程师职业资格考试科目和考试大纲，负责监理工程师职业资格考试考务工作，并会同住房和城乡建设部、交通运输部、水利部对监理工程师职业资格考试工作进行指导、监督、检查。

人力资源社会保障部会同住房和城乡建设部、交通运输部、水利部确定监理工程师职业资格考试合格标准。

（二）报考条件

凡遵守中华人民共和国宪法、法律、法规，具有良好的业务素质和道德品行，具备下列条件之一者，可以申请参加监理工程师职业资格考试：

1. 具有各工程大类专业大学专科学历（或高等职业教育），从事工程施工、监理、设计等业务工作满 6 年；

2. 具有工学、管理科学与工程类专业大学本科学历或学位，从事工程施工、监理、设计等业务工作满 4 年；

3. 具有工学、管理科学与工程一级学科硕士学位或专业学位，从事工程施工、监理、设计等业务工作满 2 年；

4. 具有工学、管理科学与工程一级学科博士学位。

经批准同意开展试点的地区，申请参加监理工程师职业资格考试的，应当具有大学本科及以上学历或学位。

（三）成绩管理

监理工程师职业资格考试合格者，由各省、自治区、直辖市人力资源社会保障行政主管部门颁发中华人民共和国监理工程师职业资格证书（或电子证书）。该证书由人力资源社会保障部统一印制，住房和城乡建设部、交通运输部、水利部按专业类别分别与人力资源社会保障部用印，在全国范围内有效。

各省、自治区、直辖市人力资源社会保障行政主管部门会同住房和城乡建设、交通运输、水利行政主管部门应加强学历、从业经历等监理工程师职业资格考试资格条件的审核。对以贿赂、欺骗等不正当手段取得监理工程师职业资格证书的，按照国家专业技术人员资格考试违纪违规行为处理规定进行处理。

## 二、注册

（一）注册执业管理

国家对监理工程师职业资格实行执业注册管理制度。取得监理工程师职业资格证书且从事工程监理及相关业务活动的人员，经注册方可以监理工程师名义执业。

（二）注册条件

监理工程师的注册分为初始注册、延续注册、变更注册、不予注册和注销注册五种情形。

1. 初始注册

取得中华人民共和国监理工程师执业资格证书的申请人，应自证书签发之日起 3 年内提出初始注册申请。逾期未申请者，须符合近三年继续教育要求后方可申请初始注册。

1）申请初始注册，应当具备以下条件：

（1）经全国注册监理工程师执业资格统一考试合格，取得资格证书。

（2）受聘于一个相关单位。

（3）达到继续教育要求。

（4）没有本规定第十三条所列情形。

2）初始注册需要提交下列材料：

（1）申请人的注册申请表。

（2）申请人的资格证书和身份证复印件。

（3）申请人与聘用单位签订的聘用劳动合同复印件。

（4）所学专业、工作经历、工程业绩、工程类中级及中级以上职称证书等有关证明材料。

（5）逾期初始注册的，应当提供达到继续教育要求的证明材料。

2．延续注册

注册监理工程师每一注册有效期为3年，注册有效期满需继续执业的，应当在注册有效期满30日前，按照本规定第七条规定的程序申请延续注册。延续注册有效期3年。

延续注册需要提交下列材料：

（1）申请人延续注册申请表。

（2）申请人与聘用单位签订的聘用劳动合同复印件。

（3）申请人注册有效期内达到继续教育要求的证明材料。

3．变更注册

在注册有效期内，注册监理工程师变更执业单位，应当与原聘用单位解除劳动关系，并按本规定第七条规定的程序办理变更注册手续，变更注册后仍延续原注册有效期。

变更注册需要提交下列材料：

（1）申请人变更注册申请表。

（2）申请人与新聘用单位签订的聘用劳动合同复印件。

（3）申请人的工作调动证明（与原聘用单位解除聘用劳动合同或者聘用劳动合同到期的证明文件、退休人员的退休证明）。

4．申请人有下列情形之一的，不予初始注册、延续注册或者变更注册：

（1）不具有完全民事行为能力的。

（2）刑事处罚尚未执行完毕或者因从事工程监理或者相关业务受到刑事处罚，自刑事处罚执行完毕之日起至申请注册之日止不满2年的。

（3）未达到监理工程师继续教育要求的。

（4）在两个或者两个以上单位申请注册的。

（5）以虚假的职称证书参加考试并取得资格证书的。

（6）年龄超过 65 周岁的。

（7）法律、法规规定不予注册的其他情形。

5. 注销注册

注册监理工程师有下列情形之一的，负责审批的部门应当办理注销手续，收回注册证书和执业印章或者公告其注册证书和执业印章作废：

（1）不具有完全民事行为能力的。

（2）申请注销注册的。

（3）有本规定第十四条所列情形发生的。

（4）依法被撤销注册的。

（5）依法被吊销注册证书的。

（6）受到刑事处罚的。

（7）法律、法规规定应当注销注册的其他情形。

注册监理工程师有前款情形之一的，注册监理工程师本人和聘用单位应当及时向国务院住房城乡建设主管部门提出注销注册的申请。有关单位和个人有权向国务院住房城乡建设主管部门举报。县级以上地方人民政府住房城乡建设主管部门或者有关部门应当及时报告或者告知国务院住房城乡建设主管部门。

被注销注册者或者不予注册者，在重新具备初始注册条件，并符合继续教育要求后，可以按照本规定第七条规定的程序重新申请注册。

（三）注册程序

1. 取得资格证书的人员申请注册，由国务院住房城乡建设主管部门审批；其中涉及有关部门的专业注册工程师的注册，由国务院住房城乡建设主管部门和有关部门审批。

取得资格证书并受聘于一个建设工程勘察、设计、施工、监理、招标代理、造价咨询等单位的人员，应当通过聘用单位提出注册申请，并可以向单位工商注册所在地的省、自治区、直辖市人民政府住房城乡建设主管部门提交申请材料；省、自治区、直辖市人民政府住房城乡建设主管部门收到申请材料后，应当在 5 日内将全部申请材料报审批部门。

2. 国务院住房城乡建设主管部门在收到申请材料后，应当依法作出是否受理的决定，并出具凭证；申请材料不齐全或者不符合法定形式的，应当在 5 日内一次性告知需要补正的全部内容。逾期不告知的，自收到申请材料之日起即为受理。

申请初始注册的，国务院住房城乡建设主管部门应当自受理之日起 20 日内审批完毕并作出书面决定。自作出决定之日起 10 日内公告审批结果。由国务院住房城乡建设主管部门和有关部门共同审批的，国务院有关部门应当在 15 日内审核完毕，并将审核意见报国务院住房城乡建设主管部门。

对申请变更注册、延续注册的，国务院住房城乡建设主管部门应当自受理之日起 10 日内审批完毕并作出书面决定。

符合条件的，由审批部门核发由国务院住房城乡建设主管部门统一制作、国务院住房城乡建设主管部门或者国务院住房城乡建设主管部门和有关部门共同用印的注册证书，并核定执业印章编号。对不予批准的，应当说明理由，并告知申请人享有依法申请行政复议或者提起行政诉讼的权利。

（四）注册证书和执业印章管理

注册证书和执业印章是注册监理工程师的执业凭证，由注册监理工程师本人保管、使用，有效期均为 3 年。

1. 注册证书和执业印章的失效

注册监理工程师有下列情形之一的，其注册证书和执业印章失效。

（1）聘用单位破产的。

（2）聘用单位被吊销营业执照的。

（3）聘用单位被吊销相应资质证书的。

（4）已与聘用单位解除劳动关系的。

（5）注册有效期满且未延续注册的。

（6）年龄超过 65 周岁的。

（7）死亡或者丧失行为能力的。

（8）其他导致注册失效的情形。

2. 注册执业证书和执业印章遗失破损补办

因注册执业证书、执业印章遗失、破损等原因，需补办注册执业证书或执业印章的，申请人须填写并提交《中华人民共和国注册监理工程师注册执业证书》《执业印章遗失破损补办申请表》（一式二份，另附一张近期一寸免冠照片，供制作注册执业证书使用）和相应电子文档（电子文档通过网上报送给省级注册管理机构）。对注册执业证书、执业印章遗失补办的，还须提供在公开发行的报刊上声明作废的证明材料。

## 三、执业

（一）执业方式

注册监理工程师可以从事工程监理、工程经济与技术咨询、工程招标与采购咨询、工程项目管理服务以及国务院有关部门规定的其他业务。

取得资格证书的人员，应当受聘于一个具有建设工程勘察、设计、施工、监理、招标代理、造价咨询等一项或者多项资质的单位，经注册后方可从事相应的执业活动。从事工程监理执业活动的，应当受聘并注册于一个具有工程监理资质的单位。

注册监理工程师从事执业活动，由所在单位接受委托并统一收费。

（二）监理文件管理

工程监理活动中形成的监理文件由注册监理工程师按照规定签字盖章后方可生效。

修改经注册监理工程师签字盖章的工程监理文件，应当由该注册监理工程师进行。因特殊情况，该注册监理工程师不能进行修改的，应当由其他注册监理工程师修改，并签字、加盖执业印章，对修改部分承担责任。

（三）继续教育

注册监理工程师在每一注册有效期内应当达到国务院住房城乡建设主管部门规定的继续教育要求。继续教育作为注册监理工程师逾期初始注册、延续注册和重新申请注册的条件之一。

继续教育分为必修课和选修课，在每一注册有效期内各为48学时。

1. 继续教育学时

注册监理工程师在每一注册有效期（3年）内应接受96学时的继续教育，其中必修课和选修课各为48学时。必修课48学时每年可安排16学时。选修课48学时按注册专业安排学时，只注册一个专业的，每年接受该注册专业选修课16学时的继续教育。注册两个专业的，每年接受相应两个注册专业选修课各8学时的继续教育。

在一个注册有效期内，注册监理工程师根据工作需要可集中安排或分年度安排继续教育的学时。

注册监理工程师申请变更注册专业时，在提出申请之前，应接受申请变更注册专业24学时选修课的继续教育。注册监理工程师申请跨省、自治区、直辖市变更执业单位时，在提出申请之前，应接受新聘用单位所在地8学时选修课的继续教育。

经全国性行业协会监理委员会或分会（以下简称专业监理协会）和省、自治区、直辖市监理协会（以下简称地方监理协会）报中国建设监理协会同意，从事以下工作所取得的学时可充抵继续教育选修课的部分学时：注册监理工程师在公开发行的期刊上发表有关工程监理的学术论文（3000字以上），每篇限一人计4学时。从事注册监理工程师继续教育授课工作和考试命题工作，每年次每人计8学时。

2. 继续教育内容

继续教育分为必修课和选修课。

1）必修课

（1）国家近期颁布的与工程监理有关的法律法规、标准规范和政策。

（2）工程监理与工程项目管理的新理论、新方法。

（3）工程监理案例分析。

（4）注册监理工程师职业道德。

2）选修课

（1）地方及行业近期颁布的与工程监理有关的法规、标准规范和政策。

（2）工程建设新技术、新材料、新设备及新工艺。

（3）专业工程监理案例分析。

（4）需要补充的其他与工程监理业务有关的知识。

中国建设监理协会于每年 12 月底向社会公布下一年度的继续教育的具体内容。其中继续教育必修课的具体内容由建设部有关司局、中国建设监理协会和行业专家共同制定，必修课的培训教材由中国建设监理协会负责编写和推荐。继续教育选修课的具体内容由专业监理协会和地方监理协会负责提出，并于每年的 11 月底前报送中国建设监理协会确认，选修课培训教材由专业监理协会和地方监理协会负责编写和推荐。

3. 继续教育方式

注册监理工程师继续教育采取集中面授和网络教学的方式进行。集中面授由经过中国建设监理协会公布的培训单位实施。注册监理工程师可根据注册专业就近选择培训单位接受继续教育。各培训单位负责将注册监理工程师参加集中面授学习情况记录在由中国建设监理协会统一印制的《注册监理工程师继续教育手册》上，加盖培训单位印章，并及时将继续教育培训班学员名单、培训内容、学时、考试成绩及师资情况等资料（同时报送电子文档）报送相应的专业监理协会或地方监理协会认可。认可后，专业监理协会和地方监理协会应在《注册监理工程师继续教育手册》上加盖印章，并及时将培训班学员名单等资料的电子文档通过中国工程监理与咨询服务网（网址：www.zgjsjl.org）报中国建设监理协会备案。

网络教学由中国建设监理协会会同专业监理协会和地方监理协会共同组织实施。参加网络学习的注册监理工程师，应当登录中国工程监理与咨询服务网，提出学习申请，在网上完成规定的继续教育必修课和相应注册专业选修课的学时（接受变更注册继续教育的要完成规定的选修课学时）后，打印网络学习证明，凭该证明参加由专业监理协会或地方监理协会组织的测试。测试成绩合格的，由专业监理协会或地方监理协会将网络学习情况和测试成绩记录在《注册监理工程师继续教育手册》上并加盖印章。专业监理协会和地方监理协会应及时将参加网络学习的学员名单等资料的电子文档通过中国工程监理与咨询服务网报送中国建设监理协会备案。

注册监理工程师选择上述任何方式接受继续教育达到 96 学时或完成申请变更规定的学时后，其《注册监理工程师继续教育手册》可作为申请逾期初始注册、延续注册、变更注册和重新注册时达到继续教育要求的证明材料。

4. 继续教育培训单位

凡具有办学许可证的建设行业培训机构和有工程管理专业或相关工程专业的高等院校，有固定的教学场所、专职管理人员且有实践经验的专家（甲级监理公司的总监等）占师资队伍三分之一以上的，均可申请作为注册监理工程师继续教育培训单位。注册监理工程师继续教育培训单位由专业监理协会、地方监理协会或省级注册管理机构分别向中国建设监理协会推荐。中国建设监理协会根据继续教育需求和培训单位的情况，确定并公布注册监理工程师继续教育培训单位。推荐单位应加强对培训单位的管理和监督。

注册监理工程师继续教育培训班由培训单位按工程专业举办，继续教育培训单位必须保证培训质量，每期培训班均要有满足教学要求的师资队伍，并配备专职管理人员。

5. 继续教育监督管理

中国建设监理协会在住房和城乡建设部的监督指导下负责组织开展全国注册监理工程师继续教育工作，各专业监理协会负责本专业注册监理工程师继续教育相关工作，地方监理协会在当地建设行政主管部门的监督指导下，负责本行政区域内注册监理工程师继续教育相关工作。

工程监理企业应督促本单位注册监理工程师按期接受继续教育，有责任为本单位注册监理工程师接受继续教育提供时间和经费保证。注册监理工程师有义务接受继续教育，提高执业水平，在参加继续教育期间享有国家规定的工资、保险、福利待遇。

（四）注册监理工程师的权利和义务

注册监理工程师应严格遵守法律法规的规定行使权利和履行义务。

1. 注册监理师享有的权利

（1）使用注册监理工程师称谓。

（2）在规定范围内从事执业活动。

（3）依据本人能力从事相应的执业活动。

（4）保管和使用本人的注册证书和执业印章。

（5）对本人执业活动进行解释和辩护。

（6）接受继续教育。

（7）获得相应的劳动报酬。

（8）对侵犯本人权利的行为进行申诉。

2. 注册监理工程师的义务

（1）遵守法律、法规和有关管理规定。

（2）履行管理职责，执行技术标准、规范和规程。

（3）保证执业活动成果的质量，并承担相应责任。

（4）接受继续教育，努力提高执业水准。

（5）在本人执业活动所形成的工程监理文件上签字、加盖执业印章。

（6）保守在执业中知悉的国家秘密和他人的商业、技术秘密。

（7）不得涂改、倒卖、出租、出借或者以其他形式非法转让注册证书或者执业印章。

（8）不得同时在两个或者两个以上单位受聘或者执业。

（9）在规定的执业范围和聘用单位业务范围内从事执业活动。

（10）协助注册管理机构完成相关工作。

## 四、监督与管理

（一）监管部门

国务院住房城乡建设主管部门对全国注册监理工程师的注册、执业活动实施统一监督管理。

县级以上地方人民政府住房城乡建设主管部门对本行政区域内的注册监理工程师的注册、执业活动实施监督管理。

（二）监管职责

1. 建设行政主管部门应严格依照国家有关法律、法规和规章的具体规定和程序，加强对监理工程师的行为进行监督。

2. 监督机构应抽查监理工程师对施工单位项目经理部质量保证体系审查的记录及其他有关文件，以核查监理企业对施工单位质量管理体系审查的情况。

3. 监督机构应抽查旁站监理记录，将监理工程师的检查结论与现场抽查的实际情况对比，以核查监理企业履行旁站监理责任的情况。

## 五、法律责任

（一）注册监理工程师的法律责任

注册监理工程师违反法律法规的强制性规定，需承担法律责任。因违法行为的性质、违反的法律规范以及造成后果的不同，分为民事法律责任、行政法律责任和刑事法律责任三种。

1. 民事法律责任

因工程监理事故及相关业务造成的经济损失，聘用单位应当承担赔偿责任。聘用单位承担赔偿责任后，可依法向负有过错的注册监理工程师追偿。

2. 行政法律责任

1）信息不真实

隐瞒有关情况或者提供虚假材料申请注册的，建设主管部门不予受理或者不予注册，并给予警告，1 年之内不得再次申请注册。

2）不正当手段注册

以欺骗、贿赂等不正当手段取得注册证书的，由国务院建设主管部门撤销其注册，

3 年内不得再次申请注册，并由县级以上地方人民政府建设主管部门处以罚款，其中没有违法所得的，处以 1 万元以下罚款；有违法所得的，处以违法所得 3 倍以下且不超过 3 万元的罚款。构成犯罪的，依法追究刑事责任。

3）擅自执业

未经注册，擅自以注册监理工程师的名义从事工程监理及相关业务活动的，由县级以上地方人民政府建设主管部门给予警告，责令停止违法行为，处以 3 万元以下罚款。造成损失的，依法承担赔偿责任。

4）未变更注册

未办理变更注册仍执业的，由县级以上地方人民政府建设主管部门给予警告，责令限期改正。逾期不改的，可处以 5000 元以下的罚款。

5）撤销注册

有下列情形之一的，国务院住房城乡建设主管部门依据职权或者根据利害关系人的请求，可以撤销监理工程师注册：

（1）工作人员滥用职权、玩忽职守颁发注册证书和执业印章的。

（2）超越法定职权颁发注册证书和执业印章的。

（3）违反法定程序颁发注册证书和执业印章的。

（4）对不符合法定条件的申请人颁发注册证书和执业印章的。

（5）依法可以撤销注册的其他情形。

3. 刑事法律责任

注册监理工程师在执业活动中有下列行为之一的，由县级以上地方人民政府住房城乡建设主管部门给予警告，责令其改正，没有违法所得的，处以 1 万元以下罚款，有违法所得的，处以违法所得 3 倍以下且不超过 3 万元的罚款。造成损失的，依法承担赔偿责任。构成犯罪的，依法追究刑事责任：

（1）以个人名义承接业务的。

（2）涂改、倒卖、出租、出借或者以其他形式非法转让注册证书或者执业印章的。

（3）泄露执业中应当保守的秘密并造成严重后果的。

（4）超出规定执业范围或者聘用单位业务范围从事执业活动的。

（5）弄虚作假提供执业活动成果的。

（6）同时受聘于两个或者两个以上的单位，从事执业活动的。

（7）其他违反法律、法规、规章的行为。

（二）主管部门法律责任

县级以上人民政府住房城乡建设主管部门的工作人员，在注册监理工程师管理工作中，有下列情形之一的，依法给予处分。构成犯罪的，依法追究刑事责任：

（1）对不符合法定条件的申请人颁发注册证书和执业印章的。

（2）对符合法定条件的申请人不予颁发注册证书和执业印章的。

（3）对符合法定条件的申请人未在法定期限内颁发注册证书和执业印章的。

（4）对符合法定条件的申请不予受理或者未在法定期限内初审完毕的。

（5）利用职务上的便利，收受他人财物或者其他好处的。

（6）不依法履行监督管理职责，或者发现违法行为不予查处的。

# 第三章　工程招标投标法律制度

## 第一节　招标投标法概述

### 一、招标投标法的概念和调整对象

（一）招标投标法的概念

招标投标法是调整在招标投标活动中产生的社会关系的法律规范的总称。狭义的招标投标法指《中华人民共和国招标投标法》（以下简称《招标投标法》），已由第九届全国人大常委会第十一次会议于1999年8月30日通过，自2000年1月1日起施行，并根据2017年12月27日第十二届全国人民代表大会常务委员会第三十一次会议《关于修改〈中华人民共和国招标投标法〉〈中华人民共和国计量法〉的决定》修正。凡在我国境内进行招标采购项目的采购活动，必须依照该法的规定进行。广义的招标投标法则包括所有调整招标投标活动的法律规范。除《招标投标法》外，还包括《中华人民共和国政府采购法》《中华人民共和国合同法》《中华人民共和国建筑法》《中华人民共和国招标投标法实施条例》《中华人民共和国政府采购法实施条例》等法律、法规中有关招标投标的规定，也包括《工程建设项目施工招标投标办法》《工程设计招标投标管理办法》《必须招标的工程项目规定》等部门规章、规定。

（二）招标投标法的调整对象

1. 招标投标中的民事关系

招标投标作为一种民事法律行为，无疑会产生相应的民事关系，这是招标投标法最主要的调整对象。招标投标中的民事关系主要发生在招标人与投标人之间，也会在招标人与招标代理人、招标人与评标委员会、投标人与投标人之间发生，对这些民事关系，招标投标法都要进行调整。在这些民事关系中，如果一方违反招标投标法的规定，给对方造成损失的，应当承担相应的民事赔偿责任。

2. 招标投标中的行政关系

招标投标虽然是一种民事行为，但这种民事行为需要接受行政管理部门的监督，这种行政监督会产生相应的行政关系。这种行政关系主要发生在行政管理部门与招标人、投标人之间，也可能发生在行政管理部门与招标代理人、评标委员会之间。如果招标人、投标人、招标代理人、评标委员会等民事主体违反招标投标法等相关法律法规的规定，行政管理部门有权对其进行行政处罚，包括没收财产、罚款、取消投标资格、取消担任评标委员会成员的资格等。

## 二、招标投标法的立法模式

世界各国招标投标的立法模式有两种。一种是单独立法，即颁布独立的招标投标法，另一种则是在其他法律中规定招标投标制度。

采用单独立法的国家较少，如埃及、科威特等，颁布有《公共招标法》，通常只规范政府的招标项目。第二种模式是多数国家所采用的，大多数国家是在《政府采购法》中规定招标投标程序。

## 三、我国工程招标投标制度的演变

经过近 40 年的发展，我国工程招标投标法律体系初步形成，工程招标投标建筑市场不断扩大。工程招标投标制度的演变大致可划分为以下四个阶段：

1. 探索阶段

追随改革开放的步伐，1980 年首次提出“对一些适于承包的生产建设项目和经营项目可以试行招标投标的办法”。1981 年，深圳特区和吉林市率先试行工程招标投标，揭开了招标投标工作的序幕。施工招标投标开始逐步在全国推广。1983 年 6 月 7 日，城乡建设环境保护部印发《建筑安装工程招标投标试行办法》，这是建设工程招标投标的第一个部门规章，是我国第一个较详尽的招标投标办法。1984 年 9 月 18 日，国务院颁布《关于改革建筑业和基本建设管理体制若干问题的暂行规定》，提出“全面推行建设项目投资包干责任制”，“大力推行工程招标投标暂行规定”，“要改变单纯用行政手段分配建设任务的老办法，实行招标投标”。1984 年 11 月，国家计划委员会（现国家发展和改革委员会）制定了《建设工程招标投标暂行规定》，从此全面拉开建立招标投标制度的序幕。

2. 立法阶段

1999 年 8 月 30 日第九届全国人民代表大会常务委员会第十一次会议审议通过了《招标投标法》，自 2000 年 1 月 1 日起施行。《招标投标法》是我国专门规范招标投标活动的基本法律。《招标投标法》的制定和颁布标志着我国招标投标事业步入法制化轨道。

3. 完善阶段

2007 年 5 月 13 日，国务院办公厅发布《关于加快推进行业协会商会改革和发展的若干意见》（国办发〔2007〕36 号），明确要求“加快推进行业协会的改革和发展”，“各级人民政府及其部门要进一步转变职能，把适宜于行业协会行使的职能委托或转移给行业协会”。

2008年6月18日，为贯彻《国务院办公厅关于进一步规范招标投标活动的若干意见》（国办发〔2007〕56号），促进招标投标信用体系建设，健全招标投标失信惩戒机制，规范招标投标当事人行为，国家发展和改革委员会（以下简称国家发改委）、工业和信息化部、监察部等十部委联合发布《关于印发〈招标投标违法行为记录公告暂行办法〉的通知》（发改法规〔2007〕1531号），自2009年1月1日起施行。

4. 成就阶段

2011年11月30日，国务院第183次常务会议通过了《招标投标法实施条例》。总结了我国招标投标实践过程中的各种问题，对工程建设项目的概念、招标投标监管、具体操作等方面的问题进行了细化，更具备可操作性。

2013年2月4日，国家发改委等八部委联合发布《电子招标投标办法》及其附件《电子招标投标系统技术规范》，自2013年5月1日起施行。推行电子招标投标，是中央惩防体系规划、工程专项治理，以及《招标投标法实施条例》明确要求的一项重要任务，对于提高采购透明度、节约资源和交易成本、促进政府职能转变具有非常重要的意义，特别是在利用技术手段解决弄虚作假、暗箱操作、串通投标、限制排斥潜在投标人等招标投标领域突出问题方面，有着独特优势。

2018年6月1日起施行的《必须招标的工程项目规定》，更加明确了必须招标的工程项目，进一步规范了招标投标活动，提高了工作效率、降低了企业成本，对预防腐败也起到了积极作用。

## 四、招标投标活动的基本原则

1. 公开原则

招标投标活动的公开原则，首先要求进行招标活动的信息要公开。采用公开招标方式，应当发布招标公告，依法必须进行招标的项目的招标公告，必须通过国家指定的媒介发布。无论是招标公告、资格预审公告，还是投标邀请书，都应当载明能大体满足潜在投标人决定是否参加投标竞争所需要的信息。另外开标的程序、评标的标准和程序、中标的结果等都应当公开。

2. 公平原则

招标投标活动的公平原则，要求招标人严格按照规定的条件和程序办事，同等地对待每一个投标竞争者，不得对不同的投标竞争者采用不同的标准。招标人不得以任何方式限制或者排斥本地区、本系统以外的法人或者其他组织参加投标。

3. 公正原则

在招标投标活动中招标人行为应当公正。对所有的投标竞争者都应平等对待，不能有特殊。特别是在评标时，评标标准应当明确、严格，对所有在投标截止日期以后送到的投标书都应拒收，与投标人有利害关系的人员都不得作为评标委员会的成员。

招标人和投标人双方在招标投标活动中的地位平等，任何一方不得向另一方提出不合理的要求，不得将自己的意志强加给对方。

4. 诚实信用原则

诚实信用是民事活动的一项基本原则，招标投标活动是以订立采购合同为目的的民事活动，当然也适用这一原则。诚实信用原则要求招标投标各方都要诚实守信，不得有欺骗、背信的行为。

## 五、工程招标投标制度的发展趋势

21 世纪是经济全球化、信息化的时代，工程招标投标全面信息化是必然的发展趋势，招标投标全面信息化应当是参与各方通过计算机网络完成招标投标的所有活动，即实行网上招标投标。网上招标投标是利用网络实现招标投标，即招标、投标、开标、评标、中标签约等程序都在网上进行。计算机与网络技术的不断发展，推动社会各行业的信息化步伐加快，但招标投标信息化程度还相对滞后。电子招标投标将是工程招标投标工作发展的主导方向，其意义主要有以下四个方面：

1. 解决招标投标领域突出问题

推行电子招标投标，为充分利用信息技术手段解决招标投标领域突出问题创造了条件。例如，通过匿名下载招标文件，使招标人和投标人在投标截止前难以知晓潜在投标人的名称、数量，有助于防止围标、串标。通过网络终端直接登录电子招标投标系统，不仅方便了投标人，还有利于防止通过投标报名排斥潜在投标人，增强招标投标活动的竞争性。此外，由于电子招标投标具有整合信息、提高透明度、如实记载交易过程等优势，有利于建立健全信用惩戒机制、防止暗箱操作、有效查处违法行为。

2. 建立信息共享机制

由于没有统一的交易规则和技术标准，各电子招标投标数据格式不同，也没有标准的数据交互接口，使得电子招标投标信息无法交互和共享，甚至形成新的技术壁垒，影响了统一开放、竞争有序的招标投标大市场的形成。因此，电子招标投标应为招标投标信息共享提供必要的制度和技术保障。

3. 降低招标投标成本

普通招标投标采用传统的会议、电话、传真等方式，而网络招标投标利用高速且低廉的互联网，极大降低了通信及交通成本，还提高了通信效率。过去常见的招标大会、开标大会可改在网络上举行或者改为其他形式，特别是电子招标投标的无纸化，减少了大量的纸质投标文件，这都有利于降低成本，保护生态环境。

4. 转变行政监督方式

与传统纸质招标的现场监督、查阅纸质文件等方式相比，电子招标投标的行政监督方式有了很大变化，其最大区别在于利用信息技术，可以实现网络化、无纸化的全面、实时和透明监督。

## 第二节　工程建设项目招标投标

### 一、工程建设项目招标

招标人是依照《招标投标法》的规定提出招标项目、进行招标的法人或者其他组织。任何单位和个人不得将依法必须进行招标的项目化整为零或者以其他任何方式规避招标。

（一）工程建设招标的基本要求

1. 工程建设招标的原则

《招标投标法》第五条规定，招标投标活动应当遵循公开、公平、公正和诚实信用的原则。

2. 招标类型及其要求

1）强制性招标的工程项目

（1）必须招标的工程项目范围

《招标投标法》第三条规定，在中华人民共和国境内进行下列工程建设项目包括项目的勘察、设计、施工、监理以及与工程建设有关的重要设备、材料等的采购，必须进行招标：

① 大型基础设施、公用事业等关系社会公共利益、公众安全的项目。

② 全部或者部分使用国有资金投资或者国家融资的项目。

③ 使用国际组织或者外国政府贷款、援助资金的项目。

上述项目的具体范围和规模标准，由国务院发展计划部门会同国务院有关部门制订，报国务院批准。法律或者国务院对必须进行招标的其他项目的范围有规定的，依照其规定。中华人民共和国国家发展和改革委员会令第16号《必须招标的工程项目规定》中对必须进行招标投标的项目进行了详细、具体的规定，并于2018年6月1日起施行。

依法必须进行招标的项目，其招标投标活动不受地区或者部门的限制。任何单位和个人不得违法限制或者排斥本地区、本系统以外的法人或者其他组织参加投标，不得以任何方式非法干涉招标投标活动。

《招标投标法》第四条规定，任何单位和个人不得将依法必须招标的项目化整为零或者以其他任何方式规避招标。

（2）强制性招标是发展国民经济的一项重要的制度保证。推行强制性招标的意义有：

① 国有资产投资量大，其质量直接关系着社会安定和国民经济的发展，强制性招标可以防范投资风险，避免投资浪费，提高经济效益。

② 市场竞争的盲目性、随意性、自发性，往往导致决策失误，招标制度为民主、科学的投资决策提供保障。

③ 投资领域大量存在的不正之风、贪污腐败行为，在强制性招标中可以得到有效的遏制。

④ 强制性招标的严密程序和规范化操作，能够使所有符合条件的供应商，在公开、公正、公平的竞争环境中投标，择优选定，能够保证采购质量。

⑤ 强制性招标制度有利于打破采购领域的地方、行业、部门的垄断及保护政策。

2）可以不进行招标的项目

《招标投标法》第六十六条规定，涉及国家安全、国家秘密、抢险救灾或者属于利用扶贫资金实行以工代赈、需要使用农民工等特殊情况，不适宜进行招标的项目，按照国家有关规定可以不进行招标。

除《招标投标法》第六十六条规定的可以不进行招标的特殊情况外，《招标投标法实施条例》第九条还规定有下列情形之一的，可以不进行招标：

（1）需要采用不可替代的专利或者专有技术。

（2）采购人依法能够自行建设、生产或者提供。

（3）已通过招标方式选定的特许经营项目投资人依法能够自行建设、生产或者提供。

（4）需要向原中标人采购工程、货物或者服务，否则将影响施工或者功能配套要求。

（5）国家规定的其他特殊情形。

招标人为适用上述规定弄虚作假的，属于《招标投标法》第四条规定的规避招标。

（二）工程建设招标应具备的条件

《招标投标法》第九条规定，招标项目按照国家有关规定需要履行项目审批手续的，应当先履行审批手续，取得批准。招标人应当有进行招标项目的相应资金或者资金来源已经落实，并应当在招标文件中如实载明。

我国对招标投标的管理分为三个方面，一是对招标投标项目的管理；二是对招标投标参与方的管理；三是对招标投标活动的管理。

国家对某些招标项目实行审批控制，主要是从国家经济建设与发展的全局出发，对某些涉及国计民生以及有其他方面重要影响的项目进行总量控制的重要手段。同时，国家对某些招标项目的审批控制，也有利于促进招标工作正确迅速地进行。

根据国家有关规定需要先履行审批手续的招标项目，在未取得批准之前，不允许进行有关招标的具体工作。从这一意义上说，履行审批手续是这些项目取得招标资格的先决条件。

（三）招标方式

《招标投标法》第十条规定，招标分为公开招标和邀请招标。公开招标，是指招标人以招标公告的方式邀请不特定的法人或者其他组织投标。邀请招标，是指招标人以投标邀请书的方式邀请特定的法人或者其他组织投标。

1. 公开招标

招标人采用公开招标方式的，应当发布招标公告。依法必须进行招标的项目的招标公告，应当通过国家指定的媒介发布。

招标公告应当载明招标人的名称和地址，招标项目的性质、数量、实施地点和时间以及获取招标文件的办法等事项。

2. 邀请招标

招标人采用邀请招标方式的，应当向三个以上具备承担招标项目的能力、资信良好的特定的法人或者其他组织发出投标邀请书。投标邀请书应当载明招标人的名称和地址，招标项目的性质、数量、实施地点和时间以及获取招标文件的办法等事项。

《招标投标法》第十一条规定，国务院发展计划部门确定的国家重点项目和省、自治区、直辖市人民政府确定的地方重点项目不适宜公开招标的，经国务院发展计划部门或者省、自治区、直辖市人民政府批准，可以进行邀请招标。

《招标投标法实施条例》第八条规定，国有资金占控股或者主导地位的依法必须进行招标的项目，应当公开招标。但有下列情形之一的，可以邀请招标：

（1）技术复杂、有特殊要求或者受自然环境限制，只有少量潜在投标人可供选择。

（2）采用公开招标方式的费用占项目合同金额的比例过大。

（四）招标程序

1. 成立招标组织，由建设单位自行招标或委托招标。

2. 编制招标文件、工程量清单、标底或最高投标限价（如果有）。

3. 发布招标公告或发出投标邀请书。

4. 对投标单位进行资质审查，并将审查结果通知各申请投标者。

5. 发售招标文件。

6. 组织投标单位踏勘现场，并对招标文件答疑。

招标人不得单独或者分别组织任何一个投标人进行现场踏勘。

对技术复杂或者无法精确拟定技术规格的项目，招标人可以分两阶段进行招标。

第一阶段，投标人按照招标公告或者投标邀请书的要求提交不带报价的技术建议，招标人根据投标人提交的技术建议确定技术标准和要求，编制招标文件。

第二阶段，招标人向在第一阶段提交技术建议的投标人提供招标文件，投标人按照招标文件的要求提交包括最终技术方案和投标报价的投标文件。招标人要求投标人提交投标保证金的，应当在第二阶段提出。

招标人终止招标的，应当及时发布公告，或者以书面形式通知被邀请的或者已经获取资格预审文件、招标文件的潜在投标人。已经发售资格预审文件、招标文件或者已经收取投标保证金的，招标人应当及时退还所收取的资格预审文件、招标文件的费用，以及所收取的投标保证金及银行同期存款利息。

（五）招标文件规定

1. 招标文件编制的要求

招标人应当根据招标项目的特点和需要编制招标文件。招标文件应当包括招标项目的技术要求、对投标人资格审查的标准、投标报价要求和评标标准等所有实质性要求和条件以及拟签订合同的主要条款。

国家对招标项目的技术、标准有规定的，招标人应当按照其规定在招标文件中提出相应要求。

招标项目需要划分标段、确定工期的，招标人应当合理划分标段、确定工期，并在招标文件中载明。

招标文件不得要求或者标明特定的生产供应者以及含有倾向或者排斥潜在投标人的其他内容。

2. 招标文件规定的时间要求

招标人应当在招标文件中载明投标有效期。投标有效期从提交投标文件的截止之日起算。

招标人应当确定投标人编制投标文件所需要的合理时间，依法必须进行招标的项目，自招标文件开始发出之日起至投标人提交投标文件截止之日止，最短不得少于二十日。

招标人对已发出的招标文件进行必要的澄清或者修改的，应当在招标文件要求提交投标文件截止时间至少十五日前，以书面形式通知所有招标文件收受人。该澄清或者修改的内容为招标文件的组成部分。

（六）标底的规定

招标人可以自行决定是否编制标底。一个招标项目只能有一个标底。标底在开标前必须保密。

接受委托编制标底的中介机构不得参加受托编制标底项目的投标，也不得为该项目的投标人编制投标文件或者提供咨询。招标人设有最高投标限价的，应当在招标文件中明确最高投标限价或者最高投标限价的计算方法。招标人不得规定最低投标限价。

《招标投标法》第二十二条规定，招标人不得向他人透露已获取招标文件的潜在投标人的名称、数量以及可能影响公平竞争的有关招标投标的其他情况。

招标人对潜在投标人状况及标底具有保密义务。招标人向他人透露已获取招标文件的潜在投标人的名称、数量以及可能影响公平竞争的有关招标投标的其他情况，泄露本应当保密的标底的行为，都直接违反了《招标投标法》的规定，从而使招标投标流于形式，损害其他投标人的利益，严重破坏了社会主义市场条件下正当的竞争秩序，具有相当大的社会危害性，因此，必须加以禁止。对于招标人将有关信息或标底泄露给某特定投标人的行为，应认定为是招标投标中的不正当竞争行为。

（七）招标公告规定

《招标投标法》第十六条规定，招标人采用公开招标方式的，应当发布招标公告。依法必须进行招标的项目的招标公告，应当通过国家指定的报刊、信息网络或者其他媒介发布。

招标公告应当载明招标人的名称和地址、招标项目的性质、数量、实施地点和时间以及获取招标文件的办法等事项。

为了规范招标公告发布行为，保证潜在投标人平等、便捷、准确地获取招标信息，根据《招标公告和公示信息发布管理办法》第八条规定，“依法必须招标项目的招标公告和公示信息应当在‘中国招标投标公共服务平台’或者项目所在地省级电子招标投标公共服务平台发布”。

依法必须招标项目的资格预审公告和招标公告，应当载明以下内容：

1. 招标项目名称、内容、范围、规模、资金来源。

2. 投标资格能力要求，以及是否接受联合体投标。

3. 获取资格预审文件或招标文件的时间、方式。

4. 递交资格预审文件或投标文件的截止时间、方式。

5. 招标人及其招标代理机构的名称、地址、联系人及联系方式。

6. 采用电子招标投标方式的，潜在投标人访问电子招标投标交易平台的网址和方法。

7. 其他依法应当载明的内容。

（八）对投标人的资格审查

招标人可以根据招标项目本身的要求，在招标公告或者投标邀请书中，要求潜在投标人提供有关资质证明文件和业绩情况，并对潜在投标人进行资格审查。国家对投标人的资格条件有规定的，依照其规定。

招标人不得以不合理的条件限制或者排斥潜在投标人，不得对潜在投标人实行歧视待遇。

1. 资格审查的程序

招标人应当按照资格预审公告、招标公告或者投标邀请书规定的时间、地点发售资格预审文件或者招标文件。资格预审文件或者招标文件的发售期不得少于 5 日。招标人发售资格预审文件、招标文件收取的费用应当限于补偿印刷、邮寄的成本支出，不得以营利为目的。

资格预审应当按照资格预审文件载明的标准和方法进行。国有资金占控股或者主导地位的依法必须进行招标的项目，招标人应当组建资格审查委员会审查资格预审申请文件。资格审查委员会及其成员应当遵守招标投标法及实施条例有关评标委员会及其成员的规定。

《招标投标法实施条例》第二十条规定，招标人采用资格后审办法对投标人进行资格审查的，应当在开标后由评标委员会按照招标文件规定的标准和方法对投标人的资格进行审查。

2. 资格审查文件

招标人可以对已发出的资格预审文件或者招标文件进行必要的澄清或者修改。澄清或者修改的内容可能影响资格预审申请文件或者投标文件编制的，招标人应当在提交资格预审申请文件截止时间至少 3 日前，或者投标截止时间至少 15 日前，以书面形式通知所有获取资格预审文件或者招标文件的潜在投标人。不足 3 日或者 15 日的，招标人应当顺延提交资格预审申请文件或者投标文件的截止时间。

潜在投标人或者其他利害关系人对资格预审文件有异议的，应当在提交资格预审申请文件截止时间 2 日前提出。对招标文件有异议的，应当在投标截止时间 10 日前提出。招标人应当自收到异议之日起 3 日内作出答复。作出答复前，应当暂停招标投标活动。

3. 资格审查结果

资格预审结束后，招标人应当及时向资格预审申请人发出资格预审结果通知书。未通过资格预审的申请人不具有投标资格。通过资格预审的申请人少于 3 个的，应当重新招标。

（九）招标人的禁止行为

《招标投标法实施条例》第三十二条规定，招标人不得以不合理的条件限制、排斥潜在投标人或者投标人。

招标人有下列行为之一的，属于以不合理条件限制、排斥潜在投标人或者投标人：

（1）就同一招标项目向潜在投标人或者投标人提供有差别的项目信息。

（2）设定的资格、技术、商务条件与招标项目的具体特点和实际需要不相适应或者与合同履行无关。

（3）依法必须进行招标的项目以特定行政区域或者特定行业的业绩、奖项作为加分条件或者中标条件。

（4）对潜在投标人或者投标人采取不同的资格审查或者评标标准。

（5）限定或者指定特定的专利、商标、品牌、原产地或者供应商。

（6）依法必须进行招标的项目非法限定潜在投标人或者投标人的所有制形式或者

组织形式。

(7) 以其他不合理条件限制、排斥潜在投标人或者投标人。

## 二、工程建设项目投标

(一) 投标人的条件

投标人是响应招标、参加投标竞争的法人或者其他组织。投标人应当具备承担招标项目的能力，国家有关规定对投标人资格条件或者招标文件对投标人资格条件有规定的，投标人应当具备规定的资格条件。

投标人参加依法必须进行招标的项目的投标，不受地区或者部门的限制，任何单位和个人不得非法干涉。与招标人存在利害关系可能影响招标公正性的法人、其他组织或者个人，不得参加投标。单位负责人为同一人或者存在控股、管理关系的不同单位，不得参加同一标段投标或者未划分标段的同一招标项目投标。违反前款规定的，相关投标均无效。

投标人发生合并、分立、破产等重大变化的，应当及时书面告知招标人。投标人不再具备资格预审文件、招标文件规定的资格条件或者其投标影响招标公正性的，其投标无效。

提交投标文件的投标人少于三个的，招标人应当依法重新招标。重新招标后投标人仍少于三个的，属于必须审批的工程建设项目，报经原审批部门批准后可以不再进行招标。其他工程建设项目，招标人可自行决定不再进行招标。

(二) 投标文件的规定

投标文件是投标人根据招标人在招标文件中的要求并结合自身的情况而编制以提供给招标人的一系列文件。

投标文件应包括下列内容：

(1) 投标函及投标函附录。

(2) 法定代表人身份证明或附有法定代表人身份证明的授权委托书。

(3) 联合体协议书。

(4) 投标保证金。

(5) 已标价工程量清单。

(6) 施工组织设计。

(7) 项目管理机构。

(8) 拟分包项目情况表。

(9) 资格审查资料。

(10) 投标人须知前附表规定的其他材料。

1. 投标文件的编制

投标人应当按照招标文件的要求编制投标文件。投标文件应当对招标文件提出的实质性要求和条件作出响应。

招标项目属于建设施工的，投标文件的内容应当包括拟派出的项目负责人与主要技术人员的简历、业绩和拟用于完成招标项目的机械设备等。

2. 投标文件的送达

投标人应当在招标文件要求提交投标文件的截止时间前，将投标文件密封送达投标地点。招标人收到投标文件后，应当向投标人出具标明签收人和签收时间的凭证，在开标前任何单位和个人不得开启投标文件。

在招标文件要求提交投标文件的截止时间后送达的投标文件，为无效的投标文件，招标人应当拒收。

未通过资格预审的申请人提交的投标文件，以及逾期送达或者不按照招标文件要求密封的投标文件，招标人应当拒收。招标人应当如实记载投标文件的送达时间和密封情况，并存档备查。

3. 投标文件的补充、修改和撤回

投标人在招标文件要求提交投标文件的截止时间前，可以补充、修改或者撤回已提交的投标文件，并书面通知招标人。补充、修改的内容为投标文件的组成部分。

投标人撤回已提交的投标文件，应当在投标截止时间前书面通知招标人。招标人已收取投标保证金的，应当自收到投标人书面撤回通知之日起5日内退还。投标截止后投标人撤销投标文件的，招标人可以不退还投标保证金。

（三）投标担保

所谓投标担保，是为防止投标人不审慎进行投标活动而设定的一种担保形式，即招标人不希望投标人在投标有效期内随意撤回标书或中标后不能提交履约保证金和签署合同，而要求投标人提供担保以保证招标投标顺利完成。

《招标投标法实施条例》第二十六条规定，招标人在招标文件中要求投标人提交投标保证金的，投标保证金不得超过招标项目估算价的2%。投标保证金有效期应当与投标有效期一致。

依法必须进行招标的项目的境内投标单位，以现金或者支票形式提交的投标保证金应当从其基本账户转出。招标人不得挪用投标保证金。

投标保证金被没收的两种情形：

（1）投标人在有效期内撤回其投标文件。

（2）中标人未能在规定期限内提交履约保证金或签署合同协议。

（四）联合投标

招标人应当在资格预审公告、招标公告或者投标邀请书中载明是否接受联合体投标。

招标人接受联合体投标并进行资格预审的，联合体应当在提交资格预审申请文件前组成。资格预审后联合体增减、更换成员的，其投标无效。联合体各方在同一招标项目中以自己名义单独投标或者参加其他联合体投标的，相关投标均无效。

两个以上法人或者其他组织可以组成一个联合体，以一个投标人的身份共同投标。联合体各方均应当具备承担招标项目的相应能力。国家有关规定或者招标文件对投标人资格条件有规定的，联合体各方均应当具备规定的相应资格条件。由同一专业的单位组成的联合体，按照资质等级较低的单位确定资质等级。

联合体各方应当签订共同投标协议，明确约定各方拟承担的工作和责任，并将共同投标协议连同投标文件一并提交招标人。联合体中标的，联合体各方应当共同与招标人签订合同，就中标项目向招标人承担连带责任。招标人不得强制投标人组成联合体共同投标，不得限制投标人之间的竞争。

（五）投标的限制行为

投标人不得相互串通投标报价，不得排挤其他投标人的公平竞争，损害招标人或者其他投标人的合法权益。

《招标投标法实施条例》第三十九条规定，禁止投标人相互串通投标。有下列情形之一的，属于投标人相互串通投标：

（1）投标人之间协商投标报价等投标文件的实质性内容。

（2）投标人之间约定中标人。

（3）投标人之间约定部分投标人放弃投标或者中标。

（4）属于同一集团、协会、商会等组织成员的投标人按照该组织要求协同投标。

（5）投标人之间为谋取中标或者排斥特定投标人而采取的其他联合行动。

《招标投标法实施条例》第四十条规定，有下列情形之一的，视为投标人相互串通投标：

（1）不同投标人的投标文件由同一单位或者个人编制。

（2）不同投标人委托同一单位或者个人办理投标事宜。

（3）不同投标人的投标文件载明的项目管理成员为同一人。

（4）不同投标人的投标文件异常一致或者投标报价呈规律性差异。

（5）不同投标人的投标文件相互混装。

（6）不同投标人的投标保证金从同一单位或者个人的账户转出。

投标人不得与招标人串通投标，损害国家利益、社会公共利益或者他人的合法权益。禁止投标人以向招标人或者评标委员会成员行贿的手段谋取中标。

《招标投标法实施条例》第四十一条规定，禁止招标人与投标人串通投标。有下列情形之一的，属于招标人与投标人串通投标：

（1）招标人在开标前开启投标文件并将有关信息泄露给其他投标人。

（2）招标人直接或者间接向投标人泄露标底、评标委员会成员等信息。

（3）招标人明示或者暗示投标人压低或者抬高投标报价。

（4）招标人授意投标人撤换、修改投标文件。

（5）招标人明示或者暗示投标人为特定投标人中标提供方便。

（6）招标人与投标人为谋求特定投标人中标而采取的其他串通行为。

《招标投标法》第三十三条规定，投标人不得以低于成本的报价竞标，也不得以他人名义投标或者以其他方式弄虚作假，骗取中标。

## 三、工程建设项目开标、评标、中标

### （一）开标

开标是招标人按照招标公告或者投标邀请函规定的时间、地点，当众开启所有投标人的投标文件，宣读投标人名称、投标价格和投标文件的其他主要内容的过程。

1. 开标主体

《招标投标法》第三十五条规定：“开标由招标人主持，邀请所有投标人参加。”

开标由招标人主持。招标人作为整个招标活动的发起者和组织者，应当负责开标的举行。开标应当按照规定的时间、地点公开进行并且通知所有的投标人参加。投标人参加开标是自愿的，但是招标人必须通知其参加，否则将因程序不合法而引起争议，甚至承担赔偿义务。招标人不得只通知一部分投标人参加开标。

2. 开标时间

《招标投标法》第三十四条规定：“开标应当在招标文件确定的提交投标文件截止时间的同一时间公开进行；开标地点应当为招标文件中预先确定的地点。”

3. 开标程序

《招标投标法》第三十六条规定：“开标时，由投标人或者其推选的代表检查投标文件的密封情况，也可以由招标人委托的公证机构检查并公证；经确认无误后，由工作人员当众拆封，宣读投标人名称、投标价格和投标文件的其他主要内容。招标人在招标文件要求提交投标文件的截止时间前收到的所有投标文件，开标时都应当当众予以拆封、宣读。开标过程应当记录，并存档备查。”

### （二）评标

评标是招标人根据招标文件的要求，对投标人所报送的投标文件进行审查及评议的过程。评标的目的在于从技术、经济、法律、组织和管理等方面对每份投标书加以分析评审，以推荐合格的中标候选人，或直接确定中标人，为定标提供基础。

1. 评标原则

《招标投标法》第三十八条规定：“招标人应当采取必要的措施，保证评标在严格保密的情况下进行。任何单位和个人不得非法干预、影响评标的过程和结果。”

评标活动具有保密性和独立性。为保证评标的公正、保证评标委员会的成员免受外界压力或影响，评标工作应该在严格保密的情况下进行。

评标应当以招标文件确定的评标标准和方法为依据，以“公正、科学、严谨”为原则，对所有的投标人一视同仁，公平对待，决不能偏袒一方，歧视另一方，这是评标工作成败的关键。对投标文件的评议，要采取科学的方法，综合比较各标的物的性能、质量、价格、交货期和投标方的资信情况等因素，客观地进行评议，使评议结果能准确反映投标方的实际情况，并对方案作公正的评价。保证评标的独立性，才能保证评标的公正性，也才能使决标结果达到招标人以最低价格获得高质量的效益的目的，同时保障社会公共利益不受到损害。

2. 评标主体

评标由招标人依法组建的评标委员会负责。

依法必须进行招标的项目，其评标委员会由招标人的代表和有关技术、经济等方面的专家组成，成员人数为五人以上单数，其中技术经济等方面的专家不得少于成员总数的三分之二。

上述专家应当从事相关领域工作满八年并具有高级职称或者具有同等专业水平，由招标人从国务院有关部门或者省、自治区、直辖市人民政府有关部门提供的专家名册或者招标代理机构的专家库内的相关专业的专家名单中确定；一般招标项目可以采取随机抽取方式，特殊招标项目可以由招标人直接确定。与投标人有利害关系的人不得进入相关项目的评标委员会；已经进入的应当更换。评标委员会成员的名单在中标结果确定前应当保密。

评标委员会成员应当客观、公正地履行职务，遵守职业道德，对所提出的评审意见承担个人责任。评标委员会成员不得私下接触投标人，不得收受投标人的财物或者其他好处。评标委员会成员和参与评标的有关工作人员不得透露对投标文件的评审和比较、中标候选人的推荐情况以及与评标有关的其他情况。

有关行政监督部门应当按照规定的职责分工，对评标委员会成员的确定方式、评标专家的抽取和评标活动进行监督。行政监督部门的工作人员不得担任本部门负责监督项目的评标委员会成员。

3. 评标程序

评标委员会应当按照招标文件确定的评标标准和方法，对投标文件进行评审和比较。设有标底的，应当参考标底。评标委员会可以要求投标人对投标文件中含义不明确的内容作必要的澄清或者说明，但是澄清或者说明不得超出投标文件的范围或者改变投标文件的实质性内容。

《招标投标法实施条例》第五十一条规定，有下列情形之一的，评标委员会应当否决其投标：

（1）投标文件未经投标单位盖章和单位负责人签字。

（2）投标联合体没有提交共同投标协议。

（3）投标人不符合国家或者招标文件规定的资格条件。

（4）同一投标人提交两个以上不同的投标文件或者投标报价，但招标文件要求提交备选投标的除外。

（5）投标报价低于成本或者高于招标文件设定的最高投标限价。

（6）投标文件没有对招标文件的实质性要求和条件作出响应。

（7）投标人有串通投标、弄虚作假、行贿等违法行为。

评标委员会完成评标后，应当向招标人提出书面评标报告，并推荐合格的中标候选人。评标报告应当由评标委员会全体成员签字。招标人根据评标委员会提出的书面评标报告和推荐的中标候选人确定中标人。招标人也可以授权评标委员会直接确定中标人。国务院对特定招标项目的评标有特别规定的，从其规定。

4. 评标结果

评标完成后，评标委员会应当向招标人提交书面评标报告和中标候选人名单。中标候选人应当不超过 3 个，并标明排序。

对评标结果有不同意见的评标委员会成员应当以书面形式说明其不同意见和理由，评标报告应当注明该不同意见。评标委员会成员拒绝在评标报告上签字又不书面说明其不同意见和理由的，视为同意评标结果。

（三）中标

1. 中标的条件

中标人的投标应当符合下列条件之一：

（1）能够最大限度地满足招标文件中规定的各项综合评价标准。

（2）能够满足招标文件的实质性要求，并且经评审的投标价格最低。但是投标价格低于成本的除外。

在确定中标人前，招标人不得与投标人就投标价格、投标方案等实质性内容进行谈判。

国有资金占控股或者主导地位的依法必须进行招标的项目，招标人应当确定排名第一的中标候选人为中标人。排名第一的中标候选人放弃中标、因不可抗力不能履行合同、不按照招标文件要求提交履约保证金，或者被查实存在影响中标结果的违法行为等情形，不符合中标条件的，招标人可以按照评标委员会提出的中标候选人名单排序依次确定其他中标候选人为中标人，也可以重新招标。

2. 中标程序

《招标投标法》第四十五条规定："中标人确定后，招标人应当向中标人发出中标通知书，并同时将中标结果通知所有未中标的投标人。中标通知书对招标人和中标人具有法律效力。中标通知书发出后，招标人改变中标结果的，或者中标人放弃中标项目的，应当依法承担法律责任。”

依法必须进行招标的项目，招标人应当自收到评标报告之日起 3 日内公示中标候选人，公示期不得少于 3 日。投标人或者其他利害关系人对依法必须进行招标的项目的评标结果有异议的，应当在中标候选人公示期间提出。招标人应当自收到异议之日起 3 日内作出答复。作出答复前，应当暂停招标投标活动。

定标后，对于未中标的其他投标人，招标人也应当向其发出未中标的通知书，并告知中标结果。

中标候选人的经营、财务状况发生较大变化或者存在违法行为，招标人认为可能影响其履约能力的，应当在发出中标通知书前由原评标委员会按照招标文件规定的标准和方法审查确认。

3. 中标结果

(1)《招标投标法》第四十六条规定：“招标人和中标人应当自中标通知书发出之日起三十日内，按照招标文件和中标人的投标文件订立书面合同。招标人与中标人不得再另行订立背离合同实质性内容的其他协议。招标文件要求中标人提交履约保证金的，中标人应当提交。”

《招标投标法》第四十七条规定，依法必须进行招标的项目，招标人应当自确定中标人之日起十五日内，向有关行政监督部门提交招标投标情况的书面报告。

一般情况下，合同自承诺生效时成立，但《民法典》第四百九十条规定：“当事人采用合同书形式订立合同的，自当事人均签名、盖章或者按指印时合同成立。在签名、盖章或者按指印之前，当事人一方已经履行主要义务，对方接受时，该合同成立。法律、行政法规规定或者当事人约定合同应当采用书面形式订立，当事人未采用书面形式但是一方已经履行主要义务，对方接受时，该合同成立。”建设工程合同的订立就属于这种情况。

建设工程合同订立的依据是招标文件和中标人的投标文件，双方不得再订立违背合同实质性内容的其他协议。合同实质性内容包括投标价格、投标方案等涉及招标人和中标人权利义务关系的实体内容。如果允许招标人和中标人可以再行订立背离违背合同实质性内容的其他协议，就违背了招标投标活动的初衷，对其他未中标人来讲也是不公正的。因此对于这类行为，法律必须予以严格禁止。

要求中标人提供履约担保，是国际工程惯例。履约担保除可以采用履约保证金这种形式外，还可以采用银行、保险公司或担保公司出具履约保函，不得超过建设工程合同金额的 10%。在招标文件中，招标人应当就提交履约担保的方式作出规定，中标人应当按照招标文件中的规定提交履约担保。中标人不按照招标文件的规定提交履约担保的，将失去订立合同的资格，其提交的投标担保不予退还。

（2）中标人应当按照合同约定履行义务，完成中标项目。中标人不得向他人转让中标项目，也不得将中标项目肢解后分别向他人转让。

中标人按照合同约定或者经招标人同意，可以将中标项目的部分非主体、非关键性工作分包给他人完成。接受分包的人应当具备相应的资格条件，并不得再次分包。

中标人应当就分包项目向招标人负责，接受分包的人就分包项目承担连带责任。

工程实践中，工程款拖欠屡禁不止的重要原因之一是缺乏有效的招标人付款担保制度。《房屋建筑与市政基础设施工程施工招标投标管理办法》则以部门规章的形式确立了付款担保制度，很有现实意义。根据《建设工程施工合同（示范文本）》GF—2017—0201规定，除专用合同条款另有约定外，发包人要求承包人提供履约担保的，发包人应当向承包人提供支付担保。支付担保可以采用银行保函或担保公司担保等形式，具体由合同当事人在专用合同条款中约定。

## 第三节　工程建设招标投标类型

本书主要介绍法律、法规层面的招标投标规定，各类型的招标投标须遵守法律法规的相关规定。不同行业和专业的招标投标类型，可划分为工程、货物、服务三大类，本节主要从部门规章层面介绍三大类招标投标的主要规定。

### 一、工程类招标投标

与货物或服务招标投标相比，工程招标投标较复杂。不同工程项目，对技术、设备、施工组织、投标人的资质以及管理经验的要求不同，差异较大。近年来，有关部委就规范工程招标投标的规定，一般由国家发展改革委会同各有关部委联合制定发布，也有各部委单独制定发布仅适用于专业工程的专项规定。主要有：

1.《工程建设项目施工招标投标办法》（七部委30号令、2013年修订）。该办法适用于我国境内的各类建设工程施工招标投标活动。这部规章不仅细化了施工招标投标程序和有关违法行为的法律责任，而且还对施工招标项目应具备的招标条件、邀请招标的特殊情形、资格审查、资格预审文件、招标文件、招标代理机构所承担的任务、联合体投标、评标、废标以及招标投标情况书面报告等内容，作出了较为全面和具体的规定。

2.《〈标准施工招标资格预审文件〉和〈标准施工招标文件〉暂行规定》（国家发展改革委令第56号、2013年修订）。为了规范施工招标资格预审文件、招标文件编制活动，促进招标投标活动的公开、公平和公正，国家发展和改革委员会、财政部、建设部、铁道部、交通部、信息产业部、水利部、民用航空总局、广播电影电视总局联合制定了《〈标准施工招标资格预审文件〉和〈标准施工招标文件〉试行规定》及相关附件，自 2008 年 5 月 1 日起施行。

3.《房屋建筑和市政基础设施工程招标投标管理办法》（建设部令第 89 号、2018 年修订）。该办法由建设部（现住房城乡建设部）于 2001 年制定，适用于我国境内从事房屋建筑和市政基础设施工程施工招标投标程序，具体规定了建设部门对有关招标投标活动实施监督管理的职责，对规范房屋建筑和市政基础设施工程施工招标投标活动，维护招标投标当事人的合法权益有重大意义。为贯彻落实国务院深化“放管服”改革，优化营商环境的要求，住房城乡建设部于 2018 年 9 月 28 日对该办法作了修订。

4.《公路工程建设项目招标投标管理办法》（交通运输部令第 24 号）。该办法是根据《中华人民共和国公路法》《中华人民共和国招标投标法》《中华人民共和国招标投标法实施条例》等法律、行政法规制定，用于规范中华人民共和国境内公路工程建设项目勘察设计、施工、施工监理等的招标投标活动。

5.《公路工程施工招标资格预审办法》（交通部交公路发〔2006〕57 号）。交通部（现交通运输部）于 2006 年制定，专门规范公路工程施工招标资格预审工作的规范性文件，适用于我国境内公路工程施工招标资格预审，主要规定了资格预审的程序和要求、资格预审申请、资格评审标准与方法、资格评审报告等内容。

6.《水利工程建设项目招标投标管理规定》（水利部令第 14 号）。适用于水利工程建设项目的勘察设计、施工、监理以及与水利工程建设有关的重要设备、材料采购等招标投标活动，明确了水利部及省、自治区、直辖市的水利主管部门是水利工程的招标投标活动的行政监督与管理部门，规定了监督管理的具体职责。

7.《通信工程建设项目招标投标管理办法》（工业和信息化部令第 27 号）。该办法是为了规范通信工程建设项目招标投标活动而制定的法规，进行通信工程建设项目招标投标活动，适用本办法。

## 二、货物类招标投标

国家发展改革委等有关部委就规范货物招标投标活动制定了一系列专项规章和规范性文件，按照适用范围不同分为两类：一类是规范货物国内招标投标活动的法律规范，如工程建设项目货物招标、政府采购货物招标、医疗机构药品集中采购等方面的规定。另一类是规范机电产品国际招标投标活动的法律规范。货物类招标投标的部门规章和规范性文件主要有：

（1）《工程建设项目货物招标投标办法》（七部委 27 号令、2013 年修订）。国家发展改革委联合建设部、铁道部、交通部、信息产业部、水利部、民航总局等七部委于 2005 年制定，是货物招标领域最重要的规章，适用于我国境内依法必须进行招标的工程建设项目货物招标投标活动，具体规定了货物招标投标基本程序、总承包招标中的货物招标、货物招标的条件、资格预审和资格后审、投标人资格限制以及两阶段招标等内容。

(2)《机电产品国际招标投标实施办法（试行）》(商务部令 2014 年第 1 号)。适用于我国境内进行机电产品国际招标投标活动，明确了商务部是机电产品国际招标投标的国家行政主管部门，规定了机电产品必须进行国际招标范围、评审专家选择、招标文件编制、招标投标和评标程序、评标方法、公示及质疑处理程序、中标以及有关法律责任等内容。

(3)《政府采购货物和服务招标投标管理办法》(财政部令第 87 号)。该办法是 2017 年 7 月 11 日财政部在原《政府采购货物和服务招标投标管理办法》(财政部令第 18 号) 基础上修订形成的，适用于政府采购货物和服务招标投标活动，明确了县级以上财政部门作为政府采购货物和服务招标投标活动的监督管理部门，具体规定了货物和服务采购招标方式、供应商限制、回避制度和政府采购应当支持民族工业和中小企业等基本原则，以及政府采购货物和服务招标投标的基本程序、电子招标文件、联合体投标、评标委员会义务以及有关法律责任等内容。

(4)《水运工程建设项目招标投标管理办法》(交通运输部令 2012 年第 11 号)。适用于中华人民共和国境内依法必须进行的水运工程建设项目招标投标活动。办法中的水运工程建设项目是指水运工程以及与水运工程建设有关的货物、服务。具体包括：港口工程、航道整治、航道疏浚、航运枢纽、过船建筑物、修造船水工建筑物等，以及其附属建筑物和设施的新建、改建、扩建及其相关的装修、拆除、修缮等工程。货物是指构成水运工程不可分割的组成部分，且为实现工程基本功能所必需的设备、材料等。服务是指为完成水运工程所需的勘察、设计、监理等服务。

### 三、服务类招标投标

服务招标投标，是指除了工程、货物以外的其他招标投标活动。如建筑工程的勘察、设计、监理招标投标，工程咨询评估、财务、法律等中介服务招标投标，项目法人、代建人、特许经营者招标，科技项目、科研课题、国有资产产权转让、物业管理、金融保险服务招标投标等。

一般情况下，对于服务类招标，招标人更注重投标人提供的相关劳务、技术智力等服务的能力、水平、经验、业绩，评审标准比较复杂，往往因项目而异，除对投标人资质要求以外，较难有统一的标准。因此，各类服务招标投标方面的规定差异较大。

随着招标投标制度的推广，服务招标投标领域不断扩展，国家发展改革委和各有关部委为规范各类服务招标投标活动制定了一系列规章和规范性文件。

(一) 工程勘察设计招标投标

1.《工程建设项目勘察设计招标投标办法》(八部委 2 号令)。由国家发展改革委联合建设部、铁道部、交通部、信息产业部、水利部、民航总局、广电总局等八部委2003年制定，2013年进行了修订，是工程勘察设计招标领域最重要的规章，适用于我国境内各类工程建设项目勘察设计招标投标活动，具体规定了勘察设计招标的条件、基本程序、投标条件、否决投标、未中标设计方案补偿以及重新招标等内容。

2.《建筑工程设计招标投标管理办法》(住房和城乡建设部令第33号)。住房和城乡建设部于2017年制定，适用于我国境内依法必须招标的各类房屋建筑工程的设计招标投标活动，主要明确了住房和城乡建设主管部门是各类房屋建筑工程设计招标的监督管理部门，具体规定了建筑工程设计招标的基本程序、投标时限以及备案管理环节等内容。

（二）监理招标投标

专门用以规范监理招标投标的部门规章相对较少，一般涵盖在相关文件中，例如：交通运输部制定的《水运工程建设项目招标投标管理办法》(交通运输部令2012年第11号)，《政府采购货物和服务招标投标管理办法》(财政部令第87号)。

（三）国有资产产权转让招标投标

《招标拍卖挂牌出让国有建设用地使用权规定》(国土资源部令第39号)。国土资源部于2007年制定，适用于在我国境内以招标、拍卖或者挂牌出让方式在土地的地表、地上或者地下设立国有建设用地使用权的活动，具体规定了国有建设用地使用权招标的范围、招标公告的基本内容招标基本程序以及国土资源行政主管部门实施监督管理的职责和手段等内容。另外，为规范土地使用权招标拍卖挂牌出让活动，国土资源部还联合监察部于2002年制定了《关于严格实行经营性土地使用权招标拍卖挂牌出让的通知》(国土资发〔2002〕1265号)，明确了通过招标拍卖挂牌方式出让国有土地使用权是从源头防治土地供应环节产生腐败的有效措施，并具体规定了规范领导干部从政行为，强化政府土地的集中统一管理，加大土地供应的信息披露力度，严格招标拍卖挂牌出让程序，以及加强监督检查等内容。

（四）特许经营、物业管理等其他服务招标投标

1.《市政公用事业特许经营管理办法》(建设部令第126号、2015年修订)。由原建设部于2004年制定，明确了市政公用事业项目应采取特许经营方式，并具体规定了参与特许经营权竞标者的条件、特许经营招标的程序、特许经营协议的主要内容、主管部门监督职责、特许经营期限及有关违法行为罚则等内容。

2.《经营性公路建设项目投资人招标投标管理规定》(交通部令第8号、2015年修订)。由原交通部于2007年制定，适用于我国境内的经营性公路建设投资人招标的监督管理职责，并具体规定了投资人招标的条件、基本程序、投标人条件、评标标准和方法等内容。

3.《前期物业管理招标投标管理暂行办法》(建住房〔2003〕130号)。由原建设部

于2003年制定，适用于建设单位通过招标投标的方式选聘具有相应资质的物业管理企业和行政主管部门对物业管理招标投标活动实施监督管理，明确了县级以上建设行政主管部门是物业管理招标投标活动的监督管理部门，并具体规定了物业管理招标文件的主要内容、资格预审、完成前期物业管理招标的时限、评标标准和方法、确定中标人的方法等内容。

# 第四章　建设工程合同法律制度

## 第一节　合同法律制度概述

### 一、合同概述

一般意义的合同，泛指一切确立权利义务关系的协议，因此，有物权合同、债权合同和身份合同等。但《中华人民共和国民法典》（以下简称《民法典》）中所规定的合同仅指民法意义上的财产合同。《民法典》规定："合同是民事主体之间设立、变更、终止民事法律关系的协议。"根据这一规定，合同具有以下特点：

（1）合同是协议，是民事主体之间就具体内容达成的协议。

（2）合同的主体是民事主体，包括自然人、法人和其他组织。

（3）合同的内容是民事主体设立、变更、终止民事法律关系。

### 二、合同的订立

合同的订立是指合同当事人依法就合同内容经过协商，达成协议的法律行为。《民法典》对合同订立的基本法律要求作出了明确规定。

（一）当事人主体资格

当事人订立合同，应当具有相应的民事权利能力和民事行为能力。合同主体包括自然人、法人和其他组织。对于自然人而言，具有完全民事行为能力的人可以订立一切法律允许自然人作为合同主体的合同。限制民事行为能力的人，只能订立一些与其年龄、智力、精神状况相适应或纯获得利益的合同，其他的合同则应由法定代理人代订或经法定代理人同意。对于法人和其他组织而言，自依法成立或经核准登记后，便具有民事权利能力和民事行为能力，但各个法人或其他组织，因其设立的目的、宗旨、业务活动范围的不同，而决定了其所具有的民事权利能力和民事行为能力亦互不相同。法人和其他组织只有在其权利能力和行为能力的范围内订立合同，才具有合同主体的资格。

当事人也可委托代理人订立合同。代理人订立合同时，应向对方出具被代理人签发的授权委托书。如果行为人没有代理权、超越代理权或者代理权终止后，以被代理人名义订立的合同，未经被代理人追认，对被代理人不发生效力，由行为人承担责任。

但相对人有理由相信行为人有代理权的，该代理行为有效。

（二）合同的形式

合同形式是合同当事人所达成协议的表现形式，是合同内容的载体。《民法典》规定：当事人订立合同，可以采用书面形式、口头形式或者其他形式。

1. 口头合同

口头合同是指当事人只以口头语言的意思表示达成协议，而不以文字表述协议内容的合同。口头合同简便易行，迅速且缔约成本低，但在发生合同纠纷时，难以举证，不易分清责任。

2. 书面合同

书面合同，是合同书、信件、电报、电传、传真等可以有形地表现所载内容，并可以随时调取查用的数据电文。书面合同既可成为当事人履行合同的依据，一旦发生合同纠纷又可成为证据，便于确定责任，能够确保交易安全。以电子数据交换、电子邮件等方式能够有效地表现所载内容，并可以随时调取查用的数据电文，视为书面形式。

3. 其他形式的合同

当事人未以书面形式或者口头形式订立合同，但从双方从事的民事行为能够推定双方有订立合同意愿的，人民法院可以认定是以“其他形式”订立的合同。

（三）合同的内容

合同内容是指据以确定当事人权利、义务和责任的具体规定，通过合同条款具体体现。为了起到合同条款的示范作用，合同一般包括以下条款：

（1）当事人的名称或者姓名和住所。

（2）标的，即合同当事人权利义务共同指向的对象。合同的标的可以为财产或行为，是合同的必备条款。

（3）数量。数量是对标的的计量，是以数字和计量单位来衡量标的的尺度，没有数量条款的规定，就无法确定双方权利义务的大小，使得双方权利义务处于不确定的状态，因此，合同中必须明确标的数量。

（4）质量。质量是指标的的内在素质和外观形态的综合，如产品的品种、规格、执行标准等。当事人约定质量条款时，必须符合国家有关规定和要求。

（5）价款或者报酬。价款或者报酬，是指一方当事人向对方当事人所付代价的货币支付。当事人在约定价款或者报酬时，应遵守国家有关价格方面的法律和规定，并接受工商行政管理机关和物价管理部门的监督。

（6）履行期限、地点和方式。履行期限是合同当事人履行义务的时间界限，是确定当事人是否按时履行的客观标准，也是当事人主张合同权利的时间依据。履行地点是当事人交付标的或者支付价款的地方，当事人应在合同中予以明确。履行方式是指当事人以什么方式来完成合同的义务，合同标的不同，履行方式有所不同，即使合同标的相同，也有不同的履行方式，当事人只有在合同中明确约定合同的履行方式，才便于合同的履行。

（7）违约责任。违约责任是指当事人一方或双方，不履行合同或不能完全履行合同，按照法律规定或合同约定应当承担的民事责任。在违约责任条款中，当事人应明确约定承担违约责任的方式。

（8）解决争议的办法。根据我国现有法律规定，争议解决的方法有和解、调解、仲裁和诉讼四种。

（四）合同订立的方式

合同订立的方式是指合同当事人双方依法就合同内容达成一致的过程。《民法典》规定：当事人订立合同，可以采取要约、承诺方式或者其他方式。

1. 要约

1）要约的概念

要约是希望和他人订立合同的意思表示。在要约中，提出要约的一方为要约人，要约发向的一方为受要约人。根据《民法典》的规定，要约应当具备以下条件：

（1）内容具体确定。

（2）表明经受要约人承诺，要约人即受该意思表示约束。

如果当事人一方所做的是希望他人向自己发出要约的意思表示则是要约邀请，或称为要约引诱，而不是要约。比如拍卖公告、招标公告、招股说明书、债券募集办法、基金招募说明书、商业广告和宣传、寄送的价目表等。商业广告和宣传的内容符合要约条件的，视为要约。

2）要约的效力

《民法典》规定，以对话方式作出的意思表示，相对人知道其内容时生效。以非对话方式作出的意思表示，达到相对人时生效。以非对话作出的采用数据电文形式的意思表示，相对人指定特定系统接收数据电文的，该数据电文进入该特定系统时生效；未指定特定系统的，相对人知道或者应当知道该数据电文进入其系统时生效。当事人对采用数据电文形式的意思表示的生效时间另有约定的，按照其约定。《民法典》对要约效力作出了如下规定：

（1）要约的撤回。《民法典》规定，行为人可以撤回意思表示，撤回意思表示的通知应当在意思表示到达相对人前或者与意思表示同时到达相对人。这时要约并没有生效。

（2）要约的撤销。撤销要约是指要约生效后，在受要约人承诺之前，宣布取消要约，使该要约的效力归于消灭的行为。《民法典》规定，要约可以撤销。撤销要约的意思表示以对话方式作出的，该意思表示的内容应当在受要约人作出承诺之前为受要约人所知道；撤销要约的意思表示以非对话方式作出的，应当在受要约人作出承诺之前到达受要约人。同时，《民法典》也规定了不得撤销要约的情形，要约人以确定承诺期限或者其他形式明示要约不可撤销；或者受要约人有理由认为要约是不可撤销的，并已经为履行合同做了合理准备工作。

3）要约失效

要约失效即要约的效力归于消灭。《民法典》规定了要约失效的四种情形：

（1）要约被拒绝。

（2）要约被依法撤销。

（3）承诺期限届满，受要约人未作出承诺。

（4）受要约人对要约的内容作出实质性变更。

2. 承诺

1）承诺的概念

承诺是受要约人同意要约的意思表示。根据《民法典》的规定，承诺生效应符合以下条件：

（1）承诺须由受要约人或者其代理人向要约人作出。因为要约生效后，只有受要约人取得了承诺资格，如果第三人了解了要约内容，向要约人作出同意的意思表示不是承诺，而是第三人发出的要约。

（2）承诺是受要约人同意要约的意思表示。同意要约，是以接受要约的全部条件为内容，是无条件的承诺，对要约的内容既不得限制，也不得扩张，更不能变更，但对要约的非实质性变更除外。

（3）承诺必须在规定的期限内到达要约人。承诺必须遵守承诺期间，没有规定承诺期间的，承诺应当按照下列规定到达，要约以对话方式作出的，应当即时作出承诺；要约以非对话方式作出的，承诺应当在合理期限内到达。

（4）承诺的方式必须符合要约的要求。承诺应当以通知的方式作出。要约规定承诺须以特定方式作出，否则承诺无效，承诺人承诺时须符合要约人规定的承诺方式。

2）承诺的效力

《民法典》规定，承诺以通知方式作出的，按照下列规定确定生效时间：以对话方式作出的意思表示，相对人知道其内容时生效；以非对话方式作出的意思表示，到达相对人时生效。以非对话方式作出的采用数据电文形式的意思表示，相对人指定特定系统接收数据电文的，该数据电文进入该特定系统时生效；未指定特定系统的，相对人知道或者应当知道该数据电文进入其系统时生效。当事人对采用数据电文形式的意思表示的生效时间另有约定的，按照其约定。

承诺不需要通知的，根据交易习惯或者要约的要求作出承诺的行为时有效。

3）承诺的撤回

关于承诺的撤回，《民法典》规定：承诺可以撤回。行为人可以撤回意思表示，撤回意思表示的通知应当在意思表示到达相对人前或者与意思表示同时到达相对人。

4）逾期承诺及效果

受要约人超过承诺期限发出承诺，或者在承诺期限内发出承诺，按照通常情形不能及时到达要约人的，为新要约；但是，要约人及时通知受要约人该承诺有效的除外。

受要约人在承诺期限内发出承诺，按照通常情形能够及时到达要约人，但是因其他原因致使承诺到达要约人时超过承诺期限的，除要约人及时通知受要约人因承诺超过期限不接受该承诺外，该承诺有效。

5）承诺对要约内容的变更

承诺的内容应当与要约的内容一致。受要约人对要约的内容作出实质性变更的，为新要约。有关合同标的、数量、质量、价款或者报酬、履行期限、履行地点和方式、违约责任和解决争议方法等的变更，是对要约内容的实质性变更。

承诺对要约的内容作出非实质性变更的，除要约人及时表示反对或者要约明确表明承诺不得对要约的内容作出任何变更外，该承诺有效，合同的内容以承诺的内容为准。

（五）订立合同的其他规定

1. 合同成立的地点。关于合同成立地点的确定，《民法典》作出了如下规定：

承诺生效的地点为合同成立的地点；采用数据电文形式订立合同的，收件人的主营业地为合同成立的地点；没有主营业地的，其住所地为合同成立的地点。当事人另有约定的，按照其约定。

当事人采用合同书形式订立合同的，最后签名、盖章或者按指印的地点为合同成立的地点，但是当事人另有约定的除外。

2. 合同成立的时间。当事人采用合同书形式订立合同的，自当事人均签名、盖章或者按指印时合同成立。在签名、盖章或者按指印之前，当事人一方已经履行主要义务，对方接受时，该合同成立。法律、行政法规规定或者当事人约定合同应当采用署名形式订立，当事人未采用书面形式但是一方已经履行主要义务，对方接受时，该合同成立。

当事人采用信件、数据电文等形式订立合同要求签订确认书的，签订确认书时合同成立。当事人一方通过互联网等信息网络发布的商品或者服务信息符合要约条件的，对方选择该商品或者服务并提交订单成功是合同成立，但是当事人另有约定的除外。

3. 国家计划合同。《民法典》规定：国家根据抢险救灾、疫情防控或者其他需要下达国家订货任务、指令性任务的，有关民事主体之间应当依照有关法律、行政法规规定的权利和义务订立合同。依照法律、行政法规的规定负有发出要约义务的当事人，应当及时发出合理的要约。依照法律、行政法规的规定负有作出承诺义务的当事人，不得拒绝对方合理的订立合同要求。

4. 预约合同适用规则。当事人约定在将来一定期限内订立合同的认购书、订购书、预订书等，构成预约合同。当事人一方不履行预约合同约定的订立合同义务的，对方可以请求其承担预约合同的违约责任。

5. 缔约过失责任。缔约过失责任是指在合同缔结过程中，一方当事人违反了以诚实信用为基础的先契约义务，造成了另一方当事人的损害，因此应承担的法律后果。《民法典》规定：当事人在订立合同过程中有下列情形之一，造成对方损失的，应当承担赔偿责任：（1）假借订立合同，恶意进行磋商；（2）故意隐瞒与订立合同有关的重要事实或者提供虚假情况；（3）有其他违背诚信原则的行为。

同时，《民法典》还规定了，当事人在订立合同过程中知悉的商业秘密或者其他应当保密的信息，无论合同是否成立，不得泄露或者不正当地使用；泄露、不正当地使用该商业秘密或者信息，造成对方损失的，应当承担赔偿责任。

## 三、合同的效力

合同的效力，是法律赋予依法成立的合同对当事人的法律强制力。

（一）合同生效

合同生效，即合同发生法律约束力。合同生效后，当事人必须按约定履行合同，《民法典》对合同生效规定了三种情形：

1. 成立生效

对一般合同而言，只要当事人在合同主体资格、合同形式及合同内容等方面均符合法律、行政法规的要求，经协商达成一致意见，合同成立即可生效。正如《民法典》的规定：依法成立的合同，自成立时生效。

2. 批准登记生效

批准登记的合同，是指法律、行政法规规定应当办理批准登记手续的合同。《民法典》规定，依照法律、行政法规的规定，合同应当办理批准等手续的，依照其规定。未办理批准等手续影响合同生效的，不影响合同中履行报批等义务条款以及相关条款的效力。应当办理申请批准等手续的当事人未履行义务的，对方可以请求其承担违反该义务的责任。

3. 约定生效

约定生效系指附条件的民事法律行为和附期限的民事法律行为。

《民法典》规定，民事法律行为可以附条件，但是根据其性质不得附条件的除外。附生效条件的民事法律行为，自条件成就时生效。附解除条件的民事法律行为，自条件成就时失效。附条件的民事法律行为，当事人为自己的利益不正当地阻止条件成就的，视为条件已经成就；不正当地促成条件成就的，视为条件不成就。

同时，民事法律行为可以附期限，但是根据其性质不得附期限的除外。附生效期限的民事法律行为，自期限届至时生效。附终止期限的民事法律行为，自期限届满时失效。

（二）效力待定

1. 限制民事行为能力人订立的合同

限制民事行为能力人实施的纯获利益的民事法律行为或者与其年龄、智力、精神健康状况相适应的民事法律行为有效；实施的其他民事法律行为经法定代理人同意或者追认后有效。

相对人可以催告法定代理人自收到通知之日起三十日内予以追认。法定代理人未作表示的，视为拒绝追认。民事法律行为被追认前，善意相对人有撤销的权利，撤销应当以通知的方式作出。

2. 无效代理合同

代理是指代理人代被代理人实施民事法律行为，其法律效果直接归属于被代理人的行为。而无权代理是指行为人没有代理权、超越代理权或者代理权终止后，仍然实施代理行为，未经被代理人追人的，对被代理人不发生效力。

无权代理人以被代理人的名义订立合同，被代理人已经开始履行合同义务或者接受相对人履行的，视为对合同的追认。

（三）无效合同

《民法典》规定：（1）无民事行为能力人实施的民事法律行为无效；（2）行为人与相对人以虚假的意思表示实施的民事法律行为无效；（3）违反法律、行政法规的强制性规定的民事法律行为无效，但是该强制性规定不导致该民事法律行为无效的除外；（4）违背公序良俗的民事法律行为无效；（5）行为人与相对人恶意串通，损害他人合法权益的民事法律行为无效。

此外，《民法典》还对合同中的免责条款及争议解决条款的效力作出了规定。合同的免责条款是指当事人在合同中约定的免除或限制其未来责任的条款。免责条款是由当事人协商一致的合同的组成部分，具有约定性。如果需要，当事人应当以明示的方式依法对免责事项及免责的范围进行约定。但对那些具有社会危害性的侵权责任，当事人不能通过合同免除其法律责任，即使约定了，也不承认其有法律约束力。因此，《民法典》明确规定了两种无效免责条款：

（1）造成对方人身损害的。

（2）因故意或者重大过失造成对方财产损失的。

合同中的解决争议条款具有相对独立性，当合同无效、被撤销或者终止时，解决争议条款的效力不受影响。

（四）可变更或可撤销合同

可变更合同是指合同部分内容违背当事人的真实意思表示，当事人可以要求对该部分内容的效力予以撤销的合同。可撤销合同是指虽经当事人协商一致，但因非对方的过错而导致一方当事人意思表示不真实，允许当事人依照自己的意思，使合同效力归于消灭的合同。《民法典》规定了有下列情形之一的，合同当事人一方有权请求人民法院或者仲裁机构变更或者撤销。

（1）重大误解。《民法典》规定，基于重大误解实施的民事法律行为，行为人有权请求人民法院或者仲裁机构予以撤销。

（2）欺诈。《民法典》规定，一方以欺诈手段，使对方在违背真实意思的情况下实施的民事法律行为，受欺诈方有权请求人民法院或者仲裁机构予以撤销。

（3）第三人欺诈。《民法典》规定，第三人实施欺诈行为，使一方在违背真实意思的情况下实施的民事法律行为，对方知道或者应当知道该欺诈行为的，受欺诈方有权请求人民法院或者仲裁机构予以撤销。

（4）胁迫。《民法典》规定，一方或者第三人以胁迫手段，使对方在违背真实意思的情况下实施的民事法律行为，受胁迫方有权请求人民法院或者仲裁机构予以撤销。

（5）乘人之危导致显失公平。《民法典》规定，一方利用对方处于危困状态、缺乏判断能力等情形，致使民事法律行为成立时显失公平的，受损害方有权请求人民法院或者仲裁机构予以撤销。

同时，《民法典》规定了撤销权消灭的情形：当事人自知道或者应当知道撤销事由之日起一年内、重大误解的当事人自知道或者应当知道撤销事由之日起九十日内没有行使撤销权；当事人受胁迫，自胁迫行为终止之日起一年内没有行使撤销权；当事人知道撤销事由后明确表示或者以自己的行为表明放弃撤销权；当事人自民事法律行为发生之日起五年内没有行使撤销权的，撤销权消灭。

（五）无效合同的法律责任

《民法典》规定，无效的或者被撤销的民事法律行为自始没有法律约束力，即民事法律行为一旦无效或被撤销后，双方的权利义务状态应当回复到这一行为实施之前的状态，已经履行的，应当恢复原状。

民事法律行为无效、被撤销或者确定不发生效力后，行为人因该行为取得财产，应当予以返还；不能返还或者没有必要返还的，应当折价补偿。有过错的乙方应当赔偿对方因此所受到的损失；各方都有过错的，应当各自承当相应的责任。

当然，民事法律行为部分无效，不影响其他部分效力的，其他部分仍然有效。

### 四、合同的履行

合同的履行是指合同生效后，当事人双方按照合同约定的标的、数量、质量、价款、履行期限、履行地点和履行方式等，完成各自应承担的全部义务的行为。如果当事人只完成了合同规定的部分义务，称为合同的部分履行或不完全履行。如果合同的义务全部没有完成，称为合同未履行或不履行合同。

（一）全面履行合同

当事人订立合同不是目的，只有全面履行合同，才能实现当事人所追求的法律后果，其预期目的得以实现。因此，为了确保合同生效后，能够顺利履行，当事人应对合同内容作出明确具体的约定。但是如果当事人所订立的合同，对有关内容约定不明确或没有约定，为了确保交易的安全与效率，允许当事人协议补充。如果当事人不能达成协议的，按照合同有关条款或者交易习惯确定。如果按此规定仍不能确定的，则按法律规定处理：

（1）质量要求不明确的，按照强制性国家标准履行；没有强制性国家标准的，按照推荐性国家标准履行；没有推荐性国家标准的，按照行业标准履行；没有国家标准、行业标准的，按照通常标准或者符合合同目的的特定标准履行。

（2）价款或者报酬不明的，按照订立合同时履行地的市场价格履行。依法应当执行政府定价或者政府指导价的，按照规定履行。

（3）履行地点不明确，给付货币的，在接受货币一方所在地履行。交付不动产，在不动产所在地履行。其他标的，在履行义务一方所在地履行。

（4）履行期限不明确的，债务人可以随时履行，债权人也可以随时要求履行，但应当给对方必要的准备时间。

（5）履行方式不明确的，按照有利于实现合同目的的方式履行。

（6）履行费用的负担不明确的，由履行义务的一方负担；因债权人原因增加的履行费用，由债权人负担。

当事人在履行合同时，不仅要按合同约定全面完成自己的义务，而且还应当遵循诚信原则，根据合同的性质、目的和交易习惯履行通知、协助、保密等义务。当事人在履行合同过程中，应当避免资源浪费、污染环境和破坏生态。

此外，《民法典》对执行政府定价或者政府指导价的合同，作出了明确规定：执行政府定价或者政府指导价的，在合同约定的交付期限内政府价格调整时，按照交付时的价格计价。逾期交付标的物的，遇价格上涨时，按照原价格执行。价格下降时，按照新价格执行。逾期提取标的物或者逾期付款的，遇价格上涨时，按照新价格执行。价格下降时，按照原价格执行。

（二）债务人的履行抗辩权

1. 同时履行抗辩权

同时履行抗辩权是指当事人互负债务，没有先后履行顺序的，应当同时履行。一方在对方履行之前有权拒绝其履行请求。一方在对方履行债务不符合约定时，有权拒绝其相应的履行请求。

2. 先履行抗辩权

先履行抗辩权是指当事人互负债务，有先后履行顺序，应当先履行债务一方未履行的，后履行一方有权拒绝其履行请求。先履行乙方履行债务不符合约定的，后履行一方有权拒绝其相应的履行请求。

3. 不安抗辩权

不安抗辩权是指在双务合同中，先履行债务的当事人掌握了后履行债务一方当事人丧失或者可能丧失履行债务的能力的确切证据时，暂时停止履行其到期债务的权利。《民法典》规定：应当先履行债务的当事人有确切证据证明对方有下列情形之一的，可以中止履行：

（1）经营状况严重恶化。

（2）转移财产、抽逃资金，以逃避债务。

（3）丧失商业信誉。

（4）有丧失或者可能丧失履行债务能力的其他情形。

根据这一规定，当事人行使不安抗辩权的条件有：第一，当事人订立的是双务合同并约定了履行先后顺序；第二，先履行一方当事人的履行债务期限已到，而后履行一方当事人的债务未到履行期限；第三，后履行一方当事人丧失或者可能丧失履行债务能力，证据确切；第四，合同中未约定担保。

当事人行使了不安抗辩权，并不意味着合同终止，只是当事人暂时停止履行其到期债务。这时，应如何处理双方之间合同呢?《民法典》对此作出了规定：当事人中止履行的，应当及时通知对方；对方提供适当担保的，应当恢复履行；中止履行后，对方在合理期限内未恢复履行能力且未提供适当担保的，视为以自己的行为表明不履行主要债务，中止履行的一方可以解除合同并可以请求对方承担违约责任。

（三）债权人的代位权、撤销权

1. 债权人的代位权

债权人的代位权是指债权人为了使其债权免受损害，代为行使债务人权利的权利。《民法典》规定："因债务人怠于行使其债权或者与该债权有关的从权利，影响债权人的到期债权实现的，债权人可以向人民法院请求以自己的名义代位行使债务人对相对人的权利，但是该权利专属于债务人自身的除外。"根据这一规定，债权人行使代位权的条件有：第一，债务人怠于行使其到期债权；第二，基于债务人怠于行使权利，会造成债权人的损害；第三，债务人的权利非专属债务人自身；第四，代位权的范围应以债权人的债权为限。

2. 债权人的撤销权

债权人撤销权是指债权人对于债务人实施的损害其债权的行为，请求人民法院予以撤销的权利。《民法典》将撤销权分为两种类型：

（1）无偿处分财产情形下的债权人撤销权

债务人以放弃其债权、放弃债权担保、无偿转让财产等方式无偿处分财产权益，或者恶意延长其到期债权的履行期限，影响债权人的债权实现的，债权人可以请求人民法院撤销债务人的行为。

（2）不合理转移财产情形下的债权人的撤销权

债务人以明显不合理的低价转让财产、以明显不合理的高价受让他人财产或者为他人的债务提供担保，影响债权人的债权实现，债务人的相对人知道或者应当知道该情形的，债权人可以请求人民法院撤销债务人的行为。

债权人无论是行使代位权，还是行使撤销权，均应当向人民法院提起诉讼，由人民法院作出裁判。对债权人行使撤销权的期限，《民法典》作出了规定："撤销权自债权人知道或者应当知道撤销事由之日起一年内行使。自债务人的行为发生之日起五年内没有行使撤销权的，该撤销权消灭。"

## 五、合同的变更、转让和终止

（一）合同的变更

合同的变更是指合同依法成立后，在尚未履行或尚未完全履行时，当事人双方依法对合同的内容进行修订或调整所达成的协议。按照《民法典》的规定，只要当事人协商一致，即可变更合同。例如，对合同约定的标的数量、质量标准、履行期限、履行地点和履行方式等进行变更。合同变更一般不涉及已履行的部分，而只对未履行的部分进行变更，因此，合同变更不能在合同履行后进行，只能在完全履行合同之前。

同时，《民法典》规定，当事人对合同变更的内容约定不明确的，推定为未变更。

（二）合同的转让

合同的转让，是指当事人一方将合同的权利和义务转让给第三人，由第三人接受权利和承担义务的法律行为。《民法典》规定了合同权利转让、合同义务转让和合同权利义务一并转让的三种情况。

1. 合同权利的转让

合同权利的转让，是指合同当事人将合同中的权利全部或部分转让给第三人的行为。《民法典》对债权的让与作出了如下规定：

1）不得转让的情形

（1）根据债权性质不得转让。

（2）按照当事人约定不得转让。

（3）依照法律规定不得转让。

当事人约定非金钱债权不得转让的，不得对抗善意第三人。当事人约定金钱债权不得转让的，不得对抗第三人。

2）债权人转让权利的条件

债权人转让权利的，应当通知债务人。未经通知，该转让对债务人不发生效力。除非受让人同意，债权人转让权利的通知不得撤销。

3）债权的让与，对其从权利的效力

债权人转让权利的，受让人取得与债权有关的从权利，但该从权利专属于债权人自身的除外。

4）债权的让与，对债务人的抗辩权及抵销权的效力

债务人接到债权转让通知后，债务人对原债权人的抗辩，可以向受让人主张。债务人对让与人享有债权，并且债务人的债权先于转让债权到期或者同时到期的，债务人可以向受让人主张抵销。

2. 合同义务的转让

合同义务的转让，是指债务人将合同的义务全部或部分转移给第三人的行为。《民法典》对债务人转让合同义务作出了如下规定：

(1) 债务人转让合同义务的条件：债务人将债务的全部或者部分转移给第三人的，应当经债权人同意。债务人或者第三人可以催告债权人在合理期限内予以同意，债权人未作表示的，视为不同意。

(2) 债务抗辩的转移：债务人接到债权转让通知后，债务人对让与人的抗辩，可以向受让人主张。

(3) 债权转让中债务人的抵消权：《民法典》规定，有下列情形之一的，债务人可以向受让人主张抵销：债务人接到债权转让通知时，债务人对让与人享有债权，且债务人的债权先于转让的债权到期或者同时到期；债务人的债权与转让的债权是基于同一合同产生。

(4) 并存的债务承担：第三人与债务人约定加入债务并通知债权人，或者第三人向债权人表示愿意加入债务，债权人未在合理期限内明确拒绝的，债权人可以请求第三人在其愿意承担的债务范围内和债务人承担连带债务。

债务人转移债务的，新债务人可以主张原债务人对债权人的抗辩；原债务人对债权人享有债权的，新债务人不得向债权人主张抵销。

债务人转移债务的，新债务人应当承担与主债务有关的从债务，但是该从债务专属于原债务人自身的除外。

3. 合同权利和义务一并转让

当事人一方经对方同意，可以将自己在合同中的权利和义务一并转让给第三人。合同的权利和义务一并转让的，适用债权转让、债务转移的有关规定。

(三) 合同的终止

合同的终止，是指当事人之间的合同关系由于某种原因而不复存在。《民法典》对合同终止的情形、后合同义务以及合同的解除等作出了规定：

1. 合同终止的情形

(1) 债务已经履行。

(2) 债务相互抵销。

(3) 债务人依法将标的物提存。

(4) 债权人免除债务。

(5) 债权债务同归于一人。

(6) 法律规定或者当事人约定终止的其他情形。

(7) 合同解除的，该合同的权利义务关系终止。

2. 后合同义务

合同终止后，按照诚实信用原则和交易习惯，当事人还应履行一定的义务，以维护履行合同的效果，有关这方面的义务称为后合同义务。《民法典》规定："债权债务终止后，当事人应当遵循诚信等原则，根据交易习惯履行通知、协助、保密、旧物回收等义务。"

3. 合同的解除

合同的解除，是指合同依法成立后，在尚未履行或者尚未完全履行时，提前终止合同效力的行为。《民法典》把合同的解除规定为终止合同的一种原因，并对约定解除合同和法定解除合同分别作出了规定。

1) 约定解除

约定解除是指当事人通过行使约定的解除权或者通过协商一致而解除合同。《民法典》规定："当事人协商一致，可以解除合同。""当事人可以约定一方解除合同的事由，解除合同的事由发生时，解除权人可以解除合同。"

2) 法定解除

法定解除是指当具有了法律规定可以解除合同的条件时，当事人即可依法解除合同。《民法典》规定了五种法定解除合同的情形：

(1) 因不可抗力致使不能实现合同目的。

(2) 在履行期限届满之前，当事人一方明确表示或者以自己的行为表示不履行主要债务。

(3) 当事人一方迟延履行主要债务，经催告后在合理期限内仍未履行。

(4) 当事人一方迟延履行债务或者有其他违约行为致使不能实现合同目的。

(5) 法律规定的其他情形。

以持续履行的债务为主要内容的不定期合同，当事人可以随时解除合同，但是应当在合理期限之前通知对方。

关于合同解除的法律后果，《民法典》也作出了相应规定："合同解除后，尚未履行的，终止履行；已经履行的，根据履行情况和合同性质，当事人可以要求恢复原状、采取其他补救措施，并有权要求赔偿损失。合同因违约解除的，解除权人可以请求违约方承担违约责任，但是当事人另有约定的除外。主合同解除后，担保人对债务人应当承担的民事责任仍应当承担担保责任，但是担保合同另有约定的除外。”

合同终止后，虽然合同当事人的合同权利义务关系不复存在了，但合同责任并不一定消灭，因此，合同中结算和清算条款不因合同的终止而终止，仍然有效。

## 六、违约责任

### （一）违约责任的概念及方式

违约责任，是指当事人任何一方违约后，依照法律规定或者合同约定必须承担的法律制裁。

1. 继续履行合同

继续履行合同是要求违约债务人按照合同的约定，切实履行所承担的合同义务。《民法典》规定：当事人一方不履行金钱债务或者履行非金钱债务不符合约定的，对方可以要求履行，但有下列情形之一的除外：

（1）法律上或者事实上不能履行。

（2）债务的标的不适于强制履行或者履行费用过高。

（3）债权人在合理期限内未要求履行。

2. 采取补救措施

采取补救措施，是指在当事人违反合同后，为防止损失发生或者扩大，由其依照法律或者合同约定而采取的修理、更换、退货、减少价款或者报酬等措施。采用这一违约责任的方式，主要是在发生质量不符合约定的时候。

3. 赔偿损失

赔偿损失，是指合同当事人就其违约而给对方造成的损失给予补偿的一种方法。关于赔偿损失的范围，《民法典》规定，损失赔偿额应当相当于因违约所造成的损失，包括合同履行后可以获得的利益，但不得超过违反合同一方订立合同时预见到或者应当预见到的因违反合同可能造成的损失。关于赔偿损失的方法，《民法典》规定：当事人可以约定一方违约时应当根据违约情况向对方支付一定数额的违约金，也可以约定因违约产生的损失赔偿额的计算方法。约定的违约金低于一定数额的违约金，也可以请求人民法院或者仲裁机构予以增加；约定的违约金过分高于造成的损失的，当事人可以请求人民法院或者仲裁机构予以适当减少。此外，《民法典》还规定：当事人可以依照《中华人民共和国担保法》约定一方向对方给付定金作为债权的担保。债务人履行债务后，定金应当抵作价款或者收回。给付定金的一方不履行约定的债务的，无权要求返还定金。收受定金的一方不履行约定的债务的，应当双倍返还定金。当事人既约定违约金，又约定定金的，一方违约时，双方可以选择适用违约金或者定金条款。

（二）违约责任的免除

合同生效后，当事人不履行合同或者履行合同不符合合同约定，都应承担违约责任。但是，根据《民法典》规定，当发生不可抗力时，可以部分或全部免除当事人的违约责任。

1. 不可抗力的概念

《民法典》规定："不可抗力，是指不能预见、不能避免并不能克服的客观情况。"根据这一规定，不可抗力的构成条件是：

（1）不可预见性，即法律要求不可抗力必须是有关当事人在订立合同时，对该事件是否发生不能预见到。

（2）不可避免性，即合同生效后，当事人对可能出现的意外情况尽管采取了合理措施，但是客观上并不能阻止这一意外情况的发生。

（3）不可克服性，即合同的当事人对于意外情况发生导致合同不能履行这一后果不能克服，如果通过当事人努力能够将不利影响克服，则这一意外情况就不能构成不可抗力。

（4）履行期间性。不可抗力作为免责理由时，其发生必须是在合同订立后，履行期限届满前。当事人迟延履行后发生不可抗力的，不能免除责任。

2. 不可抗力的法律后果

（1）合同全部不能履行，当事人可以解除合同，并免除全部责任。

（2）合同部分不能履行，当事人可部分履行合同，并免除其不履行的部分责任。

（3）合同不能按期履行，当事人可延期履行合同，并免除其迟延履行的责任。

3. 遭遇不可抗力一方当事人的义务

根据《民法典》的规定，一方当事人因不可抗力不能履行合同义务时，应承担如下义务：

（1）应当及时采取一切可能采取的有效措施避免或者减少损失。

（2）应当及时通知对方。

（3）当事人应当在合理期限内提供证明。

（三）非违约一方的义务

当事人一方违约后，另一方当事人应当及时采取措施，防止损失的扩大，否则无权就扩大的损失要求赔偿。《民法典》对此明确规定："当事人一方违约后，对方应当采取适当措施防止损失的扩大；没有采取适当措施致使损失扩大的，不得就扩大的损失要求赔偿。""当事人因防止损失扩大而支出的合理费用，由违约方承担。"

## 第二节　建设工程合同法律规范

建设工程合同，也称建设工程承发包合同，是承包人进行工程建设，发包人支付价款的合同。建设工程合同包括勘察、设计、施工合同。鉴于建设工程委托监理合同与建设工程合同密切相关，我们这里把建设工程委托监理合同也纳入到建设工程合同体系中来。

建设工程合同包括以下类型：

（一）按照承发包内容分

1. 建设工程勘察、设计合同。

2. 建设工程施工合同。

（二）按承发包方式的不同分

1. 设计—建造及交钥匙承包合同，即全包合同。业主将工程的设计、施工、供应、管理全部委托给一个承包商，即业主仅面对一个承包商。

2. 施工总承包，即承包商承担一个工程的全部施工任务，包括土建、水电安装、设备安装等。

3. 管理总承包，即 CM 承包方式。

4. 单位工程施工承包。这是最常见的工程承包合同，包括土木工程施工合同，电气与机械工程承包合同等。在工程中，业主可以将专业性很强的单位工程分别委托给不同的承包商。这些承包商之间为平行关系。

5. 分包合同。它是承包合同的分合同。承包商将承包合同范围内的一些工程或工作委托给另外的承包商来完成。他们之间签订分包合同。

（三）按照承包工程计价方式分

1. 固定价格。工程价格在实施期间不因价格变化而调整。在工程价格中应考虑价格风险因素并在合同中明确固定价格包括的范围。

2. 可调价格。工程价格在实施期间可随价格变化而调整，调整的范围和方法应在合同中约定。

3. 工程成本加酬金确定的价格。工程成本按现行计价依据以合同约定的办法计算，酬金按工程成本乘以通过竞争确定的费率计算，从而确定工程竣工结算价。

## 第三节　建设工程施工合同

### 一、建设工程施工合同概述

建设工程施工合同是发包方（建设单位或总包单位）和承包方（施工单位）为完成特定的建筑安装工程任务，明确相互权利义务关系的协议。建设工程施工合同是建筑、安装合同的合称。

1. 签订建设工程施工合同需要满足一定的条件

（1）初步设计和总概算已经批准。

（2）投资已列入国家和地方工程项目建设计划，建设资金已落实。

（3）有满足承包要求的设计文件和技术资料。

（4）场地、水源、电源、气源、运输道路已具备或在开工前完成。

（5）材料和设备的供应能保证工程连续施工。

（6）合同当事人应当具有法人资格。

（7）合同当事人双方均具有履行合同的能力。

2. 建设工程施工合同应具备的主要条款

《民法典》规定，施工合同的内容一般包括工程范围、建设工期、中间交工工程的开工和竣工时间、工程质量、工程造价、技术资料交付时间、材料和设备供应责任、拨款和结算、竣工验收、质量保修范围和质量保证期、相互协作等条款。

## 二、建设工程施工合同发包方的主要义务

（一）办理土地征用，青苗树木赔偿，房屋拆迁，清除地面、架空和地下障碍等工作，使施工场地具备施工条件，并在开工后继续负责解决以上事项遗留问题。

（二）将施工所需水、电、电讯线路从施工场地外部接至协议条款约定地点，并保证施工期间的需要。

（三）开通施工场地与城乡公共道路的通道，以及协议条款约定的施工场地内的主要交通干道，保证其畅通，满足施工运输的需要。

（四）向承包方提供施工场地的工程地质和地下管网线路资料，保证数据真实准确。

（五）办理施工所需各种证件、批件和临时用地、占道及铁路专用线的审报批准手续（证明承包商自身资质的证件除外）。

（六）将水准点与坐标控制点以书面形式交给承包方，并进行现场交验。

（七）组织承包方和设计单位进行图纸会审，向承包商进行设计交底。

（八）协调处理对施工现场周围地下管线和邻近建筑物、构筑物的保护，并承担有关费用。发包方不按合同约定完成以上工作造成延误，应承担由此造成的经济支出，赔偿承包方有关损失，工期也应相应顺延。

## 三、建设工程施工合同承包方的主要义务

（一）在设计资格证书允许的范围内，按发包方的要求完成施工组织设计或与工程配套的设计，经发包方批准后使用。

（二）向发包方提供年、季、月工程进度计划及相应进度统计报表和工程事故报告。

（三）按工程需要提供和维修非夜间施工使用的照明、看守、围栏和警卫等，如承包方未履行上述义务造成工程、财产和人身伤害，由承包方承担责任及所需的费用。

（四）按协议条款约定的数量和要求，向发包方提供在施工现场办公和生活的房屋及设施，发生的费用由发包方承担。

（五）遵守地方政府和有关部门对施工场地交通和施工噪声等管理规定，经发包方同意后办理有关手续，发包方承担由此发生的费用，因承包方责任造成的罚款除外。

（六）已竣工工程未交付发包方之前，承包方按协议条款约定负责已完工程的成品保护工作，保护期间发生损坏，承包方自费予以修复。要求承包方采取特殊措施保护的单位工程部位和相应经济支出，在协议条款内约定。发包方提前使用后发生损坏的修理费用，由发包方承担。

（七）按合同的要求做好施工现场地下管线和邻近建筑物、构筑物的保护工作。

（八）保证施工现场清洁符合有关规定，交工前清理现场达到合同文件的要求，承担因违反有关规定造成的损失和罚款（合同签订后颁发的规定和非承包方原因造成的损失和罚款除外）。承包方不履行上述各项义务，造成工期延误和工程损失，应对发包方的损失给予赔偿。

### 四、建设工程施工合同发包方的违约责任

（一）未能按照合同的规定履行应负的责任。除竣工日期得以顺延处，还应赔偿承包方因此发生的实际损失。

（二）工程中途停建、缓建或由于设计变更以及设计错误造成的返工，应采取措施弥补或减少损失，同时，赔偿承包方由此而造成的停工、窝工、返工、倒运、人员和机械设备调迁、材料和构件积压的实际损失。

（三）工程未经验收，发包方提前使用或擅自动用，由此而发生的质量或其他问题由发包方承担责任。

（四）超过合同规定日期验收，按合同违约责任条款的规定偿付逾期违约金。

（五）不按合同规定拨付工程款，按银行有关延期付款办法或工程价款结算办法的有关规定处理。

### 五、建设工程合同承包方的违约责任

（一）工程质量不符合合同规定的，负责无偿修理或返工。由于修理或返工造成逾期交付的，偿付逾期违约金。

（二）工程交付时间不符合合同规定，按合同中违约责任条款的规定偿付逾期违约金。

（三）由于承包方的责任，造成发包方提供的材料、设备等丢失或损坏，应负赔偿责任。

## 第四节　建设工程监理合同

建设工程委托监理合同是委托人（业主）与监理人签订的，为委托监理人承担监理业务而明确双方权利义务关系的协议。根据住房和城乡建设部、国家工商行政管理总局联合发布的建市〔2012〕46号《关于印发〈建设工程监理合同（示范文本）〉的通知》，原《建设工程委托监理合同（示范文本）》（GF—2000—2002）已被修订，现在执行的为《建设工程监理合同（示范文本）》（GF—2012—0202），有关合同双方的权利、义务和责任的内容主要有：

### 一、监理人的权利和主要义务

（一）监理人在委托人委托的工程范围内享有的权利

1. 选择工程总承包人的建议权。

2. 选择工程分包人的认可权。

3. 对工程建设有关事项包括工程规模、设计标准、规划设计、生产工艺设计和使用功能要求，向委托人的建议权。

4. 对工程设计中的技术问题，按照安全和优化的原则，向设计人提出建议；如果拟提出的建议可能会提高工程造价，或延长工期，应当事先征得委托人的同意。当发现工程设计不符合国家颁布的建设工程质量标准或设计合同约定的质量标准时，监理人应当书面报告委托人并要求设计人更正。

5. 审批工程施工组织设计和技术方案，按照保质量、保工期和降低成本的原则，向承包人提出建议，并向委托人提出书面报告。

6. 主持工程建设有关协作单位的组织协调，重要协调事项应当事先向委托人报告。

7. 征得委托人同意，监理人有权发布开工令、停工令、复工令，但应当事先向委托人报告。如在紧急情况下未能事先报告时，则应在24小时内向委托人作出书面报告。

8. 工程上使用的材料和施工质量的检验权。对于不符合设计要求和合同约定及国家质量标准的材料、构配件、设备，有权通知承包人停止使用；对于不符合规范和质量标准的工序、分部分项工程和不安全施工作业，有权通知承包人停工整改、返工。承包人得到监理机构复工令后才能复工。

9. 工程施工进度的检查、监督权，以及工程实际竣工日期提前或超过工程施工合同规定的竣工期限的签认权。

10. 在工程施工合同约定的工程价格范围内，工程款支付的审核和签认权，以及工程结算的复核确认权与否决权。未经总监理工程师签字确认，委托人不支付工程款。

11. 监理人在委托人授权下，可对任何承包人合同规定的义务提出变更。如果由此严重影响了工程费用或质量、或进度，则这种变更须经委托人事先批准。在紧急情况下未能事先报委托人批准时，监理人所做的变更也应尽快通知委托人。在监理过程中如发现工程承包人人员工作不力，监理机构可要求承包人调换有关人员。

12. 在委托的工程范围内，委托人或承包人对对方的任何意见和要求（包括索赔要求），均必须首先向监理机构提出，由监理机构研究处置意见，再同双方协商确定。当委托人和承包人发生争议时，监理机构应根据自己的职能，以独立的身份判断，公正地进行调解。当双方的争议由政府建设行政主管部门调解或仲裁机关仲裁时，应当提供作证的事实材料。

（二）监理人的主要义务

1. 监理人按合同约定派出监理工作需要的监理机构及监理人员，向委托人报送委派的总监理工程师及其监理机构主要成员名单、监理规划，完成监理合同专用条件中约定的监理工程范围内的监理业务。在履行合同义务期间，应按合同约定定期向委托人报告监理工作。

2. 监理人在履行本合同的义务期间，应认真、勤奋地工作，为委托人提供与其水平相适应的咨询意见，公正维护各方面的合法权益。

3. 监理人使用委托人提供的设施和物品属委托人的财产。在监理工作完成或中止时，应将其设施和剩余的物品按合同约定的时间和方式移交给委托人。

4. 在合同期内或合同终止后，未征得有关方同意，不得泄露与本工程、本合同业务有关的保密资料。

## 二、委托人的权利和主要义务

（一）委托人的主要权利

1. 委托人有选定工程总承包人，以及与其订立合同的权利。

2. 委托人有对工程规模、设计标准、规划设计、生产工艺设计和设计使用功能要求的认定权，以及对工程设计变更的审批权。

3. 监理人调换总监理工程师须事先经委托人同意。

4. 委托人有权要求监理人提交监理工作月报及监理业务范围内的专项报告。

5. 当委托人发现监理人员不按监理合同履行监理职责，或与承包人串通给委托人或工程造成损失的，委托人有权要求监理人更换监理人员，直到终止合同并要求监理人承担相应的赔偿责任或连带赔偿责任。

（二）委托人的主要义务

1. 委托人在监理人开展监理业务之前应向监理人支付预付款。

2. 委托人应当负责工程建设的所有外部关系的协调，为监理工作提供外部条件。

根据需要，如将部分或全部协调工作委托监理人承担，则应在专用条件中明确委托的工作和相应的报酬。

3. 委托人应当在双方约定的时间内免费向监理人提供与工程有关的为监理工作所需要的工程资料。

4. 委托人应当在专用条款约定的时间内就监理人书面提交并要求作出决定的一切事宜作出书面决定。

5. 委托人应当授权一名熟悉工程情况、能在规定时间内作出决定的常驻代表（在专用条款中约定），负责与监理人联系。更换常驻代表，要提前通知监理人。

6. 委托人应当将授予监理人的监理权利，以及监理人主要成员的职能分工、监理权限及时书面通知已选定的承包合同的承包人，并在与第三人签订的合同中予以明确。

7. 委托人应在不影响监理人开展监理工作的时间内提供如下资料：与本工程合作的原材料、构配件、机械设备等生产厂家名录，以及与本工程有关的协作单位、配合单位的名录。

8. 委托人应免费向监理人提供办公用房、通信设施、监理人员工地住房及合同专用条件约定的设施，对监理人自备的设施给予合理的经济补偿（补偿金额＝设施在工程使用时间占折旧年限的比例×设施原值＋管理费）。

9. 根据情况需要，如果双方约定，由委托人免费向监理人提供其他人员，应在监理合同专用条件中予以明确。

### 三、监理人的主要责任

（一）监理责任期。监理人的责任期即委托监理合同有效期。在监理过程中，如果因工程建设进度的推迟或延误而超过书面约定的日期，双方应进一步约定相应延长的合同期。

（二）监理责任的赔偿额。监理人在责任期内，应当履行约定的义务，如果因监理人过失而造成了委托人的经济损失，应当向委托人赔偿，累计赔偿总额（除依法与承包人承担的连带赔偿责任外）不应超过监理报酬总额（除去税金）。

（三）监理责任的免除。监理人对承包人违反合同规定的质量要求和完工（交图、交货）时限，不承担责任。因不可抗力导致委托监理合同不能全部或部分履行，监理人不承担责任。但对监理人因不认真谨慎地工作以及有失公正所引起的与之有关的事宜，向委托人承担赔偿责任。

（四）监理人向委托人提出赔偿要求不能成立时，监理人应当补偿由于该索赔所导致委托人的各种费用支出。

### 四、委托人的主要责任

（一）委托人应当履行委托监理合同约定的义务，如有违反则应当承担违约责任，赔偿给监理人造成的经济损失。监理人处理委托业务时，因非监理人原因的事由受到损失的，可以向委托人要求补偿损失。

（二）委托人如果向监理人提出赔偿的要求不能成立，则应当补偿由该索赔所引起的监理人的各种费用支出。

（三）由于监理人原因造成监理与相关服务工作量增加的，发包人不另行支付监理与相关服务费用。监理人提供的监理与相关服务不符合国家有关法律、法规和标准规范的，提供的监理服务人员、执业水平和服务时间未达到监理工作要求的，不能满足合同约定的服务内容和质量等要求的，发包人可按合同约定扣减相应的监理与相关服务费用。由于监理人工作失误给发包人造成经济损失的，监理人应当按照合同约定依法承担相应赔偿责任。

（四）由于非监理人原因造成建设工程监理与相关服务工作量增加或减少的，发包人应当按合同约定与监理人协商另行支付或扣减相应的监理与相关服务费用。

（五）监理人提供的监理与相关服务，应当符合国家有关法律、法规和标准规范，满足合同约定的服务内容和质量要求。监理人不得违反标准规范规定或合同约定，通过降低服务质量、减少服务内容等手段进行恶性竞争，扰乱正常市场秩序。

# 第五章 建筑法律制度

## 第一节 建筑法概述

### 一、建筑法概念及立法目的

（一）建筑法的概念

建筑法是指调整建筑活动的法律规范的总称。建筑活动是指各类房屋及其附属设施的建造和与其配套的线路、管道、设备的安装活动。

建筑法有狭义和广义之分。狭义的建筑法是指《中华人民共和国建筑法》（以下简称《建筑法》，于1997年11月1日第八届全国人民代表大会常务委员会第二十八次会议通过。根据2011年4月22日第十一届全国人民代表大会常务委员会第二十次会议《关于修改〈中华人民共和国建筑法〉的决定》第一次修正。根据2019年4月23日第十三届全国人民代表大会常务委员会第十次会议《关于修改〈中华人民共和国建筑法〉等八部法律的决定》第二次修正。《建筑法》分总则、建筑许可、建筑工程发包与承包、建筑工程监理、建筑安全生产管理、建筑工程质量管理、法律责任、附则8章85条。广义的建筑法，除《建筑法》之外，还包括所有调整建筑活动的法律规范性文件。这些法律规范分布在我国的宪法、法律、行政法规、部门规章、地方性法规、地方政府规章以及国际惯例之中。由这些不同层次的法律调整建筑活动所组成的法律规范即是广义的建筑法。更为广义的建筑法是指调整建设工程活动的法律规范的总称。

（二）建筑法的立法目的

《建筑法》第一条规定："为了加强对建筑活动的监督管理，维护建筑市场秩序，保证建筑工程的质量和安全，促进建筑业健康发展，制定本法。"此条即规定了我国《建筑法》的立法目的。

1. 加强对建筑活动的监督管理

建筑活动是一个由多方主体参加的活动。没有统一的建筑活动行为规范和基本的活动程序，没有对建筑活动各方主体的管理和监督，建筑活动就是无序的。为保障建筑活动的正常、有序进行，就必须加强对建筑活动的监督管理。

2. 维护建筑市场秩序

建筑市场作为社会主义市场经济的组成部分，需要确定与社会主义市场经济相适应的新的市场秩序。但是，在新的管理体制转轨过程中，建筑市场中旧的经济秩序打破后，新的经济秩序尚未完全建立起来，以致造成某些混乱现象。制定《建筑法》就要从根本上解决建筑市场混乱状况，确立与社会主义市场经济相适应的建筑市场管理，以维护建筑市场的秩序。

3. 保证建筑工程的质量与安全

建筑工程质量与安全，是建筑活动永恒的主题，无论是过去、现在还是将来，只要有建筑活动的存在，就有建筑工程的质量和安全问题。

《建筑法》以建筑工程质量与安全为主线，作出了一些重要规定：

(1) 要求建筑活动应当确保建筑工程质量和安全，符合国家的建筑工程安全标准。

(2) 建筑工程的质量与安全应当贯彻建筑活动的全过程，进行全过程的监督管理。

(3) 建筑活动的各个阶段、各个环节，都要保证质量和安全。

(4) 明确建筑活动各有关方面在保证建筑工程质量与安全中的责任。

4. 促进建筑业健康发展

建筑业是国民经济的重要物质生产部门，是国家重要支柱产业之一。建筑活动的管理水平、效果、效益，直接影响到我国固定资产投资的效果和效益，从而影响到国民经济的健康发展。为了保证建筑业在经济和社会发展中的地位和作用，同时也是为了解决建筑业发展中存在的问题，迫切需要制定《建筑法》，以促进建筑业健康发展。

## 二、建设工程法

### (一) 建设工程法的概念

建设工程法即规范建设工程的法律规范，它是调整工程勘察设计、土木工程施工、线路管道设备安装等建设活动中发生的建设管理及建设协作的法律规范的总称。建设工程法以《建筑法》为基础，同时还应包括《建设工程质量管理条例》《建设工程勘察设计管理条例》等法规及相应的规章。

### (二) 建设工程法的调整范围

1. 建设工程行政管理关系

建设工程行政管理关系是指建设工程的计划、组织、调控、监督等关系。具体规范工程项目建设程序、建设工程招标投标、建设工程投资、建设质量监督、建筑市场、建设工程监理、建设工程合同管理等内容。此外，国家还要通过财政、金融、审计、会计、统计、物价、税收等监督、管理、规范建设工程活动。

2. 建设工程平等主体的协作关系

建设工程平等主体的协作关系主要体现在建设工程合同的签订与履行中。如勘察设计单位与业主的工程合同关系，建筑安装企业与业主的工程合同关系，以及业主、勘察设计单位、建筑安装企业、监理单位在建设活动中相互间协作关系，还有围绕建筑材料供应、建筑设备租赁发生的往来关系等。建设工程主体内部的协作关系、内部承包合同关系也是建设工程平等主体的协作关系，但具有内部行政性的特征。

（三）建设工程行政执法

1. 建设工程行政执法的概念

建设工程行政执法是指国家建设行政主管部门在本部门的职能权限内，运用或执行关于建设工程行政管理方面的法律、法规、规章和规范性文件的具体行政行为。

2. 建设工程行政执法的特征

（1）建设工程行政执法内容广泛。建设工程行政执法内容包括：施工、安装管理执法；建设工程勘察、设计管理执法；建设工程监理执法；建设工程招标投标管理执法；建设工程质量管理执法；建设工程标准、定额管理执法；建筑市场管理执法等。

（2）建设工程行政执法专业性强。建设行政主管部门除了直接依据建设工程法律、法规和规章及规范性文件执法外，还要依据一些专业技术标准、技术规范、技术规程和专门的建设工程专业机构（如勘察院、设计院、规划院、质量监督站、质量检测站、技术鉴定机构等），运用科学手段得出科学结论及准确数据进行执法。

（3）建设工程行政执法包括建设工程行政检查、建设工程行政处理、建设工程行政处罚和建设工程行政强制执行等方式。

## 第二节　建筑工程许可

### 一、建筑工程许可制度

（一）建筑工程许可的规范

建设单位必须在建设工程立项批准后，工程发包前，向建设行政主管部门或其授权的部门办理报建登记手续。未办理报建登记手续的工程，不得发包，不得签订工程合同。新建、扩建、改建的建设工程，建设单位必须在开工前向建设行政主管部门或其授权的部门申请领取建设工程施工许可证。未领取施工许可证的，不得开工。已经开工的，必须立即停止，办理施工许可证手续。否则由此引起的经济损失由建设单位承担责任，并视违法情节，对建设单位作出相应处罚。《建筑法》第七条规定："建筑工程开工前，建设单位应当按照国家有关规定向工程所在地县级以上人民政府建设行政主管部门申请领取施工许可证；但是，国务院建设行政主管部门确定的限额以下的小型工程除外。"

（二）申请建筑工程许可证的条件及法律后果

1. 申请建筑工程许可证的条件

《建筑法》第八条规定申请领取施工许可证应具备下列条件：

（1）已经办理该建筑工程用地批准手续。

（2）依法应当办理建设工程规划许可证的，已经取得建设工程规划许可证。

（3）需要拆迁的，其拆迁进度符合施工要求。

（4）已经确定建筑施工企业。

（5）有满足施工需要的资金安排、施工图纸及技术资料。

（6）有保证工程质量和安全的具体措施。

建设行政主管部门应当自收到申请之日起七日内，对符合条件的申请颁发施工许可证。

根据《建筑法》，住房和城乡建设部于 2014 年 6 月 25 日颁布了《建筑工程施工许可管理办法》，2018 年 9 月 28 日已进行修改，明确规定必须具备下述条件，才可以领取施工许可证：

（1）依法应当办理用地批准手续的，已经办理该建筑工程用地批准手续。

（2）在城市、镇规划区的建筑工程，已经取得建设工程规划许可证。

（3）施工场地已经基本具备施工条件，需要征收房屋的，其进度符合施工要求。

（4）已经确定施工企业。按照规定应当招标的工程没有招标，应当公开招标的工程没有公开招标，或者肢解发包工程，以及将工程发包给不具备相应资质条件的企业的，所确定的施工企业无效。

（5）有满足施工需要的技术资料，施工图设计文件已按规定审查合格。

（6）有保证工程质量和安全的具体措施。施工企业编制的施工组织设计中有根据建筑工程特点制定的相应质量、安全技术措施。建立工程质量安全责任制并落实到人。专业性较强的工程项目编制了专项质量、安全施工组织设计，并按照规定办理了工程质量、安全监督手续。

（7）按照规定应当委托监理的工程已委托监理。

（8）建设资金已经落实。建设工期不足一年的，到位资金原则上不得少于工程合同价的 50%，建设工期超过一年的，到位资金原则上不得少于工程合同价的 30%。建设单位应当提供本单位截至申请之日无拖欠工程款情形的承诺书或者能够表明其无拖欠工程款情形的其他材料，以及银行出具的到位资金证明，有条件的可以实行银行付款保函或者其他第三方担保。

（9）法律、行政法规规定的其他条件。

县级以上地方人民政府住房城乡建设主管部门不得违反法律法规规定，增设办理施工许可证的其他条件。

2. 领取建筑工程许可证的法律后果

（1）建设单位应当自领取施工许可证之日起三个月内开工。因故不能按期开工的，应当在期满前向发证机关申请延期，并说明理由；延期以两次为限，每次不超过三个月。既不开工又不申请延期或者超过延期次数、时限的，施工许可证自行废止。

（2）在建的建筑工程因故中止施工的，建设单位应当自中止施工之日起一个月内向发证机关报告，报告内容包括中止施工的时间、原因、在施部位、维修管理措施等，并按照规定做好建筑工程的维护管理工作。

建筑工程恢复施工时，应当向发证机关报告；中止施工满一年的工程恢复施工前，建设单位应当报发证机关核验施工许可证。

### 二、建筑工程从业者资格

（一）国家对建筑工程从业者实行资格管理

从事建筑工程活动的企业或单位，应当向工商行政管理部门申请设立登记，并由建设行政主管部门审查，颁发资格证书。从事建筑工程活动的人员，要通过国家任职资格考试、考核，由建设行政主管部门注册并颁发资格证书。

（二）国家规范的建筑工程从业者

1. 建筑工程从业的经济组织

建筑工程从业的经济组织包括：建筑施工企业，勘察、设计单位和工程监理单位，以及法律、法规规定的其他企业或单位（如工程招标代理机构、工程造价咨询机构等）。以上组织应具备下列条件：

（1）有符合国家规定的注册资本。

（2）有与其从事的建筑活动相适应的具有法定执业资格的专业技术人员。

（3）有从事相关建筑活动所应有的技术装备。

（4）法律、行政法规规定的其他条件。

2. 建筑工程的从业人员

建筑工程的从业人员主要包括：注册建筑师、注册结构工程师、注册监理工程师、注册工程造价师、注册建造师、注册咨询工程师、注册估价师以及法律、法规规定的其他人员。

3. 建筑工程从业者资格证件的管理

建筑工程从业者资格证件，严禁出卖、转让、出借、涂改、伪造。违反上述规定的，将视具体情节，追究法律责任。建筑工程从业者资格的具体管理办法，由国务院建设行政主管部门另行规定。

## 第三节　建筑工程承包与发包

建筑工程的发包单位与承包单位应当依法订立书面合同，明确双方的权利和义务。发包单位和承包单位应当全面履行合同约定的义务，不按照合同约定履行义务的，依法承担违约责任。

建筑工程造价应当按照国家有关规定，由发包单位与承包单位在合同中约定。公开招标发包的，其造价的约定，须遵守招标投标法律的规定。发包单位应当按照合同的约定，及时拨付工程款项。

## 一、发包

（一）禁止肢解发包

提倡对建筑工程实行总承包，禁止将建筑工程肢解发包。

建筑工程的发包单位可以将建筑工程的勘察、设计、施工、设备采购一并发包给一个工程总承包单位，也可以将建筑工程勘察、设计、施工、设备采购的一项或者多项发包给一个工程总承包单位。但是，不得将应当由一个承包单位完成的建筑工程肢解成若干部分发包给几个承包单位。

（二）依法采购

按照合同约定，建筑材料、建筑构配件和设备由工程承包单位采购的，发包单位不得指定承包单位购入用于工程的建筑材料、建筑构配件和设备或者指定生产厂、供应商。

发包单位及其工作人员在建筑工程发包中不得收受贿赂、回扣或者索取其他好处。

## 二、承包

（一）承包的条件

1. 在资质等级范围内承揽工程

承包建筑工程的单位应当持有依法取得的资质证书，并在其资质等级许可的业务范围内承揽工程。大型建筑工程或者结构复杂的建筑工程，可以由两个以上的承包单位联合共同承包。共同承包的各方对承包合同的履行承担连带责任。

2. 联合承包

两个以上不同资质等级的单位实行联合共同承包的，应当按照资质等级低的单位的业务许可范围承揽工程。

3. 分包

建筑工程总承包单位可以将承包工程中的部分工程发包给具有相应资质条件的分包单位，但是，除总承包合同中约定的分包外，必须经建设单位认可。施工总承包的，建筑工程主体结构的施工必须由总承包单位自行完成。

（二）承包人的义务

1. 不得超越资质等级承揽工程

禁止建筑施工企业超越本企业资质等级许可的业务范围或者以任何形式用其他建筑施工企业的名义承揽工程。禁止建筑施工企业以任何形式允许其他单位或者个人使用本企业的资质证书、营业执照，以本企业的名义承揽工程。

承包单位及其工作人员不得利用向发包单位及其工作人员行贿、提供回扣或者给予其他好处等不正当手段承揽工程。

2. 不得违法分包

禁止承包单位将其承包的全部建筑工程转包给他人，禁止承包单位将其承包的全部建筑工程肢解以后以分包的名义分别转包给他人。

禁止总承包单位将工程分包给不具备相应资质条件的单位。禁止分包单位将其承包的工程再分包。

3. 依法承担责任

建筑工程总承包单位按照总承包合同的约定对建设单位负责，分包单位按照分包合同的约定对总承包单位负责。总承包单位和分包单位就分包工程对建设单位承担连带责任。

## 第四节　建设工程监理

### 一、建设工程监理制度概述

建设工程监理，是指具有相应资质的监理单位受工程项目业主的委托，依据国家有关法律、法规，经建设主管部门批准的工程项目建设文件，建设工程委托监理合同及其他建设工程合同，对工程建设实施的专业化监督管理。

实行建设工程监理制度是我国工程建设与国际惯例接轨的一项重要工作，也是我国建设领域中管理体制改革的重大举措。我国于1988年开始推行建设工程监理制度。经过十几年的摸索总结，我国《建筑法》第三十～三十五条以法律的形式正式确立了该项制度，《建设工程质量管理条例》还规定了工程业主的质量责任和义务。其他有关建设工程监理制度的规定包括建设部和国家计委发布的《建设工程监理范围和规模标准规定》《工程监理企业资质管理规定》以及《建设工程监理规范》等。

### 二、建设工程监理的作用

（一）有利于提高建设工程投资决策科学化水平

在建设单位委托工程监理实施全方位全过程监理的条件下，监理单位可以派出具备资质的监理工程师为建设单位提供全过程的咨询、监理工作，有利于提高投资项目决策的科学化水平，避免项目投资决策失误，也为实现建设工程投资综合效益最大化打下了良好的基础。

（二）有利于规范工程建设参与各方的建设活动

在建设工程实施过程中，工程监理企业可依据委托监理合同和有关的建设工程合同对承建单位的建设行为进行监督管理。由于这种约束机制贯穿于工程建设的全过程，所以可以最有效地规范各承建单位的建设行为，最大限度地避免不当建设行为的发生。

要发挥相应的约束作用，需要工程监理企业规范自身的行为并接受政府的监督管理。

## 三、建设工程监理的性质

（一）服务性

工程监理企业既不直接进行设计，也不直接进行施工，更不参与承包商的利润分成，而是利用自己的知识、技能、经验、信息以及必要的试验、检测手段为建设单位提供管理活动。

建设工程监理的服务对象是建设单位。监理服务是按照委托监理合同的规定进行的，是受法律约束和保护的。

（二）科学性

工程监理企业应当由组织管理能力强、工程建设经验丰富的人员担任领导；应当有足够数量的、有丰富管理经验和应变能力的监理工程师组成的骨干队伍；要有一套健全的管理制度和现代化的管理手段；要掌握先进的管理理论、方法和手段；要积累足够的技术、经济资料和数据；要有科学的工作态度和严谨的工作作风，要实事求是、创造性地开展工作。这一切决定了监理工作的科学性。

（三）独立性

工程监理单位应当严格按照有关法律、法规、规章、工程建设文件、工程建设技术标准、建设工程委托监理合同、有关的建设工程合同等规定实施监理。在监理过程中，监理单位与承建单位不得有隶属关系和其他利害关系。在开展监理的过程中，必须建立自己的组织，按照自己的工作计划、程序、流程、方法、手段独立开展工作。

（四）公正性

公正性是社会公认的职业道德准则，是监理工程师能够长期生存和发展的基本职业道德准则。在开展建设工程监理的过程中，工程监理应该客观公正地对待建设单位和承建单位。特别是当这两方发生利益冲突或者矛盾时，工程监理企业应该以事实为依据，以法律和有关合同为准绳，在维护建设单位合法权益时，不损害承建单位的合法权益。

## 四、我国实行强制监理的范围

《建设工程质量管理条例》第十二条对必须实行监理的建设工程作出了原则规定。建设部根据该条例，于 2001 年 1 月 17 日颁布了第 86 号令《建设工程监理范围和规模标准规定》，明确必须实行监理的建设工程项目具体范围和规模标准。这些必须实行监理的建设工程项目如下。

（一）国家重点建设工程

国家重点建设工程，是指依据《国家重点建设项目管理办法》所确定的对国民经济和社会发展有重大影响的骨干项目。

（二）大中型公用事业工程

大中型公用事业工程，是指项目总投资额在3000万元以上的下列工程项目：

1. 供水、供电、供气、供热等市政工程项目；

2. 科技、教育、文化等项目；

3. 体育、旅游、商业等项目；

4. 卫生、社会福利等项目；

5. 其他公用事业项目。

（三）成片开发建设的住宅小区工程

成片开发建设的住宅小区工程，其建筑面积在5万$m^2$以上的，必须实行监理；5万$m^2$以下的住宅建设工程，可以实行监理；具体范围和规模标准，由省、自治区、直辖市人民政府建设行政主管部门规定。为了保证住宅质量，对高层住宅及地基、结构复杂的多层住宅应当实行监理。

（四）利用外国政府或者国际组织贷款、援助资金的工程

1. 使用世界银行、亚洲开发银行等国际组织贷款资金的项目；

2. 使用国外政府及其机构贷款资金的项目；

3. 使用国际组织或者国外政府援助资金的项目。

（五）国家规定必须实行监理的其他工程

1. 项目总投资额在3000万元以上关系社会公共利益、公众安全的下列基础设施项目：

（1）煤炭、石油、化工、天然气、电力、新能源等项目。

（2）铁路、公路、管道、水运、民航以及其他交通运输业等项目。

（3）邮政、电信枢纽、通信、信息网络等项目。

（4）防洪、灌溉、排涝、发电、引（供）水、滩涂治理、水资源保护、水土保持等水利建设项目。

（5）道路、桥梁、地铁和轻轨交通、污水排放及处理、垃圾处理、地下管道、公共停车场等城市基础设施项目。

（6）生态环境保护项目。

（7）其他基础设施项目。

2. 学校、影剧院、体育场馆项目。

## 五、工程建设监理的内容和依据

（一）工程建设监理的内容

工程监理的主要内容可以概括为“三控制、两管理、一协调”。三控制是指建设工程监理对建设工程的投资、工期和质量进行控制。两管理是指建设工程监理对建设工程进行的合同管理、信息管理。一协调是指建设工程监理要协调好与有关单位的工作关系。

（二）工程建设监理的依据

1. 适用的法律、行政法规及部门规章。

2. 与工程有关的标准。

3. 工程设计及有关文件。

4. 监理合同及委托人与第三方签订的与实施工程有关的其他合同。

## 六、工程监理单位的资质许可制度

国家对工程监理单位实行资质许可制度。《建设工程质量管理条例》第三十四条第一款规定：“工程监理单位应当依法取得相应等级的资质证书，并在其资质等级许可的范围内承担工程监理业务。”同时，该条还规定：“禁止工程监理单位超越本单位资质等级许可的范围或者以其他工程监理单位的名义承担工程监理业务。禁止工程监理单位允许其他单位或者个人以本单位的名义承担工程监理业务。工程监理单位不得转让工程监理业务。”这与对勘察、设计、施工单位的规定是一样的。

根据《中华人民共和国建筑法》《建设工程质量管理条例》，建设部于 2007 年 6 月 26 日颁布了建设部令第 158 号《工程监理企业资质管理规定》（2016 年修订），规定工程监理企业应当按照其拥有的注册资本、专业技术人员和工程监理业绩等资质条件申请资质，经审查合格，取得相应等级的资质证书后，方可在其资质等级许可的范围内从事工程监理活动。工程监理综合资质和事务所资质不分级别，工程监理专业资质等级分为甲级、乙级和丙级，并按照工程性质和技术特点划分为若干工程类别。

## 七、工程监理单位的选择与合同的签订

（一）工程监理单位的选择

项目法人一般通过招标投标方式择优选定监理单位。

（二）工程建设监理合同的签订

监理单位承担监理业务，应当与项目法人签订书面建设工程监理合同。工程建设监理合同的主要条款包括监理的范围和内容、双方的权利和义务、监理费的计取与支付、违约责任、双方约定的其他事项。

监理费从工程概算中列支，并核减建设单位的管理费。

### 八、监理单位的职责和工作程序

（一）监理单位的职责

监理单位是建筑市场的主体之一，建设监理是一种高智能的有偿技术服务。监理单位与项目法人之间是委托与被委托的合同关系，与被监理单位是监理与被监理的关系。监理单位应当按照核准的经营范围承接工程建设监理业务。

监理单位应当按照“公正、独立、自主”的原则开展建设监理工作，公平维护项目法人和被监理单位的合法权益。监理单位不得转让监理业务。监理单位不得承包工程，不得经营建筑材料、构配件和建筑机械、设备。监理单位在监理过程中因过错造成重大经济损失的，应承担一定的经济和法律责任。

监理工程师实行注册制度。监理工程师不得在政府机构、设备制造、材料供应单位兼职，不得是施工、设备制造和材料、构配件供应单位的合伙经营者。

（二）建设工程监理程序

建设工程监理工作按照下列程序进行：

1. 总监理工程师组织有关专业工程监理工程师编写监理规划；

2. 根据需要和规定，在监理规划的基础上由相关的专业监理工程师编写监理细则；

3. 根据监理规划和监理细则，规范化开展监理工作；

4. 监理工作结束后，项目监理机构应向建设单位提交监理档案并作出监理工作总结。

## 第五节　施工文件签章目录

### 一、注册建造师施工管理签章文件目录（房屋建筑工程）（表 5-1）

**注册建造师施工管理签章文件目录（房屋建筑工程）　　表 5-1**

| 项目名称 | 文件类别 | 文件名称 |
|---|---|---|
| 一般房屋建筑工程 | 施工组织管理 | 项目管理目标责任书 |
| | | 项目管理实施计划或施工组织设计报审表 |
| | | 主要或专项工程施工技术措施或方案报审表，如高大脚手架方案、深基坑方案、吊装方案等 |
| | | 施工项目部施工管理体系、质量管理体系和职业健康安全管理体系、环境管理体系审批表 |
| | | 工程开工报告 |
| | | 分部工程动工报审单 |
| | | 总监理工程师通知回复单 |
| | | 工程施工月报 |

续表

| 项目名称 | 文件类别 | 文件名称 |
|---|---|---|
| 一般房屋建筑工程 | 施工组织管理 | 工程停工（局部停工）和复工报审表 |
| | | 与其他工程参与单位（建设、监理、分包、政府监管单位等）来往的重要函件 |
| | 施工进度管理 | 总体施工工程进度计划报审表 |
| | | 单位工程施工进度计划报审表 |
| | | 工程延期申请表 |
| | 合同管理 | 工程分包合同 |
| | | 工程设备、材料招标书和中标书 |
| | | 合同补充、变更、中止、终止确认文件 |
| | | 涉及合同管理的承诺书（确认函）及外来文、册（确认函） |
| | | 分包工程申请审批表 |
| | | 分包工程招标文件 |
| | | 合同变更和索赔申请报告 |
| | | 工程质量保修书 |
| | 质量管理 | 单位（子单位）、分部工程质量验收记录 |
| | | 单位（子单位）、分部工程质量报验申请表 |
| | | 单位工程质量评定表 |
| | | 单位工程竣工（预）验收报验申请表 |
| | | 单位工程质量竣工验收记录 |
| | | 工程质量重大事故调查处理报告 |
| | | 工程竣工报告 |
| | | 工程交工验收报告 |
| | 安全管理 | 工程项目安全生产责任书 |
| | | 分包工程安全管理协议书 |
| | | 安全事故应急预案 |
| | | 其他危险性较大的工程专项施工方案及安全验算结果报审表 |
| | | 施工现场消防方案报审表 |
| | | 施工现场安全事故上报、调查、处理报告 |
| | 现场环保文明施工管理 | 施工环境保护措施及管理方案报审表 |
| | | 施工现场文明施工措施报批表 |
| | 成本费用管理 | 工程进度款支付报告 |
| | | 工程费用和价款变更报告 |
| | | 工程费用索赔申请表 |
| | | 月工程进度款报审表 |
| | | 工程竣工结算报告及报审表 |
| | | 竣工结算报审表 |
| | | 安全经费计划表及费用使用申请报告 |

注：高耸构筑物工程、园林古建筑工程、体育场地设施工程、特种专业工程等房屋建筑专业工程参照上表执行。

## 二、注册建造师施工管理签章文件目录（公路工程）（表 5-2）

**注册建造师施工管理签章文件目录（公路工程）　　表 5-2**

| 项目名称 | 文件类别 | 文件名称 |
| --- | --- | --- |
| 公路工程 | 施工组织管理 | 施工组织设计审批单 |
| | | 工程施工进度计划报批单 |
| | | 总体工程开工申请单 |
| | | 动员预付款支付申请报 |
| | | 专项施工技术方案报审表 |
| | | 建筑材料报审表 |
| | | 进场设备报验表 |
| | | 工程分包申请审批单 |
| | | 分包意向申请 |
| | | 单位工程开工报告 |
| | | 首件工程开工报告 |
| | | 首件工程总结报告 |
| | | 变更费用申请单 |
| | | 材料价格调整申请表 |
| | | 月计量报审表 |
| | | 月支付报审表 |
| | | 总体计量支付报审表 |
| | | 索赔申请表 |
| | | 复工申请 |
| | | 设计变更报审表 |
| | | 付款申请 |
| | | 延长工期申请表 |
| | | 业主、监理、社会往来文件 |
| | | 工程交工验收申请表 |
| | | 交通机电设施工程验收报告 |
| | | 交工工程报告 |
| | | 交工工程数量表 |
| | | 未完工程一览表 |
| | | 工程缺陷一览表 |
| | | 工程交工验收证书 |
| | 施工进度管理 | 总体施工工程进度计划表 |
| | | 阶段施工工程进度计划表 |
| | | 月施工工程进度计划表 |
| | | 工程进度统计表 |

续表

| 项目名称 | 文件类别 | 文件名称 |
|---|---|---|
| 公路工程 | 施工进度管理 | 工程形象进度统计表 |
| | | 月工程进度报告 |
| | 合同管理 | 合同协议书 |
| | | 廉政合同 |
| | | 安全生产合同 |
| | | 材料采购合同 |
| | | 机械设备租赁合同 |
| | | 工程变更合同 |
| | | 工程延期合同 |
| | | 工程费用索赔及价款调整合同 |
| | | 争端与仲裁合同 |
| | | 分包、转让或指定分包合同 |
| | | 保险合同 |
| | | 清单核算 |
| | | 变更单价测算表 |
| | | 月变更支付月报 |
| | | 月增补清单支付月报 |
| | | 工程变更令 |
| | | 工程变更一览表 |
| | 质量管理 | 分项工程质量检验评定汇总表 |
| | | 分部工程质量检验评定表 |
| | | 单位工程质量检验评定表 |
| | | 设计交底记录 |
| | | 工程质量事故报告单 |
| | | 工程洽商记录 |
| | | 工程竣工总结 |
| | | 竣工资料编制 |
| | | 竣工资料移交表 |
| | 安全管理 | 项目安全生产管理制度 |
| | | 安全施工报批单 |
| | | 企业职工伤亡事故月（年）报表 |
| | 现场环保文明施工管理 | 现场文明施工报批单 |
| | 成本费用管理 | 项目财务报表 |
| | | 用款单计划 |

注：1. 公路工程根据项目不同类型以及大小，对项目的管理程序会略有差异，所需签章的表格由监理工程师视项目管理需要取舍。

2. 对于表中未涵盖的内容，应按相关行政主管部门要求、业主及监理工程师对项目管理的规定，补充表格，并签章生效。

## 三、注册建造师施工管理签章文件目录（铁路工程）（表 5-3）

注册建造师施工管理签章文件目录（铁路工程） 表 5-3

| 序号 | 工程类别 | 文件类别 | 文件名称 | 担任项目负责人的注册建造师签章 | | |
|---|---|---|---|---|---|---|
| | | | | 铁路工程 | 机电工程 | 通信与广电 |
| 1 | 路基工程 | 施工组织管理 | 重点单位路基工程作业指导书 | √ | | |
| | | | 路基工程测量实施方案 | √ | | |
| | | | 路基工程试验实施方案 | √ | | |
| | | | 重点路基单位工程实施性施工组织设计 | √ | | |
| | | | 路基单位工程图纸审核记录与报告 | √ | | |
| | | | 路基单位工程技术交底书 | √ | | |
| | | | 路基工程实施性施工组织设计 | √ | | |
| | | | 路基单位工程开工报告 | √ | | |
| | | | 路基单项或单位工程暂停施工申请报告 | √ | | |
| | | | 路基单项或单位工程恢复施工申请报告 | √ | | |
| | | | 路基单位工程竣工图表与施工日志 | √ | | |
| | | | 路基工程变更设计申请 | √ | | |
| | | | 路基工程专题会议纪要 | √ | | |
| | | 合同管理 | 路基工程分包合同 | √ | | |
| | | | 路基工程劳务分包合同 | √ | | |
| | | | 路基工程材料订购合同 | √ | | |
| | | | 路基已完工程数量表 | √ | | |
| | | | 路基工程验工计价表 | √ | | |
| | | 施工进度管理 | 重要路基单位工程进度计划 | √ | | |
| | | | 路基单项工程进度计划 | √ | | |
| | | | 路基工程年度、季度、月份进度计划 | √ | | |
| | | | 路基工程年度、季度、月份进度完成分析报告 | √ | | |
| | | 质量管理 | 路基工程质量计划 | √ | | |
| | | | 路基工程特殊试验报告 | √ | | |
| | | | 路基单位工程质量验收记录 | √ | | |
| | | | 路基单位工程验收报告 | √ | | |
| | | | 路基工程质量管理方案与措施 | √ | | |
| | | | 路基工程质量事故报告 | √ | | |
| | | | 路基工程质量事故调查处理报告 | √ | | |

续表

| 序号 | 工程类别 | 文件类别 | 文件名称 | 担任项目负责人的注册建造师签章 | | |
|---|---|---|---|---|---|---|
| | | | | 铁路工程 | 机电工程 | 通信与广电 |
| 1 | 路基工程 | 安全管理 | 路基工程安全管理制度 | √ | | |
| | | | 路基工程安全专项方案措施 | √ | | |
| | | | 路基工程安全事故报告 | √ | | |
| | | | 路基工程安全事故调查处理报告 | √ | | |
| | | 成本费用管理 | 路基工程施工成本分析资料报告 | √ | | |
| | | | 路基实际工程预（结）算 | √ | | |
| | | | 各种上报的调价、调差资料 | √ | | |
| | | 现场环保文明施工管理 | 路基工程环保、水保制度与措施 | √ | | |
| | | | 路基工程专项环境保护方案与措施 | √ | | |
| | | | 路基工程文明施工制度与措施 | √ | | |
| | | | 路基工程现场管理检查记录 | √ | | |
| 2 | 桥涵工程 | 施工组织管理 | 桥涵重点单位工程作业指导书 | √ | | |
| | | | 桥涵工程测量实施方案 | √ | | |
| | | | 桥涵工程试验实施方案 | √ | | |
| | | | 桥涵重点单位工程实施性施工组织设计 | √ | | |
| | | | 桥涵单位工程图纸审核记录与报告 | √ | | |
| | | | 桥涵单位工程技术交底书 | √ | | |
| | | | 桥涵工程实施性施工组织设计 | √ | | |
| | | | 桥涵单位工程开工报告 | √ | | |
| | | | 桥涵项目或单位工程暂停施工申请报告 | √ | | |
| | | | 桥涵项目或单位工程恢复施工申请报告 | √ | | |
| | | | 桥涵单位工程竣工图表与施工日志 | √ | | |
| | | | 桥涵变更设计申请 | √ | | |
| | | | 桥涵工程专题会议纪要 | √ | | |
| | | 合同管理 | 桥涵工程分包合同 | √ | | |
| | | | 桥涵工程劳务分包合同 | √ | | |
| | | | 桥涵工程材料订购合同 | √ | | |
| | | | 桥涵已完工程数量表 | √ | | |
| | | | 桥涵工程验工计价表 | √ | | |
| | | 施工进度管理 | 桥涵重要单位工程进度计划 | √ | | |
| | | | 桥涵项目工程进度计划 | √ | | |
| | | | 年度、季度、月份桥涵工程进度计划 | √ | | |
| | | | 年度、季度、月份桥涵进度完成分析报告 | √ | | |

续表

| 序号 | 工程类别 | 文件类别 | 文件名称 | 担任项目负责人的注册建造师签章 | | |
|---|---|---|---|---|---|---|
| | | | | 铁路工程 | 机电工程 | 通信与广电 |
| 2 | 桥涵工程 | 质量管理 | 桥涵单项工程质量计划 | √ | | |
| | | | 桥涵工程特殊试验报告 | √ | | |
| | | | 桥涵单位工程质量验收记录 | √ | | |
| | | | 桥涵单位工程验收报告 | √ | | |
| | | | 桥涵工程质量管理方案与措施 | √ | | |
| | | | 桥涵工程质量事故报告 | √ | | |
| | | | 桥涵工程质量事故调查处理报告 | √ | | |
| | | 安全管理 | 桥涵工程安全管理制度 | √ | | |
| | | | 桥涵工程安全专项方案措施 | √ | | |
| | | | 土建工程安全事故报告 | √ | | |
| | | | 桥涵工程安全事故调查处理报告 | √ | | |
| | | 成本费用管理 | 桥涵施工成本分析资料报告 | √ | | |
| | | | 桥涵工程实际工程预（结）算 | √ | | |
| | | | 各种上报的调价、调差资料 | √ | | |
| | | 现场环保文明施工管理 | 桥涵工程环保、水保制度与措施 | √ | | |
| | | | 桥涵专项环境保护方案与措施 | √ | | |
| | | | 桥涵工程文明施工制度与措施 | √ | | |
| | | | 桥涵工程现场检查记录 | √ | | |
| 3 | 隧道工程 | 施工组织管理 | 隧道重点单位工程作业指导书 | √ | | |
| | | | 隧道单项工程测量实施方案 | √ | | |
| | | | 隧道单项工程试验实施方案 | √ | | |
| | | | 隧道重点单位工程实施性施工组织设计 | √ | | |
| | | | 隧道单位工程图纸审核记录与报告 | √ | | |
| | | | 隧道单位工程技术交底书 | √ | | |
| | | | 隧道单项工程实施性施工组织设计 | √ | | |
| | | | 隧道单位工程开工报告 | √ | | |
| | | | 隧道单项或单位工程暂停施工申请报告 | √ | | |
| | | | 隧道单项或单位工程恢复施工申请报告 | √ | | |
| | | | 隧道单位工程竣工图表与施工日志 | √ | | |
| | | | 隧道变更设计申请 | √ | | |
| | | | 隧道工程专题会议纪要 | √ | | |
| | | 合同管理 | 隧道工程分包合同 | √ | | |

续表

| 序号 | 工程类别 | 文件类别 | 文件名称 | 担任项目负责人的注册建造师签章 | | |
|---|---|---|---|---|---|---|
| | | | | 铁路工程 | 机电工程 | 通信与广电 |
| 3 | 隧道工程 | 合同管理 | 隧道工程劳务分包合同 | √ | | |
| | | | 隧道工程材料订购合同 | √ | | |
| | | | 隧道已完工程数量表 | √ | | |
| | | | 隧道工程验工计价表 | √ | | |
| | | 施工进度管理 | 隧道重点单位工程进度计划 | √ | | |
| | | | 隧道单项工程进度计划 | √ | | |
| | | | 隧道工程年度、季度、月份工程进度计划 | √ | | |
| | | | 隧道工程年度、季度、月份进度完成分析报告 | √ | | |
| | | 质量管理 | 隧道工程质量计划 | √ | | |
| | | | 隧道工程特殊试验报告 | √ | | |
| | | | 隧道单位工程质量验收记录 | √ | | |
| | | | 隧道单位工程验收报告 | √ | | |
| | | | 隧道工程质量管理方案与措施 | √ | | |
| | | | 隧道工程质量事故报告 | √ | | |
| | | | 隧道工程质量事故调查处理报告 | √ | | |
| | | 安全管理 | 隧道工程安全管理制度 | √ | | |
| | | | 隧道工程安全专项方案措施 | √ | | |
| | | | 隧道工程安全事故报告 | √ | | |
| | | | 隧道工程安全事故调查处理报告 | √ | | |
| | | 成本费用管理 | 隧道施工成本分析资料报告 | √ | | |
| | | | 隧道实际工程预（结）算 | √ | | |
| | | | 各种上报的隧道工程调价、调差资料 | √ | | |
| | | 现场环保文明施工管理 | 隧道工程环保、水保制度与措施 | √ | | |
| | | | 隧道工程专项环境保护方案与措施 | √ | | |
| | | | 隧道工程文明施工制度与措施 | √ | | |
| | | | 隧道工程现场检查记录 | √ | | |
| 4 | 轨道工程 | 施工组织管理 | 轨道工程作业指导书 | √ | | |
| | | | 轨道工程测量实施方案 | √ | | |
| | | | 轨道工程试验实施方案 | √ | | |
| | | | 轨道工程实施性施工组织设计 | √ | | |
| | | | 轨道工程图纸审核记录与报告 | √ | | |
| | | | 轨道工程技术交底书 | √ | | |

续表

| 序号 | 工程类别 | 文件类别 | 文件名称 | 担任项目负责人的注册建造师签章 | | |
|---|---|---|---|---|---|---|
| | | | | 铁路工程 | 机电工程 | 通信与广电 |
| 4 | 轨道工程 | 施工组织管理 | 轨道工程开工报告 | √ | | |
| | | | 轨道工程暂停施工申请报告 | √ | | |
| | | | 轨道工程恢复施工申请报告 | √ | | |
| | | | 轨道工程竣工图表与施工日志 | √ | | |
| | | | 轨道工程变更设计申请 | √ | | |
| | | | 轨道工程专题会议纪要 | √ | | |
| | | 合同管理 | 轨道工程分包合同 | √ | | |
| | | | 轨道工程劳务分包合同 | √ | | |
| | | | 轨道工程材料订购合同 | √ | | |
| | | | 轨道已完工程数量表 | √ | | |
| | | | 轨道工程验工计价表 | √ | | |
| | | 施工进度管理 | 轨道工程进度计划 | √ | | |
| | | | 轨道工程年度、季度、月份进度计划 | √ | | |
| | | | 轨道工程年度、季度、月份进度完成分析报告 | √ | | |
| | | 质量管理 | 轨道工程质量计划 | √ | | |
| | | | 轨道工程特殊试验报告 | √ | | |
| | | | 轨道单位工程质量验收记录 | √ | | |
| | | | 轨道单位工程验收报告 | √ | | |
| | | | 轨道工程质量管理方案与措施 | √ | | |
| | | | 轨道工程质量事故报告 | √ | | |
| | | | 轨道工程质量事故调查处理报告 | √ | | |
| | | 安全管理 | 轨道工程安全管理制度 | √ | | |
| | | | 轨道工程安全专项方案措施 | √ | | |
| | | | 轨道工程安全事故报告 | √ | | |
| | | | 轨道工程安全事故调查处理报告 | √ | | |
| | | 成本费用管理 | 轨道施工成本分析资料报告 | √ | | |
| | | | 轨道工程实际预（决）算 | √ | | |
| | | | 各种上报的轨道工程调价、调差资料 | √ | | |
| | | 现场环保文明施工管理 | 轨道工程环保、水保制度与措施 | √ | | |
| | | | 轨道工程专项环境保护方案与措施 | √ | | |
| | | | 轨道工程文明施工制度与措施 | √ | | |
| | | | 轨道工程现场检查记录 | √ | | |

续表

| 序号 | 工程类别 | 文件类别 | 文件名称 | 担任项目负责人的注册建造师签章 | | |
|---|---|---|---|---|---|---|
| | | | | 铁路工程 | 机电工程 | 通信与广电 |
| 5 | 站场工程 | 施工组织管理 | 站场重点单位工程作业指导书 | ✓ | | |
| | | | 站场工程测量实施方案 | ✓ | | |
| | | | 站场工程试验实施方案 | ✓ | | |
| | | | 站场重点单位工程实施性施工组织设计 | ✓ | | |
| | | | 站场单位工程图纸审核记录与报告 | ✓ | | |
| | | | 站场单位工程技术交底书 | ✓ | | |
| | | | 站场项目工程实施性施工组织设计 | ✓ | | |
| | | | 站场单位工程开工报告 | ✓ | | |
| | | | 站场工程暂停施工申请报告 | ✓ | | |
| | | | 站场工程恢复施工申请报告 | ✓ | | |
| | | | 站场单位工程竣工图表与施工日志 | ✓ | | |
| | | | 站场工程变更设计申请 | ✓ | | |
| | | | 站场工程专题会议纪要 | ✓ | | |
| | | 合同管理 | 站场工程分包合同 | ✓ | | |
| | | | 站场工程劳务分包合同 | ✓ | | |
| | | | 站场工程材料、设备订购合同 | ✓ | | |
| | | | 站场已完工程数量表 | ✓ | | |
| | | | 站场工程验工计价表 | ✓ | | |
| | | 施工进度管理 | 站场重点单位工程进度计划 | ✓ | | |
| | | | 站场项目工程进度计划 | ✓ | | |
| | | | 站场工程年度、季度、月份进度计划 | ✓ | | |
| | | | 站场工程年度、季度、月份进度完成分析报告 | ✓ | | |
| | | 质量管理 | 站场工程质量计划 | ✓ | | |
| | | | 站场工程特殊试验报告 | ✓ | | |
| | | | 站场单位工程质量验收记录 | ✓ | | |
| | | | 站场单位工程验收报告 | ✓ | | |
| | | | 站场工程质量管理方案与措施 | ✓ | | |
| | | | 站场工程质量事故报告 | ✓ | | |
| | | | 站场工程质量事故调查处理报告 | ✓ | | |
| | | 安全管理 | 站场工程安全管理制度 | ✓ | | |
| | | | 站场工程安全专项方案措施 | ✓ | | |
| | | | 站场工程安全事故报告 | ✓ | | |
| | | | 站场工程安全事故调查处理报告 | ✓ | | |

续表

| 序号 | 工程类别 | 文件类别 | 文件名称 | 担任项目负责人的注册建造师签章 | | |
|---|---|---|---|---|---|---|
| | | | | 铁路工程 | 机电工程 | 通信与广电 |
| 5 | 站场工程 | 成本费用管理 | 站场施工成本分析资料报告 | √ | | |
| | | | 站场工程实际预（决）算 | √ | | |
| | | | 各种上报的站场工程调价、调差资料 | √ | | |
| | | 现场环保文明施工管理 | 站场工程环保、水保制度与措施 | √ | | |
| | | | 站场工程专项环境保护方案与措施 | √ | | |
| | | | 站场工程文明施工制度与措施 | √ | | |
| | | | 站场工程现场检查记录 | √ | | |
| 6 | 通信工程 | 施工组织管理 | 通信单位工程作业指导书 | | | √ |
| | | | 通信单位工程实施性施工组织设计 | | | √ |
| | | | 通信单位工程技术交底书 | | | √ |
| | | | 通信单位工程图纸审核记录与报告 | | | √ |
| | | | 通信单位工程开工报告 | | | √ |
| | | | 通信工程变更设计申请 | | | √ |
| | | | 通信单位工程暂停施工申请报告 | | | √ |
| | | | 通信单位工程恢复施工申请报告 | | | √ |
| | | | 通信工程竣工图表与施工日志 | | | √ |
| | | | 通信工程专题会议纪要 | | | √ |
| | | 施工进度管理 | 通信工程进度计划 | | | √ |
| | | | 通信工程年度、季度、月份进度计划 | | | √ |
| | | | 通信工程年度、季度、月份进度完成分析 | | | √ |
| | | 合同管理 | 通信工程分包合同 | | | √ |
| | | | 通信工程劳务分包合同 | | | √ |
| | | | 通信工程材料、设备订购合同 | | | √ |
| | | | 通信已完工程数量表 | | | √ |
| | | | 通信工程验工计价表 | | | √ |
| | | | 通信工程合同变更 | | | √ |
| | | | 通信工程合同索赔 | | | √ |
| | | 质量管理 | 通信工程质量计划 | | | √ |
| | | | 通信单位工程质量验收记录 | | | √ |
| | | | 通信单位工程验收报告 | | | √ |
| | | | 通信工程特殊试验报告 | | | √ |
| | | | 通信工程质量管理方案与措施 | | | √ |

续表

| 序号 | 工程类别 | 文件类别 | 文件名称 | 担任项目负责人的注册建造师签章 | | |
|---|---|---|---|---|---|---|
| | | | | 铁路工程 | 机电工程 | 通信与广电 |
| 6 | 通信工程 | 质量管理 | 通信工程质量事故报告 | | | √ |
| | | | 通信工程质量事故调查处理报告 | | | √ |
| | | 安全管理 | 通信工程安全管理制度 | | | √ |
| | | | 通信工程安全专项方案措施 | | | √ |
| | | | 通信工程安全事故报告 | | | √ |
| | | | 通信工程安全事故调查处理报告 | | | √ |
| | | 成本费用管理 | 通信工程施工成本分析资料报告 | | | √ |
| | | | 通信工程实际预（结）算 | | | √ |
| | | | 通信工程调价、调差资料 | | | √ |
| | | 现场环保文明施工管理 | 通信工程环保、水保制度与措施 | | | √ |
| | | | 通信工程专项环境保护方案与措施 | | | √ |
| | | | 通信工程文明施工制度与措施 | | | √ |
| | | | 通信工程现场检查记录 | | | √ |
| 7 | 信号工程 | 施工组织管理 | 信号工程作业指导书 | | √ | |
| | | | 信号工程实施性施工组织设计 | | √ | |
| | | | 信号工程技术交底书 | | √ | |
| | | | 信号工程开工报告 | | √ | |
| | | | 信号工程图纸审核记录与报告 | | √ | |
| | | | 信号工程竣工图表与施工日志 | | √ | |
| | | | 信号工程变更设计申请 | | √ | |
| | | | 信号工程暂停施工申请报告 | | √ | |
| | | | 信号工程恢复施工申请报告 | | √ | |
| | | | 信号工程专题会议纪要 | | √ | |
| | | 施工进度管理 | 信号工程进度计划 | | √ | |
| | | | 信号工程年度、季度、月份进度计划 | | √ | |
| | | | 信号工程年度、季度、月份进度完成分析 | | √ | |
| | | 合同管理 | 信号工程分包合同 | | √ | |
| | | | 信号工程劳务分包合同 | | √ | |
| | | | 信号工程材料、设备订购合同 | | √ | |
| | | | 信号已完工程数量表 | | √ | |
| | | | 信号工程验工计价表 | | √ | |
| | | | 信号工程合同变更 | | √ | |
| | | | 信号工程合同索赔 | | √ | |

续表

| 序号 | 工程类别 | 文件类别 | 文件名称 | 担任项目负责人的注册建造师签章 | | |
|---|---|---|---|---|---|---|
| | | | | 铁路工程 | 机电工程 | 通信与广电 |
| 7 | 信号工程 | 事故质量管理 | 信号工程质量计划 | | √ | |
| | | | 信号工程质量验收记录 | | √ | |
| | | | 信号工程验收报告 | | √ | |
| | | | 信号工程特殊试验报告 | | √ | |
| | | | 信号工程质量管理方案与措施 | | √ | |
| | | | 信号工程质量事故报告 | | √ | |
| | | | 信号工程质量事故调查处理报告 | | √ | |
| | | 安全管理 | 信号工程安全管理制度 | | √ | |
| | | | 信号工程安全专项方案措施 | | √ | |
| | | | 信号工程安全事故报告 | | √ | |
| | | | 信号工程安全事故调查处理报告 | | √ | |
| | | 成本费用管理 | 信号工程施工成本分析资料报告 | | √ | |
| | | | 信号工程实际预（决）算 | | √ | |
| | | | 信号工程调价、调差资料 | | √ | |
| | | 现场环保文明施工管理 | 信号专项环境保护方案与措施 | | √ | |
| | | | 信号工程文明施工制度与措施 | | √ | |
| | | | 信号工程现场检查记录 | | √ | |
| | | | 与建设、监理及分包单位的联系文件 | | √ | |
| 8 | 电力工程 | 施工组织管理 | 电力工程作业指导书 | | √ | |
| | | | 电力工程实施性施工组织设计 | | √ | |
| | | | 电力及电气化单位工程技术交底书 | | √ | |
| | | | 电力及电气化单位工程开工报告 | | √ | |
| | | | 电力单位工程图纸审核记录与报告 | | √ | |
| | | | 电力单位工程竣工图表与施工日志 | | √ | |
| | | | 电力工程变更设计申请 | | √ | |
| | | | 电力工程专题会议纪要 | | √ | |
| | | 施工进度管理 | 电力工程进度计划 | | √ | |
| | | | 电力工程年度、季度、月份进度计划 | | √ | |
| | | | 电力工程年度、季度、月份进度完成分析 | | √ | |
| | | 合同管理 | 电力工程分包合同 | | √ | |
| | | | 电力工程劳务分包合同 | | √ | |
| | | | 电力工程材料、设备订购合同 | | √ | |

续表

| 序号 | 工程类别 | 文件类别 | 文件名称 | 担任项目负责人的注册建造师签章 | | |
|---|---|---|---|---|---|---|
| | | | | 铁路工程 | 机电工程 | 通信与广电 |
| 8 | 电力工程 | 合同管理 | 电力已完工程数量表 | | √ | |
| | | | 电力工程验工计价表 | | √ | |
| | | | 电力工程合同变更 | | √ | |
| | | | 电力工程合同索赔 | | √ | |
| | | 质量管理 | 电力工程质量计划 | | √ | |
| | | | 电力单位工程质量验收记录 | | √ | |
| | | | 电力工程特殊试验报告 | | √ | |
| | | | 电力单位工程验收报告 | | √ | |
| | | | 电力工程质量管理方案与措施 | | √ | |
| | | | 电力工程质量事故报告 | | √ | |
| | | | 电力工程质量事故调查处理报告 | | √ | |
| | | 安全管理 | 电力工程安全管理制度 | | √ | |
| | | | 电力工程安全专项方案措施 | | √ | |
| | | | 电力工程安全事故报告 | | √ | |
| | | | 电力工程安全事故调查处理报告 | | √ | |
| | | 成本费用管理 | 电力工程施工成本分析资料报告 | | √ | |
| | | | 电力工程实际预（决）算 | | √ | |
| | | | 电力工程调价、调差资料 | | √ | |
| | | 现场环保文明施工管理 | 电力工程环保、水保制度与措施 | | √ | |
| | | | 电力工程专项环境保护方案与措施 | | √ | |
| | | | 电力工程文明施工制度与措施 | | √ | |
| | | | 电力工程现场检查记录 | | √ | |
| 9 | 电气化工程 | 施工组织管理 | 电气化工程作业指导书 | | √ | |
| | | | 电气化工程实施性施工组织设计 | | √ | |
| | | | 电气化单位工程技术交底书 | | √ | |
| | | | 电气化单位工程开工报告 | | √ | |
| | | | 电气化单位工程图纸审核记录与报告 | | √ | |
| | | | 电气化单位工程竣工图表与施工日志 | | √ | |
| | | | 电气化工程变更设计申请 | | √ | |
| | | | 电气化工程暂停施工申请报告 | | √ | |
| | | | 电气化工程恢复施工申请报告 | | √ | |
| | | | 电气化工程专题会议纪要 | | √ | |

续表

| 序号 | 工程类别 | 文件类别 | 文件名称 | 担任项目负责人的注册建造师签章 | | |
|---|---|---|---|---|---|---|
| | | | | 铁路工程 | 机电工程 | 通信与广电 |
| 9 | 电气化工程 | 施工进度管理 | 电气化工程进度计划 | | ✓ | |
| | | | 电气化工程年度、季度、月份进度计划 | | ✓ | |
| | | | 电气化工程年度、季度、月份进度完成分析 | | ✓ | |
| | | 合同管理 | 电气化工程分包合同 | | ✓ | |
| | | | 电气化工程劳务分包合同 | | ✓ | |
| | | | 电气化工程材料、设备订购合同 | | ✓ | |
| | | | 电气化已完工程数量表 | | ✓ | |
| | | | 电气化工程验工计价表 | | ✓ | |
| | | | 电气化工程合同变更 | | ✓ | |
| | | | 电气化工程合同索赔 | | ✓ | |
| | | 质量管理 | 电气化工程质量计划 | | ✓ | |
| | | | 电气化单位工程质量验收记录 | | ✓ | |
| | | | 电气化单位工程验收报告 | | ✓ | |
| | | | 电气化工程特殊试验报告 | | ✓ | |
| | | | 电气化工程质量管理方案与措施 | | ✓ | |
| | | | 电气化工程质量事故报告 | | ✓ | |
| | | | 电气化工程质量事故调查处理报告 | | ✓ | |
| | | 安全管理 | 电气化工程安全管理制度 | | ✓ | |
| | | | 电气化工程安全专项方案措施 | | ✓ | |
| | | | 电气化工程安全事故报告 | | ✓ | |
| | | | 电气化工程安全事故调查处理报告 | | ✓ | |
| | | 成本费用管理 | 电气化工程施工成本分析资料报告 | | ✓ | |
| | | | 电气化工程实际预（决）算 | | ✓ | |
| | | | 电气化工程调价、调差资料 | | ✓ | |
| | | 现场环保文明施工管理 | 电气化工程环保、水保制度与措施 | | ✓ | |
| | | | 电气化专项环境保护方案与措施 | | ✓ | |
| | | | 电气化工程文明施工制度与措施 | | ✓ | |
| | | | 电气化工程现场检查记录 | | ✓ | |
| 10 | 综合项目工程 | 施工组织管理 | 土建项目工程测量实施方案 | ✓ | | |
| | | | 土建项目工程试验实施方案 | ✓ | | |
| | | | 土建项目工程实施性施工组织设计 | ✓ | | |
| | | | 土建项目工程竣工验收报告 | ✓ | | |

续表

| 序号 | 工程类别 | 文件类别 | 文件名称 | 担任项目负责人的注册建造师签章 | | |
|---|---|---|---|---|---|---|
| | | | | 铁路工程 | 机电工程 | 通信与广电 |
| 10 | 综合项目工程 | 施工组织管理 | 四电项目工程测量实施方案 | | ✓ | |
| | | | 四电项目工程试验实施方案 | | ✓ | |
| | | | 四电项目工程实施性施工组织设计 | | ✓ | |
| | | | 铁路综合项目工程实施性施工组织设计 | ✓ | | |
| | | | 铁路综合项目工程竣工验收报告 | ✓ | | |
| | | | 项目经理对单位工程施工负责人的授权书 | ✓ | | |
| | | 施工进度管理 | 土建项目年度、季度、月份进度计划报审表 | ✓ | | |
| | | | 土建项目年度、季度、月份进度计划调整表 | ✓ | | |
| | | | 土建项目年度、季度、月份进度完成分析报告 | ✓ | | |
| | | | 四电项目年度、季度、月份进度计划报审表 | | ✓ | |
| | | | 四电项目年度、季度、月份进度计划调整表 | | ✓ | |
| | | | 四电项目年度、季度、月份进度完成分析报告 | | ✓ | |
| | | | 铁路综合项目年度、季度、月份进度计划报审表 | ✓ | | |
| | | | 铁路综合项目年度、季度、月份进度计划调整表 | ✓ | | |
| | | | 铁路综合项目年度、季度、月份进度完成分析报告 | ✓ | | |
| | | 合同管理 | 土建项目验工计价表 | ✓ | | |
| | | | 土建项目合同变更 | ✓ | | |
| | | | 土建项目合同索赔 | ✓ | | |
| | | | 四电项目验工计价表 | | ✓ | |
| | | | 四电项目合同变更 | | ✓ | |
| | | | 四电项目合同索赔 | | ✓ | |
| | | | 铁路综合项目验工计价表 | ✓ | | |
| | | | 铁路综合项目合同变更 | ✓ | | |
| | | | 铁路综合项目合同索赔 | ✓ | | |
| | | 质量管理 | 土建项目工程质量计划 | ✓ | | |
| | | | 土建项目工程验收报告 | ✓ | | |
| | | | 土建工程质量管理方案与措施 | ✓ | | |
| | | | 土建工程其他重要质量管理文件 | ✓ | | |
| | | | 四电项目工程质量计划 | | ✓ | |
| | | | 四电项目工程验收报告 | | ✓ | |
| | | | 四电工程质量管理方案与措施 | | ✓ | |
| | | | 四电工程其他重要质量管理文件 | | ✓ | |
| | | | 铁路综合项目工程质量计划 | ✓ | | |

续表

| 序号 | 工程类别 | 文件类别 | 文件名称 | 担任项目负责人的注册建造师签章 | | |
|---|---|---|---|---|---|---|
| | | | | 铁路工程 | 机电工程 | 通信与广电 |
| 10 | 综合项目工程 | 质量管理 | 铁路综合项目工程验收报告 | ✓ | | |
| | | | 铁路综合工程质量管理方案与措施 | ✓ | | |
| | | | 铁路综合工程其他重要质量管理文件 | ✓ | | |
| | | 安全管理 | 土建项目工程安全管理制度 | ✓ | | |
| | | | 土建项目工程安全专项方案措施 | ✓ | | |
| | | | 土建项目工程安全事故报告 | ✓ | | |
| | | | 土建项目工程安全事故调查处理报告 | ✓ | | |
| | | | 土建项目其他重要安全管理文件 | ✓ | | |
| | | | 四电项目工程安全管理制度 | | ✓ | |
| | | | 四电项目工程安全专项方案措施 | | ✓ | |
| | | | 四电项目工程安全事故报告 | | ✓ | |
| | | | 四电项目工程安全事故调查处理报告 | | ✓ | |
| | | | 四电项目其他重要安全管理文件 | | ✓ | |
| | | | 铁路综合工程安全管理制度 | ✓ | | |
| | | | 铁路综合工程安全专项方案措施 | ✓ | | |
| | | | 铁路综合工程安全事故报告 | ✓ | | |
| | | | 铁路综合工程安全事故调查处理报告 | ✓ | | |
| | | | 铁路综合工程其他重要安全管理文件 | ✓ | | |
| | | 成本费用管理 | 土建项目工程施工成本分析资料报告 | ✓ | | |
| | | | 土建项目工程实际预（决）算 | ✓ | | |
| | | | 各种上报的土建项目工程调价、调差资料 | ✓ | | |
| | | | 四电项目工程施工成本分析资料报告 | | ✓ | |
| | | | 四电项目工程实际预（决）算 | | ✓ | |
| | | | 各种上报四电项目工程的调价、调差资料 | | ✓ | |
| | | | 铁路综合工程施工成本分析资料报告 | ✓ | | |
| | | | 铁路综合工程实际预（决）算 | ✓ | | |
| | | | 各种上报的铁路综合工程调价、调差资料 | ✓ | | |
| | | 现场环保文明施工管理 | 土建项目工程环保、水保制度与措施 | ✓ | | |
| | | | 土建项目工程专项环境保护方案与措施 | ✓ | | |
| | | | 土建项目工程文明施工制度与措施 | ✓ | | |
| | | | 土建项目工程现场检查记录 | ✓ | | |
| | | | 土建项目与建设、监理及分包单位的重要联系文件 | ✓ | | |

续表

<table>
<tr><th rowspan="2">序号</th><th rowspan="2">工程类别</th><th rowspan="2">文件类别</th><th rowspan="2">文件名称</th><th colspan="3">担任项目负责人的注册建造师签章</th></tr>
<tr><th>铁路工程</th><th>机电工程</th><th>通信与广电</th></tr>
<tr><td rowspan="10">10</td><td rowspan="10">综合项目工程</td><td rowspan="10">现场环保文明施工管理</td><td>四电项目工程环保、水保制度与措施</td><td></td><td>√</td><td></td></tr>
<tr><td>四电项目工程专项环境保护方案与措施</td><td></td><td>√</td><td></td></tr>
<tr><td>四电项目工程文明施工制度与措施</td><td></td><td>√</td><td></td></tr>
<tr><td>四电项目工程现场检查记录</td><td></td><td>√</td><td></td></tr>
<tr><td>四电项目工程与建设、监理及分包单位的重要联系文件</td><td></td><td>√</td><td></td></tr>
<tr><td>铁路综合工程环保、水保制度与措施</td><td>√</td><td></td><td></td></tr>
<tr><td>铁路综合工程专项环境保护方案与措施</td><td>√</td><td></td><td></td></tr>
<tr><td>铁路综合工程文明施工制度与措施</td><td>√</td><td></td><td></td></tr>
<tr><td>铁路综合工程现场检查记录</td><td>√</td><td></td><td></td></tr>
<tr><td>铁路综合工程与建设、监理及分包单位的重要联系文件</td><td>√</td><td></td><td></td></tr>
<tr><td>11</td><td>说明</td><td colspan="5">（1）上述能够签章的注册建造师必须是一级，不允许二级注册建造师签章。<br>（2）铁路工程施工负责人是指铁路工程施工标段的项目经理及与项目经理签订的在该标段内某施工单元工程（或单位工程）有效施工合同的签字人。<br>（3）铁路工程大、中型规模的单项工程以及大、中、小型规模的项目工程，均需要持证注册的施工负责人签章方可有效，小型规模的项目工程与中型规模的单项工程由持证注册的项目经理签章，大、中型规模的项目工程与大型规模的单项工程分解后可由多名持证注册的施工负责人分别签章。<br>（4）铁路工程建造中凡是本表中所列施工管理文件均要求持证注册的施工负责人签章，其他未列入本表的相关施工管理文件，其签章人应具备一级注册建造师执业资格，但可以不是施工负责人，所有签章人负有相应的法律责任。<br>（5）上述管理文件具体编制人可以是持证注册建造师，但需持证注册的施工负责人在首页批准签章或尾页检查签章。<br>（6）试验报告：土建工程的常规试验报告由资质认证授权签字人独立签字，特殊试验报告由持证注册施工负责人共同签章；通信工程、信号工程、电力工程、电气化工程试验报告由有资质的专业机构盖章和试验人员签字，特殊试验报告由相应的持证注册施工负责人共同签章。<br>（7）专题会议纪要：会议纪要持证注册施工负责人必须签章。<br>（8）重要的车站房屋工程施工是否要求一级建筑工程建造师参与施工与签章，由建设方具体规定。<br>（9）重要的火车轮渡站场工程施工，是否要求一级港航建造师参与施工与签章，由建设方具体规定。<br>（10）表中项目工程指各种规模的一个标段工程，或一个大型标段里的区段、单元工程。<br>（11）土建工程是指工程内容只包含铁路路基、桥涵、隧道、轨道、站场无四电内容的工程。<br>（12）四电工程是指包含铁路通信、信号、电力、电气化工程及少量配套土建内容的工程。<br>（13）综合工程项目是指工程内容综合包含了铁路土建与四电的工程项目。<br>（14）表中通信工程由通信广电一级注册建造师签章，也可由机电工程一级注册建造师签章</td></tr>
</table>

## 四、注册建造师施工管理签章文件目录（港口与航道工程）（表 5-4）

注册建造师施工管理签章文件目录（港口与航道工程）　　表 5-4

| 工程类别 | 文件类别 | 文件名称 |
| --- | --- | --- |
| 沿海码头工程 | 施工组织管理 | 项目管理目标责任书 |
| | | 项目管理实施计划 |
| | | 施工组织设计报审表 |
| | | 主要施工方案报批 |
| | | 劳动力计划表 |
| | | 特殊或特种作业人员资格审核表 |
| | | 大型船机设备备案表 |
| | | 工程动工报审表 |
| | | 工程延期报审表 |
| | | 工程停工、复工、竣工报审表 |
| | | 与建设、设计、监理单位的联系函 |
| | | 工程保险委托书 |
| | 施工进度管理 | 总进度计划报审表 |
| | | 单位工程进度计划（分部、分项）报审表 |
| | | 年、季、月进度计划表 |
| | | 工期索赔申报材料 |
| | 合同管理 | 工程分包合同 |
| | | 劳务分包申报表、劳务分包合同 |
| | | 材料采购总计划表 |
| | | 工程设备采购总计划表 |
| | | 工程设备、关键材料招标书和中标书 |
| | | 合同变更和索赔申请报告 |
| | 质量管理 | 主要隐蔽工程、重要（关键）分部工程质量验收记录 |
| | | 单位工程竣工预验收报验 |
| | | 单位工程质量控制资料核查记录 |
| | | 单位工程安全和功能检查资料核查及主要功能抽查记录 |
| | | 单位工程感观质量检查记录 |
| | | 有见证取样和送检见证人备案书 |
| | | 中间验收报告 |
| | | 工程验收报告 |
| | | 质量事故调查处理报告 |
| | | 工程资料移交清单 |
| | | 工程质量保证书 |

续表

| 工程类别 | 文件类别 | 文件名称 |
|---|---|---|
| 沿海码头工程 | 安全管理 | 工程项目安全生产责任书 |
| | | 分包安全管理协议书 |
| | | 施工安全技术措施及安全事故应急预案 |
| | | 大型船机设备检验、使用记录 |
| | | 施工船舶防风、防台预案 |
| | | 施工现场安全事故上报、调查、处理报告 |
| | 现场环保文明施工管理 | 施工环境保护措施及管理方案 |
| | | 施工现场文明施工措施 |
| | 成本费用管理 | 成本计划申报表 |
| | | 工程款支付申请表 |
| | | 工程变更费用报审表 |
| | | 费用索赔申请表 |
| | | 费用变更申请表 |
| | | 月工程进度款报审表 |
| | | 竣工结算申报表 |
| | | 债权、债务总表 |
| | | 工程结算审计表（法律纠纷事务申诉用） |
| | | 工程保险（人身、船机设备、运输等）申报表 |

注：沿海码头工程、内河码头工程、防波堤工程、围堤护岸工程、港区堆场工程、船坞工程、船台滑道工程、航电枢纽工程、船闸工程、升船机工程、沿海航道工程、内河航道工程、疏浚工程、吹填造地工程、水下炸礁和清礁工程、按单项工程合同额归类的沿海大中型工程、按单项工程合同额归类的内河大中型工程等港口与航道专业工程参照上表执行。

## 五、注册建造师施工管理签章文件目录（民航机场工程）（表 5-5）

**注册建造师施工管理签章文件目录（民航机场工程）**　　表 5-5

| 序号 | 工程类别 | 文件类别 | 文件名称 |
|---|---|---|---|
| 1 | 机场场道工程 | 施工组织管理 | 工程开工报告 |
| | | | 项目管理目标责任书 |
| | | | 项目管理实施规划 |
| | | | 施工组织设计 |
| | | | 不停航施工组织设计 |
| | | | 主要施工方案 |
| | | | 劳力、设备、资金计划 |
| | | | 特殊或特种作业人员资格审核表 |
| | | | 与建设单位和监理单位联系函 |
| | | | 工程保险委托书 |
| | | | 项目管理总结报告 |

续表

<table>
<tr><th>序号</th><th>工程类别</th><th>文件类别</th><th>文件名称</th></tr>
<tr><td rowspan="35">1</td><td rowspan="35">机场场道工程</td><td rowspan="7">施工进度管理</td><td>工程项目总工期进度计划</td></tr>
<tr><td>单位工程及分部、分项工程工期进度计划</td></tr>
<tr><td>工程延期申请表</td></tr>
<tr><td>停工、复工报告及申请文件</td></tr>
<tr><td>赶工计划申请表</td></tr>
<tr><td>工期进度计划实施方案</td></tr>
<tr><td>竣工验收报告</td></tr>
<tr><td rowspan="4">合同管理</td><td>分包合同</td></tr>
<tr><td>材料、构配件、设备采购合同</td></tr>
<tr><td>材料、构配件、设备采购总计划表</td></tr>
<tr><td>合同变更和索赔申请报告</td></tr>
<tr><td rowspan="11">质量管理</td><td>质量目标文件</td></tr>
<tr><td>质量控制体系</td></tr>
<tr><td>分包单位资质报审表</td></tr>
<tr><td>材料送检表</td></tr>
<tr><td>中间验收报告</td></tr>
<tr><td>质量目标承诺</td></tr>
<tr><td>质量管理体系运行实施方案</td></tr>
<tr><td>质量事故调查处理报告</td></tr>
<tr><td>质量标准</td></tr>
<tr><td>工程质量保证书</td></tr>
<tr><td>质量回访报告</td></tr>
<tr><td rowspan="5">安全管理</td><td>工程项目职业健康安全生产责任书</td></tr>
<tr><td>职业健康、施工安全技术措施及事故应急预案</td></tr>
<tr><td>不停航施工安全措施</td></tr>
<tr><td>施工现场安全事故上报、调查、处理报告</td></tr>
<tr><td>施工现场安全检查、监督报告</td></tr>
<tr><td rowspan="3">现场环保文明施工管理</td><td>施工环保措施及管理方案</td></tr>
<tr><td>施工现场文明施工措施</td></tr>
<tr><td>现场环保、文明施工检查、监督报告</td></tr>
<tr><td rowspan="6">成本费用管理</td><td>工程款支付申请表</td></tr>
<tr><td>工程变更费用报审表</td></tr>
<tr><td>费用索赔申请表</td></tr>
<tr><td>工程进度款报审表</td></tr>
<tr><td>竣工结算申报表</td></tr>
<tr><td>工程保险（人身、设备、运输等）申报表</td></tr>
</table>

续表

| 序号 | 工程类别 | 文件类别 | 文件名称 |
|---|---|---|---|
| 2 | 机场空管工程 | 施工组织管理 | 工程开工报告 |
| | | | 项目人员计划表 |
| | | | 项目管理实施规划 |
| | | | 施工组织设计 |
| | | | 不停航施工组织设计 |
| | | | 主要施工方案 |
| | | | 特殊或特种作业人员资格审核表 |
| | | | 与建设单位和监理单位联系函 |
| | | | 项目管理总结报告 |
| | | 施工进度管理 | 工程项目总工期进度计划 |
| | | | 单位工程及分部、分项工程工期进度计划 |
| | | | 工程延期申请表 |
| | | | 停工、复工报告及申请文件 |
| | | | 赶工计划申请表 |
| | | | 工期进度计划实施方案 |
| | | | 工期进度计划调整表 |
| | | | 工期进度计划分析表 |
| | | | 工程提前完工报告表 |
| | | | 竣工验收报告 |
| | | 合同管理 | 分包合同 |
| | | | 材料、构配件、设备采购合同 |
| | | | 材料、构配件、设备采购总计划表 |
| | | | 合同变更和索赔申请报告 |
| | | 质量管理 | 质量目标文件 |
| | | | 质量控制体系 |
| | | | 质量目标承诺 |
| | | | 质量标准 |
| | | | 关键工序、关键质量控制点检查表 |
| | | | 隐蔽工程质量控制点检查表 |
| | | | 分部、分项工程质量检查 |
| | | | 设备、材料检查表 |
| | | | 材料送检表 |
| | | | 分包单位资质报审表 |
| | | | 设备、材料报验表 |
| | | | 阶段性质量检查文件 |
| | | | 单位工程质量控制资料核查记录 |

续表

| 序号 | 工程类别 | 文件类别 | 文件名称 |
| --- | --- | --- | --- |
| 2 | 机场空管工程 | 质量管理 | 中间验收报告 |
| | | | 质量事故调查处理报告 |
| | | | 工程质量保证书 |
| | | | 质量回访报告 |
| | | 安全管理 | 工程项目安全目标文件 |
| | | | 工程项目安全管理组织机构文件 |
| | | | 工程项目职业健康安全生产责任书 |
| | | | 职业健康、施工安全技术措施及安全事故应急预案 |
| | | | 不停航施工安全措施 |
| | | | 施工现场安全事故上报、调查、处理报告 |
| | | | 施工现场安全检查、监督报告 |
| | | 现场环保文明施工管理 | 施工环境保护措施及管理方案 |
| | | | 施工现场文明施工措施 |
| | | | 现场环保、文明施工检查、监督报告 |
| | | 成本费用管理 | 工程款支付报告 |
| | | | 工程变更费用报告 |
| | | | 费用索赔申请表 |
| | | | 工程进度款报审表 |
| | | | 竣工结算申报表 |
| | | | 工程保险（人身、设备、运输等）申报表 |
| 3 | 航站楼弱电系统工程 | 施工组织管理 | 工程开工报告 |
| | | | 项目管理实施规划 |
| | | | 施工组织设计 |
| | | | 不停航施工组织设计 |
| | | | 项目人员计划表 |
| | | | 特殊或特种作业人员资格审核表 |
| | | | 特种设备安装工程/消防工程报装备案表 |
| | | | 主要施工方案 |
| | | | 与建设单位和监理单位联系函 |
| | | | 项目管理总结报告 |
| | | 施工进度管理 | 工程项目总工期进度计划 |
| | | | 单位工程及分部、分项工程工期进度计划 |
| | | | 工程延期申请表 |
| | | | 停工、复工报告及申请文件 |
| | | | 竣工验收报告 |

续表

| 序号 | 工程类别 | 文件类别 | 文件名称 |
|---|---|---|---|
| 3 | 航站楼弱电系统工程 | 合同管理 | 分包合同 |
| | | | 材料、构配件、设备采购合同 |
| | | | 材料、构配件、设备采购总计划表 |
| | | | 合同变更和索赔申请报告 |
| | | 质量管理 | 材料送检表 |
| | | | 材料、构配件、设备报审表 |
| | | | 主要的隐蔽工程、重要（关键）分部工程质量验收记录 |
| | | | 有见证取样和送检见证人备案书 |
| | | | 分包单位资质报审表 |
| | | | 中间调试、测试报告 |
| | | | 设备移交报告 |
| | | | 质量事故调查处理报告 |
| | | | 工程质量保证书 |
| | | | 质量回访报告 |
| | | 安全管理 | 工程项目职业健康安全生产责任书 |
| | | | 分包安全管理协议书 |
| | | | 职业健康、施工安全技术措施及安全事故应急预案 |
| | | | 不停航施工安全措施 |
| | | | 特种施工机具检验、使用记录 |
| | | | 施工现场安全检查、监督报告 |
| | | | 施工现场安全事故上报、调查、处理报告 |
| | | 现场环保文明施工管理 | 施工环境保护措施及管理方案 |
| | | | 施工现场文明施工措施 |
| | | | 现场环保、文明施工检查、监督报告 |
| | | 成本费用管理 | 工程款支付报告 |
| | | | 工程变更费用报告 |
| | | | 费用索赔申请表 |
| | | | 工程进度款报审表 |
| | | | 竣工结算申报表 |
| | | | 工程保险（人身、设备、运输等）申报表 |
| 4 | 机场目视助航工程 | 施工组织管理 | 工程开工报告 |
| | | | 项目管理实施规划 |
| | | | 项目人员计划表 |
| | | | 特殊或特种作业人员资格审核表 |
| | | | 项目管理目标责任书 |
| | | | 与建设单位和监理单位联系函 |

续表

| 序号 | 工程类别 | 文件类别 | 文件名称 |
|---|---|---|---|
| 4 | 机场目视助航工程 | 施工组织管理 | 施工组织设计 |
| | | | 不停航施工组织设计 |
| | | | 主要施工方案 |
| | | | 项目管理总结报告 |
| | | 施工进度管理 | 工程项目总工期进度计划 |
| | | | 单位工程及分部、分项工程工期进度计划 |
| | | | 工程延期申请表 |
| | | | 竣工验收报告 |
| | | | 停工、复工报告及申请文件 |
| | | 合同管理 | 分包合同 |
| | | | 材料、构配件、设备采购合同 |
| | | | 材料、构配件、设备采购总计划表 |
| | | | 合同变更和索赔申请报告 |
| | | 质量管理 | 主要的隐蔽工程、重要（关键）分部工程报验申请表 |
| | | | 分包单位资质报审表 |
| | | | 材料、构配件、设备报审表 |
| | | | 材料送检表 |
| | | | 材料、构配件、设备供应单位资格报审表 |
| | | | 中间验收报告 |
| | | | 质量事故调查处理报告 |
| | | | 工程质量保证书 |
| | | | 质量回访报告 |
| | | 安全管理 | 工程项目职业健康安全生产责任书 |
| | | | 分包安全管理协议书 |
| | | | 职业健康、施工安全技术措施及安全事故应急预案 |
| | | | 不停航施工安全措施 |
| | | | 施工现场安全检查、监督报告 |
| | | | 施工现场安全事故上报、调查、处理报告 |
| | | 现场环保文明施工管理 | 施工环境保护措施及管理方案 |
| | | | 施工现场文明施工措施 |
| | | | 现场环保、文明施工检查、监督报告 |
| | | 成本费用管理 | 工程款支付报告 |
| | | | 工程变更费用报告 |
| | | | 费用索赔申请表 |
| | | | 工程进度款报审表 |
| | | | 竣工结算申报表 |
| | | | 工程保险（人身、设备、运输等）申报表 |

## 六、注册建造师施工管理签章文件目录（水利水电工程）（表 5-6）

注册建造师施工管理签章文件目录（水利水电工程）　　表 5-6

| 工程类别 | 文件类别 | 文件名称 |
|---|---|---|
| 水库工程（蓄水枢纽工程） | 施工组织管理 | 施工组织设计 |
| | | 承包人图纸和文件的提交计划 |
| | | 施工技术方案申报表 |
| | | 施工措施计划申报表 |
| | | 现场组织机构及主要人员报审表 |
| | 施工进度管理 | 施工进度计划申报表 |
| | | 施工总进度计划 |
| | | 合同项目开工申请表 |
| | | 合同项目开工令 |
| | | 暂停施工申请报告 |
| | | 复工申请表 |
| | | 施工进度计划调整申报表 |
| | | 延长工期申报表 |
| | | 施工月报 |
| | 合同管理 | 施工分包申报表 |
| | | 索赔意向通知 |
| | | 索赔申请报告 |
| | 质量管理 | 质量自检报告 |
| | | 单位工程施工质量评定表 |
| | | 工程项目施工质量评定表 |
| | | 整改通知 |
| | 安全及环保管理 | 工程施工安全措施文件 |
| | | 事故报告单 |
| | | 施工期环境保护措施计划 |
| | 成本费用管理 | 工程价款月支付汇总表 |
| | | 已完工程量汇总表 |
| | | 资金流计划申报表 |
| | | 工程预付款申报表 |
| | | 工程材料预付款报审表 |
| | | 费用索赔签认单 |
| | | 工程价款月支付申请书 |
| | | 完工/最终付款申请表 |
| | 验收管理 | 验收申请报告 |

续表

| 工程类别 | 文件类别 | 文件名称 |
| --- | --- | --- |
| 水库工程（蓄水枢纽工程） | 验收管理 | 单位工程验收鉴定书 |
| | | 合同项目完工验收鉴定书 |
| | | 施工单位施工管理报告 |
| | | 代表施工单位参加工程验收人员名单确认表 |
| | | 工程质量保修书 |
| | | 竣工验收鉴定书 |

注：防洪工程、治涝工程、灌溉工程、供水工程、发电工程、拦河水闸工程、引水枢纽工程、泵站工程（提水枢纽工程）、灌溉渠道或排水沟、灌排建筑物、农村饮水工程、河湖整治工程（含疏浚、吹填工程等）、水土保持工程（含防浪林）、环境保护工程等水利水电专业工程参照上表执行。

## 七、注册建造师施工管理签章文件目录（电力工程）（表 5-7）

**注册建造师施工管理签章文件目录（电力工程）　　表 5-7**

| 工程类别 | 文件类别 | 文件名称 |
| --- | --- | --- |
| 火电工程（含燃气发电机组）、送变电工程 | 施工组织管理 | 项目计划、目标的编制 |
| | | 施工组织设计（劳动力、机械装备计划及施工方案）编制 |
| | | 施工组织设计审核 |
| | | 特种设备安装备案 |
| | | 开、竣工手续 |
| | | 与建设、监理及分包等单位的联系文件 |
| | 施工进度管理 | 工程计划进度及进度变更的编制 |
| | | 工程进度计划的审核 |
| | | 工程进度报表的编制 |
| | | 工程进度报表的审核 |
| | 合同管理 | 工程项目分包和劳务分包的审批 |
| | | 工程材料的采购招标的审批 |
| | | 工程合同变更、设备缺陷确认及有关索赔审核 |
| | 质量管理 | 单位和分部工程及隐蔽工程质量验收记录的签证 |
| | | 单位和分部工程及隐蔽工程质量验收记录的审核 |
| | | 工程阶段验收及签证 |
| | | 质量事故的处理 |
| | | 工程竣工验收、移交 |
| | 安全管理 | 签订项目承包安全责任书 |
| | | 施工安全技术措施和事故预案的审批 |
| | | 分包项目安全管理协议审核 |
| | | 安检报告、事故报告的审核 |

续表

| 工程类别 | 文件类别 | 文件名称 |
| --- | --- | --- |
| 火电工程（含燃气发电机组）、送变电工程 | 现场环保文明施工管理 | 施工现场文明及环保方案的审批 |
| | | 施工现场文明及环保的检查、监督 |
| | 成本费用管理 | 工程成本计划、用款计划审核 |
| | | 工程款、分包款的收支审核 |
| | | 项目的各种保险审核 |
| | | 阶段经济分析的审核 |
| | | 工程竣工结算 |
| | | 有关的工程经济纠纷处理 |
| | | 工程成本分析及配合项目审计 |

注：核电工程、风电工程等电力专业工程参照上表执行。

## 八、注册建造师施工管理签章文件目录（冶炼工程）（表 5-8）

注册建造师施工管理签章文件目录（冶炼工程）　　表 5-8

| 工程类别 | 文件类别 | 文件名称 |
| --- | --- | --- |
| 烧结球团工程<br>焦化工程<br>冶金工程<br>制氧工程<br>煤气工程<br>建材工程 | 施工组织管理 | 项目管理目标责任书 |
| | | 项目管理实施计划 |
| | | 施工组织报审表 |
| | | 施工方案审批 |
| | | 特殊作业人员资格审核表 |
| | | 压力容器、起重设备及消防设备安装申报表 |
| | | 无负荷试车报告 |
| | | 热负荷试车报告 |
| | | 施工、复工、竣工申报表 |
| | 合同管理 | 工程分包招标书 |
| | | 工程分包合同 |
| | | 材料采购计划表 |
| | | 设备采购计划表 |
| | | 材料设备采购招标书 |
| | | 合同评审记录 |
| | | 合同变更和索赔申请报告 |
| | 施工进度管理 | 总体计划表 |
| | | 单位工程计划表 |
| | | 年、季、月计划表 |
| | 质量管理 | 主要隐蔽工程质量验收记录 |
| | | 单位工程质量控制记录 |

续表

| 工程类别 | 文件类别 | 文件名称 |
|---|---|---|
| 烧结球团工程<br>焦化工程<br>冶金工程<br>制氧工程<br>煤气工程<br>建材工程 | 质量管理 | 安全和功能检查记录 |
| | | 中间验收报告 |
| | | 工程验收报告 |
| | | 质量事故调查处理报告 |
| | | 工程资料移交清单 |
| | | 工程质量保证书 |
| | 安全管理 | 工程安全生产责任书 |
| | | 分包安全管理协议书 |
| | | 事故安全措施及安全事故应急预案 |
| | | 大型施工器具检验记录 |
| | | 施工现场安全检查监督报告 |
| | | 施工现场安全事故调查处理报告 |
| | 成本费用管理 | 工程款支付报告 |
| | | 费用索赔报告 |
| | | 竣工结算申请表 |
| | | 债权债务总表 |
| | | 工程保险申报表 |
| | | 工程结算审计表 |
| | | 工程经济分析报告 |
| | 现场环保文明施工管理 | 施工环境保护措施及管理方案 |
| | | 文明施工措施 |
| | | 文明施工检查监督报告 |

## 九、注册建造师施工管理签章文件目录（通信与广电工程）（表 5-9）

注册建造师施工管理签章文件目录（通信与广电工程） 表 5-9

| 序号 | 工程类别 | 文件类别 | 文件名称 |
|---|---|---|---|
| 1 | 通信工程 | 施工组织管理 | 项目管理实施计划或施工组织设计报审表 |
| | | | 主要施工管理人员配备表 |
| | | | 主要施工方案报批表 |
| | | | 特殊或特种作业人员资格审核表 |
| | | | 开工报告 |
| | | | 单项工程开工报告 |
| | | | 工程延期申请 |
| | | | 工程停工、复工、竣工报审、竣工交验申请 |
| | | | 与其他工程参与单位（建设、监理、分包、政府监管单位等）来往的重要函件 |

续表

| 序号 | 工程类别 | 文件类别 | 文件名称 |
|---|---|---|---|
| 1 | 通信工程 | 施工组织管理 | 工程保险委托书 |
| | | | 工程验收报告 |
| | | | 竣工资料移交清单 |
| | | 施工进度管理 | 总进度计划报审表 |
| | | | 单项工程进度计划报审表 |
| | | | 工程月（周、日）报 |
| | | 合同管理 | 工程分包合同 |
| | | | 劳务分包合同 |
| | | | 材料采购总计划表 |
| | | | 工程设备采购总计划表 |
| | | | 工程设备、关键材料招标书和中标书 |
| | | | 工余料清单 |
| | | | 合同变更申请报告 |
| | | 质量管理 | 重大质量事故报告 |
| | | | 工程质量保证书 |
| | | 安全管理 | 工程项目安全生产责任书 |
| | | | 分包安全管理协议书 |
| | | | 施工安全技术措施及安全事故应急预案 |
| | | | 施工现场安全事故上报、调查、处理报告 |
| | | 现场环保文明施工管理 | 施工环境保护措施及管理方案 |
| | | 成本费用管理 | 工程款支付报告 |
| | | | 工程变更费用报告 |
| | | | 工程费用索赔申请表 |
| | | | 竣工结算申报表 |
| | | | 工程保险（人身、设备、运输等）申报表 |
| | | | 工程结算审计表（法律纠纷事务申诉用） |
| 2 | 广电工程 | 施工组织管理 | 项目管理实施计划或施工组织设计报审表 |
| | | | 主要施工管理人员配备表 |
| | | | 主要施工方案报批 |
| | | | 特殊或特种作业人员资格审核表 |
| | | | 开工报告 |
| | | | 工程延期申请 |
| | | | 工程停工、复工、竣工报审、竣工交验申请 |
| | | | 与其他工程参与单位（建设、监理、分包、政府监管单位等）来往的重要函件 |

续表

| 序号 | 工程类别 | 文件类别 | 文件名称 |
|---|---|---|---|
| 2 | 广电工程 | 施工组织管理 | 工程保险委托书 |
| | | | 工程验收报告 |
| | | | 竣工资料移交清单 |
| | | 施工进度管理 | 总进度计划报审表 |
| | | | 单项工程进度计划报审表 |
| | | | 工程月（周、日）报 |
| | | 合同管理 | 工程分包合同 |
| | | | 劳务分包合同 |
| | | | 材料采购总计划表 |
| | | | 工程设备采购总计划表 |
| | | | 工程设备、关键材料招标书和中标书 |
| | | | 工余料清单 |
| | | | 合同变更和索赔申请报告 |
| | | 质量管理 | 重大质量事故报告 |
| | | | 工程质量保证书 |
| | | 安全管理 | 工程项目安全生产责任书 |
| | | | 分包安全管理协议书 |
| | | | 施工安全技术措施及安全事故应急预案 |
| | | | 施工现场安全事故上报、调查、处理报告 |
| | | 现场环保文明施工管理 | 施工环境保护措施及管理方案 |
| | | 成本费用管理 | 工程款支付报告 |
| | | | 工程变更费用报告 |
| | | | 工程费用索赔申请表 |
| | | | 竣工结算申报表 |
| | | | 工程保险（人身、设备、运输等）申报表 |
| | | | 工程结算审计表（法律纠纷事务申诉用） |

## 十、注册建造师施工管理签章文件目录（矿山工程）（表 5-10）

**注册建造师施工管理签章文件目录（矿山工程）　　表 5-10**

| 序号 | 工程类别 | 文件类别 | 文件名称 |
|---|---|---|---|
| 1 | 煤炭矿山工程 | 施工组织管理 | 平硐施工组织设计 |
| | | | 斜井施工组织设计 |
| | | | 立井井筒施工组织设计 |
| | | | 采取冻结、沉井、地面预注浆方法施工的井巷单位工程施工组织设计 |
| | | | 井塔施工组织设计 |

续表

| 序号 | 工程类别 | 文件类别 | 文件名称 |
|---|---|---|---|
| 1 | 煤炭矿山工程 | 施工组织管理 | 铁路（专用线）施工组织设计 |
| | | | 装车系统施工组织设计 |
| | | | 大型构筑物施工组织设计 |
| | | | 大型桥涵等施工组织设计 |
| | | | $\phi$4m 及以上永久提升机施工组织设计 |
| | | | 多绳轮提升机施工组织设计 |
| | | | 永久井架（亭式除外）施工组织设计 |
| | | | 主副井井筒装备施工组织设计 |
| | | | 35kV 及以上输变电设备施工组织设计 |
| | | | 井下皮带强度为 1000kN/m 及以上的强力皮带输送机施工组织设计 |
| | | | 矿井地面生产系统洗选厂等施工组织设计 |
| | | | 立井井筒开工报告、竣工报告 |
| | | | 斜井井筒开工报告、竣工报告 |
| | | | 平硐开工报告、竣工报告 |
| | | | 箕斗装载硐室开工报告、竣工报告 |
| | | | 井底连接处开工报告、竣工报告 |
| | | | 煤仓开工报告、竣工报告 |
| | | | 泵房变电所开工报告、竣工报告 |
| | | | 井底车场与硐室开工报告、竣工报告 |
| | | | 轨道大巷开工报告、竣工报告 |
| | | | 运输大巷开工报告、竣工报告 |
| | | | 上下山巷道开工报告、竣工报告 |
| | | | 回风大巷开工报告、竣工报告 |
| | | | 立井冻结井筒开工报告、竣工报告 |
| | | | 大钻机钻井开工报告、竣工报告 |
| | | | 开拓或开采巷道开工报告、竣工报告 |
| | | | 矿井井筒永久提升机安装开工报告、竣工报告 |
| | | | 立井井筒装备安装开工报告、竣工报告 |
| | | | 矿井永久主排水设备井架开工报告、竣工报告 |
| | | | 矿井永久主通风机安装开工报告、竣工报告 |
| | | | 矿井永久主压风设备安装开工报告、竣工报告 |
| | | | 矿井综采设备安装开工报告、竣工报告 |
| | | | 矿井井下带式输送机安装开工报告、竣工报告 |
| | | | 35kV 以上地面变电站安装开工报告、竣工报告 |
| | | | 井下中央变电所设备安装开工报告、竣工报告 |
| | | | 永久井架安装开工报告、竣工报告 |
| | | | 矿井地面生产系统开工报告、竣工报告 |
| | | | 选煤厂相应配套设施开工报告、竣工报告 |
| | | | 装车系统开工报告、竣工报告 |

续表

| 序号 | 工程类别 | 文件类别 | 文件名称 |
|---|---|---|---|
| 1 | 煤炭矿山工程 | 施工组织管理 | 铁路专用线开工报告、竣工报告 |
| | | | 选煤厂机电设备安装工程开工报告、竣工报告 |
| | | | 露天矿剥离工程开工报告、竣工报告 |
| | | | 分项工程报验单 |
| | | | 未完工程一览表 |
| | | | 竣工验收申请 |
| | | | 工程竣工验收证书 |
| | | 合同管理 | 变更单价测算表 |
| | | | 月变更支付月报 |
| | | | 月增补清单支付月报 |
| | | | 变更费用申请单 |
| | | | 工程变更令 |
| | | | 工程分包申请审批单 |
| | | | 月计量报审表 |
| | | | 月支付报审表 |
| | | | 总体计量支付报审表 |
| | | 质量管理 | 单位工程质量等级认证书 |
| | | | 单位工程质量检验综合评定表 |
| | | | 单位工程竣工质量验收资料 |
| | | | 工程保修书 |
| | | 安全管理 | 矿井二、三期工程年度施工组织设计和灾害预防、处理计划 |
| | | | 井筒在流沙层部位，采用破壁注浆施工安全措施 |
| | | | 抽放瓦斯系统设计和安全措施 |
| | | | 建井二、三期工程的通风设计 |
| | | | 煤巷、半煤岩巷及有瓦斯涌出岩巷的掘进采用混合式通风的安全措施 |
| | | | 建井期间，未形成矿井通风系统之前，在做临时回风的井筒中进行烧焊作业的安全措施 |
| | | | 防治煤与瓦斯突出的安全措施 |
| | | | 防止煤层突出的安全措施 |
| | | | 石门揭煤爆破地点，避灾路线及停电、撤人和警戒范围等安全措施 |
| | | | 高瓦斯矿井、低瓦斯矿井的高瓦斯区域的采掘 |
| | | | 震动放炮的专项设计 |
| | | | 突出煤层的采掘工作面防止突出的安全措施 |
| | | | 防治水安全措施及应急预案 |
| | | | 防灭火安全措施及应急预案 |

续表

| 序号 | 工程类别 | 文件类别 | 文件名称 |
|---|---|---|---|
| 1 | 煤炭矿山工程 | 安全管理 | 防瓦斯突出安全措施及应急预案 |
| | | | 防煤层突出安全措施及应急预案 |
| | | | 立井防坠安全措施及应急预案 |
| | | | 斜巷防跑车安全措施及应急预案 |
| | | | 氨泄露安全措施及应急预案 |
| | | | 轻伤事故调查分析处理报告 |
| | | | 生产事故（5 万元以下）调查分析处理报告 |
| | | | 工程质量（2 万元以下）调查分析处理报告 |
| | | | 项目安全生产管理制度 |
| | | 现场环保文明施工管理 | 现场文明施工文件 |
| | | 成本费用管理 | 项目财务报表 |
| | | | 物资采购计划 |
| | | | 用款单计划 |
| 2 | 冶金矿山工程 | 施工组织管理 | 项目管理目标责任书 |
| | | | 项目管理实施计划 |
| | | | 施工组织报审表 |
| | | | 施工方案审批 |
| | | | 施工、复工竣工申报表 |
| | | 施工进度管理 | 总体计划表 |
| | | 合同管理 | 工程分包招标书 |
| | | | 工程分包合同 |
| | | | 材料采购计划表 |
| | | | 设备采购计划表 |
| | | | 材料设备采购招标书 |
| | | | 合同评审记录 |
| | | | 合同变更和索赔申请报告 |
| | | 质量管理 | 工程验收报告 |
| | | | 工程质量保证书 |
| | | 安全管理 | 工程安全生产责任书 |
| | | | 分包安全管理协议书 |
| | | | 事故安全措施及安全事故应急预案 |
| | | | 施工现场安全事故调查处理报告 |
| | | 现场环保文明施工管理 | 施工环境保护措施及管理方案 |
| | | | 文明施工措施 |
| | | | 文明施工检查监督报告 |

续表

| 序号 | 工程类别 | 文件类别 | 文件名称 |
|---|---|---|---|
| 2 | 冶金矿山工程 | 成本费用管理 | 工程款支付报告 |
| | | | 费用索赔申请表 |
| | | | 竣工结算申请表 |
| | | | 债权债务总表 |
| | | | 工程保险申报表 |
| | | | 工程结算审计表 |
| | | | 工程经济分析报告 |
| 3 | 化工矿山工程 | 施工组织管理 | 项目管理目标责任书 |
| | | | 项目管理实施计划 |
| | | | 施工组织报审表 |
| | | | 施工方案审报 |
| | | | 单位工程开工报告、竣工报告 |
| | | | 中间验收报告 |
| | | | 工程验收报告 |
| | | | 工程项目的交接与回访保修 |
| | | | 施工、复工、竣工申报表 |
| | | | 单位工程竣工验收证书 |
| | | 施工进度管理 | 总体工程施工进度计划表 |
| | | | 节点控制 |
| | | | 工程进度统计表 |
| | | 合同管理 | 工程分包招标书 |
| | | | 工程分包合同 |
| | | | 工程合同评审记录 |
| | | | 工程合同变更和索赔申请报告 |
| | | | 材料采购计划表 |
| | | | 设备采购计划表 |
| | | | 材料设备采购招标书 |
| | | | 工程量清单核算 |
| | | 质量管理 | 质量管理体系 |
| | | | 质量控制程序 |
| | | | 主要隐蔽工程质量验收记录 |
| | | | 单位工程质量控制记录 |
| | | | 质量事故调查处理报告 |
| | | | 单位工程质量等级认证书 |
| | | | 单位工程检验综合评定表 |
| | | | 单位工程竣工质量验收资料 |

续表

| 序号 | 工程类别 | 文件类别 | 文件名称 |
| --- | --- | --- | --- |
| 3 | 化工矿山工程 | 质量管理 | 施工单位、建设单位和设计单位三方签认的竣工验收单 |
| | | | 建设工程保修书 |
| | | 安全管理 | 工程施工安全管理制度 |
| | | | 工程施工安全责任书 |
| | | | 安全网络 |
| | | | 事故安全措施及安全事故应急预案 |
| | | | 施工现场安全检查监督报告 |
| | | | 施工现场安全事故调查处理报告 |
| | | 现场环保文明施工管理 | 文明施工目标责任书 |
| | | 成本费用管理 | 工程项目成本计划与控制 |
| | | | 工程保险申请表 |
| | | | 费用索赔申请表 |
| | | | 工程款支付报告 |
| | | | 竣工结算申请表 |
| | | | 工程结算审计表 |
| | | | 债权债务总表 |
| | | | 工程经济分析报告 |
| 4 | 建材矿山工程 | 施工组织管理 | 工程洽商记录 |
| | | | 施工组织设计审批单 |
| | | | 单位、分部、分项工程划分 |
| | | | 项目工程开工申请单 |
| | | | 单位工程开工报告、竣工报告 |
| | | | 分项工程开工报告、竣工报告 |
| | | | 分项工程报验单 |
| | | | 工程竣工总结 |
| | | | 工程交工验收申请表 |
| | | | 交工工程报告 |
| | | | 交工工程数量表 |
| | | | 未完工程一览表 |
| | | | 工程缺陷一览表 |
| | | | 工程交工验收证书 |
| | | | 竣工验收申请 |
| | | 施工进度管理 | 工程施工进度计划报批单 |
| | | | 总体施工工程进度计划横道图 |
| | | | 阶段施工工程进度计划横道图 |
| | | | 月施工工程进度计划横道图 |
| | | | 分项工程进度计划横道图 |
| | | | 工程进度统计表 |

续表

| 序号 | 工程类别 | 文件类别 | 文件名称 |
|---|---|---|---|
| 4 | 建材矿山工程 | 合同管理 | 清单核算 |
| | | | 现场确认单 |
| | | | 变更单价测算表 |
| | | | 月变更支付月报 |
| | | | 月增补清单支付月报 |
| | | | 变更费用申请单 |
| | | | 工程变更令 |
| | | | 工程变更一览表 |
| | | | 工程分包申请审批单 |
| | | | 分包意向申请 |
| | | | 工程分包合同 |
| | | | 材料采购合同 |
| | | | 月计量报审表 |
| | | | 月支付报审表 |
| | | | 总体计量支付报审表 |
| | | | 交工证书、竣工文件 |
| | | 质量管理 | 质量缺陷处理方案 |
| | | | 分项工程施工工艺 |
| | | | 设备安装工程检测结果 |
| | | | 测试验收报告 |
| | | | 系统调试报告 |
| | | | 单位工程竣工质量验收资料 |
| | | | 建筑工程保修书 |
| | | 安全管理 | 项目安全生产管理制度 |
| | | | 项目施工安全防范措施 |
| | | | 安全施工报批单 |
| | | | 企业职工伤亡事故月（年）报表 |
| | | | 生产安全事故应急救援预案 |
| | | 现场环保文明施工管理 | 现场文明施工报批单 |
| | | 成本费用管理 | 项目财务报表 |
| | | | 物资采购计划 |
| | | | 材料收料单 |
| | | | 用款单计划 |

续表

| 序号 | 工程类别 | 文件类别 | 文件名称 |
|---|---|---|---|
| 5 | 铀矿山工程 | 施工组织管理 | 平硐施工组织设计 |
| | | | 斜井施工组织设计 |
| | | | 立井井筒施工组织设计 |
| | | | 机修硐室施工组织设计 |
| | | | 泵房变电所施工组织设计 |
| | | | 井底车场与硐室施工组织设计 |
| | | | 石门施工组织设计 |
| | | | 运输大巷施工组织设计 |
| | | | 回风大巷矿建施工组织设计 |
| | | | 采准巷道施工组织设计 |
| | | | 集中溜矿系统工程施工组织设计 |
| | | | 充填系统工程施工组织设计 |
| | | | 建筑物（三层以上）施工组织设计 |
| | | | 井塔施工组织设计 |
| | | | 大型构筑物施工组织设计 |
| | | | 永久提升机安装施工组织设计 |
| | | | 多绳轮提升机安装施工组织设计 |
| | | | 永久井架（塔式除外）安装施工组织设计 |
| | | | 氡防护室施工组织设计 |
| | | | γ计量检测室施工组织设计 |
| | | | 物探检测站施工组织设计 |
| | | | 放射性尾矿库施工组织设计 |
| | | | 立井井筒开工报告、竣工报告 |
| | | | 斜井井筒开工报告、竣工报告 |
| | | | 平硐开工报告、竣工报告 |
| | | | 机修硐室开工报告、竣工报告 |
| | | | 箕斗装载硐室开工报告、竣工报告 |
| | | | 泵房变电所开工报告、竣工报告 |
| | | | 井底车场与硐室开工报告、竣工报告 |
| | | | 石门开工报告、竣工报告 |
| | | | 运输大巷开工报告、竣工报告 |
| | | | 回风大巷开工报告、竣工报告 |
| | | | 采准巷道开工报告、竣工报告 |
| | | | 集中溜矿系统开工报告、竣工报告 |
| | | | 充填系统开工报告、竣工报告 |

续表

| 序号 | 工程类别 | 文件类别 | 文件名称 |
|---|---|---|---|
| 5 | 铀矿山工程 | 施工组织管理 | 矿井永久提升机安装开工报告、竣工报告 |
| | | | 矿井主排水设备安装开工报告、竣工报告 |
| | | | 主通风机安装开工报告、竣工报告 |
| | | | 井下中央变电所安装开工报告、竣工报告 |
| | | | 永久井架安装开工报告、竣工报告 |
| | | | 露天矿剥离工程开工报告、竣工报告 |
| | | | 原料矿仓开工报告、竣工报告 |
| | | | 氡防护室开工报告、竣工报告 |
| | | | γ计量检测室开工报告、竣工报告 |
| | | | 物探检测站开工报告、竣工报告 |
| | | | 放射性尾矿库开工报告、竣工报告 |
| | | | 设计交底记录 |
| | | | 单位工程验收报告 |
| | | | 重要部位分部工程和特殊分项工程验收报告 |
| | | | 隐蔽工程质量验收报告 |
| | | 合同管理 | 变更单价测算表 |
| | | | 月变更支付月报 |
| | | | 月增补清单支付月报 |
| | | | 变更费用申请单 |
| | | | 工程变更令 |
| | | | 工程变更一览表 |
| | | | 工程分包申请审批单 |
| | | | 工程分包合同 |
| | | | 工程合同评审记录 |
| | | | 月计量报审表 |
| | | | 月支付报审表 |
| | | | 总体计量支付报审表 |
| | | 质量管理 | 单位工程质量等级认证书 |
| | | | 单位工程竣工报告 |
| | | | 单位工程竣工验收证书 |
| | | 安全管理 | 工程安全生产责任书 |
| | | | 分包安全管理协议书 |
| | | 现场环保文明施工管理 | 现场文明施工文件 |
| | | 成本费用管理 | 项目财务报表 |
| | | | 物资采购计划 |
| | | | 材料收料单 |
| | | | 用款单计划 |

## 十一、注册建造师签署施工管理文件目录（石油化工工程）（表 5-11）

注册建造师签署施工管理文件目录（石油化工工程）　　表 5-11

| 序号 | 项目类别 | 文件类别 | 文件名称 |
|---|---|---|---|
| 1 | 石油天然气建设（油田地面建设工程） | 施工组织管理 | 施工组织设计 |
| | | | 开工报告 |
| | | | 停工报告 |
| | | | 复工报告 |
| | | | 竣工报告 |
| | | | 工程交工证书 |
| | | | 施工技术方案 |
| | | | 专业施工作业指导书 |
| | | | 工程竣工资料 |
| | | 施工进度管理 | 总进度计划的报审 |
| | | | 单位、分部工程进度计划的批准 |
| | | | 单位、分部工程进度计划的报审 |
| | | 合同管理 | 分包单位资格报审表 |
| | | | 分包工程合同 |
| | | | 工程用料采购合同 |
| | | | 分包合同及协议 |
| | | 质量管理 | 质量检验计划 |
| | | | 工程质量创优计划 |
| | | | 单位工程质量综合评定表 |
| | | | 重大质量事故处理鉴定报告 |
| | | 健康、安全与环境管理 | HSE 作业计划书 |
| | | | HSE 作业指导书 |
| | | | 重大风险作业方案审核 |
| | | | 施工作业初始风险识别和评价报告 |
| | | | 应急反应计划 |
| | | | 人员伤亡事故记录表 |
| | | | 一般（大）事故处理鉴定记录 |
| | | | 固体废弃物处理许可或处理协议 |
| | | | 污水/废液排放许可或处理协议 |
| | | | 林木砍伐许可协议 |
| | | | 河流大开挖穿越施工许可协议 |
| | | | 水压试验取水、排水许可协议 |
| | | 成本费用管理 | 工程项目预（结）算 |
| | | | 项目资金使用计划 |
| | | | 费用控制计划 |
| | | | 外雇外租外包计划 |
| | | | 工程款付款审批表 |
| | | | 竣工决算 |

续表

| 序号 | 项目类别 | 文件类别 | 文件名称 |
| --- | --- | --- | --- |
| 2 | 石油天然气建设（气田地面建设工程） | 施工组织管理 | 施工组织设计 |
| | | | 开工报告 |
| | | | 停工报告 |
| | | | 复工报告 |
| | | | 竣工报告 |
| | | | 施工技术方案 |
| | | | 专业施工作业指导书 |
| | | | 工程竣工资料 |
| | | | 施工总结 |
| | | 施工进度管理 | 总进度计划的报审 |
| | | | 单位、分部工程进度计划的批准 |
| | | | 单位、分部工程进度计划的报审 |
| | | 合同管理 | 分包单位资格报审表 |
| | | | 分包工程合同 |
| | | | 工程用料采购合同 |
| | | | 分包合同及协议 |
| | | 质量管理 | 质量检验计划 |
| | | | 工程质量创优计划 |
| | | | 单位工程质量综合评定表 |
| | | | 重大质量事故处理鉴定报告 |
| | | 健康、安全与环境管理 | HSE 作业计划书 |
| | | | HSE 作业指导书 |
| | | | 重大风险作业方案审核 |
| | | | 施工作业初始风险识别和评价报告 |
| | | | 应急反应计划 |
| | | | 人员伤亡事故记录表 |
| | | | 一般（大）事故处理鉴定记录 |
| | | | 固体废弃物处理许可或处理协议 |
| | | | 污水/废液排放许可或处理协议 |
| | | | 林木砍伐许可协议 |
| | | | 河流大开挖穿越施工许可协议 |
| | | | 水压试验取水、排水许可协议 |
| | | 成本费用管理 | 工程项目预（结）算 |
| | | | 项目资金使用计划 |
| | | | 费用控制计划 |
| | | | 外雇外租外包计划 |
| | | | 工程款付款审批表 |
| | | | 竣工决算 |

续表

| 序号 | 项目类别 | 文件类别 | 文件名称 |
|---|---|---|---|
| 3 | 石油天然气建设（管道输油工程） | 施工组织管理 | 施工组织设计 |
| | | | 开工报告 |
| | | | 停工报告 |
| | | | 复工报告 |
| | | | 竣工报告 |
| | | | 工程交工证书 |
| | | | 联合试运合格证 |
| | | | 工程竣工资料 |
| | | | 工程变更申请 |
| | | | 主要设备材料代用单 |
| | | | 施工组织设计 |
| | | | 工程竣工资料 |
| | | 施工进度管理 | 总进度计划的报审 |
| | | | 单位、分部工程进度计划的批准 |
| | | | 单位、分部工程进度计划的报审 |
| | | | 工程进度分析评估报告 |
| | | 合同管理 | 分包单位资格报审表 |
| | | | 分包工程合同 |
| | | | 分包合同及协议 |
| | | | 工程材料采购合同 |
| | | 质量管理 | 质量检验计划 |
| | | | 工程质量创优计划 |
| | | | 单位工程质量综合评定表 |
| | | | 重大质量事故处理鉴定报告 |
| | | 健康、安全与环境管理 | HSE 作业计划书 |
| | | | HSE 作业指导书 |
| | | | 重大风险作业方案审核 |
| | | | 施工作业初始风险识别和评价报告 |
| | | | 应急反应计划 |
| | | | 人员伤亡事故记录表 |
| | | | 一般（大）事故处理鉴定记录 |
| | | | 固体废弃物处理许可或处理协议 |
| | | | 污水/废液排放许可或处理协议 |
| | | | 林木砍伐许可协议 |
| | | | 河流大开挖穿越施工许可协议 |
| | | | 水压试验取水、排水许可协议 |
| | | 成本费用管理 | 工程项目预（结）算 |
| | | | 项目资金使用计划 |
| | | | 费用控制计划 |
| | | | 外雇外租外包计划和控制 |
| | | | 工程款付款审批表 |
| | | | 竣工决算 |

续表

| 序号 | 项目类别 | 文件类别 | 文件名称 |
|---|---|---|---|
| 4 | 石油天然气建设（管道输气工程、城镇燃气工程） | 施工组织管理 | 施工组织设计 |
| | | | 开工报告 |
| | | | 停工报告 |
| | | | 复工报告 |
| | | | 竣工报告 |
| | | | 工程交工证书 |
| | | | 联合试运合格证 |
| | | | 工程竣工资料 |
| | | 施工进度管理 | 总进度计划的报审 |
| | | | 工程进度分析评估报告 |
| | | | 单位、分部工程进度计划的批准 |
| | | | 单位、分部工程进度计划的报审 |
| | | 合同管理 | 分包单位资格报审表 |
| | | | 分包工程合同 |
| | | | 分包合同及协议 |
| | | | 工程材料采购合同 |
| | | 质量管理 | 质量检验计划 |
| | | | 工程质量创优计划 |
| | | | 单位工程质量综合评定表 |
| | | | 重大质量事故处理鉴定报告 |
| | | 健康、安全与环境管理 | HSE 作业计划书 |
| | | | HSE 作业指导书 |
| | | | 重大风险作业方案审核 |
| | | | 施工作业初始风险识别和评价报告 |
| | | | 应急反应计划 |
| | | | 人员伤亡事故记录表 |
| | | | 一般（大）事故处理鉴定记录 |
| | | | 固体废弃物处理许可或处理协议 |
| | | | 污水/废液排放许可或处理协议 |
| | | | 林木砍伐许可协议 |
| | | | 河流大开挖穿越施工许可协议 |
| | | | 水压试验取水、排水许可协议 |
| | | 成本费用管理 | 工程项目预（结）算 |
| | | | 项目资金使用计划 |
| | | | 费用控制计划 |
| | | | 外雇外租外包计划和控制 |
| | | | 工程款付款审批表 |
| | | | 竣工决算 |

续表

| 序号 | 项目类别 | 文件类别 | 文件名称 |
|---|---|---|---|
| 5 | 石油天然气建设（原油、成品油储库工程，天然气储库、地下储气库工程） | 施工组织管理 | 施工组织设计 |
| | | | 开工报告 |
| | | | 停工报告 |
| | | | 复工报告 |
| | | | 竣工报告 |
| | | | 工程交工证书 |
| | | | 联合试运合格证 |
| | | | 工程竣工资料 |
| | | 施工进度管理 | 总进度计划的报审 |
| | | | 工程进度分析评估报告 |
| | | | 单位、分部工程进度计划的批准 |
| | | | 单位、分部工程进度计划的报审 |
| | | | 工程竣工资料 |
| | | 合同管理 | 分包单位资格报审表 |
| | | | 分包工程合同 |
| | | | 分包合同及协议 |
| | | 质量管理 | 质量检验计划 |
| | | | 工程质量创优计划 |
| | | | 单位工程质量综合评定表 |
| | | | 重大质量事故处理鉴定报告 |
| | | 健康、安全与环境管理 | HSE 作业计划书 |
| | | | HSE 作业指导书 |
| | | | 重大风险作业方案审核 |
| | | | 固体废弃物处理许可或处理协议 |
| | | | 污水/废液排放许可或处理协议 |
| | | | 事故快报表 |
| | | | 人员伤亡事故记录表 |
| | | | 施工作业初始风险识别和评价报告 |
| | | | 应急反应计划 |
| | | | 一般（大）事故处理鉴定记录 |
| | | 成本费用管理 | 工程项目预（结）算 |
| | | | 项目资金使用计划 |
| | | | 费用控制计划 |
| | | | 外雇外租外包计划 |
| | | | 工程款付款审批表 |
| | | | 竣工决算 |

续表

| 序号 | 项目类别 | 文件类别 | 文件名称 |
|---|---|---|---|
| 6 | 石油天然气建设（液化石油气及轻烃储库工程） | 施工组织管理 | 施工组织设计 |
| | | | 开工报告 |
| | | | 停工报告 |
| | | | 复工报告 |
| | | | 竣工报告 |
| | | | 工程交工证书 |
| | | | 工程竣工资料 |
| | | | 联合试运合格证 |
| | | 施工进度管理 | 工程进度分析评估报告 |
| | | | 总进度计划的报审 |
| | | | 单位、分部工程进度计划的批准 |
| | | | 单位、分部工程进度计划的报审 |
| | | 合同管理 | 分包单位资格报审表 |
| | | | 分包工程合同 |
| | | | 分包合同及协议 |
| | | 质量管理 | 质量检验计划 |
| | | | 工程质量创优计划 |
| | | | 单位工程质量综合评定表 |
| | | | 重大质量事故处理鉴定报告 |
| | | 健康、安全与环境管理 | HSE 作业计划书 |
| | | | HSE 作业指导书 |
| | | | 重大风险作业方案审核 |
| | | | 固体废弃物处理许可或处理协议 |
| | | | 污水/废液排放许可或处理协议 |
| | | | 人员伤亡事故记录表 |
| | | | 施工作业初始风险识别和评价报告 |
| | | | 应急反应计划 |
| | | | 一般（大）事故处理鉴定记录 |
| | | 成本费用管理 | 工程项目预（结）算 |
| | | | 项目资金使用计划 |
| | | | 费用控制计划 |
| | | | 外雇外租外包计划 |
| | | | 工程款付款审批表 |
| | | | 竣工决算 |

续表

| 序号 | 项目类别 | 文件类别 | 文件名称 |
|---|---|---|---|
| 7 | 石油天然气建设（原油、天然气处理工程） | 施工组织管理 | 施工组织设计 |
| | | | 开工报告 |
| | | | 停工报告 |
| | | | 复工报告 |
| | | | 竣工报告 |
| | | | 工程交工证书 |
| | | | 施工技术方案 |
| | | | 专业施工作业指导书 |
| | | | 工程竣工资料 |
| | | 施工进度管理 | 总进度计划的编制 |
| | | | 总进度计划的报审 |
| | | | 单位、分部工程进度计划的编制 |
| | | | 单位、分部工程进度计划的批准 |
| | | | 单位、分部工程进度计划的报审 |
| | | 合同管理 | 分包单位资格报审表 |
| | | | 分包工程合同 |
| | | | 工程用料采购合同 |
| | | | 费用索赔申请表 |
| | | | 分包合同及协议 |
| | | 质量管理 | 质量检验计划 |
| | | | 工程质量创优计划 |
| | | | 单位工程质量综合评定表 |
| | | | 重大质量事故处理鉴定报告 |
| | | 健康、安全与环境管理 | HSE 作业计划书 |
| | | | HSE 作业指导书 |
| | | | 重大风险作业方案审核 |
| | | | 施工作业初始风险识别和评价报告 |
| | | | 应急反应计划 |
| | | | 人员伤亡事故记录表 |
| | | | 一般（大）事故处理鉴定记录 |
| | | | 固体废弃物处理许可或处理协议 |
| | | | 污水/废液排放许可或处理协议 |
| | | | 林木砍伐许可协议 |
| | | | 河流大开挖穿越施工许可协议 |
| | | | 水压试验取水、排水许可协议 |

续表

| 序号 | 项目类别 | 文件类别 | 文件名称 |
|---|---|---|---|
| 8 | 石油天然气建设（石油机械制造与修理工程） | 成本费用管理 | 工程项目预（结）算 |
| | | | 项目资金使用计划 |
| | | | 费用控制计划 |
| | | | 外雇外租外包计划 |
| | | | 工程款付款审批表 |
| | | | 竣工决算 |
| | | 施工组织管理 | 施工组织设计 |
| | | | 开工报告 |
| | | | 停工报告 |
| | | | 复工报告 |
| | | | 竣工报告 |
| | | | 工程交工证书 |
| | | | 施工技术方案 |
| | | | 专业施工作业指导书 |
| | | | 工程竣工资料 |
| | | 施工进度管理 | 总进度计划的报审 |
| | | | 单位、分部工程进度计划的批准 |
| | | | 单位、分部工程进度计划的报审 |
| | | 合同管理 | 分包单位资格报审表 |
| | | | 分包工程合同 |
| | | | 工程用料采购合同 |
| | | | 分包合同及协议 |
| | | 质量管理 | 质量检验计划 |
| | | | 工程质量创优计划 |
| | | | 单位工程质量综合评定表 |
| | | | 重大质量事故处理鉴定报告 |
| | | 健康、安全与环境管理 | 人员伤亡事故记录表 |
| | | | 一般（大）事故处理鉴定记录 |
| | | | 固体废弃物处理许可或处理协议 |
| | | | 污水/废液排放许可或处理协议 |
| | | 成本费用管理 | 工程项目预（结）算 |
| | | | 项目资金使用计划 |
| | | | 费用控制计划 |

续表

| 序号 | 项目类别 | 文件类别 | 文件名称 |
|---|---|---|---|
| 9 | 石油天然气建设（海洋石油工程） | 成本费用管理 | 外雇外租外包计划 |
| | | | 工程款付款审批表 |
| | | | 竣工决算 |
| | | 施工组织管理 | 项目实施策略 |
| | | | 项目执行计划 |
| | | | 施工责任书 |
| | | 施工进度管理 | 工程项目计划 |
| | | | 工程项目周报 |
| | | | 工程项目月报 |
| | | | 工程进度分析评估报告 |
| | | | 里程碑点完工报告 |
| | | | 工程延期申请 |
| | | | 项目开工报告 |
| | | | 整体完工报告 |
| | | | 工程交工证书 |
| | | | 工程竣工资料 |
| | | 合同管理 | 分包外委/申请 |
| | | | 项目分包计划 |
| | | | 分包工程合同 |
| | | | 分包商名单 |
| | | | 紧急采办合同 |
| | | | 费用索赔申请 |
| | | | 项目质保期合同 |
| | | 质量管理 | 项目质量计划 |
| | | | 工程项目质量报告 |
| | | 环境与安全管理 | 工程重大事故报告 |
| | | | 项目 HSE 计划 |
| | | | 风险评估报告 |
| | | | 项目应急计划 |
| | | 成本费用管理 | 项目费用计划 |
| | | | 采办计划 |
| | | | 项目资金使用计划 |
| | | | 付款计划 |

续表

| 序号 | 项目类别 | 文件类别 | 文件名称 |
|---|---|---|---|
| 10 | 石油炼制工程 | 施工组织管理 | 施工组织设计 |
| | | | 开工报告 |
| | | | 停工报告 |
| | | | 复工报告 |
| | | | 竣工报告 |
| | | | 工程交接证书 |
| | | | 联动试车合格证 |
| | | | 工程材料/构配件/设备报审表 |
| | | | 工程竣工资料 |
| | | 施工进度管理 | 工程进度分析评估报告 |
| | | | 工程临时延期申请表 |
| | | | 总进度计划的报审 |
| | | | 单位、分部工程进度计划的批准 |
| | | | 单位、分部工程进度计划的报审 |
| | | 合同管理 | 分包单位资格报审表 |
| | | | 分包工程合同 |
| | | | 分包合同及协议 |
| | | 质量管理 | 工程质量创优计划 |
| | | | 工程质量检验评定汇总表 |
| | | | 工程施工质量终身责任卡 |
| | | 健康、安全与环境管理 | HSE 作业计划书 |
| | | | HSE 作业指导书 |
| | | | 重大风险作业方案审核 |
| | | | 施工作业初始风险识别和评价报告 |
| | | | 应急反应计划 |
| | | | 人员伤亡事故记录表 |
| | | | 固体废弃物处理许可或处理协议 |
| | | | 污水/废液排放许可或处理协议 |
| | | 成本费用管理 | 工程项目预（结）算 |
| | | | 项目资金使用计划 |
| | | | 费用控制计划 |
| | | | 外雇外租外包计划和控制 |
| | | | 工程款支付申请表 |
| | | | 工程款付款审批表 |
| | | | 竣工决算 |

续表

| 序号 | 项目类别 | 文件类别 | 文件名称 |
|---|---|---|---|
| 11 | 石油产品深加工工程 | 施工组织管理 | 施工组织设计 |
| | | | 工程开工报告 |
| | | | 停工报告 |
| | | | 复工报告 |
| | | | 竣工报告 |
| | | | 工程交接证书 |
| | | | 联动试车合格证 |
| | | | 工程竣工资料 |
| | | 施工进度管理 | 工程进度分析评估报告 |
| | | | 工程临时延期申请表 |
| | | | 总进度计划的报审 |
| | | | 单位、分部工程进度计划的批准 |
| | | | 单位、分部工程进度计划的报审 |
| | | 合同管理 | 分包单位资格报审表 |
| | | | 分包工程合同 |
| | | | 分包合同及协议 |
| | | 质量管理 | 工程质量创优计划 |
| | | | 工程质量检验评定汇总表 |
| | | | 工程施工质量终身责任卡 |
| | | 健康、安全与环境管理 | HSE 作业计划书 |
| | | | HSE 作业指导书 |
| | | | 重大风险作业方案审核 |
| | | | 施工作业初始风险识别和评价报告 |
| | | | 应急反应计划 |
| | | | 人员伤亡事故记录表 |
| | | | 固体废弃物处理许可或处理协议 |
| | | | 污水/废液排放许可或处理协议 |
| | | 成本费用管理 | 工程项目预（结）算 |
| | | | 项目资金使用计划 |
| | | | 费用控制计划 |
| | | | 外雇外租外包计划和控制 |
| | | | 工程款支付申请表 |
| | | | 工程款付款审批表 |
| | | | 竣工决算 |

续表

| 序号 | 项目类别 | 文件类别 | 文件名称 |
| --- | --- | --- | --- |
| 12 | 有机化工、石油化工工程 | 施工组织管理 | 施工组织设计 |
| | | | 开工报告 |
| | | | 停工报告 |
| | | | 复工报告 |
| | | | 工程交工证书 |
| | | | 联动试车合格证 |
| | | | 未完工程项目明细表 |
| | | | 工程进度分析评估报告 |
| | | | 工程竣工资料 |
| | | 施工进度管理 | 工程进度计划报审表 |
| | | | 总进度计划的报审 |
| | | | 单位、分部工程进度计划的批准 |
| | | | 单位、分部工程进度计划的报审 |
| | | 合同管理 | 分包单位资格报审表 |
| | | | 分包工程合同 |
| | | | 分包合同及协议 |
| | | | 工程材料采购合同 |
| | | | 费用索赔申请表 |
| | | 质量管理 | 质量检验计划 |
| | | | 工程质量创优计划（按业主要求） |
| | | | 特种设备安装改造维修质量证明书 |
| | | | 单位工程质量综合评定表 |
| | | | 重大质量事故处理鉴定报告 |
| | | 健康、安全与环境管理 | HSE 作业计划书 |
| | | | HSE 作业指导书 |
| | | | 重大风险作业方案审核 |
| | | | 施工作业初始风险识别和评价报告 |
| | | | 应急反应计划 |
| | | | 人员伤亡事故记录表 |
| | | | 一般（大）事故处理鉴定记录 |
| | | | 固体废弃物处理许可或处理协议 |
| | | | 污水/废液排放许可或处理协议 |
| | | 成本费用管理 | 工程项目预（结）算 |
| | | | 项目资金使用计划 |
| | | | 费用控制计划 |
| | | | 外雇外租外包计划和控制 |
| | | | 工程款付款审批表 |
| | | | 竣工决算 |

续表

| 序号 | 项目类别 | 文件类别 | 文件名称 |
| --- | --- | --- | --- |
| 13 | 无机化工工程 | 施工组织管理 | 施工组织设计 |
| | | | 开工报告 |
| | | | 停工报告 |
| | | | 复工报告 |
| | | | 工程交工证书 |
| | | | 联动试车合格证 |
| | | | 未完工程项目明细表 |
| | | | 工程进度分析评估报告 |
| | | | 工程竣工资料 |
| | | 施工进度管理 | 工程进度计划报审表 |
| | | | 工程延期申请表 |
| | | | 总进度计划的报审 |
| | | | 单位、分部工程进度计划的批准 |
| | | | 单位、分部工程进度计划的报审 |
| | | 合同管理 | 分包单位资格报审表 |
| | | | 分包工程合同 |
| | | | 分包合同及协议 |
| | | | 工程材料采购合同 |
| | | | 特种设备安装改造维修告知书 |
| | | | 费用索赔申请表 |
| | | 质量管理 | 质量检验计划 |
| | | | 工程质量创优计划（按业主要求） |
| | | | 特种设备安装改造维修质量证明书 |
| | | | 单位工程质量综合评定表 |
| | | | 单位工程质量保证资料核查表 |
| | | | 重大质量事故处理鉴定报告 |
| | | 健康、安全与环境管理 | HSE 作业计划书 |
| | | | HSE 作业指导书 |
| | | | 重大风险作业方案审核 |
| | | | 施工作业初始风险识别和评价报告 |
| | | | 应急反应计划 |
| | | | 人员伤亡事故记录表 |
| | | | 一般（大）事故处理鉴定记录 |
| | | | 固体废弃物处理许可或处理协议 |
| | | | 污水/废液排放许可或处理协议 |
| | | 成本费用管理 | 工程项目预（结）算 |
| | | | 项目资金使用计划 |
| | | | 费用控制计划 |
| | | | 外雇外租外包计划和控制 |
| | | | 工程款付款审批表 |
| | | | 竣工决算 |

续表

| 序号 | 项目类别 | 文件类别 | 文件名称 |
|---|---|---|---|
| 14 | 化工医药工程 | 施工组织管理 | 施工组织设计 |
| | | | 开工报告 |
| | | | 停工报告 |
| | | | 复工报告 |
| | | | 工程交工证书 |
| | | | 联动试车合格证 |
| | | | 工程竣工资料 |
| | | 施工进度管理 | 工程进度分析评估报告 |
| | | | 工程进度计划报审表 |
| | | | 总进度计划的报审 |
| | | | 单位、分部工程进度计划的批准 |
| | | | 单位、分部工程进度计划的报审 |
| | | 合同管理 | 分包单位资格报审表 |
| | | | 分包工程合同 |
| | | | 分包合同及协议 |
| | | | 工程材料采购合同 |
| | | | 特种设备安装改造维修告知书 |
| | | | 费用索赔申请表 |
| | | 质量管理 | 质量检验计划 |
| | | | 工程质量创优计划（按业主要求） |
| | | | 单位工程质量综合评定表 |
| | | | 重大质量事故处理鉴定报告 |
| | | 健康、安全与环境管理 | HSE 作业计划书 |
| | | | HSE 作业指导书 |
| | | | 重大风险作业方案审核 |
| | | | 施工作业初始风险识别和评价报告 |
| | | | 应急反应计划 |
| | | | 人员伤亡事故记录表 |
| | | | 一般（大）事故处理鉴定记录 |
| | | | 固体废弃物处理许可或处理协议 |
| | | | 污水/废液排放许可或处理协议 |
| | | 成本费用管理 | 工程项目预（结）算 |
| | | | 项目资金使用计划 |
| | | | 费用控制计划 |
| | | | 外雇外租外包计划和控制 |
| | | | 工程款付款审批表 |
| | | | 竣工决算 |

续表

| 序号 | 项目类别 | 文件类别 | 文件名称 |
|---|---|---|---|
| 15 | 合成材料及加工工程 | 施工组织管理 | 施工组织设计 |
| | | | 开工报告 |
| | | | 停工报告 |
| | | | 复工报告 |
| | | | 工程交工证书 |
| | | | 联动试车合格证 |
| | | | 工程竣工资料 |
| | | 施工进度管理 | 工程进度分析评估报告 |
| | | | 工程进度计划报审表 |
| | | | 工程延期申请表 |
| | | | 总进度计划的报审 |
| | | | 单位、分部工程进度计划的批准 |
| | | | 单位、分部工程进度计划的报审 |
| | | 合同管理 | 分包单位资格报审表 |
| | | | 分包工程合同 |
| | | | 分包合同及协议 |
| | | | 工程材料采购合同 |
| | | | 特种设备安装改造维修告知书 |
| | | | 费用索赔申请表 |
| | | 质量管理 | 质量检验计划 |
| | | | 工程质量创优计划（按业主要求） |
| | | | 单位工程质量综合评定表 |
| | | | 重大质量事故处理鉴定报告 |
| | | 健康、安全与环境管理 | HSE 作业计划书 |
| | | | HSE 作业指导书 |
| | | | 重大风险作业方案审核 |
| | | | 施工作业初始风险识别和评价报告 |
| | | | 应急反应计划 |
| | | | 人员伤亡事故记录表 |
| | | | 一般（大）事故处理鉴定记录 |
| | | | 固体废弃物处理许可或处理协议 |
| | | | 污水/废液排放许可或处理协议 |
| | | 成本费用管理 | 工程项目预（结）算 |
| | | | 项目资金使用计划 |
| | | | 费用控制计划 |
| | | | 外雇外租外包计划和控制 |
| | | | 工程款付款审批表 |
| | | | 竣工决算 |

续表

| 序号 | 项目类别 | 文件类别 | 文件名称 |
|---|---|---|---|
| 16 | 精细化工工程 | 施工组织管理 | 施工组织设计 |
| | | | 开工报告 |
| | | | 停工报告 |
| | | | 复工报告 |
| | | | 工程交工证书 |
| | | | 联动试车合格证 |
| | | | 工程竣工资料 |
| | | 施工进度管理 | 工程进度分析评估报告 |
| | | | 工程进度计划报审表 |
| | | | 工程延期申请表 |
| | | | 总进度计划的报审 |
| | | | 单位、分部工程进度计划的批准 |
| | | | 单位、分部工程进度计划的报审 |
| | | 合同管理 | 分包单位资格报审表 |
| | | | 分包工程合同 |
| | | | 分包合同及协议 |
| | | | 工程材料采购合同 |
| | | | 特种设备安装改造维修告知书 |
| | | | 费用索赔申请表 |
| | | 质量管理 | 质量检验计划 |
| | | | 工程质量创优计划（按业主要求） |
| | | | 单位工程质量综合评定表 |
| | | | 重大质量事故处理鉴定报告 |
| | | 健康、安全与环境管理 | HSE 作业计划书 |
| | | | HSE 作业指导书 |
| | | | 重大风险作业方案审核 |
| | | | 施工作业初始风险识别和评价报告 |
| | | | 应急反应计划 |
| | | | 人员伤亡事故记录表 |
| | | | 一般（大）事故处理鉴定记录 |
| | | | 固体废弃物处理许可或处理协议 |
| | | | 污水/废液排放许可或处理协议 |
| | | 成本费用管理 | 工程项目预（结）算 |
| | | | 项目资金使用计划 |
| | | | 费用控制计划 |
| | | | 外雇外租外包计划和控制 |
| | | | 工程款付款审批表 |
| | | | 竣工决算 |

续表

| 序号 | 项目类别 | 文件类别 | 文件名称 |
|---|---|---|---|
| 17 | 化工矿山工程 | 施工组织管理 | 施工组织设计 |
| | | | 开工报告 |
| | | | 停工报告 |
| | | | 复工报告 |
| | | | 工程交工证书 |
| | | | 联动试车合格证 |
| | | | 工程竣工资料 |
| | | 施工进度管理 | 工程进度分析评估报告 |
| | | | 工程进度计划报审表 |
| | | | 工程延期申请表 |
| | | | 总进度计划的报审 |
| | | | 单位、分部工程进度计划的批准 |
| | | | 单位、分部工程进度计划的报审 |
| | | 合同管理 | 分包单位资格报审表 |
| | | | 分包工程合同 |
| | | | 分包合同及协议 |
| | | | 工程材料采购合同 |
| | | | 特种设备安装改造维修告知书 |
| | | | 费用索赔申请表 |
| | | 质量管理 | 质量检验计划 |
| | | | 工程质量创优计划（按业主要求） |
| | | | 单位工程质量综合评定表 |
| | | | 重大质量事故处理鉴定报告 |
| | | 健康、安全与环境管理 | HSE 作业计划书 |
| | | | HSE 作业指导书 |
| | | | 重大风险作业方案审核 |
| | | | 施工作业初始风险识别和评价报告 |
| | | | 应急反应计划 |
| | | | 人员伤亡事故记录表 |
| | | | 一般（大）事故处理鉴定记录 |
| | | | 固体废弃物处理许可或处理协议 |
| | | | 污水/废液排放许可或处理协议 |
| | | 成本费用管理 | 工程项目预（结）算 |
| | | | 项目资金使用计划 |
| | | | 费用控制计划 |
| | | | 外雇外租外包计划和控制 |
| | | | 工程款付款审批表 |
| | | | 竣工决算 |

续表

| 序号 | 项目类别 | 文件类别 | 文件名称 |
|---|---|---|---|
| 18 | 化纤工程 | 施工组织管理 | 施工组织设计 |
| | | | 开工报告 |
| | | | 停工报告 |
| | | | 复工报告 |
| | | | 竣工报告 |
| | | | 工程交工证书 |
| | | | 联动试车合格证 |
| | | | 工程竣工资料 |
| | | 施工进度管理 | 工程延期申请表 |
| | | | 工程进度分析评估报告 |
| | | | 总进度计划的报审 |
| | | | 单位、分部工程进度计划的批准 |
| | | | 单位、分部工程进度计划的报审 |
| | | 合同管理 | 分包单位资格报审表 |
| | | | 分包工程合同 |
| | | | 分包合同及协议 |
| | | | 工程用料采购合同 |
| | | | 费用索赔申请表 |
| | | 质量管理 | 工程质量创优计划 |
| | | | 单位工程质量综合评定表 |
| | | | 重大质量事故处理鉴定报告 |
| | | 健康、安全与环境管理 | HSE 作业计划书 |
| | | | HSE 作业指导书 |
| | | | 重大风险作业方案审核 |
| | | | 应急反应计划 |
| | | | 人员伤亡事故记录表 |
| | | | 一般（大）事故处理鉴定记录 |
| | | | 固体废弃物处理许可或处理协议 |
| | | | 污水/废液排放许可或处理协议 |
| | | | 水压试验取水、排水许可协议 |
| | | 成本费用管理 | 工程项目预（结）算 |
| | | | 项目资金使用计划 |
| | | | 外雇外租外包计划 |
| | | | 工程款付款审批表 |
| | | | 竣工决算 |

## 十二、注册建造师施工管理签章文件目录（机电安装工程）（表5-12）

注册建造师施工管理签章文件目录（机电安装工程）　　表5-12

| 序号 | 工程类别 | 文件类别 | 文件名称 |
|---|---|---|---|
| 1 | 一般工业、民用、公用机电安装工程 | 施工组织管理 | 图纸会审、设计变更联系单 |
| | | | 施工组织设计报审表 |
| | | | 主要施工方案、吊装方案、临电方案的报审表 |
| | | | 劳动力计划表 |
| | | | 特殊或特种作业人员资格审查表 |
| | | | 关键或特殊过程人员资格审查表 |
| | | | 工程开工报告 |
| | | | 工程延期报告 |
| | | | 工程停工报告 |
| | | | 工程复工报告 |
| | | | 工程竣工报告 |
| | | | 工程交工验收报告 |
| | | | 建设、监理、政府监管单位、外部协调单位联系单 |
| | | | 工程一切保险委托书 |
| | | 合同管理 | 分包单位资质报审表 |
| | | | 工程分包合同 |
| | | | 劳务分包合同 |
| | | | 材料采购总计划表 |
| | | | 工程设备采购总计划表 |
| | | | 工程设备、关键材料招标书和中标书 |
| | | | 合同变更和索赔申请报告 |
| | | 施工进度管理 | 总进度计划报批表 |
| | | | 分部工程进度计划报批表 |
| | | | 单位工程进度计划的报审表 |
| | | | 分包工程进度计划批准表 |
| | | 质量管理 | 单位工程竣工验收报验表 |
| | | | 单位（子单位）工程安全和功能检验资料核查及主要功能抽查记录 |
| | | | 单位（子单位）工程观感质量检查记录表 |
| | | | 单位工程质量预验（复验）收记录 |
| | | | 单位工程质量验收记录 |
| | | | 中间交工验收报告 |
| | | | 质量事故调查处理报告 |
| | | | 工程资料移交清单 |
| | | | 工程质量保证书 |
| | | | 工程试运行验收报告 |

续表

| 序号 | 工程类别 | 文件类别 | 文件名称 |
| --- | --- | --- | --- |
| 1 | 一般工业、民用、公用机电安装工程 | 消防工程增加质量管理文件 | 政府监管单位（公安消防部门）联系单 |
| | | | 消防工程报装备案表 |
| | | 安全管理 | 工程项目安全生产责任书 |
| | | | 分包安全管理协议书 |
| | | | 施工安全技术措施报审表 |
| | | | 施工现场消防重点部位报审表 |
| | | | 施工现场临时用电、用火申请书 |
| | | | 大型施工机具检验、使用检查表 |
| | | | 安全事故应急预案 |
| | | | 安全隐患通知书 |
| | | | 施工现场安全事故上报、调查、处理报告 |
| | | 现场环保文明施工管理 | 施工环境保护措施及管理方案报审表 |
| | | | 施工现场文明施工措施报批表 |
| | | | 工程款支付报告 |
| | | 成本费用管理 | 工程变更费用报告 |
| | | | 费用索赔申请表 |
| | | | 费用变更申请表 |
| | | | 月工程进度款报告 |
| | | | 竣工结算申报表 |
| | | | 工程保险（人身、设备、运输等）申报表 |
| | | | 工程结算审计表 |
| 2 | 净化工程 | 七类管理文件同一类工程，施工组织管理增加签章文件 | 特种气体设备安装改造维修告知书 |
| 3 | 工业炉窑安装工程 | 七类管理文件同一类工程 | |
| 4 | 动力站安装工程 | 七类管理文件同一类工程，施工组织、质量管理增加签章文件 | 特种设备安装改造维修告知书 |
| | | | 水压试验申报表 |
| | | | 安全附件整定申请书 |
| | | | 锅炉点火申报表 |
| | | | 安全生产许可证申请表 |

续表

| 序号 | 工程类别 | 文件类别 | 文件名称 |
| --- | --- | --- | --- |
| 5 | 起重设备安装工程 | 七类管理文件同一类工程，质量管理增加签章文件 | 特种设备安装改造维修告知书 |
| | | | 主要安全部件合格证报审表 |
| | | | 安全附件整定申请书 |
| | | | 技术检测报告 |
| 6 | 电子工程 | 七类管理文件同一类工程 | |
| 7 | 环保工程 | 七类管理文件同一类工程 | |
| 8 | 体育场馆工程 | 七类管理文件同一类工程 | |
| 9 | 机械汽车制造工程 | 七类管理文件同一类工程 | |
| 10 | 轻纺工业建设工程 | 七类管理文件同一类工程，施工组织管理增加签章文件 | 特种设备安装改造维修告知书 |
| 11 | 森林工业建设工程 | 七类管理文件同一类工程 | |
| 12 | 其他相关专业机电安装工程 | 七类管理文件同一类工程 | |

## 十三、注册建造师施工管理签章文件目录（市政公用工程）（表 5-13）

注册建造师施工管理签章文件目录（市政公用工程） 表 5-13

| 工程类别 | 文件类别 | 文件名称 |
| --- | --- | --- |
| 城市道路工程 | 施工组织管理 | 项目管理目标责任书 |
| | | 施工组织设计 |
| | | 项目管理实施规划 |
| | | 物资进场计划 |
| | | 特种作业人员审核资格表 |
| | | 工程开工报审表 |
| | | 项目大事记 |

续表

| 工程类别 | 文件类别 | 文件名称 |
|---|---|---|
| 城市道路工程 | 施工组织管理 | 监理通知回复单 |
| | | 工程复工报审表 |
| | 施工进度管理 | 施工总进度计划报审表 |
| | | 施工进度年计划报审表 |
| | | 施工进度季计划报审表 |
| | | 施工进度月计划报审表 |
| | | 工程延期申请表 |
| | | 工程进度报告 |
| | 合同管理 | 分包单位资质报审表 |
| | | 供货单位资质报审表 |
| | | 试验室等单位资质报审表 |
| | | 工程分包招标书、合同 |
| | | 工程设备招标书、合同 |
| | | 主要材料招标书、合同 |
| | 质量管理 | 有见证取样和送检见证人备案书 |
| | | 工程物资进场报验表 |
| | | 工程材料进场报验表 |
| | | 工程设备进场报验表 |
| | | 工程构配件进场报验表 |
| | | 不合格项处置记录 |
| | | 工程质量事故记录 |
| | | 工程质量事故调查（勘察）记录 |
| | | 工程质量事故处理记录 |
| | | 单位工程结构安全和使用功能检验资料核查及主要功能抽查记录 |
| | | 单位工程质量控制资料核查表 |
| | | 单位工程质量验收记录 |
| | | 单位工程竣工预验收报验表 |
| | | 单位工程质量竣工验收记录 |
| | | 工程竣工验收报告 |
| | | 工程质量保修书 |
| | | 工程竣工验收鉴定书 |
| | 安全管理 | 安全生产责任书 |
| | | 项目安全生产管理规定 |
| | | 现场安全检查、监管报告 |
| | | 专项施工方案 |

续表

| 工程类别 | 文件类别 | 文件名称 |
| --- | --- | --- |
| 城市道路工程 | 安全管理 | 施工安全保证措施 |
| | | 安全事故预防及应急预案 |
| | | 安全教育计划 |
| | | 安全事故上报、调查、处理报告 |
| | 现场环保文明施工管理 | 现场环保、文明施工方案与措施 |
| | | 现场环保、文明施工检查及整改报告 |
| | 成本费用管理 | 工程进度款支付报告 |
| | | 工程变更价款报告 |
| | | 工程费用索赔申请表 |
| | | 工程费用变更申请表 |
| | | 安全经费计划表及费用使用报告 |
| | | 工程保险（人身、设备、运输等）申报表 |
| | | 清单核算 |
| | | 工程竣工结算报告及报审表 |

注：城市桥梁工程、城市供水工程、城市排水工程、城市供热工程、城市地下交通工程、城市供气工程、城市公共广场工程、生活垃圾处理工程、交通安全设施工程、轻轨交通工程、园林绿化工程等市政公用专业工程参照上表执行。

## 十四、注册建造师施工管理签章文件目录（装饰装修工程）（表 5-14）

**注册建造师施工管理签章文件目录（装饰装修工程）　　表 5-14**

| 工程类别 | 文件类别 | 文件名称 |
| --- | --- | --- |
| 装饰装修工程 | 施工组织管理 | 项目管理目标责任书 |
| | | 项目管理实施规划 |
| | | 施工组织设计报审表 |
| | | 工程动工报审表 |
| | | 工程延期申请表 |
| | | 工程停工、竣工报审表、竣工交验申请 |
| | | 工程复工报审表 |
| | | 工作联系单 |
| | | 项目管理总结报告 |
| | 施工进度管理 | （年、季、月、周）工程计划报审表 |
| | 合同管理 | 工程分包合同 |
| | | 分包单位资质及相关人员岗位证书报审表 |
| | | 劳务分包报审表、劳务分包合同 |
| | | 材料采购总计划表（含设备采购） |
| | | 合同变更和索赔申请报告 |

续表

| 工程类别 | 文件类别 | 文件名称 |
|---|---|---|
| 装饰装修工程 | 质量管理 | 工程技术文件报审表 |
| | | 有见证取样和送检见证人备案书 |
| | | 单位工程竣工预验收报验单 |
| | | 工程竣工验收备案表（改建工程） |
| | | 建设工程质量事故调查记录 |
| | | 建设工程质量事故报告书（受法人委托） |
| | | 单位（子单位）工程质量竣工验收记录 |
| | | 单位（子单位）工程质量控制资料核查记录 |
| | | 单位（子单位）工程安全和功能检验资料核查及主要功能抽查记录 |
| | | 单位（子单位）工程观感质量检查记录 |
| | | 隐蔽工程验收记录 |
| | | 交接检查记录 |
| | | 分部（子分部）工程验收记录表 |
| | | 工程资料移交书（受企业法人委托书） |
| | 安全管理 | 安全、消防协议 |
| | | 安全、消防管理制度和管理办法 |
| | | 安全、消防施工方案 |
| | | 企业职工伤亡事故处理文件 |
| | | 安全生产事故应急预案 |
| | 现场环保文明施工管理 | 施工环境保护措施及管理方案 |
| | | 施工现场文明施工措施 |
| | 成本费用管理 | 成本计划报告 |
| | | （　）月工、料、机动态表 |
| | | （　）工程进度款报告 |
| | | 工程变更费用报告 |
| | | 费用索赔申请表 |
| | | 工程款支付报告 |
| | | 工程变更单 |
| | | 工程洽商记录 |
| | | 竣工结算申请表 |
| | | 工程经济分析报告（含债务债权） |
| | | 工程结算审计表（含债务债权） |

注：幕墙工程等装饰装修专业工程参照上表执行。

# 第六章　工程质量法律制度

## 第一节　工程质量法概述

### 一、工程质量的概念

（一）工程质量的含义

为了正确把握工程质量的内涵，将工程质量的含义分为狭义和广义两种。

狭义的工程质量是指工程符合业主需要而具备的使用功能。这一概念强调的是工程的实体质量，如基础是否坚固，主体结构是否安全以及通风、采光是否合理等。

广义的工程质量不仅包括工程的实体质量，还包括形成实体质量的工作质量。工作质量是指参与工程的建设者，为了保证工程实体质量所从事工作的水平和完善程度，包括社会工作质量，如社会调查、市场预测、质量回访和保修服务等。生产过程工作质量，如管理工作质量、技术工作质量和后勤工作质量等。工作质量直接决定了实体质量，工程实体质量的好坏是决策、计划、勘察、设计、施工等单位各方面、各环节工作质量的综合反映。

因此，我们须从广义上理解工程质量的概念，而不能仅仅把认识停留在工程的实体质量上。过去对工程质量的管理通常是一种事后的行为，楼倒人伤才想起应该追究有关方面的工程质量责任，这时即使对责任主体依法惩处，也无法挽回已经造成的经济损失。但如果在工程质量形成过程中就对参建单位的建设活动进行规范化管理，就可以将工程质量隐患消灭在萌芽状态。这样虽然看上去加大了工作量，但却可以有效地解决工程质量问题，这是我们广大建设行政管理人员值得注意的地方。

我们把广义上的工程质量按其形成的各个阶段作进一步分解，具体内容见表 6-1。

（二）工程质量的特点

与一般的产品质量相比较，工程质量具有如下一些特点：

1. 影响因素多，质量变动大

决策、设计、材料、机械、环境、施工工艺、管理制度以及参建人员素质等均直接或间接地影响工程质量。工程项目建设不像一般工业产品的生产那样有固定的生产流水线，有规范化的生产工艺和完善的检测技术，有成套的生产设备和稳定的生产环境。工程质量波动较大，这是与受影响因素多的特点相一致的。

**工程建设各阶段的质量内涵　　表 6-1**

| 工程项目质量形成的各个阶段 | 工程项目质量在各阶段的内涵 | 合同环境满足下需要的主要规定 |
|---|---|---|
| 决策阶段 | 可行性研究 | 国家的发展规划或业主的需求 |
| 设计阶段 | 1. 功能、使用价值的满足程度<br>2. 工程设计的安全、可靠性<br>3. 自然及社会环境的适应性<br>4. 工程概、预算的经济性<br>5. 设计进度的时间性 | 工程建设勘察、设计合同及有关法律、法规、强制性标准 |
| 施工阶段 | 1. 功能、使用价值的实现程度<br>2. 工程的安全、可靠性<br>3. 自然及社会环境的适应性<br>4. 工程造价的控制状况<br>5. 施工进度的时间性 | 工程建设施工合同及有关法律、法规、强制性标准 |
| 保修阶段 | 保持或恢复原使用功能的能力 | 工程建设施工合同及有关法律、法规、强制性标准 |

2. 隐蔽性强，终检局限大

工程项目在施工过程中，由于工序交接多，若不及时检查发现其存在的质量问题，事后表面上质量尽管很好，但这时可能混凝土已经失去了强度，钢筋已经被锈蚀得完全失去了作用等，诸如此类的工程质量问题在终检时是很难通过肉眼判断出来的，有时即使用上检测工具，也不一定能发现问题。

3. 对社会环境影响大

与工程规划、设计、施工质量的好坏有密切联系的不仅仅是使用者，而是整个社会。工程质量不仅直接影响人民群众的生产生活，还影响着社会可持续发展的环境，特别是有关绿化、“三废”和噪声等方面的问题。

（三）工程建设各阶段对工程质量形成的影响

工程项目具有周期长的特点，工程质量不是在旦夕之间形成的。人们常常对设计和施工阶段比较重视，殊不知，工程建设各阶段紧密衔接，互相制约影响，所以工程建设的每一阶段均对工程质量的形成产生十分重要的影响。

1. 可行性研究对工程质量的影响

可行性研究是决定工程建设成败与否的首要条件。当前，各类公共工程和国有单位投资的工程，是由政府批准立项的，不少项目筹划过程的规范性和科学性较差。有的工程立项建议滞后，工程上了再立项。有的工程可行性研究不从客观实际出发，马虎粗糙，工程是否可行完全取决于管理者意志。有的项目资金、原材料、设备不落实，借资上项目，垫资先开工，迫使设计单位降低设计标准，施工单位偷工减料。凡此种种，工程质量难以得到保证。

2. 勘察、设计阶段对工程质量的影响

工程勘察、设计阶段是影响工程质量的关键环节。地质勘察工作的内容、深度和可靠程度，将决定工程设计方案能否正确考虑场地的地层构造、岩土的性质、不良地质现象及地下水位等工程地质条件。地质勘察失控会直接产生工程质量隐患，如果依据不合格的地质勘察报告进行设计，那么设计质量到底怎样就可想而知了。

工程设计采用什么样的平面布置和空间形式，选用什么样的结构类型，使用什么样的材料、构配件及设备等，都直接关系到工程主体结构的安全可靠。从我国目前的实际情况来看，设计不规范的现象还很严重，如不执行强制性设计标准和安全标准，设计不符合抗震强度要求等。至于有些工程无证设计，盲目套用设计图纸，或违反设计规范等引发的工程质量问题后果更为严重。国务院于 2000 年 1 月 30 日发布实施的《建设工程质量管理条例》（2019 年修订）确立了施工图设计文件审查批准制度，就是为了强化设计质量的监督管理。

3. 施工阶段对工程质量的影响

工程的施工阶段是影响工程质量的决定性环节。工程项目只有通过施工阶段才能成为实实在在存在的东西，施工阶段直接影响工程的最终质量。我国工程实践中，违反施工顺序、不按图施工、施工技术不当以及偷工减料等影响工程质量的事例大量存在。《建设工程质量管理条例》以行政法规的形式正式确立了建设工程质量监督制度，施工阶段的质量是工程质量监督机构的工作重点。

4. 竣工验收和交付使用阶段对工程质量的影响

竣工验收和交付使用阶段是影响工程质量的重要环节。在工程竣工验收阶段，建设单位组织设计、施工、监理等有关单位对施工阶段的质量进行最终检验，以考核质量目标是否符合设计阶段的质量要求。这一阶段是工程建设向交付使用转移的必要环节，体现了工程质量水平的最终结果。《建设工程质量管理条例》确立了竣工验收备案制度，这是政府加强工程质量管理，防止不合格工程流向社会的一个重要手段。

在交付使用阶段，首先要做好工程的保护工作。如果保护不当，使工程受到破损、污染等损害，那么设计和施工阶段的工作再出色，也只能是前功尽弃。现实生活中，极易出现管理真空的是用户的装修行为。很多用户不懂工程质量方面的知识，为达到装修效果盲目破坏工程主体结构，往往导致十分危险的质量隐患，直接影响了工程的使用寿命。

## 二、工程质量监督管理制度

### （一）政府监督工程质量是一种国际惯例

工程质量责任重大，关系到社会公众的利益和公共安全。因此，无论是在发达国家，还是在发展中国家，均强调政府对工程质量进行监督管理。

大多数发达国家和地区政府的建设行政主管部门都把制定并执行住宅、城市、交通、环境建设等建设工程质量管理的法规作为主要任务，同时把大型项目和政府投资项目作为监督管理的重点。与其完善的市场经济体制相适应，这些国家和地区的政府都非常重视各种学会和行业协会的作用，对专业人士实行注册制度，依据法律、法规实行项目许可制度、市场准入制度、设计文件审核制度、质量体系认证制度、竣工验收许可证制度等。对建设工程质量进行全方位、全过程的管理是这些国家和地区的政府的通常做法。

政府有关部门对工程质量进行必要的监督检查，也是国际惯例。美国各个城市市政当局都设有工程质量监督管理部门，对辖区内各类公共投资工程和私人投资工程进行强制性监督检查。新加坡政府主管部门——建屋发展局在每个工地派驻工程监督员，负责对建设工程质量进行监督管理。德国各州政府建设主管部门委托或授权国家认可的质量监督审查公司（由质量监督工程师组成），代表政府对所有新建工程和涉及结构安全的改建工程的质量进行强制性监督审查。这些发达国家和地区的政府质量监督检查，包括施工图设计审查和施工过程的检查，一般委托给有关机构进行。

（二）我国的建设工程质量监督管理制度

为了确保工程质量，确保公共安全，保护人民群众的生命和财产安全，我国政府大力加强工程质量的监督管理。《建设工程质量管理条例》用专门一章来规定政府对建设工程质量的监督管理，主要内容包括建设工程质量管理职责、范围的划分，质量监督管理的实施机构和有权采取的强制性措施，建设工程竣工验收备案制度，建设工程质量事故报告制度等规定。

政府质量监督作为一项制度，以法规的形式在《建设工程质量管理条例》中加以明确，强调了工程质量必须实行政府监督管理。《建设工程质量管理条例》对加强工程质量监督管理的一系列重大问题作出了明确的规定：一是对业主的行为进行了严格规范；二是对建设单位、勘察设计单位、施工单位和监理单位的质量责任及其在实际工作中容易出问题的重要环节作出了明确的规定，依法追究责任。今后，政府对工程质量的监督管理主要以保证工程使用安全和环境质量为主要目的，以法律、法规和强制性标准为依据，以地基基础、主体结构、环境质量和与此有关的工程建设各方主体的质量行为为主要内容，以施工许可制度和竣工验收备案制度为主要手段。

以上是对政府质量监督行为的界定。政府的任务就是以法律、法规和强制性标准为依据，以政府认可的第三方强制监督为主要方式，这和过去相比，是一个重大的变化。广大建设行政管理人员必须深入理解《建设工程质量管理条例》的规定，牢牢把握建设工程质量监督管理制度的实质，及时转变观念，迅速地调整实施工程质量监督管理的方式方法，使这项重要的管理制度得到真正的贯彻执行。

进一步讲，建设工程质量监督管理制度具有以下几个特点：第一，具有权威性，建设工程质量监督体现的是国家意志，任何单位和个人从事工程建设活动都应当服从这种监督管理；第二，具有强制性，这种监督是由国家的强制力来保证的，任何单位和个人不服从这种监督管理都将受到法律的制裁；第三，具有综合性，这种监督管理并不局限于某一个阶段或某一个方面，而是贯穿于建设活动的全过程，并适用于建设单位、勘察单位、设计单位、施工单位、工程建设监理单位。

## 第二节　工程质量管理法律规范

### 一、我国工程质量管理法律规范体系

如前所述，今后政府实施的工程质量监督管理以法律、法规和强制性标准为依据，以政府认可的第三方强制监督为主要方式。建设行政管理部门今后应把工作重点放在对有关工程质量的法律、法规和强制性标准执行情况的监督检查上，这无疑对广大建设行政管理人员提出了更高的要求。

（一）我国工程质量管理法律规范的基本形式

1. 法律——《中华人民共和国建筑法》（以下简称《建筑法》）

广义上的法律泛指一切规范性文件，这里的法律是狭义上的，是指由全国人大及其常委会制定和变动的规范性文件，如《中华人民共和国刑法》《中华人民共和国合同法》等。《建筑法》是法律中的一种。

《建筑法》于1997年11月1日经第八届全国人大常委会第28次会议审议通过，自1998年3月1日起施行。2011年4月22日中华人民共和国第十一届全国人大常委会第20次会议通过《全国人民代表大会常务委员会关于修改〈中华人民共和国建筑法〉的决定》，对其进行第一次修正，并于2011年7月1日起施行。2019年4月23日第十三届全国人大常委会第10次会议通过《关于修改〈中华人民共和国建筑法〉等八部法律的决定》，对其进行了第二次修正，第六章规范了建筑工程质量管理，包括建筑工程的质量要求、质量义务和质量管理制度。第七章规范了建筑工程质量责任。《建筑法》是我国社会主义市场经济法律体系中的重要法律，对于加强建筑活动的监督管理，维护建筑市场秩序，保证建筑工程的质量和安全，促进建筑业的健康发展，具有重要意义。

2. 行政法规——《建设工程质量管理条例》

行政法规是由最高国家行政机关国务院依法制定和变动的，有关行政管理和行政事项的规范性文件。我国行政法规的名称规定为“条例”“规定”“办法”，《建设工程质量管理条例》就是一种行政法规。

《建设工程质量管理条例》于2000年1月10经国务院第25次常务会议通过，自1

月 30 日发布起施行，2017 年进行第一次修正，2019 年进行第二次修正。《建设工程质量管理条例》以参与建筑活动各方主体为主线，分别规定了建设单位、勘察单位、设计单位、施工单位、工程监理单位的质量责任和义务，确立了建设工程质量保修制度、工程质量监督管理制度等内容。《建设工程质量管理条例》对违法行为的种类和相应处罚作出了原则规定，同时，完善了责任追究制度，加大了处罚力度。《建设工程质量管理条例》的发布施行，对于强化政府质量监督，规范建设工程各方主体的质量责任和义务，维护建筑市场秩序，全面提高建设工程质量，具有重要意义。

3. 技术法规

严格讲，我国目前还没有真正意义上的工程建设技术法规，正如当时的建设部俞正声部长谈到的："组织编制技术法规，取代现行的强制性标准，这是将来改革的方向。"《工程建设标准强制性条文》虽然是技术法规的过渡成果，但《建设工程质量管理条例》确立了其法律地位，已经成为工程质量管理法律规范体系中重要的一部分。

4. 地方性法规、自治法规

这两类都是由地方国家权力机关制定的规范性文件。

地方性法规是由省、自治区、直辖市以及设区的市的人大及其常委会制定和修改的，效力不超过本行政区域范围，作为地方司法依据之一的规范性文件。我国的地方性法规，一般采用"条例""规则""规定""办法"等名称，《北京市建设工程质量条例》《深圳经济特区建设工程质量条例》等，都是有关工程质量管理的地方性法规。

自治法规是民族自治地方的权力机关所制定的特殊的地方规范性文件，即自治条例和单行条例的总称。自治条例是民族自治地方根据自治权制定的综合性法律规范，单行条例是根据自治权制定的调整某一方面事项的规范性文件。

5. 行政规章

行政规章是有关行政机关依法制定的事关行政管理的规范性文件的总称，分为部门规章和地方政府规章两种。

部门规章是国务院所属部委根据行政法规、决定、命令，在本部门的权限内，所发布的各种行政性的规范性文件。有关工程质量管理的部门规章很多，如《建筑工程施工许可管理办法》《房屋建筑工程质量保修办法》等。

地方政府规章是有权制定地方性法规的地方的人民政府，根据法律、行政法规及相应的地方性法规，制定的规范性文件。

（二）我国工程质量管理法律规范性文件的适用

在具体工作中，我们经常遇到这样的难题，对于同一个问题，这个条例可能这样规定，那个规章可能那样规定，常常使人无所适从，不知该依据哪一个规范性文件。这涉及一个法律适用的问题，根据《中华人民共和国立法法》（以下简称《立法法》）的有关规定，我们对这个问题加以解释：

1. 法律的效力高于行政法规、地方性法规、规章。这就是说，在规范工程质量管理方面，《建筑法》具有最高的法律效力，任何行政法规、地方性法规、规章都不得与《建筑法》相抵触。

2. 行政法规的效力高于地方性法规、规章。《建设工程质量管理条例》的法律效力仅次于《建筑法》，其效力要高于地方性法规（如《北京市建设工程质量条例》《深圳经济特区建设工程质量条例》等），也高于住房和城乡建设部及有关部委发布的部门规章（如《房屋建筑工程质量保修办法》等）。

3. 地方性法规的效力高于本级和下级地方政府规章。省、自治区人民政府制定的规章的效力高于本行政区域内较大的市的人民政府制定的规章。

4. 部门规章之间、部门规章与地方政府规章之间具有同等的效力，在各自的权限范围内施行。

5. 同一机关制定的规范性文件，特别规定与一般规定不一致的，适用特别规定。新的规定与旧的规定不一致的，适用新的规定。

6. 法律、行政法规、地方性法规、自治条例和单行条例、规章不溯及既往，但为了更好地保护公民、法人和其他组织的权益而作的特别规定除外。

7. 法律之间对同一事项的新的一般规定与旧的特别规定不一致，不能确定如何使用时，由全国人民代表大会常务委员会裁决。行政法规之间对同一事项新的一般规定与旧的特别规定不一致，不能确定如何适用时，由国务院裁决。

8. 地方性法规、规章之间不一致时，由有关机关依照下列规定的权限裁决：

（1）同一机关制定的新的一般规定与旧的特别规定不一致时，由制定机关裁决。

（2）地方性法规与部门规章之间对同一事项的规定不一致，不能确定如何适用时，由国务院提出意见，国务院认为应当适用地方性法规的，应当决定在该地方适用地方性法规的规定。认为应当适用部门规章的，应当提请全国人民代表大会常务委员会裁决。

（3）部门规章之间、部门规章与地方政府规章之间对同一事项的规定不一致时，由国务院裁决。

关于法律适用的问题，是建设行政管理人员在具体工作中经常遇到的问题。我国的《立法法》对此有详细的规定，限于篇幅我们在这里不作更深入的介绍，但希望读者能仔细学习《立法法》第五章适用与备案的有关内容，这可以帮助我们有效地解决实践中碰到的各种规范性文件相互之间矛盾冲突的问题。

## 二、工程质量管理法律规范的调整对象和适用范围

在对我国工程质量法律规范已经有一个整体认识的基础上，我们结合《建筑法》和《建设工程质量管理条例》，对工程质量管理法律规范的调整对象和适用范围作进一

步的理解。

（一）工程质量管理法律规范的调整对象

任何法律都是调整一定社会关系的，《建筑法》《建设工程质量管理条例》等调整两种社会关系：

1. 调整国家主管机关与建设单位、勘察单位、设计单位、施工单位、监理单位之间的工程质量监督管理关系。这是纵向的工程质量管理。

2. 调整建设工程活动中有关主体之间的民事关系，包括建设单位与勘察、设计单位之间的勘察设计合同关系，建设单位与施工单位之间的施工合同关系，建设单位与监理单位之间的建设监理委托合同关系等。这是横向的工程质量管理。

（二）建设工程的范围

1. 建筑活动

《建筑法》规定建筑活动是指各类房屋建筑及其附属设施的建造和与其配套的线路、管道、设备的安装活动。根据以上规定，建筑活动的范围包括三部分：

（1）各类房屋的建筑。

（2）房屋附属设施的建造，如围墙、烟囱等。

（3）与房屋配套的线路（如电器线路、通讯线路）的安装、管道（给排水管道、暖气通风管道）的安装和设备（电梯、空调等）的安装。

《建筑法》规定的建筑活动范围虽然较窄，但在第八十一条规定，“本法关于施工许可、建筑施工企业资质审查和建筑工程发包、承包、禁止转包，以及建筑工程监理、建筑工程安全和质量管理的规定，适用于其他专业建筑工程的建筑活动，具体办法由国务院规定”。

2. 建设工程

在《建设工程质量管理条例》中，建设工程是指土木工程、建筑工程、线路管道、设备安装工程及装修工程。

（1）土木工程包括矿山、铁路、公路、隧道、桥梁、堤坝、电站、码头、飞机场、运动场、营造林、海洋平台等工程。

（2）建筑工程是指房屋建筑工程，即有顶盖、梁柱墙壁、基础以及能够形成内部空间，满足人们生产、生活、公共活动的工程实体，包括厂房、剧院、旅馆、商店、学校、医院和住宅等工程。

（3）线路、管道和设备安装工程包括电力、通信线路、石油、燃气、给水、排水、供热等管道系统和各类机械设备、装置的安装活动。

（4）装修工程包括对建筑物内外进行美化和增加使用功能的工程建设活动。

（三）工程质量责任主体的范围

1. 建设行政主管部门及铁路、交通、水利等有关部门行政管理人员渎职、腐败，是造成重大恶性工程质量事故的首要原因。为此，国务院办公厅在《关于加强基础设施工程质量管理的通知》中强调，建立和落实工程质量领导责任制，并进一步明确了各级、各类领导以及行政管理人员的质量责任。

2. 建设单位

建设单位，是建设工程的投资人，也称“业主”。建设单位是工程建设过程的总负责方，拥有确定建设项目的规模、功能、外观、选用材料设备，按照国家法律法规选择承包单位的权力。建设单位可以是法人或自然人，包括房地产开发商。

3. 勘察、设计单位

勘察单位是指对地形、地质及水文等要素进行测绘、勘探、测试及综合评定，并提供可行性评价与建设工程所需勘察成果资料的单位。设计单位是指按照现行技术标准对建设工程项目进行综合性设计及技术经济分析，并提供建设工程施工依据的设计文件和图纸的单位。

4. 施工单位

施工单位指经过建设行政主管部门的资质审查，从事建设工程施工承包的单位。按照承包方式不同，可分为总承包单位和专业承包单位。

5. 工程监理单位

工程监理单位是指经过建设行政主管部门的资质审查，受建设单位委托，依据法律法规以及有关技术标准、设计文件和承包合同，在建设单位的委托范围内对建设工程进行监督管理的单位。工程监理单位可以是具有法人资格的监理公司、监理事务所，也可以是兼营监理业务的工程技术、科学研究及建设工程咨询的单位。

6. 设备材料供应商

设备材料供应商是指提供构成建筑工程实体的设备和材料的企业。不仅仅指设备材料生产商，还包括设备材料经销商。

建设工程项目，具有投资大、规模大、建设周期长、生产环节多、参与方多、影响质量形成的因素多等特点，不论是哪个主体出了问题，都会导致质量缺陷，甚至重大质量事故的产生。例如，如果建设单位将工程发包给不具备相应资质等级的单位，或指使施工单位使用不合格的建筑材料、构配件和设备。勘察单位提供的水文地质资料不准确，设计单位计算错误，设备选型不准。施工单位不按图施工。工程监理单位不严格进行隐蔽工程检查等，都会造成工程质量缺陷，甚至重大质量事故。因此，工程质量管理最基本的原则和方法就是建立健全质量责任制度。

（四）地域适用范围和时间效力

1. 地域适用范围

地域适用范围是指法律在什么地域内适用。根据《建筑法》和《建设工程质量管理条例》的有关规定，我国工程质量管理法律规范适用于在中华人民共和国境内从事的工程建设活动。对于工程建设活动来讲，无论投资主体是谁，也无论建设工程项目的种类怎样，只要在中华人民共和国境内实施，都要遵守我国的工程质量管理法律规范。另一方面，工程质量管理法律规范不适用于境外从事的工程建设活动，如中国的建筑施工企业在国外承包的建设工程项目，不适用《建筑法》和《建设工程质量管理条例》，只能适用当地的有效法律。

2. 时间效力

时间效力是指法律在什么时间发生效力。在我国工程质量管理法律规范体系范围内，法律生效时间主要有两种：

(1) 自公布之日起生效。例如，《建设工程质量管理条例》规定，“本条例自公布之日起施行”，也就是从2000年1月30日国务院总理以第279号令签发起生效。

(2) 公布后经过一段时间开始生效。例如，《建筑法》于1997年11月1日公布，但在第八十五条规定，“本法自1998年3月1日起施行”。《建筑法》没有规定自公布之日起施行，主要是考虑留有一段准备时间，用来学习和宣传法律，以保证该法的顺利实施。

我国的法律规范不具有溯及力，换句话说，新发布的规范性文件对其生效之日以前的事没有法律效力。比如，在1998年3月1日前发生的有关建筑活动方面的事件，不适用《建筑法》的规定。同样，2000年1月30日前发生的有关建设工程的质量事件，也不适用《建设工程质量管理条例》的规定。法律的时间效力问题关系到我们在具体工作中能否准确适用法律，所以对这方面的法律知识应有所了解。

## 三、建设工程质量保修

(一) 建设工程实行质量保修制度

建设工程承包单位在向建设单位提交工程竣工验收报告时，应当向建设单位出具质量保修书。质量保修书中应当明确建设工程的保修范围、保修期限和保修责任等。

(二) 在正常使用条件下，建设工程的最低保修期限

(1) 基础设施工程、房屋建筑的地基基础工程和主体结构工程，为设计文件规定的该工程的合理使用年限。

(2) 屋面防水工程、有防水要求的卫生间、房间和外墙面的防渗漏，为5年。

(3) 供热与供冷系统，为2个供暖期、供冷期。

(4) 电气管线、给排水管道、设备安装和装修工程，为2年。

其他项目的保修期限由发包方与承包方约定。

建设工程的保修期，自竣工验收合格之日起计算。

(三) 建设工程在保修范围和保修期限内发生质量问题的，施工单位应当履行保修义务，并对造成的损失承担赔偿责任。

（四）建设工程在超过合理使用年限后需要继续使用的，产权所有人应当委托具有相应资质等级的勘察、设计单位鉴定，并根据鉴定结果采取加固、维修等措施，重新界定使用期。

## 第三节　工程质量管理责任和义务

### 一、建设单位质量责任和义务

建设单位作为建设工程的投资人，在整个建设活动中居于主导地位。因此，要确保建设工程质量，首先就要对建设单位的行为进行规范，对其质量责任予以明确。

长期以来，对建设单位的管理一直是监督管理的薄弱环节，因建设单位行为不规范，直接或间接导致工程出现问题的情况屡屡发生。我国工程质量法律规范在规定建设单位质量责任和义务上，主要有以下几方面：

（一）建设单位应当将工程发包给具有相应资质等级的单位，不得将工程肢解发包

1. 承包单位应具备的条件

建设活动不同于一般的经济活动，从业单位素质的高低直接影响着工程质量。因此，从事建设活动的单位必须符合严格的资质条件。资质等级反映了企业从事某项工作的资格和能力，是国家对建设市场准入管理的重要手段。

2. 禁止肢解发包

肢解发包是指建设单位将应当由一个承包单位完成的建设工程分解成若干部分发包给不同的承包单位的行为。在我国建设市场中有一些建设单位利用肢解发包工程为手段进行不正当交易行为，不仅导致了某些个人的贪污犯罪，同时也危害了公共安全。因此，《建筑法》和《建设工程质量管理》禁止建设单位将建设工程肢解发包。

（二）建设单位应当依法对工程建设项目的勘察、设计、施工、监理以及与工程建设有关的重要设备、材料等的采购进行招标

根据《招标投标法》有关强制招标的规定，在我国境内进行下列工程建设项目的勘察、设计、施工、监理以及与工程建设有关的重要设备、材料等的采购，必须进行招标。

（三）建设单位不得对承包单位的建设活动进行不合理干预

1. 建设单位不得迫使承包方以低于成本的价格竞标，不得任意压缩合理工期

这一规定对保证工程质量至关重要。实际工作中，不少建设单位一味强调降低成本，压级压价，如要求甲级设计单位按乙级资质取费，一级施工企业按二级资质取费，或迫使投标方互相压价，最终承包单位以低于其成本的价格中标。而中标的单位在承包工程后，为了减少开支，降低成本，不得不偷工减料、以次充好、粗制滥造，致使

工程出现质量问题。

合理工期是指在正常建设条件下，采取科学合理的施工工艺和管理方法，以现行的建设行政主管部门颁布的工期定额为基础，结合项目建设的具体情况而确定的工期。建设单位不能为了早日发挥项目的效益，迫使承包单位赶工期。实际工作中，盲目赶工期，简化程序，不按规程操作，导致建设项目出问题的情况很多，这是应该制止的。

2. 建设单位不得明示或暗示设计单位或施工单位违反工程建设强制性标准

强制性标准是保证工程结构安全可靠的基础性要求，违反了这类标准，必然会给工程带来重大质量隐患。在实践中，一些建设单位为了自身的经济利益，明示或暗示承包单位违反强制性标准的要求，降低了工程质量的标准，这种行为必须坚决制止。

3. 建设单位不得明示或暗示施工单位使用不合格的建筑材料、建筑构配件和设备

不合格的建筑材料、建筑构配件和设备是导致工程质量事故的直接因素，建设单位明示或暗示施工单位使用不合格的建筑材料、建筑构配件和设备，是一种严重的违法行为，必须予以制止。

（四）施工图设计文件未经审查批准的，建设单位不得交付施工

《建设工程质量管理条例》规定了施工图设计文件审查制度，这是政府对工程设计质量进行质量监督的新的举措。

在市场经济条件下，由于市场竞争的原因，设计单位常常受制于建设单位，违心地服从建设单位提出的种种不合理要求，违反国家和地方的有关规定和强制性标准，产生各种各样的设计质量问题。而一旦发现设计的质量问题，往往已经开始施工甚至开始使用，这将带来巨大的损失。因此，对施工图设计文件开展审查，既是对建设单位的成果进行质量控制，也能纠正参与建设活动各方的不规范行为。而且审查是在施工图设计文件完成之后，开始施工之前进行，这样就可以有效地避免损失，保证建设工程的质量。

按照《房屋建筑和市政基础设施工程施工图设计文件审查管理办法》规定，建筑工程的建设单位应当将施工图报送建设主管部门，由建设行政主管部门委托有关审查机构审查。审查的主要内容为：

（1）是否符合工程建设强制性标准。

（2）地基基础和主体结构的安全性。

（3）消防安全性。

（4）人防工程（不含人防指挥工程）防护安全性。

（5）是否符合民用建筑节能强制性标准，对执行绿色建筑标准的项目，还应当审查是否符合绿色建筑标准。

（6）勘察设计企业和注册执业人员以及相关人员是否按规定在施工图上加盖相应的图章和签字。

(7) 法律、法规、规章规定必须审查的其他内容。

(五) 对必须实行监理的工程，建设单位应当委托具有相应资质等级的工程监理单位进行监理

从我国目前的实际情况来看，我国尚不具备全面实行监理制度的条件。建设部根据《建设工程质量管理条例》，于 2001 年 1 月 17 日颁布了 86 号令《建设工程监理范围和规模标准规定》，明确了必须实行监理的具体范围和规模标准。这些必须实行监理的工程项目主要集中在国家重点建设工程、大中型公用事业工程、成片开发建设的住宅小区工程、利用外国政府或者国际组织贷款、援助资金的工程项目。此外，还有国家规定必须实行监理的其他工程，主要指总投资额在 3000 万元以上关系社会公共利益、公众安全的基础设施项目。

(六) 建设单位在领取施工许可证或者开工报告之前，应当按照国家有关规定办理工程质量监督手续

施工许可制度是《建筑法》确立的一项制度，必须申请领取施工许可证的建筑工程未取得施工许可证的，一律不得开工。《建筑工程施工许可管理办法》(1999 年 10 月 15 日建设部令第 71 号发布，自 1999 年 12 月 1 日起施行，经修订后以建设部令第 18 号重新发布，自 2014 年 10 月 25 日起施行，2021 年修订) 对该项制度的实施进行了详细的规定。

建设单位申请领取施工许可证，应当有保证工程质量和安全的具体措施。施工企业编制的施工组织设计中有根据建筑工程特点制定的相应质量、安全技术措施。建立工程质量安全责任制并落实到人。专业性较强的工程项目编制了专项质量、安全施工组织设计，并按照规定办理了工程质量、安全监督手续。

(七) 涉及建筑主体和承重结构变动的装修工程，建设单位要有设计方案

现实生活中，有一些装修工程，为了满足特定的使用目的，要对结构主体和承重结构进行改动。建设单位在没有设计方案的前提下擅自施工，必然给工程带来质量隐患，后果是十分严重的。为此，《建筑法》《建筑工程质量管理条例》均规定，建设单位应当在施工前委托设计单位或者具有相应资质等级的其他设计单位提出设计方案。没有设计方案的，不得施工。

对装修工程必须履行的手续进行了严格的规定，如原有房屋装饰装修涉及拆改主体结构和明显加大荷载的，房屋所有权人、使用人必须向房地产行政主管部门提出申请，并由房屋安全鉴定单位对装饰装修方案的使用安全进行审定。建设行政主管部门应结合《建筑法》《建设工程质量管理条例》以及有关规定，加强对装修工程的监督管理。

(八) 建设单位应按照国家有关规定组织竣工验收，建设工程验收合格的，方可交付使用

工程项目的竣工验收是施工全过程的最后一道程序，是全面考核投资效益、检验设计和施工质量的重要环节。建设工程完成后，承包单位应当按照国家竣工验收有关规定，向建设单位提供完整的竣工资料和竣工验收报告。建设单位收到竣工验收报告后，应及时组织设计、施工、工程监理等单位进行竣工验收。竣工验收应当具备下列条件：

（1）完成建设工程设计和合同约定的各项内容。

（2）有完整的技术档案和施工管理资料。

（3）有工程使用的主要建筑材料、建筑构配件和设备的进场试验报告。

（4）有勘察、设计、施工、工程监理等单位分别签署的质量合格文件。

（5）由施工单位签署的工程保修书。

建设工程经验收合格的，才可交付使用。如果建设单位为提前获得经济效益，在工程未经验收或验收不合格的情况下即将工程交付使用，由此所发生的质量问题，建设单位要承担责任。《建设工程质量管理条例》确立了竣工验收备案制度，这是加强政府监督管理，防止不合格工程流向社会的重要手段。

## 二、勘察、设计单位的质量责任和义务

### （一）勘察、设计单位应当依法取得相应资质等级的证书，并在其资质等级许可的范围内承揽工程，不得转包或违法分包所承揽的工程

勘察、设计单位的资质等级反映其从事某项勘察、设计工作的资格和能力，是国家对勘察、设计市场准入管理的重要手段。勘察、设计单位只有具备了相应的资质条件，才有能力保证勘察、设计的质量。超越资质等级许可的范围承揽工程，也就超越了其勘察、设计的能力，因而无法保证其勘察、设计的质量。为此，《建设工程质量管理条例》规定，“禁止勘察、设计单位超越其资质等级许可的范围或者以其他勘察、设计单位的名义承揽工程。禁止勘察、设计单位允许其他单位或者个人以本单位的名义承揽工程”。

转包是指承包人将其承包的全部建设工程又发包给第三人。转包容易造成承包人压价转包，建设资金流失，使最终用于勘察、设计的费用大为降低以至于影响勘察、设计的质量。同时，承包人转包违背了发包人的意志，损害了发包人的利益，所以法律对转包行为予以禁止。

分包是指承包人将其承包工程的一部分或某几部分再发包给其他承包人，与其签订承包合同下的分包合同。勘察、设计单位的违法分包主要是指将勘察、设计业务分包给不具备相应资质条件的单位，或勘察、设计单位作为分包单位又将其承包的工程再分包。上述违法分包的行为易造成责任不清以及因中间环节过多而使实际用于勘察、设计的费用减少，最终影响勘察、设计的质量。因此，法律对违法分包的行为也予以

禁止。

（二）勘察、设计单位必须按照工程建设强制性标准进行勘察、设计，注册执业人员应当在设计文件上签字

对设计文件负责工程建设强制性标准是保证工程质量，满足对工程安全、卫生、环保等方面要求的最低标准。因此在勘察、设计中必须严格执行。

我国目前对勘察、设计行业已实现了建筑师和结构工程师的个人执业注册制度，并规定注册建筑师、注册结构工程师必须在规定的执业范围内对本人负责的工程设计文件，实施签字盖章制度。注册建筑师、注册结构工程师作为设计单位完成设计的主要技术人员，其工作质量直接影响设计的质量，因此应对设计文件负责。

（三）设计单位应当根据勘察成果文件进行建设工程设计

勘察成果文件是设计的基础资料，是设计的依据。因此，先勘察后设计是工程建设程序的要求。但是，由于工期紧迫和建设单位的利益驱动，目前违背基建程序的做法时有发生。在勘察、设计质量检查中发现，不少工程存在先设计、后勘察的现象，甚至仅参考附近场地的勘察资料而不进行勘察，这些都会造成严重的质量隐患和质量事故。因此，设计单位应当根据相应的勘察成果文件进行建设工程设计。

（四）除有特殊要求的建筑材料、专用设备、工艺生产线等外，设计单位不得指定生产厂、供应商

设计单位有在设计文件中注明所选用的建筑材料、建筑构配件和设备的规格、型号、性能等技术指标的权利和义务。但设计单位如果滥用这项权利，会限制建设单位和施工单位在材料采购上的自主权，同时也限制了其他建筑材料、建筑构配件和设备厂商的平等竞争权，妨碍了公平竞争。此外，指定产品往往会和腐败行为相联系，收受回扣后设计单位常常难以对产品的质量和性能有正确的评价，这无疑会对工程质量产生负面影响。

鉴于以上原因，《建筑法》和《建设工程质量管理条例》均规定，除有特殊要求的建筑材料、专用设备、工艺生产线等外，设计单位不得指定生产厂、供应商。这里的“特殊要求”通常是指根据设计要求，所选产品的性能或规格只有某个厂家能够生产或加工，必须在设计文件中注明方可进行下一步的设计和采购工作。在通用产品能满足工程质量要求的前提下，设计单位不可故意选用特殊要求的产品。

### 三、施工单位的质量责任和义务

施工阶段是建设工程实体质量的形成阶段，勘察、设计工作质量均要在这一阶段得以实现。施工单位是建设市场的重要责任主体之一，它的能力和行为对建设工程的施工质量起关键性作用。由于施工阶段涉及的责任主体多，生产环节多时间长，影响质量稳定的因素多，协调管理难度较大，因此，施工阶段的质量任制度显得尤为重要。

（一）施工单位应当依法取得相应资质等级的证书，并在其资质等级许可的范围内承揽工程

施工单位的资质等级，是施工单位建设业绩、人员素质、管理水平、资金数量、技术装备等综合能力的体现，反映了该施工单位从事某项施工工作的资格和能力，是国家对建筑市场准入管理的重要手段。《建筑业企业资质管理规定》对此作出了明确的规定。

施工单位必须在其资质等级许可的范围内承揽工程，禁止以其他施工单位名义承揽工程和允许其他单位或个人以本单位的名义承揽工程。在实践中，一些施工单位因自身资质条件不符合招标项目所要求的资质条件，会采取种种欺骗手段取得发包方的信任，其中包括借用其他施工单位的资质证书，以其他施工单位的名义承揽工程等手段进行违法承包活动。这些施工单位一旦拿到工程，一般要向出借方交纳一大笔管理费，就只有靠偷工减料、以次充好等非法手段赚取利润。这样一来，必然会给工程带来质量隐患。因此，必须明令禁止这种行为，无论是“出借方”还是“借用方”都将受到法律的处罚。

（二）施工单位不得转包或违法分包工程

1. 转包

转包的最主要特点是转包人只从受转包方收取管理费，而不对工程进行施工和管理。建设单位对受转包人的管理缺乏法律依据，受转包人的行为不受承包合同的约束。后者为了非法赢利，不择手段。《民法典》《建筑法》《建设工程质量管理条例》等法律法规都明令禁止承包单位将其承包的全部工程转包给他人，同时也禁止承包单位将其承包的工程肢解以后，以分包的名义分别转包给他人。

2. 违法分包

正常的总分包施工经营方式是建设活动自身的客观需要，但工程实践中，有许多违法分包的行为，表现在：

(1) 总承包单位将建设工程分包给不具备相应资质条件的单位。

(2) 建设工程总承包合同中未有约定，又未经建设单位认可，承包单位将其承包的部分工程交由其他单位完成。

(3) 施工总承包单位将建设工程主体结构的施工分包给其他单位。

(4) 分包单位将其承包的建设工程再分包。

上述行为均是《建筑法》《建设工程质量管理条例》明令禁止的。

（三）总承包单位与分包单位对分包工程的质量承担连带责任

对于实行工程施工总承包的，无论质量问题是由总承包单位造成的，还是由分包单位造成的，均由总承包单位负全面的质量责任。另一方面，总承包单位与分包单位对分包工程的质量承担连带责任。依据这种责任，对于分包工程发生的质量责任，建设单位或其他受害人既可以向分包单位请求赔偿全部损失，也可以向总承包

单位请求赔偿损失。在总承包单位承担责任后，可以依法按分包合同的约定，向分包单位追偿。

（四）施工单位必须按照工程设计图纸和施工技术标准施工，不得擅自修改工程设计，不得偷工减料

按工程设计图纸施工，是保证工程实现设计意图的前提，也是明确划分设计、施工单位质量责任的前提。施工过程中，如果施工单位不按图施工或不经原设计单位同意，就擅自修改工程设计，其直接的后果，往往违反了原设计的意图，影响工程的质量。间接后果是在原设计有缺陷或出现工程质量事故的情况下，混淆了设计、施工单位各自应负的质量责任。所以按图施工，不擅自修改工程设计，是施工单位保证工程质量的最基本要求。

（五）施工单位必须按照工程设计要求、施工技术标准和合同约定，对建筑材料、建筑构配件、设备和商品混凝土进行检验，未经检验或检验不合格的，不得使用

材料、构配件、设备及商品混凝土检验制度，是施工单位质量保证体系的重要组成部分，是保障建设工程质量的重要内容。施工中要按工程设计要求、施工技术标准和合同约定，对建筑材料、建筑构配件、设备和商品混凝土进行检验。检验工作要按规定的范围和要求进行，按现行的标准、规定的数量、频率、取样方法进行检验。检验的结果要按规定的格式形成书面记录，并由有关专业人员签字。未经检验或检验不合格的，不得使用。使用在工程上的，要追究批准使用人的责任

（六）施工人员对涉及结构安全的试块、试件以及有关材料，应在建设单位或工程监理单位监督下现场取样，并送具有相应资质等级的质量检测单位进行检测

在工程施工过程中，为了控制工程总体或相应部位的施工质量，一般要依据有关技术标准，用特定的方法对用于工程的材料或构件抽取一定数量的样品，进行检测或试验，并根据其结果来判断其所代表部位的质量。这是控制和判断工程质量所采取的重要技术措施。试块和试件的真实性和代表性，是保证这一措施有效的前提条件。为此，建设工程施工检测，应实行有见证取样和送检制度，即施工单位在建设单位或监理单位见证下取样，送至具有相应资质的质量检测单位进行检测。有见证取样可以保证取样的方法、数量、频率、规格等符合标准的要求，防止假试块、假试件和假试验报告的出现。

检测单位的资质，是保证试块、试件检测、试验质量的前提条件。具有相应资质等级的质量检测单位是指必须经省级以上建设行政主管部门进行资质审查和有关部门质量认证的工程质量检测单位。从事建筑材料和制品等试验工作的施工企业、混凝土预制构件和商品混凝土生产企业、科研单位、大专院校对外服务的工程试验室以及工程质量检测机构，均应按有关规定，取得资质证书。

（七）建设工程实行质量保修制度，承包单位应履行保修义务

建设工程质量保修制度是指建设工程在办理竣工验收手续后，在规定的保修期限内，因勘察、设计、施工、材料等原因造成的质量缺陷，应当由施工承包单位负责维修、返工或更换，由责任单位负责赔偿损失。建设工程实行质量保修制度是落实建设工程质量责任的重要措施。《建筑法》《建设工程质量管理条例》《房屋建筑工程质量保修办法》（2000 年 6 月 30 日建设部令第 80 号发布）对该项制度的规定主要有以下几方面内容：

1. 建设工程承包单位在向建设单位提交竣工验收报告时，应当向建设单位出具质量保修书。质量保修书中应当明确建设工程的保修范围、保修期限和保修责任等。保修范围和正常使用条件下的最低保修期限如下：

（1）基础设施工程、房屋建筑的地基基础工程和主体结构工程，为设计文件规定的该工程的合理使用年限。

（2）屋面防水工程、有防水要求的卫生间、房间和外墙面的防渗漏，为 5 年。

（3）供热与供冷系统，为 2 个供暖期、供冷期。

（4）电气管线、给水排水管道、设备安装和装修工程，为 2 年。

其他项目的保修期限由发包方与承包方约定。建设工程的保修期，自竣工验收合格之日起计算。因使用不当或者第三方造成的质量缺陷，以及不可抗力造成的质量缺陷，不属于法律规定的保修范围。

2. 建设工程在保修范围和保修期限内发生质量问题的，施工单位应当履行保修义务，并对造成的损失承担赔偿责任。

对在保修期限内和保修范围内发生的质量问题，一般应先由建设单位组织勘察、设计、施工等单位分析质量问题的原因，确定维修方案，由施工单位负责维修。但当问题较严重复杂时，不管是什么原因造成的，只要是在保修范围内，均先由施工单位履行保修义务，不得推诿扯皮。对于保修费用，则由质量缺陷的责任方承担。

## 四、工程监理单位的质量责任和义务

（一）工程监理单位应当依法取得相应资质等级的证书，并在其资质等级许可的范围内承担工程监理业务，不得转让工程监理业务这方面的规定与对勘察、设计、施工单位的规定是相同的，这里不再赘述。

（二）工程监理单位不得与被监理工程的施工承包单位以及建筑材料、建筑构配件和设备供应单位有隶属关系或者其他利害关系

由于工程监理单位与被监理工程的施工承包单位以及建筑材料、建筑构配件和设备供应单位之间是一种监督与被监督的关系，为了保证工程监理单位能客观、公正地执行监理任务，工程监理单位不得与被监理工程的施工承包单位以及建筑材料、建筑构配件和设备供应单位有隶属关系或者其他利害关系。这里的隶属关系是指工程监理

单位与被监理工程的施工承包单位以及建筑材料、建筑构配件和设备供应单位有行政上下级关系等。其他利害关系，是指工程监理单位与被监理工程的施工承包单位以及建筑材料、建筑构配件和设备供应单位之间存在的可能直接影响监理单位工作公正性的经济或其他利益关系，如参股、联营等关系。工程监理单位与被监理工程的施工承包单位以及建筑材料、建筑构配件和设备供应单位有隶属关系或者其他利害关系的，不得承担该项建设工程的监理业务。

（三）工程监理单位应当依照法律、法规以及有关技术标准、设计文件和建设工程承包合同，代表建设单位对施工质量实施监理，并对施工质量承担监理责任。

监理单位对施工质量承担监理责任，主要有违法责任和违约责任两个方面。根据《建筑法》和《建设工程质量管理条例》对监理单位违法责任的规定，工程监理单位与建设单位或者施工单位串通、弄虚作假，降低工程质量的，或者将不合格的建设工程、建筑材料、建筑构配件和设备按照合格签字的，承担连带赔偿责任。如果监理单位在责任期内，不按照监理合同约定履行监理职责，给建设单位或者其他单位造成损失的，属违约责任，应当向建设单位赔偿。

## 第四节 工程质量监督管理

### 一、工程质量监督管理部门

（一）建设行政主管部门及有关专业部门

我国实行国务院建设行政主管部门统一监督管理，各专业部门按照国务院确定的职责分别对其管理范围内的专业工程进行监督管理。根据国务院批准的“三定”方案的规定，住房和城乡建设部是负责全国建设行政管理的职能部门，铁路、交通、水利等有关部门分别对专业建设工程进行监督管理。县级以上人民政府建设行政主管部门在本行政区域内实行建设工程质量监督管理，专业部门按其职责对本专业建设工程质量实行监督管理。

这种管理体制明确了政府各部门的职责，职权划分清晰，权力与职责一致，谁管理谁负责，有利于对建设工程质量实施监督管理。

（二）工程质量监督机构

对建设工程质量进行监督管理的主要是各级政府建设行政主管部门和其他有关部门。但是，建设工程周期长，环节多，工程质量监督工作是一项专业性强且有十分复杂的工作，政府部门不可能有庞大的编制亲自进行日常检查工作，这就需要委托由政府认可的第三方，即具有独立法人资格的单位来代行工程质量监督职能。也就是说，建设工程质量的监督管理职责可以由建设行政主管部门或者其他有关部门委托的工程质量监督机构承担。

工程质量监督机构是指经建设行政主管部门或其他有关部门考核，具有法人独立资格的单位。它受政府建设行政主管部门或有关专业部门的委托，对建设工程质量具体实施监督管理，并对委托的政府有关部门负责。《建设工程质量管理条例》规定从事房屋建筑工程和市政基础设施工程质量监督的机构，必须按照国家有关规定经国务院建设行政主管部门或者省、自治区、直辖市人民政府建设行政主管部门考核。从事专业建设工程质量监督的机构，必须按照国家有关规定经国务院有关部门或者省、自治区、直辖市人民政府有关部门考核。经考核合格后，方可实施质量监督。工程质量监督机构必须拥有一定数量的质量监督工程师，有满足工程质量监督检查工作需要的工具和设备。有关工程质量监督机构的资格、工程质量监督工程师管理办法，目前正由住房和城乡建设部制定。

## 二、工程质量监督管理职责

国务院建设行政主管部门对全国的建设工程质量实施统一监督管理。国务院铁路、交通、水利等有关部门按照国务院规定的职责分工，负责对全国的有关专业建设工程质量的监督管理。县级以上地方人民政府建设行政主管部门对本行政区域内的建设工程质量实施监督管理。县级以上地方人民政府交通、水利等有关部门在各自的职责范围内，负责对本行政区域内的专业建设工程质量的监督管理。

国务院建设行政主管部门和国务院铁路、交通、水利等有关部门应当加强对有关建设工程质量的法律、法规和强制性标准执行情况的监督检查。国务院发展计划部门按照国务院规定的职责，组织稽察特派员，对国家出资的重大建设项目实施监督检查。国务院经济贸易主管部门按照国务院规定的职责，对国家重大技术改造项目实施监督检查。

《建设工程质量管理条例》规定，县级以上人民政府建设行政主管部门和其他有关部门履行监督检查职责时，有权采取下列措施：

（1）要求被检查的单位提供有关工程质量的文件和资料。

（2）进入被检查单位的施工现场进行检查。

（3）发现有影响工程质量的问题时，责令改正。

## 三、工程竣工验收备案制度

《建设工程质量管理条例》确立了建设工程竣工验收备案制度。该项制度是加强政府监督管理，防止不合格工程流向社会的一个重要手段。结合《建设工程质量管理条例》和《房屋建筑和市政基础设施工程竣工验收备案管理办法》（2009 年 10 月 19 日住房和城乡建设部令第 2 号发布）的有关规定，建设单位应当自工程竣工验收合格之日起 15 日内，依照本办法规定，向工程所在地的县级以上地方人民政府建设主管部门备案。建设单位办理工程竣工验收备案应提交以下材料：

（1）工程竣工验收备案表。

（2）工程竣工验收报告。竣工验收报告应当包括工程报建日期，施工许可证号，施工图设计文件审查意见，勘察、设计、施工、工程监理等单位分别签署的质量合格文件及验收人员签署的竣工验收原始文件，市政基础设施的有关质量检测和功能性试验资料以及备案机关认为需要提供的有关资料。

（3）法律、行政法规规定应当由规划、环保等部门出具的认可文件或者准许使用文件。

（4）法律规定应当由公安消防部门出具的对大型的人员密集场所和其他特殊建设工程验收合格的证明文件。

（5）施工单位签署的工程质量保修书。

（6）法规、规章规定必须提供的其他文件。

（7）住宅工程还应当提交《住宅质量保证书》和《住宅使用说明书》。

建设行政主管部门或其他有关部门收到建设单位的竣工验收备案文件后，依据质量监督机构的监督报告，发现建设单位在竣工验收过程中有违反国家有关建设工程质量管理规定行为的，责令停止使用，重新组织竣工验收后，再办理竣工验收备案。建设单位有下列违法行为的，要按照有关规定予以行政处罚：

（1）在工程竣工验收合格之日起 15 日内未办理工程竣工验收备案。

（2）在重新组织竣工验收前擅自使用工程。

（3）采用虚假证明文件办理竣工验收备案。

## 四、工程质量事故报告制度

工程质量事故报告制度是《建设工程质量管理条例》确立的一项重要制度。建设工程发生质量事故后，有关单位应当在 24 小时内向当地建设行政主管部门和其他有关部门报告。对重大质量事故，事故发生地的建设行政主管部门和其他有关部门应当按照事故类别和等级向当地人民政府和上级建设行政主管部门和其他有关部门报告。《建设工程安全生产管理条例》（2003 年 11 月 24 日国务院令第 393 号公布，自 2004 年 2 月 1 日起施行）和《生产安全事故报告和调查处理条例》（2007 年国务院令 493 号公布，自 2007 年 6 月 1 日起施行）对重大事故的等级、重大事故的报告和现场保护、重大事故的调查等均有详细规定。事故发生后隐瞒不报、谎报、故意拖延报告期限的、故意破坏现场的、阻碍调查工作正常进行的、无正当理由拒绝调查组查询或者拒绝提供与事故有关情况、资料的，以及提供伪证的，由其所在单位或上级主管部门按有关规定给予行政处分。构成犯罪的，由司法机关依法追究刑事责任。

### 五、工程质量检举、控告、投诉制度

《建筑法》与《建设工程质量管理条例》均明确，任何单位和个人对建设工程的质量事故、质量缺陷都有权检举、控告、投诉。工程质量检举、控告、投诉制度是为了更好地发挥群众监督和社会舆论监督的作用，是保证建设工程质量的一项有效措施。

《建设工程质量投诉处理暂行规定》（1997 年 4 月 2 日建设部发布）对该项制度的实施作出了规定。

（一）工程质量投诉的范围

工程质量投诉，是指公民、法人和其他组织通过信函、电话、来访等形式反映工程质量问题的活动。凡是新建、改建、扩建的各类建筑安装、市政、公用、装饰装修等建设工程，在保修期内和建设过程中发生的工程质量问题，均属投诉范围。对超过保修期，在使用过程中发生的工程质量问题，由产权单位或有关部门处理。

（二）负责工程质量投诉管理工作的部门及其职责

1. 建设部负责全国建设工程质量投诉管理工作。国务院各有关主管部门的工程质量投诉受理工作，由各部门根据具体情况指定专门机构负责。省、自治区、直辖市建设行政主管部门指定专门机构，负责受理工程质量的投诉。

建设部对工程质量投诉管理工作的主要职责是：

（1）制定工程质量投诉处理的有关规定和办法。

（2）对各省、自治区、直辖市和国务院有关部门的投诉处理工作进行指导、督促。

（3）受理全国范围内有重大影响的工程质量投诉。

2. 各省、自治区、直辖市建设行政主管部门和国务院各有关主管部门对工程质量投诉管理工作的主要职责是：

（1）贯彻国家有关建设工程质量方面的方针、政策和法律、法规、规章，制定本地区、本部门的工程质量投诉处理的有关规定和办法。

（2）组织、协调和督促本地区、本部门的工程质量投诉处理工作。

（3）受理本地区、本部门范围内的工程质量投诉。

市（地）、县建委（建设局）的工程质量投诉管理机构和职责，由省、自治区、直辖市建设行政主管部门或地方人民政府确定。

（三）投诉处理机构的职责和义务

（1）投诉处理机构要督促工程质量责任方，按照有关规定，认真处理好用户的工程质量投诉。要做好投诉登记工作。

（2）对需要几个部门共同处理的投诉，投诉处理机构要主动与有关部门协商，在政府的统一领导和协调下，有关部门各司其职，协同处理。

（3）建设部批转各地区、各部门处理的工程质量投诉材料，各地区、各部门的投

诉处理机构应在三个月内将调查和处理情况报建设部。

省级投诉处理机构受理的工程质量投诉，按照属地解决的原则，交由工程所在地的投诉处理机构处理，并要求报告处理结果。对于严重的工程质量问题可派人协助有关方面调查处理。

市、县级投诉处理机构受理的工程质量投诉，原则上应直接派人或与有关部门共同调查处理，不得层层转批。

(4) 对于投诉的工程质量问题，投诉处理机构要本着实事求是的原则，对合理的要求，要及时妥善处理。暂时解决不了的，要向投诉人作出解释，并责成工程质量责任方限期解决。对不合理的要求，要作出说明，经说明后仍坚持无理要求的，应给予批评教育。对注明联系地址和联系人姓名的投诉，要将处理的情况通知投诉人。

(5) 在处理工程质量投诉过程中，不得将工程质量投诉中涉及的检举、揭发、控告材料及有关情况，透露或者转送给被检举、揭发、控告的人员和单位。任何组织和个人不得压制、打击报复、迫害投诉人。

(6) 各级建设行政主管部门要把处理工程质量投诉作为工程质量监督管理工作的重要内容抓好。对在工程质量投诉处理工作中做出成绩的单位和个人，要给予表彰。对在处理投诉工作中不履行职责、敷衍、推诿、拖延的单位及人员，要给予批评教育。

## 第五节　建设工程质量法律责任

### 一、建设单位的法律责任

(一) 发包给不具有相应资质的承包人

建设单位将建设工程发包给不具有相应资质等级的勘察、设计、施工单位或者委托给不具有相应资质等级的工程监理单位的，责令改正，处以 50 万元以上 100 万元以下的罚款。

(二) 肢解发包

建设单位将建设工程肢解发包的，责令改正，处以工程合同价款 0.5%以上 1%以下的罚款；对全部或者部分使用国有资金的项目，并可以暂停项目执行或者暂停资金拨付。

(三) 擅自施工

建设单位未取得施工许可证或者开工报告未经批准，擅自施工的，责令停止施工，限期改正，处以工程合同价款 1%以上 2%以下的罚款。

(四) 未备案

建设工程竣工验收后，建设单位未向建设行政主管部门或者其他有关部门移交建设项目档案的，责令改正，处以 1 万元以上 10 万元以下的罚款。

（五）其他违法行为

1. 建设单位有下列行为之一的，责令改正，处以 20 万元以上 50 万元以下的罚款：

（1）迫使承包方以低于成本的价格竞标的。

（2）任意压缩合理工期的。

（3）明示或者暗示设计单位或者施工单位违反工程建设强制性标准，降低工程质量的。

（4）施工图设计文件未经审查或者审查不合格，擅自施工的。

（5）建设项目必须实行工程监理而未实行工程监理的。

（6）未按照国家规定办理工程质量监督手续的。

（7）明示或者暗示施工单位使用不合格的建筑材料、建筑构配件和设备的。

（8）未按照国家规定将竣工验收报告、有关认可文件或者准许使用文件报送备案的。

2. 建设单位有下列行为之一的，责令改正，处以工程合同价款 2%以上 4%以下的罚款；造成损失的，依法承担赔偿责任。

（1）未组织竣工验收，擅自交付使用的。

（2）验收不合格，擅自交付使用的。

（3）对不合格的建设工程按照合格工程验收的。

## 二、勘察、设计单位的法律责任

（一）设计单位不按标准设计影响工程质量

建筑设计单位不按照建筑工程质量、安全标准进行设计的，责令改正，处以罚款。造成工程质量事故的，责令停业整顿，降低资质等级或者吊销资质证书，没收违法所得，并处罚款。造成损失的，承担赔偿责任。构成犯罪的，依法追究刑事责任。

（二）《建设工程质量管理条例》规定，有下列行为之一的，责令改正，处以 10 万元以上 30 万元以下的罚款：

（1）勘察单位未按照工程建设强制性标准进行勘察的。

（2）设计单位未根据勘察成果文件进行工程设计的。

（3）设计单位指定建筑材料、建筑构配件的生产厂、供应商的。

（4）设计单位未按照工程建设强制性标准进行设计的。

有上述行为，造成工程质量事故的，责令停业整顿，降低资质等级。情节严重的，吊销资质证书。造成损失的，依法承担赔偿责任。

## 三、施工单位的法律责任

（一）转让、出借资质证书承揽工程影响工程质量

建筑施工企业转让、出借资质证书或者以其他方式允许他人以本企业的名义承揽工程的，责令改正，没收违法所得，并处罚款，可以责令停业整顿，降低资质等级。情节严重的，吊销资质证书。对因该项承揽工程不符合规定的质量标准造成的损失，建筑施工企业与使用本企业名义的单位或者个人承担连带赔偿责任。

（二）偷工减料影响工程质量

施工单位在施工中偷工减料的，使用不合格的建筑材料、建筑构配件和设备的，或者有不按照工程设计图纸或者施工技术标准施工的其他行为的，责令改正，处工程合同价款2%以上4%以下的罚款。造成建设工程质量不符合规定的质量标准的，负责返工、修理，并赔偿因此造成的损失。情节严重的，责令停业整顿，降低资质等级或者吊销资质证书。承包单位将承包的工程转包的，或者违反本法规定进行分包的，责令改正，没收违法所得，并处罚款，可以责令停业整顿，降低资质等级。情节严重的，吊销资质证书。

承包单位有上述规定的违法行为的，对因转包工程或者违法分包的工程不符合规定的质量标准造成的损失，与接受转包或者分包的单位承担连带赔偿责任。

（三）未检验建筑材料质量

施工单位未对建筑材料、建筑构配件、设备和商品混凝土进行检验，或者未对涉及结构安全的试块、试件以及有关材料取样检测的，责令改正，处以10万元以上20万元以下的罚款。情节严重的，责令停业整顿，降低资质等级或者吊销资质证书。造成损失的，依法承担赔偿责任。

（四）未履行保修义务

施工单位不履行保修义务或者拖延履行保修义务的，责令改正，处以10万元以上20万元以下的罚款，并对在保修期内因质量缺陷造成的损失承担赔偿责任。

## 四、监理单位的法律责任

（一）监理单位与建设单位串通降低工程质量

工程监理单位与建设单位或者建筑施工企业串通，弄虚作假、降低工程质量的，责令改正，处以罚款，降低资质等级或者吊销资质证书；有违法所得的，予以没收；造成损失的，承担连带赔偿责任；构成犯罪的，依法追究刑事责任。

（二）转让监理业务

工程监理单位转让工程监理业务的，责令改正，没收违法所得，处合同约定的监理酬金25%以上50%以下的罚款。可以责令停业整顿，降低资质等级。情节严重的，

吊销资质证书。

（三）监理单位与被监理单位有利害关系

工程监理单位与被监理工程的施工承包单位以及建筑材料、建筑构配件和设备供应单位有隶属关系或者其他利害关系承担该项建设工程的监理业务的，责令改正，处以5万元以上10万元以下的罚款，降低资质等级或者吊销资质证书；有违法所得的，予以没收。

（四）无设计方案擅自施工

涉及建筑主体或者承重结构变动的装修工程，没有设计方案擅自施工的，责令改正，处以50万元以上100万元以下的罚款；房屋建筑使用者在装修过程中擅自变动房屋建筑主体和承重结构的，责令改正，处以5万元以上10万元以下的罚款。造成损失的，依法承担赔偿责任。

（五）隐瞒事故

发生重大工程质量事故隐瞒不报、谎报或者拖延报告期限的，对直接负责的主管人员和其他责任人员依法给予行政处分。

（六）其他违法行为

1. 违法颁发施工许可证

负责颁发建筑工程施工许可证的部门及其工作人员对不符合施工条件的建筑工程颁发施工许可证的，负责工程质量监督检查或者竣工验收的部门及其工作人员对不合格的建筑工程出具质量合格文件或者按合格工程验收的，由上级机关责令改正，对责任人员给予行政处分。构成犯罪的，依法追究刑事责任。造成损失的，由该部门承担相应的赔偿责任。

2. 要求购买指定建筑材料、建筑构配件

供水、供电、供气、公安消防等部门或者单位明示或者暗示建设单位或者施工单位购买其指定的生产供应单位的建筑材料、建筑构配件和设备的，责令改正。

3. 玩忽职守、徇私舞弊影响工程质量

国家机关工作人员在建设工程质量监督管理工作中玩忽职守、滥用职权、徇私舞弊，构成犯罪的，依法追究刑事责任；尚不构成犯罪的，依法给予行政处分。

工程监理单位有下列行为之一的，责令改正，处以50万元以上100万元以下的罚款，降低资质等级或者吊销资质证书；有违法所得的，予以没收；造成损失的，承担连带赔偿责任：

（1）与建设单位或者施工单位串通，弄虚作假、降低工程质量的。

（2）将不合格的建设工程、建筑材料、建筑构配件和设备按照合格签字的。

（3）监督管理部门及其工作人员的法律责任

## 第六节　建设工程质量检测管理

建设工程质量检测（以下简称质量检测），是指工程质量检测机构（以下简称检测机构）接受委托，依据国家有关法律、法规和工程建设强制性标准，对涉及结构安全项目的抽样检测和对进入施工现场的建筑材料、构配件的见证取样检测。质量检测业务，由工程项目建设单位委托具有相应资质的检测机构进行检测。委托方与被委托方应当签订书面合同。

### 一、检测机构

检测机构是具有独立法人资格的中介机构。检测机构资质按照其承担的检测业务内容分为专项检测机构资质和见证取样检测机构资质。检测机构未取得相应的资质证书，不得承担法律法规规定的质量检测业务。

检测机构在资质证书有效期内没有下列行为的，资质证书有效期届满时，经原审批机关同意，不再审查，资质证书有效期延期3年，由原审批机关在其资质证书副本上加盖延期专用章。检测机构在资质证书有效期内有下列行为之一的，原审批机关不予延期：

（1）超出资质范围从事检测活动的。

（2）转包检测业务的。

（3）涂改、倒卖、出租、出借或者以其他形式非法转让资质证书的。

（4）未按照国家有关工程建设强制性标准进行检测，造成质量安全事故或致使事故损失扩大的。

（5）伪造检测数据，出具虚假检测报告或者鉴定结论的。

检测机构取得检测机构资质后，不再符合相应资质标准的，省、自治区、直辖市人民政府建设主管部门根据利害关系人的请求或者依据职权，可以责令其限期改正。逾期不改的，可以撤回相应的资质证书。

检测机构变更名称、地址、法定代表人、技术负责人，应当在3个月内到原审批机关办理变更手续。

### 二、检测内容

（一）专项检测

1. 地基基础工程检测

（1）地基及复合地基承载力静载检测。

（2）桩的承载力检测。

（3）桩身完整性检测。

（4）锚杆锁定力检测。

2. 主体结构工程现场检测

（1）混凝土、砂浆、砌体强度现场检测。

（2）钢筋保护层厚度检测。

（3）混凝土预制构件结构性能检测。

（4）后置埋件的力学性能检测。

3. 建筑幕墙工程检测

（1）建筑幕墙的气密性、水密性、风压变形性能、层间变位性能检测。

（2）硅酮结构胶相容性检测。

4. 钢结构工程检测

（1）钢结构焊接质量无损检测。

（2）钢结构防腐及防火涂装检测。

（3）钢结构节点、机械连接用紧固标准件及高强度螺栓力学性能检测。

（4）钢网架结构的变形检测。

（二）见证取样检测

1. 水泥物理力学性能检验。

2. 钢筋（含焊接与机械连接）力学性能检验。

3. 砂、石常规检验。

4. 混凝土、砂浆强度检验。

5. 简易土工试验。

6. 混凝土掺加剂检验。

7. 预应力钢绞线、锚夹具检验。

8. 沥青、沥青混合料检验。

### 三、质量检测程序

（一）主管部门接受申请材料

省、自治区、直辖市人民政府建设主管部门在收到申请人的申请材料后，应当即时作出是否受理的决定，并向申请人出具书面凭证；申请材料不齐全或者不符合法定形式的，应当在5日内一次性告知申请人需要补正的全部内容。逾期不告知的，自收到申请材料之日起即为受理。

（二）主管部门受理、审查申请

省、自治区、直辖市建设主管部门受理资质申请后，应当对申报材料进行审查，自受理之日起20个工作日内审批完毕并作出书面决定。对符合资质标准的，自作出决定之日起10个工作日内颁发《检测机构资质证书》，并报国务院建设主管部门备案。

（三）资质证书

《检测机构资质证书》应当注明检测业务范围，分为正本和副本，由国务院建设主管部门制定式样，正、副本具有同等法律效力。

检测机构资质证书有效期为3年。资质证书有效期满需要延期的，检测机构应当在资质证书有效期满30个工作日前申请办理延期手续。

## 四、检测机构的权利和义务

（一）检测机构应严格遵守有关质量的法律和强制性标准规定

1. 质量检测试样的取样应当严格执行有关工程建设标准和国家有关规定，在建设单位或者工程监理单位监督下现场取样。提供质量检测试样的单位和个人，应当对试样的真实性负责。

2. 检测机构违反法律、法规和工程建设强制性标准，给他人造成损失的，应当依法承担相应的赔偿责任。

（二）检测机构应及时出具检测报告

1. 检测机构完成检测业务后，应当及时出具检测报告。检测报告经检测人员签字、检测机构法定代表人或者其授权的签字人签署，并加盖检测机构公章或者检测专用章后方可生效。检测报告经建设单位或者工程监理单位确认后，由施工单位归档。

见证取样检测的检测报告中应当注明见证人单位及姓名。

2. 检测机构应当对其检测数据和检测报告的真实性和准确性负责。任何单位和个人不得明示或者暗示检测机构出具虚假检测报告，不得篡改或者伪造检测报告。

（三）检测机构应遵守承揽业务的法律规定

1. 不得与相关业务单位有利害关系

检测机构不得与行政机关，法律、法规授权的具有管理公共事务职能的组织以及所检测工程项目相关的设计单位、施工单位、监理单位有隶属关系或者其他利害关系。

2. 检测机构不得转包检测业务。

3. 任何单位和个人不得涂改、倒卖、出租、出借或者以其他形式非法转让资质证书。

4. 检测机构和检测人员不得推荐或者监制建筑材料、构配件和设备。

（四）检测机构应遵守有关备案的规定

1. 检测机构跨省、自治区、直辖市承担检测业务的，应当向工程所在地的省、自治区、直辖市人民政府建设主管部门备案。

2. 检测机构应当建立档案管理制度。检测合同、委托单、原始记录、检测报告应当按年度统一编号，编号应当连续，不得随意抽撤、涂改。

检测机构应当单独建立检测结果不合格项目台账。

3. 检测机构应当将检测过程中发现的建设单位、监理单位、施工单位违反有关法律、法规和工程建设强制性标准的情况，以及涉及结构安全检测结果的不合格情况，及时报告工程所在地建设主管部门。

## 五、监督管理

（一）监督管理部门

国务院建设主管部门负责对全国质量检测活动实施监督管理，并负责制定检测机构资质标准。

省、自治区、直辖市人民政府建设主管部门负责对本行政区域内的质量检测活动实施监督管理，并负责检测机构的资质审批。

市、县人民政府建设主管部门负责对本行政区域内的质量检测活动实施监督管理。

（二）监督管理内容

县级以上地方人民政府建设主管部门应当加强对检测机构的监督检查，主要检查下列内容：

1. 是否符合本办法规定的资质标准。

2. 是否超出资质范围从事质量检测活动。

3. 是否有涂改、倒卖、出租、出借或者以其他形式非法转让资质证书的行为。

4. 是否按规定在检测报告上签字盖章，检测报告是否真实。

5. 检测机构是否按有关技术标准和规定进行检测。

6. 仪器设备及环境条件是否符合计量认证要求。

7. 法律、法规规定的其他事项。

（三）监管机构的权利

设主管部门实施监督检查时，有权采取下列措施：

1. 要求检测机构或者委托方提供相关的文件和资料。

2. 进入检测机构的工作场地（包括施工现场）进行抽查。

3. 组织进行比对试验以验证检测机构的检测能力。

4. 发现有不符合国家有关法律、法规和工程建设标准要求的检测行为时，责令改正。

建设主管部门在监督检查中为收集证据的需要，可以对有关试样和检测资料采取抽样取证的方法。在证据可能灭失或者以后难以取得的情况下，经部门负责人批准，可以先行登记保存有关试样和检测资料，并应当在 7 日内及时作出处理决定，在此期间，当事人或者有关人员不得销毁或者转移有关试样和检测资料。

县级以上地方人民政府建设主管部门，对监督检查中发现的问题应当按规定权限进行处理，并及时报告资质审批机关。

## 六、投诉管理

建设主管部门应当建立投诉受理和处理制度，公开投诉电话号码、通信地址和电子邮件信箱。

检测机构违反国家有关法律、法规和工程建设标准规定进行检测的，任何单位和个人都有权向建设主管部门投诉。建设主管部门收到投诉后，应当及时核实并依据相关办法对检测机构作出相应的处理决定，于30日内将处理意见答复投诉人。

## 七、法律责任

（一）委托人的法律责任

委托方有下列行为之一的，由县级以上地方人民政府建设主管部门责令改正，处1万元以上3万元以下的罚款：

1. 委托未取得相应资质的检测机构进行检测的。

2. 明示或暗示检测机构出具虚假检测报告，篡改或伪造检测报告的。

3. 弄虚作假送检试样的。

（二）检测机构的法律责任

1. 违反资质管理的规定

（1）未取得相应的资质，擅自承担检测业务的，其检测报告无效，由县级以上地方人民政府建设主管部门责令改正，并处以1万元以上3万元以下的罚款。

（2）检测机构隐瞒有关情况或者提供虚假材料申请资质的，省、自治区、直辖市人民政府建设主管部门不予受理或者不予行政许可，并给予警告，1年之内不得再次申请资质。

（3）以欺骗、贿赂等不正当手段取得资质证书的，由省、自治区、直辖市人民政府建设主管部门撤销其资质证书，3年内不得再次申请资质证书；并由县级以上地方人民政府建设主管部门处以1万元以上3万元以下的罚款；构成犯罪的，依法追究刑事责任。

2. 出具虚假报告

检测机构伪造检测数据，出具虚假检测报告或者鉴定结论的，县级以上地方人民政府建设主管部门给予警告，并处以3万元罚款；给他人造成损失的，依法承担赔偿责任；构成犯罪的，依法追究其刑事责任。

3. 检测机构违反本办法规定，有下列行为之一的，由县级以上地方人民政府建设主管部门责令改正，可并处以1万元以上3万元以下的罚款；构成犯罪的，依法追究刑事责任：

（1）超出资质范围从事检测活动的。

（2）涂改、倒卖、出租、出借、转让资质证书的。

（3）使用不符合条件的检测人员的。

（4）未按规定上报发现的违法违规行为和检测不合格事项的。

（5）未按规定在检测报告上签字盖章的。

（6）未按照国家有关工程建设强制性标准进行检测的。

（7）档案资料管理混乱，造成检测数据无法追溯的。

（8）转包检测业务的。

（三）建设主管部门的法律责任

县级以上人民政府建设主管部门工作人员在质量检测管理工作中，有下列情形之一的，依法给予行政处分。构成犯罪的，依法追究刑事责任：

1. 对不符合法定条件的申请人颁发资质证书的。

2. 对符合法定条件的申请人不予颁发资质证书的。

3. 对符合法定条件的申请人未在法定期限内颁发资质证书的。

4. 利用职务上的便利，收受他人财物或者其他好处的。

5. 不依法履行监督管理职责，或者发现违法行为不予查处的。

## 第七节　水利工程质量管理

水利工程是指由国家投资、中央和地方合资、地方投资以及其他投资方式兴建的防洪、除涝、灌溉、水力发电、供水、围垦等（包括配套与附属工程）各类水利工程。

水利工程质量是指在国家和水利行业现行的有关法律、法规、技术标准和批准的设计文件及工程合同中，对兴建的水利工程的安全、适用、经济、美观等特性的综合要求。

### 一、总则

1. 水利部负责全国水利工程质量管理工作。

各流域机构负责本流域由流域机构管辖的水利工程的质量管理工作，指导地方水行政主管部门的质量管理工作。

各省、自治区、直辖市水行政主管部门负责本行政区域内水利工程质量管理工作。

2. 水利工程质量实行项目法人（建设单位）负责、监理单位控制、施工单位保证和政府监督相结合的质量管理体制。

水利工程质量由项目法人（建设单位）负全面责任。监理、施工、设计单位按照合同及有关规定对各自承担的工作负责。质量监督机构履行政府部门监督职能，不代替项目法人（建设单位）、监理、设计、施工单位的质量管理工作。水利工程建设各方均有责任和权利向有关部门和质量监督机构反映工程质量问题。

3. 水利工程项目法人（建设单位）、监理、设计、施工等单位的负责人，对本单位的质量工作负领导责任。各单位在工程现场的项目负责人对本单位在工程现场的质量工作负直接领导责任。各单位的工程技术负责人对质量工作负技术责任。具体工作人员为直接责任人。

4. 水利工程建设各单位要积极推行全面质量管理，采用先进的质量管理模式和管理手段，推广先进的科学技术和施工工艺，依靠科技进步和加强管理，努力创建优质工程，不断提高工程质量。

各级水行政主管部门要对提高工程质量作出贡献的单位和个人实行奖励。

5. 水利工程建设各单位要加强质量法制教育，增强质量法制观念，把提高劳动者的素质作为提高质量的重要环节，加强对管理人员和职工的质量意识和质量管理知识的教育，建立和完善质量管理的激励机制，积极开展群众性质量管理和合理化建议活动。

## 二、工程质量监督管理

1. 政府对水利工程的质量实行监督的制度。

水利工程按照分级管理的原则由相应水行政主管部门授权的质量监督机构实施质量监督。

2. 各级水利工程质量监督机构，必须建立健全质量监督工作机制，完善监督手段，增强质量监督的权威性和有效性。

各级水利工程质量监督机构，要加强对贯彻执行国家和水利部有关质量法规、规范情况的检查，坚决查处有法不依、执法不严、违法不究以及滥用职权的行为。

3. 水利工程质量监督机构负责监督设计、监理、施工单位在其资质等级允许范围内从事水利工程建设的质量工作。负责检查、督促建设、监理、设计、施工单位建立健全质量体系。

水利工程质量监督机构，按照国家和水利行业有关工程建设法规、技术标准和设计文件实施工程质量监督，对施工现场影响工程质量的行为进行监督检查。

4. 水利工程质量监督实施以抽查为主的监督方式，运用法律和行政手段，做好监督抽查后的处理工作。工程竣工验收前，质量监督机构应对工程质量结论进行核备。未经质量核备的工程，项目法人不得报验，工程主管部门不得验收。

5. 根据需要，质量监督机构可委托具有相应资质的检测单位，对水利工程有关部位以及所采用的建筑材料和工程设备进行抽样检测。

## 三、项目法人（建设单位）质量管理

1. 项目法人（建设单位）应根据国家和水利部有关规定依法设立，主动接受水利工程质量监督机构对其质量体系的监督检查。

2. 项目法人（建设单位）应根据工程规模和工程特点，按照水利部有关规定，通过资质审查招标选择勘测设计、施工、监理单位并实行合同管理。在合同文件中，必须有工程质量条款，明确图纸、资料、工程、材料、设备等的质量标准及合同双方的质量责任。

3. 项目法人（建设单位）要加强工程质量管理，建立健全施工质量检查体系，根据工程特点建立质量管理机构和质量管理制度。

4. 项目法人（建设单位）在工程开工前，应按规定向水利工程质量监督机构办理工程质量监督手续。在工程施工过程中，应主动接受质量监督机构对工程质量的监督检查。

5. 项目法人（建设单位）应组织设计和施工单位进行设计交底。施工中应对工程质量进行检查，工程完工后，应及时组织有关单位进行工程质量验收、签证。

## 四、监理单位质量管理

1. 监理单位必须持有水利部颁发的监理单位资格等级证书，依照核定的监理范围承担相应水利工程的监理任务。监理单位必须接受水利工程质量监督机构对其监理资格质量检查体系及质量监理工作的监督检查。

2. 监理单位必须严格执行国家法律、水利行业法规、技术标准，严格履行监理合同。

3. 监理单位根据所承担的监理任务向水利工程施工现场派出相应的监理机构，人员配备必须满足项目要求。监理工程师应当持证上岗。

4. 监理单位应根据监理合同参与招标工作，从保证工程质量全面履行工程承建合同出发，签发施工图纸；审查施工单位的施工组织设计和技术措施；指导监督合同中有关质量标准、要求的实施；参加工程质量检查、工程质量事故调查处理和工程验收工作。

## 五、设计单位质量管理

1. 设计单位必须按其资质等级及业务范围承担勘测设计任务，并应主动接受水利工程质量监督机构对其资质等级及质量体系的监督检查。

2. 设计单位必须建立健全设计质量保证体系，加强设计过程质量控制，健全设计文件的审核、会签批准制度，做好设计文件的技术交底工作。

3. 设计文件必须符合下列基本要求：

（1）设计文件应当符合国家、水利行业有关工程建设法规、工程勘测设计技术规程、标准和合同的要求。

（2）设计依据的基本资料应完整、准确、可靠，设计论证充分，计算成果可靠。

（3）设计文件的深度应满足相应设计阶段有关规定要求，设计质量必须满足工程质量、安全需要并符合设计规范的要求。

4. 设计单位应按合同规定及时提供设计文件及施工图纸，在施工过程中要随时掌握施工现场情况，优化设计，解决有关设计问题。对大中型工程，设计单位应按合同规定在施工现场设立设计代表机构或派驻设计代表。

5. 设计单位应按水利部有关规定在阶段验收、单位工程验收和竣工验收中，对施工质量是否满足设计要求提出评价意见。

## 六、施工单位质量管理

1. 施工单位必须按其资质等级和业务范围承揽工程施工任务，接受水利工程质量监督机构对其资质和质量保证体系的监督检查。

2. 施工单位必须依据国家、水利行业有关工程建设法规、技术规程、技术标准的规定以及设计文件和施工合同的要求进行施工，并对其施工的工程质量负责。

3. 施工单位不得将其承接的水利建设项目的主体工程进行转包。对工程的分包，分包单位必须具备相应资质等级，并对其分包工程的施工质量向总包单位负责，总包单位对全部工程质量向项目法人（建设单位）负责。工程分包必须经过项目法人（建设单位）的认可。

4. 施工单位要推行全面质量管理，建立健全质量保证体系，制定和完善岗位质量规范、质量责任及考核办法，落实质量责任制。在施工过程中要加强质量检验工作，认真执行“三检制”，切实做好工程质量的全过程控制。

5. 工程发生质量事故，施工单位必须按照有关规定向监理单位、项目法人（建设单位）及有关部门报告，并保护好现场，接受工程质量事故调查，认真进行事故处理。

6. 竣工工程质量必须符合国家和水利行业现行的工程标准及设计文件要求，并应向项目法人（建设单位）提交完整的技术档案、试验成果及有关资料。

## 七、建筑材料、设备采购的质量管理和工程保修

1. 建筑材料和工程设备的质量由采购单位承担相应责任。凡进入施工现场的建筑材料和工程设备均应按有关规定进行检验。经检验不合格的产品不得用于工程。

2. 建筑材料和工程设备的采购单位具有按合同规定自主采购的权利，其他单位或个人不得干预。

3. 建筑材料或工程设备应当符合下列要求：

（1）有产品质量检验合格证明。

（2）有中文标明的产品名称、生产厂名和厂址。

（3）产品包装和商标式样符合国家有关规定和标准要求。

（4）工程设备应有产品详细的使用说明书，电气设备还应附有线路图。

（5）实施生产许可证或实行质量认证的产品，应当具有相应的许可证或认证证书。

4. 水利工程保修期从通过单项合同工程完工验收之日算起，保修期限按法律法规和合同约定执行。

工程质量出现永久性缺陷的，承担责任的期限不受以上保修期限制。

5. 水利工程在规定的保修期内，出现工程质量问题，一般由原施工单位承担保修，所需费用由责任方承担。

## 八、法律责任

1. 水利工程发生重大工程质量事故，应严肃处理。对责任单位予以通报批评、降低资质等级或收缴资质证书；对责任人给予行政纪律处分，构成犯罪的，移交司法机关进行处理。

2. 因水利工程质量事故造成人身伤亡及财产损失的，责任单位应按有关规定，给予受损方经济赔偿。

3. 项目法人（建设单位）有下列行为之一的，由其主管部门予以通报批评或其他纪律处理。

（1）未按规定选择相应资质等级的勘测设计、施工、监理单位的。

（2）未按规定办理工程质量监督手续的。

（3）未按规定及时进行已完工程验收就进行下一阶段施工和未经竣工或阶段验收，而将工程交付使用的。

（4）发生重大工程质量事故没有按有关规定及时向有关部门报告的。

4. 勘测设计、施工、监理单位有下列行为之一的，根据情节轻重，予以通报批评、降低资质等级直至收缴资质证书，经济处理按合同规定办理，触犯法律的，按国家有关法律处理：

（1）无证或超越资质等级承接任务的。

（2）不接受水利工程质量监督机构监督的。

（3）设计文件不符合《水利工程质量管理规定》（2017 年修订）第二十七条要求的。

（4）竣工交付使用的工程不符合《水利工程质量管理规定》（2017 年修订）第三十五条要求的。

（5）未按规定实行质量保修的。

（6）使用未经检验或检验不合格的建筑材料和工程设备，或在工程施工中粗制滥造、偷工减料、伪造记录的。

(7) 发生重大工程质量事故没有及时按有关规定向有关部门报告的。

(8) 工程质量等级评定为不合格，或者工程需加固、拆除的。

5. 检测单位伪造检验数据或伪造检验结论的，根据情节轻重，予以通报批评、降低资质等级直至收缴资质证书。因伪造行为造成严重后果的，按国家有关规定处理。

6. 对不认真履行水利工程质量监督职责的质量监督机构，由相应水行政主管部门或其上一级水利工程质量监督机构给予通报批评、撤换负责人或撤销授权并进行机构改组。

从事工程质量监督的工作人员执法不严，违法不究或者滥用职权、贪污受贿，由其所在单位或上级主管部门给予行政处分，构成犯罪的，依法追究刑事责任。

## 第八节　公路工程质量管理

公路水运工程，是指经依法审批、核准或者备案的公路、水运基础设施的新建、改建、扩建等建设项目。

公路水运工程质量，是指有关公路水运工程建设的法律、法规、规章、技术标准、经批准的设计文件以及工程合同对建设公路水运工程的安全、适用、经济、美观等特性的综合要求。

### 一、总则

1. 交通运输部负责全国公路水运工程质量监督管理工作。交通运输部长江航务管理局按照规定的职责对长江干线航道工程质量监督管理。

县级以上地方人民政府交通运输主管部门按照规定的职责负责本行政区域内的公路水运工程质量监督管理工作。

公路水运工程质量监督管理，可以由交通运输主管部门委托的建设工程质量监督机构具体实施。

2. 交通运输主管部门应当制定完善公路水运工程质量监督管理制度、政策措施，依法加强质量监督管理，提高质量监督管理水平。

3. 公路水运工程建设领域鼓励和支持质量管理新理念、新技术、新方法的推广应用。

### 二、质量管理责任和义务

1. 从业单位应当建立健全工程质量保证体系，制定质量管理制度，强化工程质量管理措施，完善工程质量目标保障机制。

公路水运工程施行质量责任终身制。建设、勘察、设计、施工、监理等单位应当书面明确相应的项目负责人和质量负责人。从业单位的相关人员按照国家法律法规和有关规定在工程合理使用年限内承担相应的质量责任。

2. 建设单位对工程质量负管理责任，应当科学组织管理，落实国家法律、法规、工程建设强制性标准的规定，严格执行国家有关工程建设管理程序，建立健全项目管理责任机制，完善工程项目管理制度，严格落实质量责任制。

3. 建设单位应当与勘察、设计、施工、监理等单位在合同中明确工程质量目标、质量管理责任和要求，加强对涉及质量的关键人员、施工设备等方面的合同履约管理，组织开展质量检查，督促有关单位及时整改质量问题。

4. 勘察、设计单位对勘察、设计质量负责，应当按照有关规定、强制性标准进行勘察、设计，保证勘察、设计工作深度和质量。勘察单位提供的勘察成果文件应当满足工程设计的需要。设计单位应当根据勘察成果文件进行工程设计。

5. 设计单位应当按照相关规定，做好设计交底、设计变更和后续服务工作，保障设计意图在施工中得以贯彻落实，及时处理施工中与设计相关的质量技术问题。

6. 公路水运工程交工验收前，设计单位应当对工程建设内容是否满足设计要求、是否达到使用功能等方面进行综合检查和分析评价，向建设单位出具工程设计符合性评价意见。

7. 施工单位对工程施工质量负责，应当按合同约定设立现场质量管理机构、配备工程技术人员和质量管理人员，落实工程施工质量责任制。

8. 施工单位应当严格按照工程设计图纸、施工技术标准和合同约定施工，对原材料、混合料、构配件、工程实体、机电设备等进行检验；按规定施行班组自检、工序交接检、专职质检员检验的质量控制程序；对分项工程、分部工程和单位工程进行质量自评。检验或者自评不合格的，不得进入下道工序或者投入使用。

9. 施工单位应当加强施工过程质量控制，并形成完整、可追溯的施工质量管理资料，主体工程的隐蔽部位施工还应当保留影像资料。对施工中出现的质量问题或者验收不合格的工程，应当负责返工处理；对在保修范围和保修期限内发生质量问题的工程，应当履行保修义务。

10. 勘察、设计、施工单位应当依法规范分包行为，并对各自承担的工程质量负总责，分包单位对分包合同范围内的工程质量负责。

11. 监理单位对施工质量负监理责任，应当按合同约定设立现场监理机构，按规定程序和标准进行工程质量检查、检测和验收，对发现的质量问题及时督促整改，不得降低工程质量标准。

公路水运工程交工验收前，监理单位应当根据有关标准和规范要求对工程质量进行检查验证，编制工程质量评定或者评估报告，并提交建设单位。

12. 施工、监理单位应当按照合同约定设立工地临时试验室，严格按照工程技术标准、检测规范和规程，在核定的试验检测参数范围内开展试验检测活动。

施工、监理单位应当对其设立的工地临时试验室所出具的试验检测数据和报告的真实性、客观性、准确性负责。

13. 材料和设备的供应单位应当按照有关规定和合同约定对其产品或者服务质量负责。

### 三、监督管理

1. 公路水运工程实行质量监督管理制度。

交通运输主管部门及其委托的建设工程质量监督机构应当依据法律、法规和强制性标准等，科学、规范、公正地开展公路水运工程质量监督管理工作。任何单位和个人不得非法干预或者阻挠质量监督管理工作。

2. 交通运输主管部门委托的建设工程质量监督机构应当满足以下基本条件：

（1）从事质量监督管理工作的专业技术人员数量不少于本单位职工总数的70%，且专业结构配置合理，满足质量监督管理工作需要，从事现场执法的人员应当按规定取得行政执法证件。

（2）具备开展质量监督管理的工作条件，按照有关装备标准配备质量监督检查所必要的检测设备、执法装备等。

（3）建立健全质量监督管理制度和工作机制，落实监督管理工作责任，加强业务培训。

质量监督管理工作经费应当由交通运输主管部门按照国家规定协调有关部门纳入同级财政预算予以保障。

3. 交通运输主管部门或者其委托的建设工程质量监督机构依法要求建设单位按规定办理质量监督手续。

建设单位应当按照国家规定向交通运输主管部门或者其委托的建设工程质量监督机构提交以下材料，办理工程质量监督手续：

（1）公路水运工程质量监督管理登记表。

（2）交通运输主管部门批复的施工图设计文件。

（3）施工、监理合同及招标投标文件。

（4）建设单位现场管理机构、人员、质量保证体系等文件。

（5）本单位以及勘察、设计、施工、监理、试验检测等单位对其项目负责人、质量负责人的书面授权委托书、质量保证体系等文件。

（6）依法要求提供的其他相关材料。

4. 建设单位提交的材料符合规定的，交通运输主管部门或者其委托的建设工程质量监督机构应当在15个工作日内为其办理工程质量监督手续，出具公路水运工程质量监督管理受理通知书。

公路水运工程质量监督管理受理通知书中应当明确监督人员、内容和方式等。

5. 建设单位在办理工程质量监督手续后、工程开工前，应当按照国家有关规定办理施工许可或者开工备案手续。

交通运输主管部门或者其委托的建设工程质量监督机构应当自建设单位办理完成施工许可或者开工备案手续之日起，至工程竣工验收完成之日止，依法开展公路水运工程建设的质量监督管理工作。

6. 公路水运工程交工验收前，建设单位应当组织对工程质量是否合格进行检测，出具交工验收质量检测报告，连同设计单位出具的工程设计符合性评价意见、监理单位提交的工程质量评定或者评估报告一并提交交通运输主管部门委托的建设工程质量监督机构。

交通运输主管部门委托的建设工程质量监督机构应当对建设单位提交的报告材料进行审核，并对工程质量进行验证性检测，出具工程交工质量核验意见。

工程交工质量核验意见应当包括交工验收质量检测工作组织、质量评定或者评估程序执行、监督管理过程中发现的质量问题整改以及工程质量验证性检测结果等情况。

7. 公路水运工程竣工验收前，交通运输主管部门委托的建设工程质量监督机构应当根据交通运输主管部门拟定的验收工作计划，组织对工程质量进行复测，并出具项目工程质量鉴定报告，明确工程质量水平；同时出具项目工程质量监督管理工作报告，对项目建设期质量监督管理工作进行全面总结。

工程质量鉴定报告应当以工程交工质量核验意见为参考，包括交工遗留问题和试运行期间出现的质量问题及整改、是否存在影响工程正常使用的质量缺陷、工程质量用户满意度调查及工程质量复测和鉴定结论等情况。

交通运输主管部门委托的建设工程质量监督机构应当将项目工程质量鉴定报告和项目工程质量监督管理工作报告提交负责组织竣工验收的交通运输主管部门。

8. 交通运输主管部门委托的建设工程质量监督机构具备相应检测能力的，可以自行对工程质量进行检测；不具备相应检测能力的，可以委托具有相应能力等级的第三方试验检测机构负责相应检测工作。委托试验检测机构开展检测工作的，应当遵守政府采购有关法律法规的要求。

9. 交通运输主管部门或者其委托的建设工程质量监督机构可以采取随机抽查、备案核查、专项督查等方式对从业单位实施监督检查。

公路水运工程质量监督管理工作实行项目监督责任制，可以明确专人或者设立工程项目质量监督组，实施项目质量监督管理工作。

10. 交通运输主管部门或者其委托的建设工程质量监督机构应当制定年度工程质量监督检查计划，确定检查内容、方式、频次以及有关要求等。监督检查的内容主要包括：

（1）从业单位对工程质量法律、法规的执行情况。

（2）从业单位对公路水运工程建设强制性标准的执行情况。

（3）从业单位质量责任落实及质量保证体系运行情况。

（4）主要工程材料、构配件的质量情况。

（5）主体结构工程实体质量等情况。

11. 实施监督检查时，应当有2名以上人员参加，并出示有效执法证件。检查人员对涉及被检查单位的技术秘密和商业秘密，应当为其保密。

12. 监督检查过程中，检查人员发现质量问题的，应当当场提出检查意见并做好记录。质量问题较为严重的，检查人员应当将检查时间、地点、内容、主要问题及处理意见形成书面记录，并由检查人员和被检查单位现场负责人签字。被检查单位现场负责人拒绝签字的，检查人员应当将情况记录在案。

13. 交通运输主管部门或者其委托的建设工程质量监督机构履行监督检查职责时，有权采取下列措施：

（1）进入被检查单位和施工现场进行检查。

（2）询问被检查单位工作人员，要求其说明有关情况。

（3）要求被检查单位提供有关工程质量的文件和材料。

（4）对工程材料、构配件、工程实体质量进行抽样检测。

（5）对发现的质量问题，责令改正，视情节依法对责任单位采取通报批评、罚款、停工整顿等处理措施。

14. 从业单位及其工作人员应当主动接受、配合交通运输主管部门或者其委托的建设工程质量监督机构的监督检查，不得拒绝或者阻碍。

15. 公路水运工程发生质量事故，建设、施工单位应当按照交通运输部制定的公路水运建设工程质量事故等级划分和报告制度，及时、如实报告。交通运输主管部门或者其委托的建设工程质量监督机构接到事故报告后，应当按有关规定上报事故情况，并及时组织事故抢救，组织或者参与事故调查。

16. 任何单位和个人都有权如实向交通运输主管部门及其委托的建设工程质量监督机构举报、投诉工程质量事故和质量问题。

17. 交通运输主管部门应当加强对工程质量数据的统计分析，建立健全质量动态信息发布和质量问题预警机制。

18. 交通运输主管部门应当完善公路水运工程质量信用档案，健全质量信用评价体系，加强对公路水运工程质量的信用评价管理，并按规定将有关信用信息纳入交通运输和相关统一信用信息共享平台。

19. 交通运输主管部门应当健全违法违规信息公开制度，将从业单位及其人员的失信行为、举报投诉并被查实的质量问题、发生的质量事故、监督检查结果等情况，依法向社会公开。

## 四、法律责任

1. 违反《建设工程质量管理条例》第十条规定，勘察、设计单位未按照工程建设强制性标准进行勘察、设计的，设计单位未根据勘察成果文件进行工程设计的，依照《建设工程质量管理条例》第六十三条规定，责令改正，按以下标准处以罚款；造成质量事故的，责令停工整顿：

（1）工程尚未开工建设的，处10万元以上20万元以下的罚款。

（2）工程已开工建设的，处20万元以上30万元以下的罚款。

2. 违反本规定[1]第十四条规定，施工单位不按照工程设计图纸或者施工技术标准施工的，依照《建设工程质量管理条例》第六十四条规定，责令改正，按以下标准处以罚款。情节严重的，责令停工整顿：

（1）未造成工程质量事故的，处所涉及单位工程合同价款2%的罚款。

（2）造成工程质量一般事故的，处所涉及单位工程合同价款2%以上3%以下的罚款。

（3）造成工程质量较大及以上等级事故的，处所涉及单位工程合同价款3%以上4%以下的罚款。

3. 违反本规定第十四条规定，施工单位未按规定对原材料、混合料、构配件等进行检验的，依照《建设工程质量管理条例》第六十五条规定，责令改正，按以下标准处以罚款。情节严重的，责令停工整顿：

（1）未造成工程质量事故的，处10万元以上15万元以下的罚款。

（2）造成工程质量事故的，处15万元以上20万元以下的罚款。

4. 违反本规定第十五条规定，施工单位对施工中出现的质量问题或者验收不合格的工程，未进行返工处理或者拖延返工处理的，责令改正，处1万元以上3万元以下的罚款。

施工单位对保修范围和保修期限内发生质量问题的工程，不履行保修义务或者拖延履行保修义务的，依照《建设工程质量管理条例》第六十六条规定，责令改正，按以下标准处以罚款：

（1）未造成工程质量事故的，处10万元以上15万元以下的罚款。

（2）造成工程质量事故的，处15万元以上20万元以下的罚款。

5. 违反本规定第十七条规定，监理单位在监理工作中弄虚作假、降低工程质量的，

[1] 本规定是指《公路水运工程质量监督管理规定》（交通运输部令第28号），本节下同。

或者将不合格的建设工程、建筑材料、建筑构配件和设备按照合格签字的，依照《建设工程质量管理条例》第六十七条规定，责令改正，按以下标准处以罚款，降低资质等级或者吊销资质证书；有违法所得的，予以没收：

（1）未造成工程质量事故的，处50万元以上60万元以下的罚款。

（2）造成工程质量一般事故的，处60万元以上70万元以下的罚款。

（3）造成工程质量较大事故的，处70万元以上80万元以下的罚款。

（4）造成工程质量重大及以上等级事故的，处80万元以上100万元以下的罚款。

6. 违反本规定第十八条规定，设立工地临时实验室的单位弄虚作假、出具虚假数据报告的，责令改正，处以1万元以上3万元以下的罚款。

7. 违反本规定第二十二条规定，建设单位未按照规定办理工程质量监督手续的，依照《建设工程质量管理条例》第五十六条规定，责令改正，按以下标准处以罚款：

（1）未造成工程质量事故的，处20万元以上30万元以下的罚款。

（2）造成工程质量一般事故的，处30万元以上40万元以下的罚款。

（3）造成工程质量较大及以上等级事故的，处40万元以上50万元以下的罚款。

8. 依照《建设工程质量管理条例》规定给予单位罚款处罚的，对单位直接负责的主管人员和其他直接责任人员处单位罚款数额5%以上10%以下的罚款。

9. 交通运输主管部门及其委托的建设工程质量监督机构的工作人员在监督管理工作中玩忽职守、滥用职权、徇私舞弊的，依法给予处分；构成犯罪的，依法追究刑事责任。

## 第九节　民用建筑工程节能质量监督管理

建设单位、设计单位、施工单位、监理单位、施工图审查机构、工程质量检测机构等单位，应当遵守国家有关建筑节能的法律法规和技术标准，履行合同约定义务，并依法对民用建筑工程节能质量负责。

各地建设主管部门及其委托的工程质量监督机构依法实施建筑节能质量监督管理。

### 一、建设单位的质量责任和义务

1. 组织设计方案评选时，应当将建筑节能要求作为重要内容之一。

2. 不得擅自修改设计文件。当建筑设计修改涉及建筑节能强制性标准时，必须将修改后的设计文件送原施工图审查机构重新审查。

3. 不得明示或者暗示设计单位、施工单位降低建筑节能标准。

4. 不得明示或者暗示施工单位使用不符合建筑节能性能要求的墙体材料、保温材料、门窗部品、采暖空调系统、照明设备等。按照合同约定由建设单位采购的有关建筑材料和设备，建设单位应当保证其符合建筑节能指标。

5. 不得明示或者暗示检测机构出具虚假检测报告，不得篡改或者伪造检测报告。

6. 在组织建筑工程竣工验收时，应当同时验收建筑节能实施情况，在工程竣工验收报告中，应当注明建筑节能的实施内容。

大型公共建筑工程竣工验收时，对采暖空调、通风、电气等系统，应当进行调试。

## 二、设计单位的质量责任和义务

1. 建立健全质量保证体系，严格执行建筑节能标准。

2. 民用建筑工程设计要按功能要求合理组合空间造型，充分考虑建筑体形、围护结构对建筑节能的影响，合理确定冷源、热源的形式和设备性能，选用成熟、可靠、先进、适用的节能技术、材料和产品。

3. 初步设计文件应设建筑节能设计专篇，施工图设计文件须包括建筑节能热工计算书，大型公共建筑工程方案设计须同时报送有关建筑节能专题报告，明确建筑节能措施及目标等内容。

## 三、施工图审查机构的质量责任和义务

1. 严格按照建筑节能强制性标准对送审的施工图设计文件进行审查，对不符合建筑节能强制性标准的施工图设计文件，不得出具审查合格书。

2. 向建设主管部门报送的施工图设计文件审查备案材料中应包括建筑节能强制性标准的执行情况。

3. 审查机构应将审查过程中发现的设计单位和注册人员违反建筑节能强制性标准的情况，及时上报当地建设主管部门。

## 四、施工单位的质量责任和义务

1. 严格按照审查合格的设计文件和建筑节能标准的要求进行施工，不得擅自修改设计文件。

2. 对进入施工现场的墙体材料、保温材料、门窗部品等进行检验。对采暖空调系统、照明设备等进行检验，保证产品说明书和产品标识上注明的性能指标符合建筑节能要求。

3. 应当编制建筑节能专项施工技术方案，并由施工单位专业技术人员及监理单位专业监理工程师进行审核，审核合格，由施工单位技术负责人及监理单位总监理工程师签字。

4. 应当加强施工过程质量控制，特别应当加强对易产生热桥和热工缺陷等重要部位的质量控制，保证符合设计要求和有关节能标准规定。

5. 对大型公共建筑工程采暖空调、通风、电气等系统的调试，应当符合设计等要求。

6. 保温工程等在保修范围和保修期限内发生质量问题的，施工单位应当履行保修义务，并对造成的损失承担赔偿责任。

## 五、监理单位的质量责任和义务

1. 严格按照审查合格的设计文件和建筑节能标准的要求实施监理，针对工程的特点制定符合建筑节能要求的监理规划及监理实施细则。

2. 总监理工程师应当对建筑节能专项施工技术方案审查并签字认可。专业监理工程师应当对工程使用的墙体材料、保温材料、门窗部品、采暖空调系统、照明设备，以及涉及建筑节能功能的重要部位施工质量检查验收并签字认可。

3. 对易产生热桥和热工缺陷部位的施工，以及墙体、屋面等保温工程隐蔽前的施工，专业监理工程师应当采取旁站形式实施监理。

4. 应当在《工程质量评估报告》中明确建筑节能标准的实施情况。

## 六、质量监督

工程质量检测机构应当将检测过程中发现建设单位、监理单位、施工单位违反建筑节能强制性标准的情况，及时上报当地建设主管部门或者工程质量监督机构。

建设主管部门及其委托的工程质量监督机构应当加强对施工过程建筑节能标准执行情况的监督检查，发现未按施工图设计文件进行施工和违反建筑节能标准的，应当责令改正。

建设、勘察、设计、施工、监理单位，以及施工图审查和工程质量检测机构违反建筑节能有关法律法规的，建设主管部门依法给予处罚。

# 第七章 工程安全法律制度

## 第一节 工程安全管理概述

### 一、工程安全管理方针

（一）安全管理的概念

安全管理是指管理者运用行政、经济、法律、法规、技术等各种手段，发挥决策、教育、组织、监察、指挥等各种职能，对人、物、环境等各种被管理对象施加影响和控制，排除不安全因素，以达到安全目的的活动。

安全管理的中心问题是保护生产活动中劳动者的安全与健康，保证生产顺利进行。

（二）工程安全管理的概念

工程安全管理是指对建设活动过程中所涉及的安全进行的管理，包括建设行政主管部门对建设活动中的安全问题所进行的行业管理和从事建设活动的主体对自己建设活动的安全生产所进行的企业管理。

从事建设活动的主体所进行的安全生产管理包括建设单位对安全生产的管理，设计单位对安全生产的管理，施工单位对建设工程安全生产的管理等。

（三）工程安全管理与《中华人民共和国安全生产法》的关系

2021 年 6 月 10 日，中华人民共和国第十三届全国人民代表大会常务委员会第二十九次会议于通过《全国人民代表大会常务委员会关于修改〈中华人民共和国安全生产法〉的决定》，自 2021 年 9 月 1 日起施行。

《中华人民共和国安全生产法》（以下简称《安全生产法》）规定："在中华人民共和国领域内从事生产经营活动的单位的安全生产，适用本法；有关法律、行政法规对消防安全和道路交通安全、铁路交通安全、水上交通安全、民用航空安全以及核与辐射安全、特种设备安全另有规定的，适用其规定。"

所以，工程安全管理属于《安全生产法》调整范围。

（四）工程安全管理方针

《安全生产法》规定安全生产工作应当以人为本，坚持安全发展，坚持安全第一、预防为主、综合治理的方针。同时，《中华人民共和国建筑法》（以下简称《建筑法》）第三十六条规定："建筑工程安全生产管理必须坚持安全第一、预防为主、综合治理的方针，建立健全安全生产的责任制度和群防群治制度。”确立了建筑工程安全管理必须坚持的方针。

坚持安全第一。安全第一，就是在生产过程中把安全放在第一重要的位置上，切实保护劳动者的生命安全和身体健康。这是我们党长期以来一直坚持的安全生产工作方针，充分表明了我们党对安全生产工作的高度重视、对人民群众根本利益的高度重视。坚持预防为主。预防为主，就是把安全生产工作的关口前移，超前防范，建立预教、预测、预报、预警、预防的递进式、立体化事故隐患预防体系，改善安全状况，预防安全事故。坚持综合治理。综合治理，是指适应我国安全生产形势的要求，自觉遵循安全生产规律，正视安全生产工作的长期性、艰巨性和复杂性，抓住安全生产工作中的主要矛盾和关键环节，综合运用经济、法律、行政等手段，人管、法治、技防多管齐下，并充分发挥社会、职工、舆论的监督作用，有效解决安全生产领域的问题。

“安全第一、预防为主、综合治理”的安全生产方针是一个有机统一的整体。安全第一是预防为主、综合治理的统帅和灵魂，没有安全第一的思想，预防为主就失去了思想支撑，综合治理就失去了整治依据。预防为主是实现安全第一的根本途径。只有把安全生产的重点放在建立事故隐患预防体系上，超前防范，才能有效减少事故损失，实现安全第一。综合治理是落实安全第一、预防为主的手段和方法。只有不断健全和完善综合治理工作机制，才能有效贯彻安全生产方针，真正把安全第一、预防为主落到实处，不断开创安全生产工作的新局面。

## 二、安全生产管理体制

完善安全管理体制，建立健全安全管理制度、安全管理机构和安全生产责任制是安全管理的重要内容，也是实现安全生产目标管理的组织保证。我国的安全生产管理体制是“企业负责、行业管理、国家监察、群众监督、劳动者遵章守纪”。

企业负责。即工程建设企业应认真贯彻执行劳动保护和安全生产的政策、法令和规章制度，要对本企业的劳动保护和安全生产负责。

行业管理。即行业主管部门应根据“管生产必须管安全的原则”，管理本行业的安全生产工作，建立安全管理机构，配备安全技术干部，组织贯彻执行国家安全生产方针、政策、法规。制定行业的安全规章制度和安全规范标准。对本行业安全生产工作进行计划、组织、监督、检查和考核。

国家监察。即由劳动部门按照国务院要求实施国家劳动安全监察。国家监察是一种执法监察，主要是监察国家法规政策的执行情况，预防和纠正违反法规政策的偏差。它不干预企事业内部执行法规政策的方法、措施和步骤等具体事务，不能代替行业管理部门日常管理和安全检查。

群众（工会组织）监督。保护职工的安全健康是工会的职责。工会对危害职工安全健康的现象有抵制、纠正以至控告的权利。这是一种自下而上的群众监督。这种监督与国家安全监察和行政管理是相辅相成的。

劳动者遵章守纪。从发生原因来看，事故大都与职工的违章行为有直接关系。因此，劳动者在生产过程中应该自觉遵守安全生产规章制度和劳动纪律，严格执行安全技术操作规程，不违章操作。劳动者遵章守纪也是减少事故，实现安全生产的重要保证。

### 三、工程安全管理基本制度

（一）《安全生产法》中明确的安全生产基本制度

《安全生产法》确定了我国安全生产的基本法律制度：

1. 安全生产监督管理制度

《安全生产法》中提供了四种监督途径，即工会民主监督、社会舆论监督、公众举报监督和社区服务监督。通过这些监督途径，将使许多安全隐患及时得以发现，也将使许多安全管理工作中的不足得以改善。同时，《安全生产法》也明确了监督管理人员的权利和义务，这也将有利于监督工作的顺利进行。

2. 生产经营单位安全保障制度

在《安全生产法》中明确了生产经营单位必须做好安全生产的保证工作，既要在安全生产条件上、技术上符合生产经营的要求，也要在组织管理上建立健全安全生产责任并将其有效落实。

3. 从业人员安全生产权利义务制度

在《安全生产法》中，不仅在明确了从业人员为保证安全生产所应尽的义务，也明确了从业人员进行安全生产所享有的权利。这样，在正面强调从业人员应该为安全生产尽职尽责的同时，赋予从业人员的权利也从另一方面有效保障了安全生产管理工作的有效开展。

4. 生产经营单位负责人安全责任制度

在《建筑法》中已经强调了安全生产责任制，这是从组织管理的角度采取的重要措施。在《安全生产法》中，更强调了单位负责人的安全责任。因为，一切安全管理，归根到底是对人的管理，只有生产经营单位的负责人真正认识到安全管理的重要性并认真落实安全管理的各项工作，安全管理工作才有可能真正有效进行。

5. 安全生产责任追究制度

违法必究是我国法律的基本原则，任何单位或个人违反了我国的法律，都将受到法律的制裁。所以，《安全生产法》中明确了对违反该法的单位和个人的法律责任。这一点，与《建筑法》中规定的基本原则是一致的。

6. 事故应急救援和处理制度

在安全事故中，经常伴随着生命财产的抢救，如果没有应急的救援措施和科学合理的处理制度，人民的生命财产安全和公民的正当权利将无法得到保障。同时，正确处理安全事故也可以起到警醒世人、教育员工的作用，所以，健全事故应急救援和处理制度是十分重要的。

（二）《建筑法》中明确的安全生产基本制度

1. 安全生产责任制度

安全生产责任制度是建筑生产中最基本的安全管理制度，是所有安全规章制度的核心。安全生产责任制度是指将各种不同的安全责任落实到负责有安全管理责任的人员和具体岗位人员身上的一种制度。这一制度是安全第一、预防为主、综合治理方针的具体体现，是建筑安全生产的基本制度。在建筑活动中，只有明确安全责任，分工负责，才能形成完整有效的安全管理体系，激发每个人的安全责任感，严格执行建筑工程安全的法律、法规和安全规程、技术规范，防患于未然，减少和杜绝建筑工程事故，为建筑工程的生产创造一个良好的环境。安全责任制的主要内容包括：一是从事建筑活动主体的负责人的责任制。比如，建筑施工企业的法定代表人要对本企业的安全负主要的安全责任；二是从事建筑活动主体的职能机构或职能处室负责人及其工作人员的安全生产责任制；比如，建筑企业根据需要设置的安全处室或者专职安全人员要对安全负责；三是岗位人员的安全生产责任制。岗位人员必须对安全负责；从事特种作业的安全人员必须进行培训，经过考试合格后方能上岗作业。

2. 群防群治制度

群防群治制度是职工群众进行预防和治理安全的一种制度。这一制度也是“安全第一、预防为主”的具体体现，同时也是群众路线在安全工作中的具体体现，是企业进行民主管理的重要内容。这一制度要求建筑企业职工在施工中应当遵守有关生产的法律、法规和建筑行业安全规章、规程，不得违章作业；对于危及生命安全和身体健康的行为有权提出批评、检举和控告。

3. 安全生产教育培训制度

安全生产教育培训制度是对广大建筑企业职工进行安全教育培训，提高安全意识，增加安全知识和技能的制度。安全生产，人人有责。只有通过对广大职工进行安全教育、培训，才能使广大职工真正认识到安全生产的重要性、必要性，才能使广大职工掌握更多更有效的安全生产的科学技术知识，牢固树立安全第一的思想，自觉遵守各项安全生产和规章制度。分析许多建筑安全事故，一个重要的原因就是有关人员安全意识不强，安全技能不够，这些都是没有搞好安全教育培训工作的后果。

4. 安全生产检查制度

安全生产检查制度是上级管理部门或企业自身对安全生产状况进行定期或不定期检查的制度。通过检查可以发现问题，查出隐患，从而采取有效措施，堵塞漏洞，把事故消灭在发生之前，做到防患于未然，是“预防为主”的具体体现。通过检查，还可总结出好的经验加以推广，为进一步搞好安全工作打下基础。安全检查制度是安全生产的保障。

5. 伤亡事故处理报告制度

施工中发生事故时，建筑企业应当采取紧急措施减少人员伤亡和事故损失，并按照国家有关规定及时向有关部门报告的制度。事故处理必须遵循一定的程序，做到三不放过（事故原因不清不放过、事故责任者和群众没有受到教育不放过、没有防范措施不放过）。通过对事故的严格处理，可以总结出教训，为制定规程、规章提供第一手素材，做到亡羊补牢。

6. 安全责任追究制度

《建筑法》第七章法律责任中，规定建设单位、设计单位、施工单位、监理单位，由于没有履行职责造成人员伤亡和事故损失的，视情节给予相应处理；情节严重的，责令停业整顿，降低资质等级或吊销资质证书；构成犯罪的，依法追究刑事责任。

## 第二节　生产经营单位和从业人员的安全生产保障

### 一、生产经营单位的安全生产保障

（一）生产经营单位自身的安全生产条件

生产经营单位应当具备本法和有关法律、行政法规和国家标准或者行业标准规定的安全生产条件；不具备安全生产条件的，不得从事生产经营活动。

两个以上生产经营单位在同一作业区域内进行生产经营活动，可能危及对方生产安全的，应当签订安全生产管理协议，明确各自的安全生产管理职责和应当采取的安全措施，并指定专职安全生产管理人员进行安全检查与协调。

1. 资金条件

（1）生产经营单位应当具备的安全生产条件所必需的资金投入，由生产经营单位的决策机构、主要负责人或者个人经营的投资人予以保证，并对由于安全生产所必需的资金投入不足导致的后果承担责任。生产经营单位应当安排用于配备劳动防护用品、进行安全生产培训的经费。

（2）生产经营单位新建、改建、扩建工程项目（以下统称建设项目）的安全设施，必须与主体工程同时设计、同时施工、同时投入生产和使用。安全设施投资应当纳入建设项目概算。

2. 设置明显的安全标志

生产经营单位应当在有较大危险因素的生产经营场所和有关设施、设备上，设置明显的安全警示标志。生产经营场所和员工宿舍应当设有符合紧急疏散要求、标志明显、保持畅通的出口。禁止封闭、堵塞生产经营场所或者员工宿舍的出口。

3. 施工设施及特种设备符合安全的条件

安全设备的设计、制造、安装、使用、检测、维修、改造和报废，应当符合国家标准或者行业标准。

（1）生产经营单位必须对安全设备进行经常性维护、保养，并定期检测，保证正常运转。维护、保养、检测应当作好记录，并由有关人员签字。

（2）生产经营单位使用的涉及生命安全、危险性较大的特种设备，以及危险物品的容器、运输工具，必须按照国家有关规定，由专业生产单位生产，并经取得专业资质的检测、检验机构检测、检验合格，取得安全使用证或者安全标志，方可投入使用。检测、检验机构对检测、检验结果负责。

（3）涉及生命安全、危险性较大的特种设备的目录由国务院负责特种设备安全监督管理的部门制定，报国务院批准后执行。

（4）国家对严重危及生产安全的工艺、设备实行淘汰制度。生产经营单位不得使用国家明令淘汰、禁止使用的危及生产安全的工艺、设备。

4. 废弃物的处理

生产经营单位生产、经营、运输、储存、使用危险物品或者处置废弃危险物品，必须执行有关法律、法规和国家标准或者行业标准，建立专门的安全管理制度，采取可靠的安全措施，接受有关主管部门依法实施的监督管理。

5. 特殊危险的安全保护措施

（1）生产经营单位应当按照国家有关规定将本单位重大危险源及有关安全措施、应急措施报有关地方人民政府负责安全生产监督管理的部门和有关部门备案。

（2）生产、经营、储存、使用危险物品的车间、商店、仓库不得与员工宿舍在同一座建筑物内，并应当与员工宿舍保持安全距离。

（3）生产经营单位进行爆破、吊装等危险作业，应当安排专门人员进行现场安全管理，确保操作规程的遵守和安全措施的落实。

（4）生产经营单位对重大危险源应当登记建档，进行定期检测、评估、监控，并制定应急预案，告知从业人员和相关人员在紧急情况下应当采取的应急措施。

（二）生产经营单位的安全责任制度

1. 生产经营单位的主要负责人的责任

生产经营单位的主要负责人对本单位安全生产工作负有下列职责：

（1）建立、健全本单位安全生产责任制。

（2）组织制定本单位安全生产规章制度和操作规程。

（3）保证本单位安全生产投入的有效实施。

（4）督促、检查本单位的安全生产工作，及时消除生产安全事故隐患。

(5)组织制定并实施本单位的生产安全事故应急救援预案。

(6)及时、如实报告生产安全事故。

生产经营单位发生重大生产安全事故时，单位的主要负责人应当立即组织抢救，并不得在事故调查处理期间擅离职守。

2. 安全设施的设计人的责任

建设项目安全设施的设计人、设计单位应当对安全设施设计负责。矿山建设项目和用于生产、储存危险物品的建设项目的安全设施设计应当按照国家有关规定报经有关部门审查，审查部门及其负责审查的人员对审查结果负责。

3. 施工人及验收单位的安全责任

矿山建设项目和用于生产、储存危险物品的建设项目的施工单位必须按照批准的安全设施设计施工，并对安全设施的工程质量负责。

矿山建设项目和用于生产、储存危险物品的建设项目竣工投入生产或者使用前，必须依照有关法律、行政法规的规定对安全设施进行验收。验收合格后，方可投入生产和使用。验收部门及其验收人员对验收结果负责。

(三)生产经营单位对从业人员的安全要求

1. 安全生产管理人员数量要求

矿山、建筑施工单位和危险物品的生产、经营、储存单位，应当设置安全生产管理机构或者配备专职安全生产管理人员。其他生产经营单位，从业人员超过三百人的，应当设置安全生产管理机构或者配备专职安全生产管理人员。从业人员在三百人以下的，应当配备专职或者兼职的安全生产管理人员，或者委托具有国家规定的相关专业技术资格的工程技术人员提供安全生产管理服务。

2. 从业人员的能力要求

生产经营单位的主要负责人和安全生产管理人员必须具备与本单位所从事的生产经营活动相应的安全生产知识和管理能力。

危险物品的生产、经营、储存单位以及矿山、建筑施工单位的主要负责人和安全生产管理人员，应当由有关主管部门对其安全生产知识和管理能力考核合格后方可任职。考核不得收费。

3. 对从业人员进行必要的教育和培训

生产经营单位应当对从业人员进行安全生产教育和培训，保证从业人员具备必要的安全生产知识，熟悉有关的安全生产规章制度和安全操作规程，掌握本岗位的安全操作技能。未经安全生产教育和培训合格的从业人员，不得上岗作业。

生产经营单位采用新工艺、新技术、新材料或者使用新设备，必须了解、掌握其安全技术特性，采取有效的安全防护措施，并对从业人员进行专门的安全生产教育和培训。

生产经营单位的特种作业人员必须按照国家有关规定经专门的安全作业培训，取得特种作业操作资格证书，方可上岗作业。特种作业人员的范围由国务院负责安全生产监督管理的部门会同国务院有关部门确定。

4. 对从业人员的安全保障

生产经营单位必须依法参加工伤社会保险，为从业人员缴纳保险费。

生产经营单位应当教育和督促从业人员严格执行本单位的安全生产规章制度和安全操作规程。并向从业人员如实告知作业场所和工作岗位存在的危险因素、防范措施以及事故应急措施。

生产经营单位必须为从业人员提供符合国家标准或者行业标准的劳动防护用品，并监督、教育从业人员按照使用规则佩戴、使用。

（四）生产经营单位的禁止行为

1. 生产经营单位不得将生产经营项目、场所、设备发包或者出租给不具备安全生产条件或者相应资质的单位或者个人。

2. 生产经营项目、场所有多个承包单位、承租单位的，生产经营单位应当与承包单位、承租单位签订专门的安全生产管理协议，或者在承包合同、租赁合同中约定各自的安全生产管理职责。生产经营单位对承包单位、承租单位的安全生产工作统一协调、管理。

### 二、从业人员的权利和义务

（一）从业人员的权利

1. 获得劳动合同保护的权利

生产经营单位与从业人员订立的劳动合同，应当载明有关保障从业人员劳动安全、防止职业危害的事项，以及依法为从业人员办理工伤社会保险的事项。

生产经营单位不得以任何形式与从业人员订立协议，免除或者减轻其对从业人员因生产安全事故伤亡依法应承担的责任。

从业人员发现直接危及人身安全的紧急情况时，有权停止作业或者在采取可能的应急措施后撤离作业场所。生产经营单位不得因从业人员在紧急情况下停止作业或者采取紧急撤离措施而降低其工资、福利等待遇或者解除与其订立的劳动合同。

2. 从业人员的话语权

从业人员有权对本单位安全生产工作中存在的问题提出批评、检举、控告。有权拒绝违章指挥和强令冒险作业。

因生产安全事故受到损害的从业人员，除依法享有工伤社会保险外，依照有关民事法律尚有获得赔偿的权利的，有权向本单位提出赔偿要求。

（二）从业人员的义务

1. 遵守生产经营单位规章制度

从业人员在作业过程中，应当严格遵守本单位的安全生产规章制度和操作规程，服从管理，正确佩戴和使用劳动防护用品。

2. 接受安全教育和培训

从业人员应当接受安全生产教育和培训，掌握本职工作所需的安全生产知识，提高安全生产技能，增强事故预防和应急处理能力。

3. 报告事故

从业人员发现事故隐患或者其他不安全因素，应当立即向现场安全生产管理人员或者本单位负责人报告。接到报告的人员应当及时予以处理。

（三）工会的权利义务

1. 监督安全设施的设置

工会有权对建设项目的安全设施与主体工程同时设计、同时施工、同时投入生产和使用进行监督，提出意见。

2. 保护劳动者的合法权益

工会对生产经营单位违反安全生产法律、法规，侵犯从业人员合法权益的行为，有权要求纠正。发现生产经营单位违章指挥、强令冒险作业或者发现事故隐患时，有权提出解决的建议，生产经营单位应当及时研究答复。发现危及从业人员生命安全的情况时，有权向生产经营单位建议组织从业人员撤离危险场所，生产经营单位必须立即作出处理。

3. 参与事故处理

工会有权依法参加事故调查，向有关部门提出处理意见，并要求追究有关人员的责任。

## 第三节　工程安全责任

### 一、建设单位的安全责任

（一）建设单位应当向施工单位提供有关资料

《建设工程安全生产管理条例》第六条规定，建设单位应当向施工单位提供施工现场及毗邻区域内供水、排水、供电、供气、供热、通信、广播电视等地下管线资料，气象和水文观测资料，相邻建筑物和构筑物、地下工程的有关资料，并保证资料的真实、准确、完整。

建设单位因建设工程需要，向有关部门或者单位查询前款规定的资料时，有关部门或者单位应当及时提供。

（二）不得向有关单位提出影响安全生产的违法要求

《建设工程安全生产管理条例》第七条规定，建设单位不得对勘察、设计、施工、工程监理等单位提出不符合建设工程安全生产法律、法规和强制性标准规定的要求，不得压缩合同约定的工期。

（三）建设单位应当保证安全生产投入

《建设工程安全生产管理条例》第八条规定，建设单位在编制工程概算时，应当确定建设工程安全作业环境及安全施工措施所需费用。

（四）不得明示或暗示施工单位使用不符合安全施工要求的物资

《建设工程安全生产管理条例》第九条规定，建设单位不得明示或者暗示施工单位购买、租赁、使用不符合安全施工要求的安全防护用具、机械设备、施工机具及配件、消防设施和器材。

（五）办理施工许可证或开工报告时应当报送安全施工措施

《建设工程安全生产管理条例》第十条规定，建设单位在申请领取施工许可证时，应当提供建设工程有关安全施工措施的资料。

依法批准开工报告的建设工程，建设单位应当自开工报告批准日起15日内，将保证安全施工的措施报送建设工程所在地的县级以上人民政府建设行政主管部门或者其他有关部门备案。

（六）应当将拆除工程发包给具有相应资质的施工单位

《建设工程安全生产管理条例》第十一条规定，建设单位应当将拆除工程发包给具有相应资质等级的施工单位。

建设单位应当在拆除工程施工15日前，将下列资料报送建设工程所在地的县级以上地方人民政府建设行政主管部门或者其他有关部门备案：

1. 施工单位资质等级证明。

2. 拟拆除建筑物、构筑物及可能危及毗邻建筑的说明。

3. 拆除施工组织方案。

4. 堆放、清除废弃物的措施。

实施爆破作业的，还应当遵守国家有关民用爆炸物品管理的规定。根据《民用爆炸物品管理条例》第三十二条的规定，申请从事爆破作业的单位，应当按照国务院公安部门的规定，向有关人民政府公安机关提出申请，并提供能够证明其符合本条例第三十一条规定条件的有关材料。受理申请的公安机关应当自受理申请之日起20日内进行审查，对符合条件的，核发《爆破作业单位许可证》；对不符合条件的，不予核发《爆破作业单位许可证》，书面向申请人说明理由。根据《民用爆炸物品管理条例》第三十五条的规定，在城市、风景名胜区和重要工程设施附近实施爆破作业的，应当向爆破作业所在地设区的市级人民政府公安机关提出申请，提交《爆破作业单位许可证》和具有相应资质的安全评估企业出具的爆破设计、施工方案评估报告。受理申请的公安机关应当自受理申请之日起20日内对提交的有关材料进行审查，对符合条件的，作出批准的决定；对不符合条件的，作出不予批准的决定，并书面向申请人说明理由。

## 二、勘察、设计单位的安全责任

（一）勘察单位的安全责任

根据《建设工程安全生产管理条例》第十二条的规定，勘察单位的安全责任包括：

1. 勘察单位应当按照法律、法规和工程建设强制性标准进行勘察，提供的勘察文件应当真实、准确，满足建设工程安全生产的需要。

2. 勘察单位在勘察作业时，应当严格按照操作规程，采取措施保证各类管线、设施和周边建筑物、构筑物的安全。

（二）设计单位的安全责任

《建筑法》第三十七条对设计单位的安全责任有明确规定："建筑工程设计应符合按照国家规定制定的建筑安全规程和技术规范，保证工程的安全性能。"

根据《建设工程安全生产管理条例》第十三条的规定，设计单位的安全责任包括：

1. 设计单位应当按照法律、法规和工程建设强制性标准进行设计，防止因设计不合理导致安全生产事故的发生。

2. 设计单位应当考虑施工安全操作和防护的需要，对涉及施工安全的重点部位和环节在设计文件中注明，并对防范安全生产事故提出指导意见。

3. 采用新结构、新材料、新工艺的建设工程和特殊结构的建设工程，设计单位应当在设计中提出保障施工作业人员安全和预防生产安全事故的措施建议。

4. 设计单位和注册建筑师等注册执业人员应当对其设计负责。

建筑工程设计是建设工程的重要环节，工程设计质量的优劣直接影响建设活动和建筑产品的安全。为此，勘察单位应提供建设工程所需的全面、准确的地质、测量和水文等资料。这里所说的建筑工程设计，是指各类房屋建筑、构筑物及其附属设施、线路管道、设备等的设计活动。一般应根据建设工程项目的功能性要求，考虑投资、材料、环境、气候、水文地质结构等提供图纸等设计文件。

所谓保证工程的安全性能，是指设计单位应当按照建设工程安全标准进行设计，保证其符合按照国家规定制定的建筑安全规程和技术规范。建筑工程的安全性能，包括两层含义：在建造过程中的安全，主要指建造者的安全；建成后的使用安全，主要指建筑物的安全。所谓建筑安全规程，是指在建筑活动中为了消除导致人身伤亡或者造成设备、财产破坏以及危害环境而由有关部门制定的具体技术要求和实施程序的统一规定。所谓建筑技术规范，是指由有关部门制定的对设计、施工等技术事项所作的统一规定，技术规范是标准的一种形式。需要说明的是，这里对于建筑安全规程和技术规范的制定提出了要求，即建筑安全规程和技术规范必须"按照国家规定"制定。所谓按照国家规定制定，是指制定建筑安全规程和技术规范时必须符合国家规定的原则，不得同国家规定相抵触；抵触的无效。这里国家规定包括全国人大及其常委会通过的法律、国务院制定的行政法规、行业部门制定的行政规章等。

## 三、工程监理单位的安全责任

（一）安全技术措施及专项施工方案审查义务

《建设工程安全生产管理条例》第十四条第一款规定，工程监理单位应当审查施工组织设计中的安全技术措施或者专项施工方案是否符合工程建设强制性标准。

（二）安全生产事故隐患报告义务

《建设工程安全生产管理条例》第十四条第二款规定，工程监理单位在实施监理过程中，发现存在安全事故隐患的，应当要求施工单位整改；情况严重的，应当要求施工单位暂时停止施工，并及时报告建设单位。施工单位拒不整改或者不停止施工的，工程监理单位应当及时向有关主管部门报告。

（三）应当承担监理责任

工程监理单位和监理工程师应当按照法律、法规和工程建设强制性标准实施监理，并对建设工程安全生产承担监理责任。

## 四、建设工程物资供应单位的安全责任

（一）机械设备和配件供应单位的安全责任

《建设工程安全生产管理条例》第十五条规定，为建设工程提供机械设备和配件的单位，应当按照安全施工的要求配备齐全有效的保险、限位等安全设施和装置。

（二）机械设备、施工机具和配件出租单位的安全责任

《建设工程安全生产管理条例》第十六条规定，出租的机械设备和施工工具及配件，应当具有生产（制造）许可证，产品合格证。

出租单位应当对出租的机械设备和施工工具及配件的安全性能进行检测，在签订租赁协议时，应当出具检测合格证明。

禁止出租检测不合格的机械设备和施工工具及配件。

（三）起重机械和自升式架设设施的安全管理

1. 在施工现场安装、拆卸施工起重机械和整体提升脚手架、模板等自升式架设设施，必须由具有相应资质的单位承担。

2. 安装、拆卸施工起重机械和整体提升脚手架、模板等自升式架设设施，应当编制拆装方案、指定安全施工措施，并由专业技术人员现场监督。

3. 施工起重机械和整体提升脚手架、模板等自升式架设设施安装完毕后，安装单位应当自检，出具自检合格证明，并向施工单位进行安全使用说明，办理验收手续并签字。

4. 施工起重机械和整体提升脚手架、模板等自升式架设设施的使用达到国家规定的检验检测期限的，必须经具有专业资质的检验检测机构检测。经检测不合格的，不

得继续使用。

5. 检验检测机构对检测合格的施工起重机械和整体提升脚手架、模板等自升式架设设施，应当出具安全合格证明文件，并对检测结果负责。

## 五、施工单位的安全责任

（一）施工单位应当具备的安全生产资质条件

《建设工程安全生产管理条例》第二十条规定，施工单位从事建设工程的新建、扩建和拆除等活动，应当具备国家规定的注册资本、专业技术人员、技术装备和安全生产等条件，依法取得相应等级的资质证书，并在其资质等级许可的范围内承揽工程。

（二）施工总承包单位与分包单位安全责任的划分

《建设工程安全生产管理条例》第二十四条规定，建设工程实行施工总承包的，由总承包单位对施工现场的安全生产负总责。

总承包单位应当自行完成建设工程主体结构的施工。

总承包单位依法将建设工程分包给其他单位的，分包合同中应当明确各自的安全生产方面的权利、义务。总承包单位和分包单位对分包工程的安全生产承担连带责任。

分包单位应当接受总承包单位的安全生产管理，分包单位不服从管理导致生产安全事故的，由分包单位承担主要责任。

（三）施工单位安全生产责任制度

《建设工程安全生产管理条例》第二十一条规定，施工单位主要负责人依法对本单位的安全生产工作全面负责。施工单位应当建立健全安全生产责任制度和安全生产教育培训制度，制定安全生产规章制度和操作规程，保证本单位安全生产条件所需资金的投入，对所承担建设工程进行定期和专项安全检查，并做好安全检查记录。

施工单位的项目负责人应当由取得相应执业资格的人员担任，对建设工程项目的安全施工负责，落实安全生产责任制度、安全生产规章制度和操作规程，确保安全生产费用的有效使用，并根据工程的特点组织制定安全施工措施，消除安全事故隐患，及时、如实报告生产安全事故。

（四）施工单位安全生产基本保障措施

1. 安全生产费用应当专款专用

《建设工程安全生产管理条例》第二十二条规定，施工单位对列入建设工程概算的安全作业环境及安全施工措施所需费用，应当用于施工安全防护用具及设施的采购和更新、安全施工措施的落实、安全生产条件的改善，不得挪作他用。

2. 安全生产管理机构及人员的设置

《建设工程安全生产管理条例》第二十三条规定，施工单位应当设立安全生产管理机构，配备专职安全生产管理人员。

专职安全生产管理人员负责对安全生产进行现场监督检查。发现安全事故隐患，应当及时向项目负责人和安全生产管理机构报告；对违章指挥、违章操作的，应当立即制止。

3. 编制安全技术措施及专项施工方案的规定

《建设工程安全生产管理条例》第二十六条规定，施工单位应当在施工组织设计中编制安全技术措施和施工现场临时用电方案，对下列达到一定规模的危险性较大的分部分项工程编制专项施工方案，并附具安全验算结果，经施工单位技术负责人、总监理工程师签字后实施，由专职安全生产管理人员进行现场监督：

（1）基坑支护与降水工程。

（2）土方开挖工程。

（3）模板工程。

（4）起重吊装工程。

（5）脚手架工程。

（6）拆除、爆破工程。

（7）国务院建设行政主管部门或者其他有关部门规定的其他危险性较大的工程。

对上述工程中涉及深基坑、地下暗挖工程、高大模板工程的专项施工方案，施工单位还应当组织专家进行论证、审查。

施工单位还应当根据施工阶段和周围环境及季节、气候的变化，在施工现场采取相应的安全施工措施。施工现场暂时停止施工的，施工单位应当做好现场防护，所需费用由责任方承担，或按照合同约定执行。

4. 对安全施工技术要求的交底

《建设工程安全生产管理条例》第二十七条规定，建设工程施工前，施工单位负责项目管理的技术人员应当对有关安全施工的技术要求向施工作业班组、作业人员做出详细说明，并由双方签字确认。

5. 危险部位安全警示标志的设置

《建设工程安全生产管理条例》第二十八条第一款规定，施工单位应当在施工现场入口处、施工起重机械、临时用电设施、脚手架、出入通道口、楼梯口、电梯井口、孔洞口、桥梁口、隧道口、基坑边沿、爆破物及有害危险气体和液体存放处等危险部位，设置明显的安全警示标志。安全警示标志必须符合国家标准。

6. 对施工现场生活区、作业环境的要求

《建设工程安全生产管理条例》第二十九条规定，施工单位应当将施工现场的办公、生活区与作业区分开设置，并保持安全距离；办公、生活区的选址应当符合安全性要求。职工的膳食、饮水、休息场所等应当符合卫生标准。施工单位不得在尚未竣工的建筑物内设置员工集体宿舍。

7. 环境污染防护措施

《建设工程安全生产管理条例》第三十条规定，施工但对因建设工程施工可能造成损害的毗邻建筑物、构筑物和地下管线等，应当采取专项保护措施。

施工单位应当遵守有关环境保护法律、法规的规定，在施工现场采取措施，防止或减少粉尘、废气、废水、固体废物、噪声、振动和施工照明对人和环境的危害和污染。

8. 消防安全保障措施

消防安全是建设工程安全生产管理的重要组成部分，是施工单位现场安全生产管理的工作重点之一。《建设工程安全生产管理条例》第三十一条规定，施工单位应当在施工现场建立消防安全责任制度，确定消防安全责任人，制定用火、用电、使用易燃易爆材料等各项消防安全管理制度和操作规程，设置消防通道、消防水源，配备消防设施和灭火器材，并在施工现场入口处设置明显标志。

除了施工单位的消防安全责任外，《中华人民共和国消防法》还对建设单位、设计单位的消防安全责任作了具体规定，包括：

（1）按照国家工程建筑消防技术标准需要进行消防设计的建筑工程，设计单位应当按照国家工程建筑消防技术标准进行设计，建设单位应当将建筑工程的消防设计图纸及有关资料报送公安消防机构审核；未经审核或者经审核不合格的，建设行政主管部门不得发给施工许可证，建设单位不得施工。

（2）经公安消防机构审核的建筑工程消防设计需要变更的，应当报经原审核的公安消防机构核准；未经核准的，任何单位、个人不得变更。

（3）按照国家工程建筑消防技术标准进行消防设计的建筑工程竣工时，必须经公安消防机构进行消防验收；未经验收或者经验收不合格的，不得投入使用。

（4）建筑构件和建筑材料的防火性能必须符合国家标准或者行业标准。公共场所室内装修、装饰根据国家工程建筑消防技术标准的规定，应当使用不燃材料的，必须选用依照产品质量法的规定确定的检验机构检验合格的材料。

9. 劳动安全管理规定

《建设工程安全生产管理条例》规定，施工单位应当向作业人员提供安全防护用具和安全防护服装，并书面告知危险岗位的操作规程和违章操作的危害。

作业人员有权对施工现场的作业条件、作业程序和作业方式中存在的安全问题提出批评、检举和控告，有权拒绝违章指挥和强令冒险作业。

在施工中发生危及人身安全的紧急情况时，作业人员有权立即停止作业或者在采取必要的应急措施后撤离危险区域。

作业人员应当遵守安全施工的强制性标准、规章制度和操作规程，正确使用安全防护用具、机械设备等。

施工单位应当为施工现场从事危险作业的人员办理意外伤害保险。意外伤害保险费由施工单位支付。实行施工总承包的，由总承包单位支付意外伤害保险费。意外伤害保险期限自建设工程开工之日起至竣工验收合格止。

10. 安全防护用具及机械设备、施工机具的安全管理

《建设工程安全生产管理条例》第三十四条规定，施工单位采购、租赁的安全防护用具、机械设备、施工机具及配件，应当具有生产（制造）许可证、产品合格证，并在进入施工现场前进行查验。

施工现场的安全防护用具、机械设备、施工机具及配件必须由专人管理，定期进行检查、维修和保养，建立相应的资料档案，并按照国家有关规定及时报废。

《建设工程安全生产管理条例》第三十五条规定，施工单位在使用施工起重机械和整体提升脚手架、模板等自升式架设设施前，应当组织有关单位进行验收，也可以委托具有相应资质的检验检测机构进行验收。使用承租的机械设备和施工机具及配件的，由施工总承包单位、分包单位、出租单位和安装单位共同进行验收。验收合格的方可使用。

（五）安全教育培训制度

1. 特种作业人员培训和持证上岗

《建设工程安全生产管理条例》第二十五条规定，垂直运输机械作业人员、安装拆卸工、爆破作业人员、起重信号工、登高架设作业人员等特种作业人员，必须按照国家有关规定经过专门的安全作业培训，并取得特种作业操作资格证书后，方可上岗作业。

2. 安全管理人员和作业人员的安全教育培训和考核

《建设工程安全生产管理条例》第三十六条规定，施工单位的主要负责人、项目负责人、专职安全生产管理人员应当经建设行政主管部门或者其他有关部门考核合格后方可任职。

施工单位应当对管理人员和作业人员每年至少进行一次安全生产教育培训，其教育培训情况记入个人工作档案。安全生产教育培训考核不合格的人员，不得上岗。

3. 作业人员进入新岗位、新工地或采用新技术时的上岗教育培训

《建设工程安全生产管理条例》第三十七条规定，作业人员进入新的岗位或者新的施工现场前，应当接受安全生产教育培训。未经教育培训或者教育培训考核不合格的人员，不得上岗作业。

施工单位在采用新技术、新工艺、新设备、新材料时，应当对作业人员进行相应的安全生产教育培训。

## 第四节　工程安全生产的行政监督管理

### 一、建设工程安全生产的行政监督管理的分级管理

1. 建设工程安全生产的行政监督管理的概念

建设工程安全生产的行政监督管理，是指各级人民政府建设行政主管部门及其授权的建设工程安全生产监督机构，对建设工程安全生产所实施的行政监督管理。

2. 建设工程安全生产的行政监督的分级管理

我国现行对建设工程（含土木工程、建筑工程、线路管道和设备安装工程）安全生产的行政监督管理是分级进行的，建设行政主管部门因级别不同具有的管理职责也不完全相同。

国务院建设行政主管部门负责建设工程安全生产的统一监督管理，并依法接受国家安全生产综合管理部门的指导和监督。国务院铁道、交通、水利等有关部门按照国务院规定职责分工，负责有关专业建设工程安全生产的监督管理。

县级以上地方人民政府建设行政主管部门负责本行政区域内的建设工程安全生产管理。县级以上地方人民政府交通、水利等有关部门在各自的职责范围内，负责本行政区域内的专业建设工程安全生产的监督管理。县级以上地方人民政府建设行政主管部门和地方人民政府交通、水利等有关部门应当设立建设工程安全监督机构负责建设工程安全生产的日常监督管理工作。

## 二、国务院建设行政主管部门的职责

国务院建设行政主管部门主管全国建设工程安全生产的行业监督管理工作。其主要职责如下：

1. 贯彻执行国家有关安全生产的法规和方针、政策，起草或者制定建筑安全生产管理的法规和标准。

2. 统一监督管理全国工程建设方面的安全生产工作，完善建筑安全生产的组织保证体系。

3. 制定建筑安全生产管理的中、长期规划和近期目标，组织建筑安全生产技术的开发与推广应用。

4. 指导和监督检查省、自治区、直辖市人民政府建设行政主管部门开展建筑安全生产的行业监督管理工作。

5. 统计全国建筑职工因工伤亡人数，掌握并发布全国建筑安全生产动态。

6. 负责对申报资质等级一级企业和国家一、二级企业以及国家和部级先进建筑企业进行安全资格审查或者审批，行使安全生产否决权。

7. 组织全国建筑安全生产检查，总结交流建筑安全生产管理经验，并表彰先进。

8. 检查和监督工程建设重大事故的调查处理，组织或者参与工程建设特别重大事故的调查。

## 三、县级以上地方人民政府建设行政主管部门的职责

县级以上地方人民政府建设行政主管部门负责本行政区域建筑安全生产的行业监

督管理工作。其主要职责如下：

1. 贯彻执行国家和地方有关安全生产的法规、标准和方针、政策，起草或者制定本行政区域建筑安全生产管理的实施细则或者实施办法。

2. 制定本行政区域建筑安全生产管理的中、长期规划和近期目标，组织建筑安全生产技术的开发与推广应用。

3. 建立健全安全生产的监督管理体系，制定本行政区域建筑安全生产监督管理工作制度，组织落实各级领导分工负责的建筑安全生产责任制。

4. 负责本行政区域建筑职工因工伤亡的统计和上报工作，掌握和发布本行政区域建筑安全生产动态。

5. 负责对申报晋升企业资质等级、企业升级和报评先进企业的安全资格进行审查或者审批，行使安全生产否决权。

6. 组织或者参与本行政区域工程建设中人身伤亡事故的调查处理工作，并依照有关规定上报重大伤亡事故。

7. 组织开展本行政区域建筑安全生产检查，总结交流建筑安全生产管理经验，并表彰先进。

8. 监督检查施工现场、构配件生产车间等安全管理和防护措施，纠正违章指挥和违章作业。

9. 组织开展本行政区域建筑企业安全生产管理人员、作业人员的安全生产教育、培训、考核及发证工作，监督检查建筑企业对安全技术措施费的提取和使用。

10. 领导和管理建筑安全生产监督机构的工作。

### 四、安全生产的工作机制

（1）生产经营单位负责。如前所述，做好安全生产工作，落实生产经营单位主体责任是根本。建立安全生产工作机制，也要首先强调生产经营单位负责，这是安全生产工作机制的根本和核心。

（2）职工参与。一方面，职工是生产经营活动的直接操作者，安全生产首先涉及职工的人身安全。保障职工对安全生产工作的参与权、知情权、监督权和建议权，是我国基层民主的重要组成部分和建立现代企业制度的要求，是保障职工切身利益的需要，也有利于充分调动职工的积极性，发挥其主人翁作用。另一方面，做好安全生产工作需要职工积极配合，承担遵章守纪、按章操作等义务。没有职工的参与和配合，不可能真正做好安全生产工作。

（3）政府监管。在强化和落实生产经营单位主体责任、保障职工参与的同时，还必须充分发挥政府在安全生产方面的监管作用，以国家强制力为后盾，保证安全生产法律、法规以及相关标准得到切实遵守，及时查处、纠正安全生产违法行为，消除事故隐患。这是保障安全生产不可或缺的重要方面。

(4) 行业自律。市场经济条件下，必须充分发挥行业协会等社会组织的作用，加快形成政社分开、权责明确、依法自治的现代社会组织体制，强化行业自律，使其真正成为提供服务、反映诉求、规范行为的重要社会自治力量。对安全生产工作来说，行业自律更是非常重要的一个方面。

(5) 社会监督。安全生产工作涉及方方面面，必须充分发挥包括工会、基层群众自治组织、新闻媒体以及社会公众的监督作用，实行群防群治，将安全生产工作置于全社会的监督之下。

## 五、安全监督检查人员职权

1. 现场调查取证权。即安全生产监督检查人员可以进入生产经营单位进行现场调查，单位不得拒绝，有权向被检查单位调阅资料，向有关人员（负责人、管理人员、技术人员）了解情况。

2. 现场处理权。即对安全生产违法作业当场纠正权。对现场检查出的隐患，责令限期改正、停产停业或停止使用的职权。责令紧急避险权和依法行政处罚权。

3. 查封、扣押行政强制措施权。其对象是安全设施、设备、器材、仪表等。依据是不符合国家或行业安全标准。条件是必须按程序办事、有足够证据、经部门负责人批准、通知被查单位负责人到场、登记记录等，并必须在15日内作出决定。

## 六、安全监督检查人员义务

1. 审查、验收禁止收取费用。

2. 禁止要求被审查、验收的单位购买指定产品。

3. 必须遵循忠于职守、坚持原则、秉公执法的执法原则。

4. 监督检查时须出示有效的监督执法证件。

5. 对检查单位的技术秘密、业务秘密尽到保密之义务。

## 七、建筑安全生产监督机构的职责

建筑安全生产监督机构根据同级人民政府建设行政主管部门的授权，依据有关的法规、标准，对本行政区域内建筑安全生产实施监督管理。其职责如下：

1. 贯彻执行党和国家的安全生产方针、政策和决议。

2. 监察各工地对国家、建设部、省、市政府公布的安全法规、标准、规章制度、办法和安全技术措施的执行情况。

3. 总结、推广建筑施工安全科学管理、先进安全装置、措施等经验，并及时给以奖励。

4. 制止违章指挥和违章作业行为，对情节严重者按处罚条例给以经济处罚，对隐患严重的现场或机械、电气设备等，及时签发停工指令，并提出改进措施。

5. 参加建筑行业重大伤亡事故的调查处理，对造成死亡 1 人，重伤 3 人，直接经济损失 5 万元以上的重大事故主要负责者，有权向检察院、法院提出控诉，追究刑事责任。

6. 对建筑施工队伍负责人、安全检查员、特种作业人员，进行安全教育培训、考核发证工作。

7. 参加建筑施工企业新建、扩建、改建和挖潜、革新、改造工程项目设计和竣工验收工作，负责安全卫生设施“三同时”（安全卫生设施同时设计同时验收同时使用）的审查工作。

8. 及时召开安全施工或重大伤亡事故现场会议。

## 第五节　建设工程重大安全事故的处理

重大安全事故，是指因违反有关建设工程安全的法律、法规和强制性标准，造成人身伤亡或者重大经济损失的事故。

### 一、建设工程伤亡事故的分类

根据生产安全事故（以下简称事故）造成的人员伤亡或者直接经济损失，事故一般分为以下等级：

1. 特别重大事故，是指造成 30 人以上死亡，或者 100 人以上重伤（包括急性工业中毒，下同），或者 1 亿元以上直接经济损失的事故。

2. 重大事故，是指造成 10 人以上 30 人以下死亡，或者 50 人以上 100 人以下重伤，或者 5000 万元以上 1 亿元以下直接经济损失的事故。

3. 较大事故，是指造成 3 人以上 10 人以下死亡，或者 10 人以上 50 人以下重伤，或者 1000 万元以上 5000 万元以下直接经济损失的事故。

4. 一般事故，是指造成 3 人以下死亡，或者 10 人以下重伤，或者 1000 万元以下直接经济损失的事故。

国务院安全生产监督管理部门可以会同国务院有关部门，制定事故等级划分的补充性规定。

本条中所称的“以上”包括本数，所称的“以下”不包括本数。

### 二、事故报告

（一）事故现场有关人员事故上报

事故发生后，事故现场有关人员应当立即向本单位负责人报告。单位负责人接到报告后，应当于1小时内向事故发生地县级以上人民政府安全生产监督管理部门和负有安全生产监督管理职责的有关部门报告。

情况紧急时，事故现场有关人员可以直接向事故发生地县级以上人民政府安全生产监督管理部门和负有安全生产监督管理职责的有关部门报告。

（二）安全生产监督管理部门的事故上报

安全生产监督管理部门和负有安全生产监督管理职责的有关部门接到事故报告后，应当依照下列规定上报事故情况，并通知公安机关、劳动保障行政部门、工会和人民检察院：

1. 特别重大事故、重大事故逐级上报至国务院安全生产监督管理部门和负有安全生产监督管理职责的有关部门。

2. 较大事故逐级上报至省、自治区、直辖市人民政府安全生产监督管理部门和负有安全生产监督管理职责的有关部门。

3. 一般事故上报至设区的市级人民政府安全生产监督管理部门和负有安全生产监督管理职责的有关部门。

安全生产监督管理部门和负有安全生产监督管理职责的有关部门依照上述规定上报事故情况，应当同时报告本级人民政府。国务院安全生产监督管理部门和负有安全生产监督管理职责的有关部门以及省级人民政府接到发生特别重大事故、重大事故的报告后，应当立即报告国务院。

必要时，安全生产监督管理部门和负有安全生产监督管理职责的有关部门可以越级上报事故情况。

安全生产监督管理部门和负有安全生产监督管理职责的有关部门逐级上报事故情况，每级上报的时间不得超过2小时。

（三）事故补报

事故报告后出现新情况的，应当及时补报。

自事故发生之日起30日内，事故造成的伤亡人数发生变化的，应当及时补报。道路交通事故、火灾事故自发生之日起7日内，事故造成的伤亡人数发生变化的，应当及时补报。

（四）报告事故应当包括的内容

1. 事故发生单位概况。

2. 事故发生的时间、地点以及事故现场情况。

3. 事故的简要经过。

4. 事故已经造成或者可能造成的伤亡人数（包括下落不明的人数）和初步估计的直接经济损失。

5. 已经采取的措施。

6. 其他应当报告的情况。

（五）事故应急处理

事故发生单位负责人接到事故报告后，应当立即启动事故相应应急预案，或者采取有效措施，组织抢救，防止事故扩大，减少人员伤亡和财产损失。

事故发生地有关地方人民政府、安全生产监督管理部门和负有安全生产监督管理职责的有关部门接到事故报告后，其负责人应当立即赶赴事故现场，组织事故救援。

事故发生后，有关单位和人员应当妥善保护事故现场以及相关证据，任何单位和个人不得破坏事故现场、毁灭相关证据。

因抢救人员、防止事故扩大以及疏通交通等原因，需要移动事故现场物件的，应当做出标志，绘制现场简图并做出书面记录，妥善保存现场重要痕迹、物证。

事故发生地公安机关根据事故的情况，对涉嫌犯罪的，应当依法立案侦查，采取强制措施和侦查措施。犯罪嫌疑人逃匿的，公安机关应当迅速追捕归案。

## 三、事故调查

（一）事故调查的划分

特别重大事故由国务院或者国务院授权有关部门组织事故调查组进行调查。

重大事故、较大事故、一般事故分别由事故发生地省级人民政府、设区的市级人民政府、县级人民政府负责调查。省级人民政府、设区的市级人民政府、县级人民政府可以直接组织事故调查组进行调查，也可以授权或者委托有关部门组织事故调查组进行调查。

未造成人员伤亡的一般事故，县级人民政府也可以委托事故发生单位组织事故调查组进行调查。

上级人民政府认为必要时，可以调查由下级人民政府负责调查的事故。

自事故发生之日起 30 日内（道路交通事故、火灾事故自发生之日起 7 日内），因事故伤亡人数变化导致事故等级发生变化，依照本条例规定应当由上级人民政府负责调查的，上级人民政府可以另行组织事故调查组进行调查。

特别重大事故以下等级事故，事故发生地与事故发生单位不在同一个县级以上行政区域的，由事故发生地人民政府负责调查，事故发生单位所在地人民政府应当派人参加。

（二）事故调查组

1. 事故调查组的组成

事故调查组的组成应当遵循精简、效能的原则。

根据事故的具体情况，事故调查组由有关人民政府、安全生产监督管理部门、负有安全生产监督管理职责的有关部门、监察机关、公安机关以及工会派人组成，并应当邀请人民检察院派人参加。

事故调查组可以聘请有关专家参与调查。

事故调查组成员应当具有事故调查所需要的知识和专长，并与所调查的事故没有直接利害关系。

事故调查组组长由负责事故调查的人民政府指定。事故调查组组长主持事故调查组的工作。

2. 事故调查组履行下列职责

(1) 查明事故发生的经过、原因、人员伤亡情况及直接经济损失。

(2) 认定事故的性质和事故责任。

(3) 提出对事故责任者的处理建议。

(4) 总结事故教训，提出防范和整改措施。

(5) 提交事故调查报告。

3. 事故调查组的权利和事故发生单位相关人员的义务

事故调查组有权向有关单位和个人了解与事故有关的情况，并要求其提供相关文件、资料，有关单位和个人不得拒绝。

事故调查中发现涉嫌犯罪的，事故调查组应当及时将有关材料或者其复印件移交司法机关处理。

事故发生单位的负责人和有关人员在事故调查期间不得擅离职守，并应当随时接受事故调查组的询问，如实提供有关情况。

(三) 事故调查报告

1. 报告提交时间

事故调查组应当自事故发生之日起60日内提交事故调查报告；特殊情况下，经负责事故调查的人民政府批准，提交事故调查报告的期限可以适当延长，但延长的期限最长不超过60日。

2. 事故调查报告应当包括下列内容：

(1) 事故发生单位概况。

(2) 事故发生经过和事故救援情况。

(3) 事故造成的人员伤亡和直接经济损失。

(4) 事故发生的原因和事故性质。

(5) 事故责任的认定以及对事故责任者的处理建议。

(6) 事故防范和整改措施。

事故调查报告应当附具有关证据材料。事故调查组成员应当在事故调查报告上签名。

### 四、事故处理

有关机关应当按照人民政府的批复，依照法律、行政法规规定的权限和程序，对事故发生单位和有关人员进行行政处罚，对负有事故责任的国家工作人员进行处分。

事故发生单位应当按照负责事故调查的人民政府的批复，对本单位负有事故责任的人员进行处理。负有事故责任的人员涉嫌犯罪的，依法追究刑事责任。

事故发生单位应当认真吸取事故教训，落实防范和整改措施，防止事故再次发生。

安全生产监督管理部门和负有安全生产监督管理职责的有关部门应当对事故发生单位落实防范和整改措施的情况进行监督检查。

### 五、建设部对事故的审理和结案的要求

（一）事故调查处理结论报出后，须经当地有关有审批权限的机关审批后方能结案。并要求伤亡事故处理工作在 90 日内结案，特殊情况也不得超过 180 日。

（二）对事故责任者的处理，应根据事故情节轻重、各种损失大小、责任轻重加以区分，予以严肃处理。

（三）清理资料进行专案存档。事故调查和处理资料是用鲜血和教训换来的，是对职工进行教育的宝贵资料，也是伤亡人员和受到处罚人员的历史资料，因此应完整保存。

（四）存档的主要内容有：职工伤亡事故登记表；职工重伤、死亡事故调查报告书、现场勘察资料记录、图纸、照片等；技术鉴定和实验报告；物证、人证调查材料；医疗部门对伤亡者的诊断及影印件；事故调查组的调查报告；企业或主管部门对其事故所作的结案申请报告；受理人员的检查材料。

### 六、生产安全事故的应急救援

县级以上地方各级人民政府应当组织有关部门制定本行政区域内特大生产安全事故应急救援预案，建立应急救援体系。

危险物品的生产、经营、储存单位以及矿山、建筑施工单位应当建立应急救援组织；生产经营规模较小，可以不建立应急救援组织的，应当指定兼职的应急救援人员。

危险物品的生产、经营、储存单位以及矿山、建筑施工单位应当配备必要的应急救援器材、设备，并进行经常性维护、保养，保证正常运转。

## 第六节　建设工程消防管理制度

消防工作贯彻预防为主、防消结合的方针，按照政府统一领导、部门依法监管、

单位全面负责、公民积极参与的原则，实行消防安全责任制，建立健全社会化的消防工作网络。

## 一、建设工程的消防要求

建设工程的消防设计、施工必须符合国家工程建设消防技术标准。建设、设计、施工、工程监理等单位依法对建设工程的消防设计、施工质量负责。

（一）建设工程设计的消防要求

1. 消防设计审核是建设工程开工的前提

特殊建设工程以外的其他建设工程，建设单位申请领取施工许可证或者申请批准开工报告时应当提供满足施工需要的消防设计图纸及技术资料。

特殊建设工程未经消防设计审查或者审查不合格的，建设单位、施工单位不得施工；其他建设工程，建设单位未提供满足施工需要的消防设计图纸及技术资料的，有关部门不得发放施工许可证或者批准开工报告。

2. 消防设计验收与备案

国务院住房和城乡建设主管部门规定的特殊建设工程，建设单位应当将消防设计文件报送住房和城乡建设主管部门审查，住房和城乡建设主管部门依法对审查的结果负责。

上述规定以外的其他建设工程，建设单位申请领取施工许可证或者申请批准开工报告时应当提供满足施工需要的消防设计图纸及技术资料。

特殊建设工程未经消防设计审查或者审查不合格的，建设单位、施工单位不得施工；其他建设工程，建设单位未提供满足施工需要的消防设计图纸及技术资料的，有关部门不得发放施工许可证或者批准开工报告。

国务院住房和城乡建设主管部门规定应当申请消防验收的建设工程竣工，建设单位应当向住房和城乡建设主管部门申请消防验收。

上述规定以外的其他建设工程，建设单位在验收后应当报住房和城乡建设主管部门备案，住房和城乡建设主管部门应当进行抽查。

依法应当进行消防验收的建设工程，未经消防验收或者消防验收不合格的，禁止投入使用；其他建设工程经依法抽查不合格的，应当停止使用。

（二）建设工程使用、管理的消防要求

1. 公众聚集场所建筑工程使用、管理的消防要求

公众聚集场所投入使用、营业前消防安全检查实行告知承诺管理。公众聚集场所在投入使用、营业前，建设单位或者使用单位应当向场所所在地的县级以上地方人民政府消防救援机构申请消防安全检查，作出场所符合消防技术标准和管理规定的承诺，提交规定的材料，并对其承诺和材料的真实性负责。

公众聚集场所未经消防救援机构许可的，不得投入使用、营业。

2. 同一建筑物使用、管理的消防要求

同一建筑物由两个以上单位管理或者使用的，应当明确各方的消防安全责任，并确定责任人对共用的疏散通道、安全出口、建筑消防设施和消防车通道进行统一管理。

住宅区的物业服务企业应当对管理区域内的共用消防设施进行维护管理，提供消防安全防范服务。

3. 生产、储存、经营危险物品场所建筑工程使用、管理的消防要求

生产、储存、经营易燃易爆危险品的场所不得与居住场所设置在同一建筑物内，并应当与居住场所保持安全距离。与居住场所设置在同一建筑物内的，应当符合国家工程建设消防技术标准。

禁止在具有火灾、爆炸危险的场所吸烟、使用明火。因施工等特殊情况需要使用明火作业的，应当按照规定事先办理审批手续，采取相应的消防安全措施；作业人员应当遵守消防安全规定。进行电焊、气焊等具有火灾危险作业的人员和自动消防系统的操作人员，必须持证上岗，并遵守消防安全操作规程。

生产、储存、装卸易燃易爆危险品的工厂、仓库和专用车站、码头的设置，应当符合消防技术标准。易燃易爆气体和液体的充装站、供应站、调压站，应当设置在符合消防安全要求的位置，并符合防火防爆要求。

已经设置的生产、储存、装卸易燃易爆危险品的工厂、仓库和专用车站、码头，易燃易爆气体和液体的充装站、供应站、调压站，不再符合前款规定的，地方人民政府应当组织、协调有关部门、单位限期解决，消除安全隐患。

进入生产、储存易燃易爆危险品的场所，必须执行消防安全规定。禁止非法携带易燃易爆危险品进入公共场所或者乘坐公共交通工具。储存可燃物资仓库的管理，必须执行消防技术标准和管理规定。

4. 建筑构配件、装饰装修材料使用、管理的消防要求

建筑构件、建筑材料和室内装修、装饰材料的防火性能必须符合国家标准；没有国家标准的，必须符合行业标准。

人员密集场所室内装修、装饰，应当按照消防技术标准的要求，使用不燃、难燃材料。

（三）消防安全责任

1. 单位的主要负责人是本单位的消防安全责任人。

机关、团体、企业、事业等单位应当履行下列消防安全职责：

（1）落实消防安全责任制，制定本单位的消防安全制度、消防安全操作规程，制定灭火和应急疏散预案；

（2）按照国家标准、行业标准配置消防设施、器材，设置消防安全标志，并定期

组织检验、维修，确保完好有效；

（3）对建筑消防设施每年至少进行一次全面检测，确保完好有效，检测记录应当完整准确，存档备查；

（4）保障疏散通道、安全出口、消防车通道畅通，保证防火防烟分区、防火间距符合消防技术标准；

（5）组织防火检查，及时消除火灾隐患；

（6）组织进行有针对性的消防演练；

（7）法律、法规规定的其他消防安全职责。

消防安全重点单位除应当履行《消防法》第十六条规定的职责外，还应当履行下列消防安全职责：

（1）确定消防安全管理人，组织实施本单位的消防安全管理工作；

（2）建立消防档案，确定消防安全重点部位，设置防火标志，实行严格管理；

（3）实行每日防火巡查，并建立巡查记录；

（4）对职工进行岗前消防安全培训，定期组织消防安全培训和消防演练。

2. 县级以上地方人民政府消防救援机构应当将发生火灾可能性较大以及发生火灾可能造成重大的人身伤亡或者财产损失的单位，确定为本行政区域内的消防安全重点单位，并由应急管理部门报本级人民政府备案。

## 二、建筑工程消防监督管理

（一）监督管理机构及其工作原则

国务院领导全国的消防工作。地方各级人民政府负责本行政区域内的消防工作。各级人民政府应当将消防工作纳入国民经济和社会发展计划，保障消防工作与经济社会发展相适应。

国务院应急管理部门对全国的消防工作实施监督管理。县级以上地方人民政府应急管理部门对本行政区域内的消防工作实施监督管理，并由本级人民政府消防救援机构负责实施。军事设施的消防工作，由其主管单位监督管理，消防救援机构协助；矿井地下部分、核电厂、海上石油天然气设施的消防工作，由其主管单位监督管理。

县级以上人民政府其他有关部门在各自的职责范围内，依照《消防法》和其他相关法律、法规的规定做好消防工作。

（二）消防工作的基本原则

国家鼓励、支持消防科学研究和技术创新，推广使用先进的消防和应急救援技术、设备；鼓励、支持社会力量开展消防公益活动。对在消防工作中有突出贡献的单位和个人，应当按照国家有关规定给予表彰和奖励。

各级人民政府应当组织开展经常性的消防宣传教育，提高公民的消防安全意识。

机关、团体、企业、事业等单位，应当加强对本单位人员的消防宣传教育。应急管理部门及消防救援机构应当加强消防法律、法规的宣传，并督促、指导、协助有关单位做好消防宣传教育工作。

## 三、建设工程相关单位的消防管理

建设单位依法对建设工程消防设计、施工质量负首要责任。设计、施工、工程监理、技术服务等单位依法对建设工程消防设计、施工质量负主体责任。建设、设计、施工、工程监理、技术服务等单位的从业人员依法对建设工程消防设计、施工质量承担相应的个人责任。

对按照国家工程建设消防技术标准需要进行消防设计的建设工程，实行建设工程消防设计审查验收制度。

国务院住房和城乡建设主管部门规定的特殊建设工程，建设单位应当将消防设计文件报送住房和城乡建设主管部门审查，住房和城乡建设主管部门依法对审查的结果负责。

特殊建设工程以外的其他建设工程，建设单位申请领取施工许可证或者申请批准开工报告时应当提供满足施工需要的消防设计图纸及技术资料。

（一）消防设计、施工的质量责任

1. 建设单位的消防设计、施工责任

建设单位不得要求设计、施工、工程监理等有关单位和人员违反消防法规和国家工程建设消防技术标准，降低建设工程消防设计、施工质量，并承担下列消防设计、施工的质量责任：

（1）不得明示或者暗示设计、施工、工程监理、技术服务等单位及其从业人员违反建设工程法律法规和国家工程建设消防技术标准，降低建设工程消防设计、施工质量；

（2）依法申请建设工程消防设计审查、消防验收，办理备案并接受抽查；

（3）实行工程监理的建设工程，依法将消防施工质量委托监理；

（4）委托具有相应资质的设计、施工、工程监理单位；

（5）按照工程消防设计要求和合同约定，选用合格的消防产品和满足防火性能要求的建筑材料、建筑构配件和设备；

（6）组织有关单位进行建设工程竣工验收时，对建设工程是否符合消防要求进行查验；

（7）依法及时向档案管理机构移交建设工程消防有关档案。

2. 设计单位的消防设计责任

设计单位应当承担下列消防设计的质量责任：

（1）按照建设工程法律法规和国家工程建设消防技术标准进行设计，编制符合要求的消防设计文件，不得违反国家工程建设消防技术标准强制性条文；

（2）在设计文件中选用的消防产品和具有防火性能要求的建筑材料、建筑构配件和设备，应当注明规格、性能等技术指标，符合国家规定的标准；

（3）参加建设单位组织的建设工程竣工验收，对建设工程消防设计实施情况签章确认，并对建设工程消防设计质量负责。

3. 施工单位的消防施工责任

施工单位应当承担下列消防施工的质量和安全责任：

（1）按照建设工程法律法规、国家工程建设消防技术标准，以及经消防设计审查合格或者满足工程需要的消防设计文件组织施工，不得擅自改变消防设计进行施工，降低消防施工质量；

（2）按照消防设计要求、施工技术标准和合同约定检验消防产品和具有防火性能要求的建筑材料、建筑构配件和设备的质量，使用合格产品，保证消防施工质量；

（3）参加建设单位组织的建设工程竣工验收，对建设工程消防施工质量签章确认，并对建设工程消防施工质量负责。

4. 工程监理单位的消防质量监理责任

工程监理单位应当承担下列消防施工的质量监理责任：

（1）按照建设工程法律法规、国家工程建设消防技术标准，以及经消防设计审查合格或者满足工程需要的消防设计文件实施工程监理；

（2）在消防产品和具有防火性能要求的建筑材料、建筑构配件和设备使用、安装前，核查产品质量证明文件，不得同意使用或者安装不合格的消防产品和防火性能不符合要求的建筑材料、建筑构配件和设备；

（3）参加建设单位组织的建设工程竣工验收，对建设工程消防施工质量签章确认，并对建设工程消防施工质量承担监理责任。

5. 中介服务机构的消防责任

提供建设工程消防设计图纸技术审查、消防设施检测或者建设工程消防验收现场评定等服务的技术服务机构，应当按照建设工程法律法规、国家工程建设消防技术标准和国家有关规定提供服务，并对出具的意见或者报告负责。

（二）消防设计审核和消防验收

1. 消防设计审核

1）消防设计审核的条件

特殊建设工程的建设单位应当向消防设计审查验收主管部门申请消防设计审查，消防设计审查验收主管部门依法对审查的结果负责。特殊建设工程未经消防设计审查或者审查不合格的，建设单位、施工单位不得施工。

① 总建筑面积大于二万平方米的体育场馆、会堂，公共展览馆、博物馆的展示厅；

② 总建筑面积大于一万五千平方米的民用机场航站楼、客运车站候车室、客运码头候船厅；

③ 总建筑面积大于一万平方米的宾馆、饭店、商场、市场；

④ 总建筑面积大于二千五百平方米的影剧院，公共图书馆的阅览室，营业性室内健身、休闲场馆，医院的门诊楼，大学的教学楼、图书馆、食堂，劳动密集型企业的生产加工车间，寺庙、教堂；

⑤ 总建筑面积大于一千平方米的托儿所、幼儿园的儿童用房，儿童游乐厅等室内儿童活动场所，养老院、福利院、医院、疗养院的病房楼，中小学校的教学楼、图书馆、食堂，学校的集体宿舍，劳动密集型企业的员工集体宿舍；

⑥ 总建筑面积大于五百平方米的歌舞厅、录像厅、放映厅、卡拉OK厅、夜总会、游艺厅、桑拿浴室、网吧、酒吧，具有娱乐功能的餐馆、茶馆、咖啡厅；

⑦ 国家工程建设消防技术标准规定的一类高层住宅建筑；

⑧ 城市轨道交通、隧道工程，大型发电、变配电工程；

⑨ 生产、储存、装卸易燃易爆危险物品的工厂、仓库和专用车站、码头，易燃易爆气体和液体的充装站、供应站、调压站；

⑩ 国家机关办公楼、电力调度楼、电信楼、邮政楼、防灾指挥调度楼、广播电视楼、档案楼；

⑪ 设有上述第①项至第⑥项所列情形的建设工程；

⑫ 上述第⑩项、第⑪项规定以外的单体建筑面积大于四万平方米或者建筑高度超过五十米的公共建筑。

2）申请消防设计审核提交的材料

建设单位申请消防设计审核应当提供下列材料：

① 消防设计审查申请表；

② 消防设计文件；

③ 依法需要办理建设工程规划许可的，应当提交建设工程规划许可文件；

④ 依法需要批准的临时性建筑，应当提交批准文件。

特殊建设工程具有下列情形之一的，建设单位除提交《建设工程消防设计审查验收管理暂行规定》第十六条所列材料外，还应当同时提交特殊消防设计技术资料：

① 国家工程建设消防技术标准没有规定，必须采用国际标准或者境外工程建设消防技术标准的；

② 消防设计文件拟采用的新技术、新工艺、新材料不符合国家工程建设消防技术标准规定的。

3）审核程序

（1）审核的申请与受理

消防设计审查验收主管部门应当自受理消防设计审查申请之日起十五个工作日内出具书面审查意见。依照本规定需要组织专家评审的，专家评审时间不超过二十个工作日。

（2）评审

对具有《建设工程消防设计审查验收管理暂行规定》第十七条情形之一的建设工程，消防设计审查验收主管部门应当自受理消防设计审查申请之日起五个工作日内，将申请材料报送省、自治区、直辖市人民政府住房和城乡建设主管部门组织专家评审。

省、自治区、直辖市人民政府住房和城乡建设主管部门应当在收到申请材料之日起十个工作日内组织召开专家评审会，对建设单位提交的特殊消防设计技术资料进行评审。

评审专家应当符合相关专业要求，总数不得少于七人，且独立出具评审意见。特殊消防设计技术资料经四分之三以上评审专家同意即为评审通过，评审专家有不同意见的，应当注明。省、自治区、直辖市人民政府住房和城乡建设主管部门应当将专家评审意见，书面通知报请评审的消防设计审查验收主管部门，同时报国务院住房和城乡建设主管部门备案。

4）审核结果

对符合下列条件的，消防设计审查验收主管部门应当出具消防设计审查合格意见：

（1）申请材料齐全、符合法定形式；

（2）设计单位具有相应资质；

（3）消防设计文件符合国家工程建设消防技术标准（具有《建设工程消防设计审查验收管理暂行规定》第十七条情形之一的特殊建设工程，特殊消防设计技术资料通过专家评审）。

实行施工图设计文件联合审查的，应当将建设工程消防设计的技术审查并入联合审查。

建设、设计、施工单位不得擅自修改经审查合格的消防设计文件。确需修改的，建设单位应当依照《建设工程消防设计审查验收管理暂行规定》重新申请消防设计审查。

对不符合条件的，消防设计审查验收主管部门应当出具消防设计审查不合格意见，并说明理由。

2. 消防验收

1）消防验收材料

建设单位申请消防验收应当提供下列材料：

（1）建设工程消防验收申报表；

（2）工程竣工验收报告；

（3）涉及消防的建设工程竣工图纸。

消防设计审查验收主管部门收到建设单位提交的消防验收申请后，对申请材料齐全的，应当出具受理凭证；申请材料不齐全的，应当一次性告知需要补正的全部内容。

2）消防验收程序

消防设计审查验收主管部门应当自受理消防验收申请之日起十五日内出具消防验收意见。对符合下列条件的，应当出具消防验收合格意见：

（1）申请材料齐全、符合法定形式；

（2）工程竣工验收报告内容完备；

（3）涉及消防的建设工程竣工图纸与经审查合格的消防设计文件相符；

（4）现场评定结论合格。

对不符合规定条件的，消防设计审查验收主管部门应当出具消防验收不合格意见，并说明理由。

（三）消防设计和竣工验收的备案抽查

1. 特殊建设工程消防设计和竣工验收的受理

消防设计审查验收主管部门应当对备案的其他建设工程进行抽查。抽查工作推行“双随机、一公开”制度，随机抽取检查对象，随机选派检查人员。抽取比例由省、自治区、直辖市人民政府住房和城乡建设主管部门，结合辖区内消防设计、施工质量情况确定，并向社会公示。

消防设计审查验收主管部门应当自其他建设工程被确定为检查对象之日起十五个工作日内，按照建设工程消防验收有关规定完成检查，制作检查记录。检查结果应当通知建设单位，并向社会公示。

2. 特殊建设工程消防设计和竣工验收的结果

建设单位收到检查不合格整改通知后，应当停止使用建设工程，并组织整改，整改完成后，向消防设计审查验收主管部门申请复查。

消防设计审查验收主管部门应当自收到书面申请之日起七个工作日内进行复查，并出具复查意见。复查合格后方可使用建设工程。

3. 其他建设工程实行备案抽查制度

其他建设工程经依法抽查不合格的，应当停止使用。其他建设工程竣工验收合格之日起五个工作日内，建设单位应当报消防设计审查验收主管部门备案。

（四）监督检查

1. 监督主体

地方各级人民政府应当落实消防工作责任制，对本级人民政府有关部门履行消防安全职责的情况进行监督检查。

县级以上地方人民政府有关部门应当根据本系统的特点，有针对性地开展消防安全检查，及时督促整改火灾隐患。

消防救援机构应当对机关、团体、企业、事业等单位遵守消防法律、法规的情况依法进行监督检查。公安派出所可以负责日常消防监督检查、开展消防宣传教育，具体办法由国务院公安部门规定。

2. 监督情况

消防救援机构在消防监督检查中发现火灾隐患的，应当通知有关单位或者个人立即采取措施消除隐患；不及时消除隐患可能严重威胁公共安全的，消防救援机构应当依照规定对危险部位或者场所采取临时查封措施。

消防救援机构在消防监督检查中发现城乡消防安全布局、公共消防设施不符合消防安全要求，或者发现本地区存在影响公共安全的重大火灾隐患的，应当由应急管理部门书面报告本级人民政府。

接到报告的人民政府应当及时核实情况，组织或者责成有关部门、单位采取措施，予以整改。

3. 监督和被监督

住房和城乡建设主管部门、消防救援机构及其工作人员应当按照法定的职权和程序进行消防设计审查、消防验收、备案抽查和消防安全检查，做到公正、严格、文明、高效。

住房和城乡建设主管部门、消防救援机构及其工作人员进行消防设计审查、消防验收、备案抽查和消防安全检查等，不得收取费用，不得利用职务谋取利益；不得利用职务为用户、建设单位指定或者变相指定消防产品的品牌、销售单位或者消防技术服务机构、消防设施施工单位。

住房和城乡建设主管部门、消防救援机构及其工作人员执行职务，应当自觉接受社会和公民的监督。

任何单位和个人都有权对住房和城乡建设主管部门、消防救援机构及其工作人员在执法中的违法行为进行检举、控告。收到检举、控告的机关，应当按照职责及时查处。

## 四、消防法律责任

建设、设计、施工、工程监理单位、消防技术服务机构及其从业人员违反有关消防法规、国家工程建设消防技术标准，造成危害后果的，除依法给予行政处罚或者追究刑事责任外，还应当依法承担民事赔偿责任。

（一）建设工程单位的法律责任

1. 建设单位违反消防设计规定

有下列行为之一的，由住房和城乡建设主管部门、消防救援机构按照各自职权责令停止施工、停止使用或者停产停业，并处三万元以上三十万元以下罚款：

（1）依法应当进行消防设计审查的建设工程，未经依法审查或者审查不合格，擅自施工的；

（2）依法应当进行消防验收的建设工程，未经消防验收或者消防验收不合格，擅自投入使用的；

（3）《建设工程消防设计审查验收管理暂行规定》第十三条规定的其他建设工程验收后经依法抽查不合格，不停止使用的；

（4）公众聚集场所未经消防安全检查或者经检查不符合消防安全要求，擅自投入使用、营业的。

建设单位未依照《消防法》规定在验收后报住房和城乡建设主管部门备案的，由住房和城乡建设主管部门责令改正，处五千元以下罚款。

2. 建设单位违反消防技术标准

有下列行为之一的，责令改正或者停止施工，并处一万元以上十万元以下罚款：

（1）建设单位要求建筑设计单位或者建筑施工企业降低消防技术标准设计、施工的；

（2）建筑设计单位不按照消防技术标准强制性要求进行消防设计的；

（3）建筑施工企业不按照消防设计文件和消防技术标准施工，降低消防施工质量的；

（4）工程监理单位与建设单位或者建筑施工企业串通，弄虚作假，降低消防施工质量的。

3. 建设单位未按规定设置消防设施

有下列行为之一的，责令改正，处五千元以上五万元以下罚款：

（1）消防设施、器材或者消防安全标志的配置、设置不符合国家标准、行业标准，或者未保持完好有效的；

（2）损坏、挪用或者擅自拆除、停用消防设施、器材的；

（3）占用、堵塞、封闭疏散通道、安全出口或者有其他妨碍安全疏散行为的；

（4）埋压、圈占、遮挡消火栓或者占用防火间距的；

（5）占用、堵塞、封闭消防车通道，妨碍消防车通行的；

（6）人员密集场所在门窗上设置影响逃生和灭火救援的障碍物的；

（7）对火灾隐患经公安机关消防机构通知后不及时采取措施消除的。

个人第二项、第三项、第四项、第五项行为之一的，处警告或者五百元以下罚款。

有第三项、第四项、第五项、第六项行为，经责令改正拒不改正的，强制执行，所需费用由违法行为人承担。

4. 生产、储存、经营危险物品场所未依法保持距离生产、储存、经营易燃易爆危险品的场所与居住场所设置在同一建筑物内，或者未与居住场所保持安全距离的，责令停产停业，并处五千元以上五万元以下罚款。

生产、储存、经营其他物品的场所与居住场所设置在同一建筑物内，不符合消防技术标准的，依照前款规定处罚。

（二）管理部门的法律责任

1. 住房和城乡建设主管部门、消防救援机构的工作人员滥用职权、玩忽职守、徇私舞弊，有下列行为之一，尚不构成犯罪的，依法给予处分：

（1）对不符合消防安全要求的消防设计文件、建设工程、场所准予审查合格、消防验收合格、消防安全检查合格的；

（2）无故拖延消防设计审查、消防验收、消防安全检查，不在法定期限内履行职责的；

（3）发现火灾隐患不及时通知有关单位或者个人整改的；

（4）利用职务为用户、建设单位指定或者变相指定消防产品的品牌、销售单位或者消防技术服务机构、消防设施施工单位的；

（5）将消防车、消防艇以及消防器材、装备和设施用于与消防和应急救援无关的事项的；

（6）其他滥用职权、玩忽职守、徇私舞弊的行为。

2. 其他部门的法律责任

产品质量监督、工商行政管理等其他有关行政主管部门的工作人员在消防工作中滥用职权、玩忽职守、徇私舞弊，尚不构成犯罪的，依法给予处分。

## 第七节　建设工程安全法律责任

### 一、建设单位的安全法律责任

（一）未提供施工条件

建设单位未提供建设工程安全生产作业环境及安全施工措施所需费用的，责令限期改正；逾期未改正的，责令该建设工程停止施工。

建设单位未将保证安全施工的措施或者拆除工程的有关资料报送有关部门备案的，责令限期改正，给予警告。

（二）其他违法行为

建设单位有下列行为之一的，责令限期改正，处20万元以上50万元以下的罚款；造成重大安全事故，构成犯罪的，对直接责任人员，依照刑法有关规定追究刑事责任；造成损失的，依法承担赔偿责任：

（1）对勘察、设计、施工、工程监理等单位提出不符合安全生产法律、法规和强制性标准规定的要求的。

（2）要求施工单位压缩合同约定的工期的。

（3）将拆除工程发包给不具有相应资质等级的施工单位的。

## 二、勘察、设计单位的安全法律责任

勘察单位、设计单位有下列行为之一的，责令限期改正，处10万元以上30万元以下的罚款；情节严重的，责令停业整顿，降低资质等级，直至吊销资质证书；造成重大安全事故，构成犯罪的，对直接责任人员，依照刑法有关规定追究刑事责任；造成损失的，依法承担赔偿责任：

1. 未按照法律、法规和工程建设强制性标准进行勘察、设计的。

2. 采用新结构、新材料、新工艺的建设工程和特殊结构的建设工程，设计单位未在设计中提出保障施工作业人员安全和预防生产安全事故的措施建议的。

## 三、施工单位的安全法律责任

（一）擅自挪用资金

施工单位挪用列入建设工程概算的安全生产作业环境及安全施工措施所需费用的，责令限期改正，处以挪用费用20%以上50%以下的罚款；造成损失的，依法承担赔偿责任。

（二）降低安全生产条件

施工单位取得资质证书后，降低安全生产条件的，责令限期改正；经整改仍未达到与其资质等级相适应的安全生产条件的，责令停业整顿，降低其资质等级直至吊销资质证书。

（三）不具备安全生产条件

施工单位有下列行为之一的，责令限期改正；逾期未改正的，责令停业整顿，依照《中华人民共和国安全生产法》的有关规定处以罚款；造成重大安全事故，构成犯罪的，对直接责任人员，依照刑法有关规定追究刑事责任：

（1）未设立安全生产管理机构、配备专职安全生产管理人员或者分部分项工程施工时无专职安全生产管理人员现场监督的。

（2）施工单位的主要负责人、项目负责人、专职安全生产管理人员、作业人员或者特种作业人员，未经安全教育培训或者经考核不合格即从事相关工作的。

（3）未在施工现场的危险部位设置明显的安全警示标志，或者未按照国家有关规定在施工现场设置消防通道、消防水源、配备消防设施和灭火器材的。

（4）未向作业人员提供安全防护用具和安全防护服装的。

（5）未按照规定在施工起重机械和整体提升脚手架、模板等自升式架设设施验收合格后登记的。

（6）使用国家明令淘汰、禁止使用的危及施工安全的工艺、设备、材料的。

（四）未对施工现场及施工环境妥善设置

施工单位有下列行为之一的，责令限期改正；逾期未改正的，责令停业整顿，并处5万元以上10万元以下的罚款；造成重大安全事故，构成犯罪的，对直接责任人员，依照刑法有关规定追究刑事责任：

（1）施工前未对有关安全施工的技术要求作出详细说明的。

（2）未根据不同施工阶段和周围环境及季节、气候的变化，在施工现场采取相应的安全施工措施，或者在城市市区内的建设工程的施工现场未实行封闭围挡的。

（3）在尚未竣工的建筑物内设置员工集体宿舍的。

（4）施工现场临时搭建的建筑物不符合安全使用要求的。

（5）未对因建设工程施工可能造成损害的毗邻建筑物、构筑物和地下管线等采取专项防护措施的。

（五）施工设备、设施不符合安全要求

施工单位有下列行为之一的，责令限期改正；逾期未改正的，责令停业整顿，并处10万元以上30万元以下的罚款；情节严重的，降低资质等级，直至吊销资质证书；造成重大安全事故，构成犯罪的，对直接责任人员，依照刑法有关规定追究刑事责任；造成损失的，依法承担赔偿责任：

（1）安全防护用具、机械设备、施工机具及配件在进入施工现场前未经查验或者查验不合格即投入使用的。

（2）使用未经验收或者验收不合格的施工起重机械和整体提升脚手架、模板等自升式架设设施的。

（3）委托不具有相应资质的单位承担施工现场安装、拆卸施工起重机械和整体提升脚手架、模板等自升式架设设施的。

（4）在施工组织设计中未编制安全技术措施、施工现场临时用电方案或者专项施工方案的。

（六）施工单位从业人员不履行法定职责

施工单位的主要负责人、项目负责人未履行安全生产管理职责的，责令限期改正；逾期未改正的，责令施工单位停业整顿；造成重大安全事故、重大伤亡事故或者其他严重后果，构成犯罪的，依照刑法有关规定追究刑事责任。

作业人员不服管理、违反规章制度和操作规程冒险作业造成重大伤亡事故或者其他严重后果，构成犯罪的，依照刑法有关规定追究刑事责任。

施工单位的主要负责人、项目负责人有前款违法行为，尚不够刑事处罚的，处以2

万元以上 20 万元以下的罚款或者按照管理权限给予撤职处分；自刑罚执行完毕或者受处分之日起，5 年内不得担任任何施工单位的主要负责人、项目负责人。

## 四、相关单位的安全法律责任

（一）承担安全评价、认证、检测、检验工作机构的法律责任

承担安全评价、认证、检测、检验工作的机构，出具虚假证明，构成犯罪的，依照刑法有关规定追究刑事责任；尚不够刑事处罚的，没收违法所得，违法所得在 5000 元以上的，并处违法所得 2 倍以上 5 倍以下的罚款，没有违法所得或者违法所得不足 5000 元的，单处或者并处 5000 元以上 2 万元以下的罚款，对其直接负责的主管人员和其他直接责任人员处 5000 元以上 5 万元以下的罚款；给他人造成损害的，与生产经营单位承担连带赔偿责任。

对有上述违法行为的机构，撤销其相应资格。

（二）设备供应单位的法律责任

为建设工程提供机械设备和配件的单位，未按照安全施工的要求配备齐全有效的保险、限位等安全设施和装置的，责令限期改正，处合同价款 1 倍以上 3 倍以下的罚款；造成损失的，依法承担赔偿责任。

出租单位出租未经安全性能检测或者经检测不合格的机械设备和施工机具及配件的，责令停业整顿，并处 5 万元以上 10 万元以下的罚款；造成损失的，依法承担赔偿责任。

施工起重机械和整体提升脚手架、模板等自升式架设设施安装、拆卸单位有下列行为之一的，责令限期改正，处 5 万元以上 10 万元以下的罚款；情节严重的，责令停业整顿，降低资质等级，直至吊销资质证书；造成损失的，依法承担赔偿责任：

（1）未编制拆装方案、制定安全施工措施的。

（2）未由专业技术人员现场监督的。

（3）未出具自检合格证明或者出具虚假证明的。

（4）未向施工单位进行安全使用说明，办理移交手续的。

施工起重机械和整体提升脚手架、模板等自升式架设设施安装、拆卸单位有上述规定的第（1）项、第（3）项行为，经有关部门或者单位职工提出后，对事故隐患仍不采取措施，因而发生重大伤亡事故或者造成其他严重后果，构成犯罪的，对直接责任人员，依照刑法有关规定追究刑事责任。

## 五、监理单位的安全法律责任

工程监理单位有下列行为之一的，责令限期改正；逾期未改正的，责令停业整顿，并处 10 万元上 30 万元以下的罚款；情节严重的，降低资质等级，直至吊销资质证书；

造成重大安全事故，构成犯罪的，对直接责任人员，依照刑法有关规定追究刑事责任；造成损失的，依法承担赔偿责任：

（1）未对施工组织设计中的安全技术措施或者专项施工方案进行审查的。

（2）发现安全事故隐患未及时要求施工单位整改或者暂时停止施工的。

（3）施工单位拒不整改或者不停止施工，未及时向有关主管部门报告的。

（4）未依照法律、法规和工程建设强制性标准实施监理的。

## 六、安全生产监督管理部门的安全法律责任

（一）要求被检查单位购买指定设备

负有安全生产监督管理职责的部门，要求被审查、验收的单位购买其指定的安全设备、器材或者其他产品的，在对安全生产事项的审查、验收中收取费用的，由其上级机关或者监察机关责令改正，责令退还收取的费用；情节严重的，对直接负责的主管人员和其他直接责任人员依法给予行政处分。

（二）故意隐瞒安全生产事故

有关地方人民政府、负有安全生产监督管理职责的部门，对生产安全事故隐瞒不报、谎报或者拖延不报的，对直接负责的主管人员和其他直接责任人员依法给予行政处分；构成犯罪的，依照刑法有关规定追究刑事责任。

（三）违法通过验收、检查

负有安全生产监督管理职责的部门的工作人员，有下列行为之一的，给予降级或者撤职的行政处分；构成犯罪的，依照刑法有关规定追究刑事责任：

（1）对不符合法定安全生产条件的涉及安全生产的事项予以批准或者验收通过的。

（2）发现未依法取得批准、验收的单位擅自从事有关活动或者接到举报后不予取缔或者不依法予以处理的。

（3）对已经依法取得批准的单位不履行监督管理职责，发现其不再具备安全生产条件而不撤销原批准或者发现安全生产违法行为不予查处的。

# 第八章　工程建设标准化法律制度

## 第一节　概　　述

工程建设标准化是在建设领域有效地实行科学管理、强化政府宏观调控的基础和手段，积极推行工程建设标准化，对规范建设市场行为，促进建设工程技术进步，保证工程质量，加快建设速度，节约原料、能源，合理使用建设资金，保护人身健康和人民生命财产安全，提高投资效益，都具有重要的作用。《中华人民共和国标准化法》（以下简称《标准化法》）由1988年12月29日主席令第11号公布，并由第十二届全国人民代表大会常务委员会第三十次会议于2017年11月4日修订通过，自2018年1月1日起施行。1990年国务院令第53号发布并于发布之日起施行的《中华人民共和国标准化法实施条例》、1992年12月30日建设部第24号令发布并于发布之日起施行的《工程建设国家标准管理办法》、2000年8月25日建设部令第81号发布并于发布之日起施行的《实施工程建设强制性标准监督规定》（2015年修订），不仅使我国标准化工作进入了依法管理的轨道，同时也极大地促进了标准化工作的发展。

《标准化法》规定：标准化工作的任务是制定标准、组织实施标准以及对标准的制定实施进行监督。标准是标准化工作的前提和基础，标准化工作是围绕标准而开展的。工程建设标准就是在建设领域内对各类建设工程的勘察、规划、设计、施工、安装、验收以及管理、维护加固等活动所制定的标准。它以科学、技术和实践经验的综合成果为基础，经有关各方协商一致，由主管机构批准，以特定形式发布，作为建设领域共同遵守的准则和技术依据。

### 一、标准的构成及其主要内容

标准一般由前引部分、正文部分和补充部分构成，每一部分又都由若干内容构成。同时，每一项标准均同时有其相对应的条文说明。前引部分由封面、扉页、公告、前言、目次、标准名称组成。正文部分由总则、术语、符号、技术内容组成。补充部分由附录、标准用词说明和引用标准名录组成。条文说明一般独立成册或与标准正文合订出版。

（一）前引部分

1. 封面。国家标准、行业标准、地方标准的封面格式应当符合《工程建设标准出版印刷规定》。封面上应写明标准的类别（行业标准、地方标准还应写明标准的备案号）、检索代号、分类符号、标准编号、标准名称、英文译名、发布日期、实施日期，发布机构等要素。

标准名称应符合以下规定：

（1）标准名称应简练明确地反映标准的主题内容；

（2）标准名称宜由标准的对象、用途和特征名三部分组成；

例如：钢结构　设计　规范

（对象）（用途）（特征名）

（3）标准应根据其特点和性质，采用“标准”“规范”或“规程”作为特征名；

（4）标准名称应有对应的英文译名。

2. 标准编号。标准编号由标准代号、发布标准的顺序号、发布标准的年号组成。同一类或同一领域标准的代号应统一。当标准中无强制性条文时，标准代号后应加“/T”表示。例如：某项有强制性条文的国家标准编号采用“GB 50×××—20××”表示，某项无强制性条文的国家标准编号采用“GB/T 50×××—20××”表示。

3. 扉页。一般包括标准名称、编号、主编部门（或单位）、批准部门、施行日期、出版单位以及出版年份和地点。

4. 发布公告。标准发布公告应包括下列主要内容：标题及公告号；标准名称和编号；标准实施日期；有强制性条文的，应列出强制性条文的编号；全文强制的，用文字表明；全面修订的标准应列出被替代标准的名称、编号和废止日期；局部修订的标准，应采用“经此次修改的原条文同时废止”的典型用语予以说明；批准部门需要说明的其他事项。

5. 前言。前言是标准编制和管理需要交代的事项。标准的前言应包括下列内容：制订（修订）标准的任务来源；概述标准编制的主要工作和主要技术内容；对修订的标准，还应简述主要技术内容的变更情况；当标准中有强制性条文时，应采用“本标准（规范、规程）中以黑体字标志的条文为强制性条文，必须严格执行”的典型用语，予以说明；同时还应说明强制性条文管理、解释的负责部门；标准的管理部门、日常管理机构，以及具体技术内容解释单位名称、邮编和通信地址；标准的主编单位、参编单位、主要起草人和主要审查人员名单。必要时，还可包括参加单位名单。

6. 目次。标准正文目次应包括中文目次和英文目次；英文目次应与中文目次相对应，并在中文目次之后另页编排；英文目次页码应与中文目次页码连续。标准的目次应从第 1 章按顺序列出，包括：章名、节名、附录名、标准用词说明、引用标准名录、条文说明及其起始页码。标准的页码应起始于第 1 章。

（二）正文部分

1. 总则。标准的总则是编制或执行标准的总原则，一般包括四个方面的内容，即制订标准的目的、标准的适用范围、标准的共性要求以及执行相关标准的要求。

制定标准的目的是指制订本标准的宗旨或出发点，一般概括地阐述制订该标准的理由、依据和要达到的目的或结果。

标准的适用范围应与标准的名称及其规定的技术内容相一致。在规定的范围中，当有不适用的内容时，应指明标准的不适用范围。标准的适用范围不应规定参照执行的范围。对标准的适用范围可采用“本标准（规范、规程）适用于……”的典型用语；对标准的不适用范围可采用“本标准（规范、规程）不适用于……”的典型用语。

标准的共性要求应为涉及整个标准的基本原则，或是与大部分章、节有关的基本要求。当共性要求的内容较多时，可独立成章，章名宜采用“基本规定”。

执行相关标准的要求应采用“……，除应符合本标准（规范、规程）外，尚应符合国家现行有关标准的规定”的典型用语。

2. 术语、符号、代号。标准中采用的术语和符号（代号、缩略语），当现行标准中尚无统一规定，且需要给出定义或涵义时，可独立成章，集中列出。当内容少时，可不设此章。并且应符合国家现行有关标准的规定。当现行标准中没有规定时，应采用国际通用的符号。当无国际通用的符号时，应采用字母符号表示。标准中的物理量和计量单位应符合《中华人民共和国法定计量单位》《中华人民共和国法定计量单位使用方法》和国家现行有关标准的规定。

3. 技术内容。标准中技术内容的编写，应符合下列原则：

（1）应规定需要遵守的准则和达到的技术要求以及采取的技术措施，不得叙述其目的或理由。

（2）定性和定量应准确，并应有充分的依据。

（3）纳入标准的技术内容，应成熟且行之有效。凡能用文字阐述的，不宜用图作规定。

（4）标准之间不得相互抵触，相关的标准条文应协调一致。不得将其他标准的正文或附录作为本标准的正文或附录。

（5）章节构成应合理，层次划分应清楚，编排格式应符合统一要求。

（6）技术内容表达应准确无误，文字表达应逻辑严谨、简练明确、通俗易懂，不得模棱两可。

（7）表示严格程度的用词应恰当，并应符合标准用词说明的规定。

（8）同一术语或符号应始终表达同一概念，同一概念应始终采用同一术语或符号。

（9）公式应只给出最后的表达式，不应列出推导过程。在公式符号的解释中，可包括简单的参数取值规定，不得作其他技术性规定。

4. 强制性条款的编写。标准中强制性条文的编写还应符合下列规定：

（1）强制性条文应为直接涉及人民生命财产安全、人身健康、环境保护、能源资源节约和其他公共利益，且必须严格执行的条文。

（2）强制性条文应是完整的条，当特殊需要时可为完整的款。

（3）强制性条文应采用黑体字标志。

（三）补充部分

1. 附录。根据需要，一项标准可由若干个附录组成。标准的附录是标准技术内容的一个组成部分，与标准的正文具有同等的法律效力，只是该部分内容过多，以附录形式编写便于阅读和查阅。

2. 标准用词说明。标准中表示严格程度的用词应采用规定的典型用词。标准用词说明应单独列出，编排在正文之后，有附录时应排在附录之后。典型用词及其说明应符合下列规定。

（1）表示很严格，非这样做不可的用词：正面词采用“必须”，反面词采用“严禁”。

（2）表示严格，在正常情况均应这样做的用词：正面词采用“应”，反面词采用“不应”或“不得”。

（3）表示允许稍有选择，在条件许可时首先应这样做的用词：正面词采用“宜”，反面词采用“不宜”。

（4）表示有选择，在一定条件下可以这样做的用词，采用“可”。

3. 引用标准名录。引用标准名录的编写应符合下列要求：

（1）引用标准名录应是标准正文所引用过的标准或参照采纳的国际标准、国外标准，其内容应包括标准名称及编号，标准编号应与正文的引用方式一致。

（2）应按照国家标准、行业标准、地方标准及参照采纳的国际标准或国外标准的层次，依次列出。

（3）当每个层次有多个标准时，应按先工程建设标准、后产品标准的顺序，依标准编号顺序排列。

（4）参照采纳的国际标准或国外标准应按先国际标准、后国外标准的顺序，依标准编号顺序排列。

（四）条文说明

编写工程建设标准的同时，要求同时编写标准的条文说明。其目的是为了工程建设勘察、设计、施工和监督部门和单位的工程技术人员，正确理解和准确把握标准条文规定的意图。编写条文说明一般在标准征求意见阶段进行，其要求一般包括：

1. 标准正文中的条文宜编写相应的条文说明；当正文条文简单明了、易于理解无需解释时，可不作说明。

2. 强制性条文必须编写条文说明，且必须表述作为强制性条文的理由。

3. 条文说明不得对标准正文的内容作补充规定或加以引伸。

4. 条文说明不得写入涉及国家规定的保密内容。

5. 条文说明不得写入有损公平、公正原则的内容。

## 二、工程建设标准的分类

工程建设标准涉及工程建设领域的各个方面，标准的数量多、内容综合性强、相互间都有很强的协调和相关关系。科学、合理地对工程建设标准进行分类，对了解和掌握工程建设标准的内在联系，研究工程建设标准的内在规律，确定工程建设标准间相互的依存和制约关系具有重要的意义。

对工程建设标准的分类，从不同的角度出发，有许多种不同的分类方式。习惯用的方法主要有：阶段分类法、层次分类法、属性分类法、性质分类法、对象分类法五种。

（一）阶段分类法

阶段分类法是根据基本建设的程序，按照每一项工程建设标准的服务阶段，将其划分为不同阶段的标准。习惯上，通常把基本建设程序划分为两个大的阶段：

1. 决策阶段

即可行性研究和计划任务书阶段。这个阶段，工程项目建设的可行性和可能性，正处在经济的、技术的和效益等的比较和分析论证之中，为这个阶段服务的标准，称为决策阶段的标准。例如：《农村普通中小学校建设标准（附条文说明）》等，这类标准，主要规定特定工程项目的建设规模、项目构成、投资估算指标等内容，是确定特定工程项目是否具备建设条件或建设该特定工程项目需要具体条件等。

2. 实施阶段

即从工程项目的勘察、规划、设计、施工到竣工验收、交付使用阶段。这个阶段，主要是如何实施工程项目的建设，保证工程项目建设做到技术先进、经济合理、安全适用，为这个阶段服务的标准，称为实施阶段的标准。例如：《中小学校设计规范》等，这类标准，主要针对拟建项目的勘察、规划、设计、施工、验收以及使用维护等阶段的技术要求，作出相应的规定，是工程建设各阶段的具体技术依据和准则。

目前，工程建设标准的范围界定为实施阶段所需要的各种标准，而对于决策阶段的标准，并没有纳入标准化管理的范畴。

（二）层次分类法

层次分类法是按照每一项工程建设标准的使用范围，即标准的覆盖面，将其划分为不同层次的分类方法。这种层次关系，过去人们又把它称为标准的级别。根据这种分类方法，工程建设标准可以划分为企业标准、地方标准、行业标准、国家标准、国际区域性标准和国际标准等。在某一企业使用的标准为企业标准；在某一地方行政区域使用的标准为地方标准；在全国某一行业使用的标准为行业标准；在全国范围使用的标准为国家标准；可以在国际某一区域使用的标准为国际区域性标准，如欧共体标准等；由国际标准化组织、国际电工委员会制定或认可的，可以在各成员国使用的标准为国际标准。

由于世界各国的条件不同，对工程建设标准层次的划分也不完全相同。根据我国发布的标准化的法律和行政法规，工程建设标准划分为国家标准、行业标准、地方标准和企业标准四个层次。

（三）属性分类法

属性分类法是按照每一项工程建设标准的法律属性，将其划分为不同法律属性标准的分类方法。这种分类方法，一般不适用于企业标准。所谓法律属性，是指标准本身是否具有法律上的强制作用。按照这种分类方法，工程建设标准划分为强制性标准和推荐性标准，强制性标准必须执行、推荐性标准自愿采用。属性分类法，在国外几乎不存在，因为在他们的概念里，标准就是标准，除法规引用的标准或标准的某些条款外，都是自愿采用的标准，没有强制之说。实际上，这只是标准的作用不同而已，国外的标准绝大部分不具有强制的约束性，但是对技术上的强制性要求，他们都有另外的强制执行的法规，一般称为技术法规。这些技术法规被排除在标准的范畴以外。而我国过去长期实行的是单一的计划经济体制，标准一统技术领域，技术法规也被融合到了标准之中。可以说，按属性对工程建设标准进行分类，是现阶段我国标准化工作的特殊需要。

（四）性质分类法

性质分类法是按照每一项标准的内容，将其划分为不同性质标准的分类方法。根据这种分类方法，工程建设标准一般划分为技术标准、经济标准和管理标准。

技术标准是指工程建设中需要协调统一的技术要求所制定的标准，技术要求一般包括工程的质量特性、采用的技术措施和方法等；经济标准是指工程建设中针对经济方面需要协调统一的事项所制定的标准，用以规定或衡量工程的经济性能和造价等，例如工程概算、预算定额、工程造价指标、投资估算定额等；管理标准是指管理机构行使其管理职能而制定的具有特定管理功能的标准，例如：《建设工程合同示范文本》等。管理标准根据其功能的不同，又可以细分为一般管理标准和岗位工作标准。

在我国，目前经济标准是一个独立的领域，正逐步纳入工程建设标准化的范畴。对于管理标准，其重要性已逐步被人们所认识，一些管理方面的要求已经或正在作为国家的、行业的或地方的标准。

（五）对象分类法

对象分类法是指按照每一项工程建设标准的标准化对象，将其进行分类的方法。就工程建设标准化的对象来看，种类相当多，而且标准化的方法也不尽相同，无法用一个固定的尺度进行划分。在工程建设标准化领域，人们通常采用的有两种方法，一是按标准对象的专业属性进行分类，这种分类方法，目前一般应用在确立标准体系方面。二是按标准对象本身的特性进行分类，一般分为基础标准，方法标准，安全、卫生和环境保护标准，质量标准，综合性标准等。

1. 基础标准。它是指在一定范围内作为其他标准制订、执行的基础，而普遍使用，并具有广泛指导意义的标准。基础标准一般包括：①技术语言标准，例如术语、符号、代号标准、制图方法标准等；②互换配合标准，例如：建筑模数标准；③技术通用标准，即对技术工作和标准化工作规定的需要共同遵守的标准，例如工程结构可靠度设计统一标准等。

2. 方法标准。它是指以工程建设中的试验、检验、分析、抽样、评定、计算、统计、测定、作业等方法为对象制定的标准，例如《土工试验方法标准》。方法标准是实施工程建设标准的重要手段，对于推广先进方法，保证工程建设标准执行结果的准确一致，具有重要的作用。

3. 安全、卫生和环境保护的标准。它是指工程建设中为保护人体健康、人身和财产的安全，保护环境等而制定的标准。一般包括“三废”排放、防止噪声、抗震、防火、防爆、防振等方面，例如《建筑抗震设计规范（附条文说明）（2016 年版）》《建筑设计防火规范（2018 年版）》《民用建筑工程室内环境污染控制规程》等。

4. 质量标准。它是指为保证工程建设各环节最终成果的质量，以技术上需要确定的方法、参数、指标等为对象而制定的标准。例如设计方案优化条件、工程施工中允许的偏差、勘察报告的内容和深度等。在工程建设标准中，单独的质量标准所占的比重比较小，但它作为标准的一个类别，将会随着工程建设标准化工作的深入发展和标准体系的改革而变得更加显著，例如建筑工程质量验收系列标准等。

5. 综合性标准。它是指以上几类标准的两种或若干种的内容为对象而制定的标准。综合性标准在工程建设标准中所占的比重比较大，一般来说勘察、规划、设计、施工及验收等方面的标准规范，都属于综合性标准的范畴。例如《钢结构工程施工及验收规范》，其内容包括术语、材料、施工方法、施工质量要求、检验方法和要求等。其中，既有基础标准、方法标准的内容，又包括了质量保证方面的内容等。

## 三、工程建设标准的特点

工程建设标准的特点，取决于工程建设所具有的特殊性。主要包括工程建设活动的复杂性、工程本身的复杂性和重要性以及工程受自然环境、社会环境影响大的特性，因此，人们比较认同的工程建设标准的特点有三个，即综合性强、政策性强、受自然环境影响大。

（一）综合性强

工程建设综合性强的特点主要反映在两个方面：

1. 工程建设标准的内容多数是综合性的。

例如《建筑设计防火规范（2018 年版）》，其内容不仅包括了民用建筑设计的各个方面应当采取的防火安全措施，而且也包括了各类工业建筑中应当采取的一系列安全防火措施。在制定标准时，需要就各个不同领域的科学技术成果和经验教训，进行综合分析，具体分解，并需要保证标准的综合成果达到安全可靠的目的。又如《民用建筑工程室内环境污染控制规程》，其适用范围是新建、改建、扩建的民用建筑工程和装修工程，在制定该规范时，不仅要同时反映出民用建筑工程和装修工程在新建、改建、扩建方面的特点和技术要求，而且要同时反映出民用建筑工程和装修工程在新建、改建、扩建过程中的勘察、设计、施工、验收以及检验等不同环节的特点和技术要求。民用建筑工程包括的类型很多，如住宅、办公楼、医院病房楼、商场、车站等，由于其使用功能、使用对象、通风条件、人员停留时间等诸多方面不尽相同，因此，在确定控制指标时，需要做到区别对待。同时，要实现控制的最终目标，除了对建设工程过程进行控制以外，还需要对建筑材料、装修材料的污染物含量进行控制等。只有在这诸多的方面都得以综合反映，才能实现标准的制定目标。可以说，工程建设标准绝大部分都需要应用各领域的科技成果，经过综合分析，才能制定出来。

2. 制定工程建设标准需要考虑的因素是综合性的。

这些因素不仅包括了技术条件，而且也包括经济条件和管理水平。有的人抱怨某些工程建设标准技术水平低，许多先进的科学技术成果或国外的成功经验没有纳入到标准中来，根源就在于忽略了我国的国情，没有认真分析我国的经济承受能力和管理水平是否与之适应。仍以《民用建筑工程室内环境污染控制规程》为例，技术水平定高了，应当说对减少室内环境污染有利，但市场上能否有足够的高标准的建筑材料和装修材料满足实际工程的需要；即使部分工程能够在市场上采购到相应的高标准的建筑材料和装修材料，投资者、使用者的经济条件能否承受得了；目前的施工条件、检验手段等能否满足要求等。这需要进行综合分析，全面衡量，统筹兼顾，以求在可能的条件下获取最佳的效果。可以说，经济、技术、安全、管理等诸多现实因素相互制约的结果，也是造成工程建设标准综合性强的一个重要原因，而不综合考虑这些因素，工程建设标准也就很难在实际中得到有效贯彻执行。

（二）政策性强

主要原因有以下五个方面：

1. 工程建设的投资量大，我国每年用于基本建设的投资约占国家财政总支出的百分之三十，其中大部分用于工程建设，因此各项技术标准的制定应十分慎重，需要适应相应阶段国家的经济条件。例如对民用住宅建筑的标准稍加提高，每平方米造价增加几元钱，年投资就会增加几千亿元。控制投资是政策性很强的事项，工程建设技术标准首先要控制恰当。

2. 工程建设要消耗大量的资源（包括各种原材料和能源、土地等），直接影响到环境保护、生态平衡和国民经济的可持续发展，标准的水平需要适度控制，不允许任意不恰当地提高标准。

3. 工程建设直接关系到人民生命财产的安全、关系到人体健康和公共利益，但安全、健康和公共利益也并非越高越好，还需要考虑经济上的合理性和可能性。安全、健康和公共利益以合理为度，工程建设标准对安全、健康、公共利益与经济之间的关系进行了统筹兼顾。

4. 工程建设标准化效益，尤其是强制性标准的效益，不能单纯着眼于经济效益，还必须考虑社会效益。例如有关抗震、防火、防爆、环境保护、改善人民生活和劳动条件等方面的各种技术标准，首先是为了获得社会效益。

5. 工程建设须考虑百年大计。任何一项工程使用年限绝不只是三、五年，而是少则几十年，多则百年以上。因此，工程建设技术标准在工程的质量、设计的基准等方面，需要考虑这一因素，并提出相应的措施或技术要求。

（三）受自然环境影响大

标准是科学技术和实践经验的综合成果，必须结合国情来制定，符合具体的自然环境条件和现阶段的经济实力、科学技术水平。在一般情况下，对工程建设方面的国际标准或国外先进标准的直接引进采用是应该争取的，这样有利于与国际接轨，但实际上国际通用的工程建设技术标准为数有限。从我国现行的工程建设技术标准状况来看，都是考虑了幅员辽阔的因素。首先在技术标准的分级上设置了地方标准一级，充分体现了对自然环境条件影响的重视；同时，针对一些特殊的自然条件，专门制定了相应的技术标准，如黄土地区、冻土地区以及膨胀土地区的建筑技术规范等。

## 四、工程建设标准的作用

现代建筑业是建立在以技术为主体的基础上的社会化大生产，它不仅有复杂的机械设备和配套系统，而且建筑材料及其性能也十分复杂，工程作为产品的制造过程从勘察设计到竣工验收都具有高度的科学性和技术性。标准作为贯穿科研、设计、生产、材料流通和使用各个环节的纽带和桥梁，具有以下作用：

（一）确保工程的安全性、经济性和适用性

安全与经济，是基本建设中政策性、技术性很强的两个重要因素。从某种意义上讲，它们又是一对关系到建设速度和投资效益的矛盾，处理不当，就会给国家和人民的生命财产造成严重的损失。为此，必须以合理地保证工程质量来处理好这一对矛盾。如何做到既能保证安全和质量，又不浪费投资，制定一系列的标准规范就是很重要的一个条件。因为，按现行的规定，经一定程序批准发布的标准规范，具有技术性质，设计、施工必须遵守。而且，标准规范是在国家方针、政策指导下制定的，它根据工程实践经验和科学试验数据，结合国情进行综合分析，提出科学、合理的安全度要求。在此基础上按工程的使用功能和重要性，划分安全等级，据此作出相应的规定。这样，就基本可以做到各项工程建设在一定的投资条件下，既保证安全，达到预期的建设目的，又不会有过高的安全要求，增加过多的投资。此外，制定标准规范还要考虑国家的国力和资源条件，通过平衡需要和可能，制定合适的标准。为了保证工程质量，还要通过优选的办法，在兼顾安全、通用、经济的前提下，合理统一各种功能参数和技术指标，使工程建设的经济性、合理性得到进一步保证。

（二）保证和提高工程建设的质量

在工程建设领域内，拥有各种专业的各级工程技术人员，他们分布在某一部门、某一单位内，人员级配是不平衡的，也就是说从事工程建设的具体勘察、规划、设计、施工单位，他们的技术力量是有差别的；即使以某一个专业单位而言，技术力量也是不平衡的。由此，一个工程、一项设计或施工的水平，将取决于承担任务的科技人员的水平，这是客观的普遍情况。但工程建设不允许在质量上出现过大的差别，造成投资浪费、影响功能要求或甚至影响到工程的安全。工程建设标准化的作用，可以避免这种不允许的差别。工程建设标准化系列中，有关专业的标准规范为相应专业的工程技术人员，提供了必要的规定。例如结构方面的设计规范，内容包括荷载、结构构造要求和相应的结构计算模型的确定、内力计算方法、截面设计方法和具体公式等规定，只要设计人员认真执行，就可以保证工程质量。标准规范的功能对于任何人都是相同的，从这层意思来讲，标准化可以普遍提高工程质量。同时，根据标准化的工作方法，每一项工程建设标准规范的判定，都是在掌握大量实践经验的基础上开展的，并且都进行了若干试验验证，是具备高度科学性的产物。同时在批准颁发之前，都经过广泛地征求意见和全国性或专业性审查会，鉴定把关。因此，它具备了保证工程质量的牢靠基础，这是一个普遍性的问题。

（三）合理利用资源，节约原材料

如何利用资源、挖掘材料潜力、开发新的品种、搞好工业废料的利用，以及控制原料和能源的消耗等，已成为保证基本建设、持续发展亟待解决的重要课题。在这方面，工程建设标准化可以起到极为重要的作用。首先，国家可以运用标准规范的法制地位，按照现行经济和技术政策制度约束性的条款，限制短缺物资、资源的开发使用，鼓励和指导采用代替材料；二是根据科学技术发展情况，以每一时期的最佳工艺和设计、施工方法，指导采用新材料和充分挖掘材料功能潜力；三是以先进可靠的设计理论和择优方法，统一材料设计指标和结构功能参数，在保证使用和安全的条件下，降低材料和能源消耗。

（四）促进科研成果转化和新技术的推广应用

标准规范应用于工程实践，必须具有指导作用，保证工程获得最佳经济效益和社会效益。因此，标准规范必须建立在生产和科学技术发展的基础上，保持其先进性和科学性。科研成果和新技术一旦为标准规范肯定和采纳，必然在相应范围内产生巨大的影响，促进科研成果和新技术得到普遍的推广和广泛应用，尤其是在我国社会主义市场经济体制的条件下，科学技术新成果一旦纳入标准，都具有了相应的法定地位，除强制要求执行的以外，只要没有更好的技术措施，都应当自动地得到应用。此外，标准规范纳入科研成果和新技术，一般都进行了以择优为核心的统一、协调和简化工作，使科研成果和新技术更臻于完善。并且在标准规范实施过程中，通过信息反馈，提供给相应的科研部门进一步研究参考，这又反过来促进科学技术的发展。

（五）保证建设工程发挥社会效益

在基本建设中，有为数不少的工程，在发挥其功能的同时，也带来了污染环境的公害；还有一些工程需要考虑防灾（防火、防爆、防震等），以保障国家、人民财富和生命安全。我国政府为了保护人民健康，保障国家、人民生命财产安全和保持生态平衡，除了在相应工程建设中增加投资或拨专款进行有关的治理外，主要还在于通过工程建设标准化工作的途径，做好治本工作。多年来，有关部门通过调查研究和科学试验，制定发布了这方面的专门标准，例如防震、防火、防爆等标准规范。另外，在其他的专业标准规范中，凡涉及这方面的问题，也规定了专门的要求。由于这方面的标准规范都属于强制性，在工程建设中要严格执行，因此，这些标准规范的发布和实施，对防止公害、保障社会效益起到了重要作用。近年来，为了方便残疾人、老年人，节约能源，保护环境，组织制定了一系列有益于公众利益的标准规范，使标准规范在保障社会效益方面作用更加明显。

## 五、现行工程建设标准的体制及存在问题

（一）我国现行工程建设标准的体制

工程建设标准体制是与国家的经济体制相适应的，我国在《标准化法》发布实施以前，一直沿用的是单一的强制性标准体制，即标准一经批准发布就是技术法规，就必须严格贯彻执行。为了适应我国的经济体制改革，《标准化法》规定了我国的标准体制为强制性标准与推荐性标准相结合的标准体制。现行工程建设标准的体制就是依照《标准化法》的规定实行的工程建设强制性与推荐性相结合的标准体制。

关于工程建设强制性标准与推荐性标准的划分原则，《标准化法》规定：保障人体健康、人身与财产安全的标准和法律、行政法规规定强制执行的标准是强制性标准，其他标准是推荐性标准。由于工程建设标准的综合性很强，强制性内容和非强制性内容混编在一起的状况，很难按照《标准化法》的划分原则来确定某项标准的强制性或推荐性，实践中采用了结合工程建设标准的实际情况，确定工程建设强制性标准与推荐性标准的划分，主要包括以下几点：

（1）对工程建设勘察、规划、设计、施工（包括安装）及验收等的一般质量要求而制定的标准，划分为推荐性标准。

（2）对工程建设的术语、符号、代号和工程制图而制定的标准，划分为推荐性标准。

（3）对工程建设的试验、测试及评定等方法而制定的标准，划分为推荐性标准。

（4）对工程建设的信息技术要求而制定的标准，划分为推荐性标准。

（5）对工程建设强制性标准制定范围以外的其他技术要求而制定的标准，划分为推荐性标准。

（6）其余标准仍保留作为强制性标准。

（二）工程建设标准化工作中的主要问题

工程建设标准化工作通过几十年的不断发展，虽然取得了很大的成绩，但是，随着我国经济体制改革的不断深入，市场经济运行机制的逐步建立，工程建设标准化工作中一些长期存在的问题，日益显露出来；一些在新形势下产生的矛盾也对工程建设标准化工作提出了挑战。在由计划经济体制向社会主义市场经济体制转变过程中，工程建设标准化工作的改革模式，有的已经不能适应社会主义市场经济体制的需要，到了必须进一步改革的时候了。综合分析，这些问题和矛盾主要表现在以下几个方面：

1. 关于工程建设标准体制问题。工程建设标准由单一的强制性标准体制向强制性与推荐性标准体制过渡，一直是近十几年来工程建设标准化工作改革的热点和难点。围绕着工程建设标准体制的改革，我国的工程建设标准化工作者进行了大量的调查研究，采取了一系列的改革措施。然而，由于受长期的计划经济体制下形成的固有模式的影响，这项改革困难重重、步履艰难。应当说，工程建设标准由单一的强制性标准体制向强制性与推荐性标准体制过渡，到目前为止仍然没有完结。标准在强制性与推荐性的划分上，在一定意义上讲是形式上的，与真正把强制性标准中的那些不属于安全、卫生、环境保护和重要质量要求的内容分离出来的总体要求，还存在很大的差距，还有大量的工作要做。

2. 关于工程建设标准的内容、结构问题。工程建设标准划分为国家标准、行业标准、地方标准和企业标准四级，其中，国家标准、行业标准、地方标准由政府组织制定，在规定的领域或行政区域内实施。按照标准化的有关法律、法规规定，这三类标准互为补充，协调配套，从而形成国家的、行业的、地方的对工程建设技术实现宏观有效的调控运行机制。但从目前的实际情况来看，工程建设行业标准、地方标准却在项目上、内容上与国家标准重复交叉，行业标准之间以及地方标准与行业标准之间，同样存在重复制定、内容交叉、矛盾的问题。同时，从现行的工程建设国家标准、行业标准、地方标准的内容来看，大量的属于导则、指南、手册、参考资料的内容混杂在的强制性标准之中，不仅增加了标准规范编制工作的难度，而且也增加了在实际工作中执行标准的难度。

3. 关于工程建设标准的制订、修订问题。工程建设标准制订周期长的问题比较普遍，对尽快把先进的生产建设经验和科学技术成果转化为生产力，充分发挥标准化的效益等，造成了不利影响。实际上，这个问题的存在，反映了工程建设标准编制工作中的一些深层次问题，具体包括：

（1）编制单位对标准化工作的态度。随着经济体制改革的深入，科研事业单位企业化后同国有企业一样走向了市场，并追求经济效益。标准化工作作为一项有益于国家、有益于全社会的基础性工作，即便是国家指令性的一项工作，对没有摆脱经济困扰、需要付出、努力参与市场竞争的企业而言，要花费一定的人力、物力和财力来承担和完成标准编制任务，是需要有很大的决心、精神和远见卓识的。

（2）标准编制工作的经费。长期以来，编制标准的经费不足，一直是困扰工程建设标准化工作发展的难题，虽然国家每年都为这项工作投入一定的经费支持，但由于缺乏固定的渠道和数额有限，导致了标准编制计划的不确定性。难以保证制定和修订标准的工作及时和到位。

（3）标准编制人员的积极性。标准的编制工作历来是一项软任务，标准质量的优劣、技术水平的高低，在很大程度上取决于标准编制人员的水平和责任心。由于全社会对标准的地位和作用没有放在应有的高度去认可和重视，标准主编单位或参编单位对参与标准编制人员的待遇不高，标准化工作的激励机制弱，标准编制过程协调难度大等原因，导致了标准编制人员的积极性下降。

4. 工程建设标准的实施监督不力，强制性标准得不到强制执行。

## 第二节　工程建设国家标准管理

### 一、工程建设国家标准概述

（一）对需要在全国范围内统一的下列技术要求，应当制定国家标准：

1. 工程建设勘察、规划、设计、施工（包括安装）及验收等通用的质量要求。

2. 工程建设通用的有关安全、卫生和环境保护的技术要求。

3. 工程建设通用的术语、符号、代号、量与单位、建筑模数和制图方法。

4. 工程建设通用的试验、检验和评定等方法。

5. 工程建设通用的信息技术要求。

6. 国家需要控制的其他工程建设通用的技术要求。

法律另有规定的，依照法律的规定执行。

（二）国家标准分为强制性标准和推荐标准

下列标准属于强制性标准：

1. 工程建设勘察、规划、设计、施工（包括安装）及验收等通用的综合标准和重要的通用的质量标准。

2. 工程建设通用的有关安全、卫生和环境保护的标准。

3. 工程建设重要的通用的术语、符号、代号、量与单位、建筑模数和制图方法标准。

4. 工程建设重要的通用试验、检验和评定方法等标准。

5. 工程建设重要的通用的信息技术标准。

6. 国家需要控制的其他工程建设通用的标准。

强制性标准以外的标准是推荐性标准。

## 二、工程建设国家标准的制定

（一）制定国家标准的条件

1. 制定国家标准必须贯彻执行国家的有关法律、法规和方针、政策，密切结合自然条件，合理利用资源，充分考虑使用和维修和要求，做好安全适用、技术先进、经济合理。

2. 制定国家标准，对需要进行科学试验或测试验证的项目，应当纳入各级主管部门的科研计划，认真组织实施，写出成果报告。凡经过行政主管部门或受委托单位鉴定，技术上成熟、经济上合理的项目应当纳入标准。

3. 制定国家标准应当积极采用新技术、新工艺、新设备、新材料。纳入标准的新技术、新工艺、新设备、新材料应当经有关主管部门或受委托单位鉴定，有完整的技术文件，且经实践检验行之有效。

4. 制定国家标准要积极采用国家标准和国外先进标准，凡经过认真分析论证或测试验证，并且符合我国国情的，应当纳入国家标准。

5. 制定国家标准，其条文规定应当严谨明确，文句简练，不得模棱两可；其内容深度、术语、符号、计量单位等应当前后一致，不得矛盾。

6. 制定国家标准必须做好与现行相关标准之间的协调工作。对需要与现行工程建设国家标准协调的，应当遵守现行工程建设国家标准的规定；确有充分依据对其内容进行更改的，必须经过国务院工程建设行政主管部门审批，方可另行规定。凡属于产品标准方面的内容，不得在工程建设国家标准中加以规定。

7. 制定国家标准必须充分发扬民主。对国家标准中有关政策性问题，应当认真研究、充分讨论、统一认识；对有争论的技术性问题，应当在调查研究、试验验证或专题讨论的基础上，经过充分协商，恰如其分地作出结论。

（二）制定国家标准的程序

制定国家标准的工作程序按准备、征求意见、送审和报批四个阶段进行。

1. 准备阶段的工作的要求

（1）主编单位根据年度计划的要求，进行编制国家标准的筹备工作。落实国家标准编制组成员。草拟制定国家标准的工作大纲。工作大纲包括国家标准的主要章节内容、需要调查研究的主要问题、必要的测试验证项目、工作进度计划及编制组成员分工等内容。

（2）主编单位筹备工作完成后，由主编部门或由主编部门委托主编单位主持召开编制组第一次工作会议。其内容包括：宣布编制组成员、学习工程建设标准化工作的有关文件、讨论通过工作大纲和会议纪要。会议纪要印发国家标准的参编部门和单位，并报国务院工程建设行政主管部门备案。

2. 征求意见阶段的要求

（1）编制组根据制定国家标准的工作大纲开展调查研究工作。调查对象应当具有代表性和典型性。调查研究工作结束后，应当及时提出调查研究报告，并将整理好的原始调查记录和收集到的国内外有关资料由编制组统一归档。

（2）测试验证工作在编制组统一计划下进行，落实负责单位、制定测试验证工作大纲、确定统一的测试验证方法等。测试验证结果，应当由项目的负责单位组织有关专家进行鉴定。鉴定成果及有关的原始资料由编制组统一归档。

（3）编制组对国家标准中的重大问题或有分歧的问题，应当根据需要召开专题会议。专题会议邀请有代表性和有经验的专家参加，并应当形成会议纪要。会议纪要及会议记录等由编制组统一归档。

（4）编制组在做好上述各项工作的基础上，编写标准征求意见稿及其条文说明。主编单位对标准征求意见稿及其条文说明的内容全面负责。

（5）主编部门对主编单位提出的征求意见稿及其条文说明根据本办法制定标准的原则进行审核。审核的主要内容：国家标准的适用范围与技术内容协调一致；技术内容体现国家的技术经济政策；准确反映生产、建设的实践经验；标准的技术数据和参数有可靠的依据，并与相关标准相协调；对有分歧和争论的问题，编制组内取得一致意见；国家标准的编写符合工程建设国家标准编写的统一规定。

（6）征求意见稿及其条文说明应由主编单位印发国务院有关行政主管部门、各有关省、自治区、直辖市工程建设行政主管部门和各单位征求意见。征求意见的期限一般为两个月。必要时，对其中的重要问题。可以采取走访或召开专题会议的形式征求意见。

3. 送审阶段的要求

（1）编制组将征求意见阶段收集到的意见，逐条归纳整理，在分析研究的基础上提出处理意见，形成国家标准送审稿及其条文说明。对其中有争议的重大问题可以视具体情况进行补充的调查研究、测试验证或召开专题会议，提出处理意见。

（2）当国家标准需要进行全面的综合技术经济比较时，编制组要按国家标准送审稿组织试设计或施工试用。试设计或施工试用应当选择有代表性的工程进行。试设计或施工试用结束后应当提出报告。

（3）国家标准送审的文件一般应当包括：国家标准送审稿及其条文说明、送审报告、主要问题的专题报告、试设计或施工试用报告等。送审报告的内容主要包括：制定标准任务的来源、制定标准过程中所作的主要工作、标准中重点内容确定的依据及其成熟程度、与国外相关标准水平的对比、标准实施后的经济效益和社会效益以及对标准的初步总评价、标准中尚存在的主要问题和今后需要进行的主要工作等。

（4）国家标准送审文件应当在开会之前一个半月内发至各主管部门和有关单位。

（5）国家标准送审稿的审查，一般采取召开审查会议的形式。经国务院工程建设行政主管部门同意后，也可以采取函审和小型审定会议的形式。

（6）审查会议应由主编部门主持召开。参加会议的代表应包括国务院有关行政主管部门的代表、有经验的专家代表、相关的国家标准编制组或管理组的代表。

审查会议可以成立会议领导小组，负责研究解决会议中提出的重大问题。会议由代表和编制组成员共同对标准送审稿进行审查，对其中重要的或有争议的问题应当进行充分讨论和协商，集中代表的正确意见；对有争议并不能取得一致意见的问题，应当提出倾向性审查意见。

审查会议应当形式会议纪要。其内容一般包括：审查会议概况、标准送审稿中的重点内容及分歧较大问题的审查意见、对标准送审稿的评价、会议代表和领导小组成员名单等。

（7）采取函审和小型审定会议对标准送审稿进行审查时，由主编部门印发通知。参加函审的单位和专家，应经国务院工程建设行政主管部门审查同意。主编部门在函审的基础上主持召开小型审定会议，对标准中的重大问题和有分歧的问题提出审查意见，形成会议纪要，印发各有关部门和单位并报国务院工程建设行政主管部门。

4. 报批阶段的要求

（1）编制组根据审查会议或函审和小型审定会议的审查意见，修改标准送审稿及其条文说明，形成标明报批稿及其条文说明。标准的报批文件经主编单位审查后报主编部门。报批文件一般包括标准报批稿及其条文说明、报批报告、审查或审定会议纪要、主要问题的专题报告、试设计或施工试用报告等。

（2）主编部门应当对标准报批文件进行全面审查，并会同国务院工程建设行政主管部门共同对标准报批稿进行审核。主编部门将共同确认的标准报批文件一式三份报国务院工程建设行政主管部门审批。

## 第三节　工程建设标准的实施与监督

### 一、实施工程建设标准的一般程序

实施标准的程序通常分为五个阶段，即计划、准备、实施、检查和总结。

（一）计划阶段

工程建设企业的标准化主管部门在收到新颁布的国家标准、行业标准、地方标准和本企业制定颁布的有关标准后，就要组织标准化专（兼）职人员进行学习，理解其内容和实质，弄清新旧标准之间的关系，结合本企业的实际情况，分析实施中可能遇到的问题和困难，确定实施方案和计划。在制定计划时应考虑标准的实施方式、标准实施工作的组织安排及对标准实施后的经济效果进行预测分析。

（二）准备阶段

准备工作是实施标准的最重要的环节，这一环节常常被忽视，以致在实施中发生问题时难以应付，甚至产生半途停止实施的现象。准备工作主要有四个方面，即思想准备、组织准备、技术准备和物质条件准备。实践证明，准备阶段的工作做得扎实细致，实施阶段就能比较顺利地进行，即使出现问题，也能有准备地去组织解决。

（三）实施阶段

实施，就是把标准规定的内容在生产、流通、使用等领域中加以执行。执行就是采取行动，把标准中所规定的内容在技术活动中加以实现。对于建筑企业来说，执行就是要在工程施工中认真按照国家标准、行业标准、地方标准的规定，严格组织施工，把各项技术标准具体落实到单位工程上，落实到分部分项工程上，对工程质量进行预控，推行“三工序”管理（即检查上工序、保证本工序、服务下工序），严格执行工序或分项工程质量检查验收——用标准来控制工序质量；用工序质量来保证分项工程质量；用分项工程质量来保证分部工程质量，用分部工程质量来保证单位工程质量。标准实施中出现的各种情况，应及时反映到企业标准化主管部门，不得私自改变标准，降低标准水平。

（四）检查阶段

在实施过程中应加强检查。企业标准化管理部门及各级专、兼职标准化人员，有关部门，生产单位应随时深入与实施标准有关的各环节，看其是否严格执行标准的各项规定，是否按标准规划、勘察、设计、施工及验收，工程质量是否达到了标准规定的技术要求，对产品标准实施情况的检查还看计量、检验、包装、标志等是否符合标准。检查，包括图样、技术文件审查和实物检查两个方面。前者应按国家有关标准化审查管理办法执行。后者由企业检验、计量部门或委托有关质量检测中心进行全面检测，发现问题，查明原因，限期改进。处理不了的问题要及时向上级标准化机构报告。

（五）总结阶段

总结包括实施标准中技术上的总结，方法上的总结，以及各种文件、资料的归纳、整理、立卷归档，包括对下一步工作提出意见和建议等。在标准实施过程中，对成功的经验和存在的问题都要做好详细的记录，为总结提供第一手资料，也为标准的修订提供可靠的素材。

## 二、工程建设标准实施监督的方式和内容

（一）工程建设标准实施监督的方式

1. 国家、行业、地方有计划地安排对工程建设标准的实施情况进行监督。

2. 根据检举揭发和需要对工程建设标准的实施进行监督。

3. 结合以下工作对工程建设标准的实施进行监督：

（1）对企业采用国际标准和国外先进标准的验证确认。

（2）对企业研制的工程建设新技术、新工艺、新设备、新材料、新产品、改进产品、技术改造、技术引进和设备进口等按规定进行的标准化审查。

（3）企业标准化水平考核、质量体系和检验体系、计量测量试验设备体系的审核、认证。

（4）企业产品标准备案情况的检查。

（5）创优工程认证。

4. 按有关法律、法规的规定对工程建设标准的实施进行监督，如对工程质量检查和工程建设的安全检查等。

5. 工程建设企业自我监督。

（二）工程建设标准实施监督的内容

（1）有关工程技术人员是否熟悉、掌握强制性标准。

（2）工程项目的规划、勘察、设计、施工、验收等是否符合强制性标准的规定。

（3）工程项目采用的材料、设备是否符合强制性标准的规定。

（4）工程项目的安全、质量是否符合强制性标准的规定。

（5）工程中采用的导则、指南、手册、计算机软件的内容是否符合强制性标准的规定。

## 三、工程建设标准化技术执法

（一）技术执法的概念

工程建设标准化技术执法是以《标准化法》《建筑法》《标准化法实施条例》和国家有关工程建设的法律法规和监督检查办法为依据，以国家工程建设各级行政主

管部门及其工程质量监督机构为主体，对工程项目建设实施监督检查的一种管理制度。

对工程建设标准实施监督检查，是指对工程建设强制性国家标准、行业标准、地方标准的贯彻实施所进行的监督检查。涉及安全的重要的推荐性标准的实施也应进行监督检查。

因此，对标准实施监督检查属于技术执法检查，即是在建设工程系统内具有国家质量技术监督性质的行政执法。一是由质量技术监督部门授权的建筑材料质量监督技术机构对建筑用产品的质量监督，二是由建设部门设置的工程建设质量监督机构对建筑工程的质量监督。

工程建设标准技术执法检查的对象应包括工程项目建设实施的全过程。从事工程建设活动的部门、单位和个人，必须执行强制性标准。对不符合强制性标准的建筑工业产品、工程勘察成果报告和规划、设计文件不得批准和使用；不按标准施工、质量达不到合格标准的工程，不得验收。

（二）监督机构与职责

由于对标准实施监督检查属技术执法检查，就必然要实行统一领导、统一组织、分类分级的管理制度。

1. 国务院工程建设行政主管部门负责全国工程建设标准实施监督检查工作。

（1）负责建立监督检查管理制度。

（2）制定强制性国家标准实施监督检查的项目计划。

（3）组织协调强制性国家标准的重点监督检查工作。

（4）通报实施监督检查结果。

（5）对标准实施监督检查人员进行管理。

2. 各省、自治区、直辖市工程建设主管部门负责本行政区域管辖的工程建设项目的标准实施监督检查综合组织与协调工作。

（1）制定本行政区内工程建设标准实施监督检查工作的年度计划。

（2）负责本行政区内工程建设标准实施监督检查工作的组织落实。

（3）负责提出分管范围内工程建设标准实施监督检查工作的总结报告和建议，并定期向国务院工程建设行政主管部门报告。

3. 各市、地、县工程建设行政主管部门和有关行政主管部门，按同级人民政府规定的职能分工负责本行政区域内的工程建设标准实施监督检查工作。

4. 各级工程建设行政主管部门负责本行政区域的标准实施监督，并作好工作协调及归口管理。

5. 国务院各行政管理部门在省、市、自治区区域内的工程建设项目的标准实施监督检查原则由各部承办，当地工程建设标准化职能部门可以参与。

（三）监督检查

1. 工程建设标准实施监督检查的内容

（1）工程项目的建设、勘察、规划、设计、施工安装及验收等有关的文件和要求是否符合强制性标准的规定。

（2）已建工程的质量和安全是否符合强制性标准的规定。

（3）工程中采用的标准设计、计算机软件、手册和指南等是否符合强制性标准的规定。

2. 工程建设标准实施监督检查的方式

工程建设标准实施监督检查应当根据具体情况采用自查、抽查和重点检查的检查方式，并应当符合下列规定：

（1）各有关单位结合工程建设项目的实际情况进行自查。

（2）各部门或地方工程建设行政主管部门每年定期选择项目进行抽查。

（3）国务院工程建设行政主管部门可选择强制性国家标准进行重点检查。

（4）抽查的总结报告，应当在每年年底前上报国务院工程建设行政主管部门。

（5）国务院工程建设行政主管部门应当向有关部门通报监督检查的结果。

3. 各级主管部门成立标准实施监督检查工作组

工作组应当符合下列规定：

（1）工作组要本着精干、高效的原则，由有经验的行政管理人员和专家组成。

（2）工作组成员应当熟悉国家有关法律、法规和工程建设标准化工作。

（3）工作组成立后，应当拟定检查工作大纲及具体操作程序，并应当根据检查内容编写检查手册，同时指定工作组负责人，负责组织汇总、归纳并完成检查报告。

4. 工程建设标准实施监督检查报告

实施监督检查报告应包括下列内容：

（1）工程建设标准实施的全面情况。

（2）各个单位对标准实施进行自检的情况。

（3）对重要技术内容贯彻实施的说明。

（4）对工程建设标准化工作的意见和建议。

（5）对标准实施监督的处理意见及建议。

## 第四节　工程建设强制性标准

### 一、《工程建设标准强制性条文》（简称《强制性条文》）概述

（一）《强制性条文》制定背景

我国《建设工程质量管理条例》第四十四条规定：国务院建设行政主管部门和国

务院铁路、交通、水利等有关部门应当加强对有关建设工程质量的法律、法规和强制性标准执行情况的监督检查。同时该条例对违反强制性标准的建设活动各方责任主体给予较为严厉的处罚。

《建设工程质量管理条例》将强制性标准与法律、法规并列起来，使得强制性标准在效力上与法律、法规等同，从而确立了强制性标准具有法规文件的属性，也就是说强制性标准本身虽然不是法规，但条例赋予了其法律效力。

各级建设行政主管对实施强制性标准具有监督检查的职责，国务院铁路、交通、水利等有关行政主管部门对实施工程建设强制性标准有监督检查的职责。《标准化法》规定了标准化工作的三大任务，即制定标准、实施标准、对标准实施的监督，但长期以来对标准的实施监督一直是薄弱环节。

从事建设活动各方应当严格执行强制性标准，将执行标准作为保证工程质量的重要措施。工程建设中发生的质量事故或安全事故大都是违反标准的规定，特别是强制性标准的规定。如果严格按照标准、规范、规程去执行，在正常设计、正常施工、正常使用的条件下，工程的安全和质量是能够得到保证的，就绝对不会出现建筑质量不符合标准的现象。

工程建设各项活动中，对标准规范的执行情况，都是在工程出现事故和隐患以后，才按照是否执行标准规范来进行判定，违反了强制性标准才给予处罚。执行强制性标准必须要有事前的监控手段，这就是标准上升到法律文件，通过质量管理条例这一确定的基本点和出发点，保证工程质量必须要依靠强制性标准。

（二）《强制性条文》编制原则

《强制性条文》的编制按以下原则进行：

1. 依据我国有关标准化的法律、行政法规的规定，《强制性条文》中所有条款必须是直接涉及工程建设安全、卫生、环保和其他公众利益的，必须严格执行的强制性条款。同时，要考虑到保护资源、节约投资、提高经济效益和社会效益。

2. 具体编制采取在现行工程建设强制性标准中直接摘录章、节、条的内容或编号的方式，按照工程分类、内容联系和逻辑关系，排列汇总。

3. 强制性条款的摘录采取从严的原则，必须体现强制性的最高程度，对强制性标准的实施监督具有较强的可操作性。

4. 现行标准、规范、规程中，明确为“必须”执行的条款，大部分应是摘录的内容；明确为“应”执行的条款，应从严摘录；明确为“宜”“可”执行的条款，一般不摘录。其反面用词同等对待。

5. 摘录条文中一般不引用标准，避免标准套标准，以有利于实施。

（三）《强制性条文》编制细节说明

1. 《强制性条文》共分 15 个部分，各部分统一定名为《工程建设标准强制性条文》×××部分（如房屋建筑部分）。

2. 各部分由批准发布通知、前言、目录、正文4个内容构成。

3. 正文按照篇、章、节、条、款、项层次划分；被摘录的条文首先列出被摘录标准的编号，经过局部修订的条文同时列出公告号，然后列出被摘录条文原编号和条款内容。

4. 条文摘录遵照下列规定

（1）各篇之间内容不得重复和矛盾；同一篇中，条文内容不得重复和矛盾。

（2）摘录条文内容一致或相近时，择优选一摘录。

（3）摘录条文内容中有文字错误时可以改正。

（四）《强制性条文》使用与管理

1.《强制性条文》的使用

《强制性条文》的内容是摘录现行工程建设标准中直接涉及人民生命财产安全、人身健康、环境保护和其他公众利益的规定，同时也包括保护资源、节约投资、提高经济效益和社会效益等政策要求。因此，《强制性条文》必须得到坚决、有效的贯彻执行。《强制性条文》作为国务院《建设工程质量管理条例》的配套文件，它将是工程建设强制性标准实施监督的依据。《强制性条文》发布后，被摘录的现行工程建设标准继续有效。对设计、施工人员来说，《强制性条文》是设计或施工时必须绝对遵守的技术法规，是技术条文的重中之重；对监理人员来说，《强制性条文》是实施工程监理时首先要进行监理的内容；对政府监督人员来说，是重要的、可操作的处罚依据。

2.《强制性条文》的管理

《强制性条文》发布后，每年将修订和补充一至二次，并经一定的组织和按一定的程序进行。每一部分《强制性条文》发布后，均成立相应的管理委员会，其成员由有关技术专家、学者、研究人员、管理人员以及相关的标准编制组主要成员组成。委员会设立秘书处，挂靠在《强制性条文》相应部分的主编单位，负责日常管理工作。管理委员会的机构设置和人员组成，经有关部门协商后，报建设部标准定额司批准和聘任。委员会负责《强制性条文》相应部分的解释、意见收集、技术咨询、汇总申报需要修订的强制性条款并组织委员会委员进行集中审查，提出修订条款的报批稿，报建设行政主管部门批准。新制定和修订的工程建设国家标准在报送报批稿时，工程建设行业标准在备案时，均应同时报送相应《强制性条文》中需要修改和补充的条文。

（五）《强制性条文》实施的意义

1.《强制性条文》是贯彻《建设工程质量管理条例》的一项重大举措。

国务院发布的《建设工程质量管理条例》，对于加强工程质量管理的一系列重大问题作出了明确规定，其中一个重要的内容就是对执行工程建设强制性标准作出了严格的规定。

过去，我们发布了很多标准，有强制性的也有推荐性的，很多建设环节往往没有执行，这方面的例子很多。比如：残疾人通道，许多建筑物就没有执行标准。标准规定超过六层的住宅要设电梯，多数城市也不执行，有的搞到九层还不设电梯。《建筑工程质量管理条例》第五十六条规定，建设单位明示或者暗示设计单位或者施工单位违反工程建设强制性标准，降低工程质量的，责令改正，处以 20 万元以上 50 万元以下的罚款；第六十三条规定，勘察单位、设计单位未按照工程建设强制性标准进行勘察、设计的，责令改正，处以 20 万元以上 30 万元以下的罚款；第六十四条规定，施工单位不按照技术标准施工的，责令改正，处以合同价款 2%以上 4%以下的罚款。

《工程建设标准强制性条文》以现行的强制性国家标准和行业标准为基础，编制了包括城乡规划、城市建设、房屋建筑、工业建筑、水利工程、电力工程、信息工程、水运工程、公路工程、铁道工程、石油和化工建设工程、矿山工程、人防工程、广播电影电视工程和民航机场工程在内的 15 部分内容。《强制性条文》的贯彻实施，必将推动《建设工程质量管理条例》的全面落实。

2.《工程建设标准强制性条文》是推进工程建设标准体制改革的关键

我国现行的工程建设标准体制是强制性与推荐性相结合的标准体制。这一体制的确立，是《标准化法》所规定的。工程建设标准化是国家、行业和地方政府从技术控制的角度，为建筑市场提供运行规则的一项基础性工作，对引导和规范建筑市场行为具有重要的作用。因此，尽快建立起适应社会主义市场经济要求的工程建设标准管理体制，势在必行。

《工程建设标准强制性条文》启动了工程建设标准体制的改革，是工程建设标准体制改革从研究、探索到具体实施所迈出的关键性一步。随着《强制性条文》内容的不断完善，将逐步形成与国际惯例接轨的我国工程建设技术法规基本体系。

3. 贯彻《工程建设标准强制性条文》是保证和提高工程质量的重要环节

建设部在发布《强制性条文》的通知中，明确规定了《强制性条文》的地位和作用。关键内容有两点：一是明确了《强制性条文》是参与建设活动各方执行工程建设强制性标准和政府对执行情况实施监督的依据；二是明确了列入《强制性条文》的所有条款都必须严格执行，就是说，有一个条文不执行就要处罚，造成工程质量事故，必然要追究相应的责任。

4.《工程建设标准强制性条文》是按《建设工程质量管理条例》实行处罚的依据

2000 年 1 月 30 日，国务院发布了《建设工程质量管理条例》(第 279 号令)（简称《条例》)，这是国务院在市场经济条件下建立新的建设工程质量监督管理制度所作出的重大决定，为强化建设工程质量管理、保证工程质量提供了法律武器。《条例》中规定，不执行工程建设强制性技术标准就是违法，就要给予相应的处罚。这是迄今为止，国家对不执行强制性技术标准作出的最为严格的规定。如上所述，我国现行的强制性标准由于数量过多，内容混杂，违反一个不重要的条款就是违反强制性标准，以这样的标准作为处罚依据，必然造成处罚过多，政府不该管的也管了，受罚者心不服，处罚者理不直，处罚的尺度难以把握。因此，为了更好地贯彻《条例》中有关强制性标准实施监督的规定，真正体现处罚的目的，罚得准、惩得狠，把真正的强制性条款摘出来是客观的需要，是必须要走的一步。《强制性条文》就是按《条例》进行处罚的操作依据。

## 二、强制性标准的范围和强制性条文的主体

### （一）强制性标准的范围

《标准化法》第二条规定：标准包括国家标准、行业标准、地方标准和团体标准、企业标准。国家标准分为强制性标准、推荐性标准，行业标准、地方标准是推荐性标准。根据这一规定，1992 年 12 月 30 日颁布的建设部令 24 号《工程建设国家标准管理办法》，对强制性标准的范围界定为下述几个方面：（1）工程建设勘察、规划、设计、施工（包括安装）及验收等通用的综合标准和重要的通用的质量标准；（2）工程建设通用的有关安全、卫生和环境保护的标准；（3）工程建设重要的通用的术语、符号、代号、量与单位、建筑模数和制图方法标准；（4）工程建设重要的通用的试验、检验和评定方法等标准；（5）工程建设重要的通用的信息技术标准；（6）国家需要控制的其他工程建设通用的标准。但按照上述规定所确定的强制性标准范围较宽，主要表现如下：

1. 在实践上，1988 年的《标准化法》颁布以前，我国的标准体制实行的是单一标准体制，即标准一经颁布就是技术法规，应当严格执行。《标准化法》对标准的体制确立了强制性标准与推荐性标准相结合的体制，为此，1997 年建设部对 341 项国家标准进行了划分，其中划分出强制性标准有 239 项，推荐性标准有 70 项，改为行业标准有 14 项，取消标准 18 项。按照这种原则划分得出强制性标准占整个标准的 70％，推荐性标准仅占 20％。

2. 在理论上，按照《工程建设国家标准管理办法》规定的六个方面，一些基础标准，如术语、符号、量和单位、模数和制图方面的标准属于基础标准，这类标准应该得到执行，但是这类标准并不直接与安全有关，即使违反也不会直接造成安全隐患；其中“重要的”标准规范应当划分为强制性标准，如何来掌握重要与否，受人的主观因素影响大，难以达到统一的尺度。

3. 在执行标准上，多年来工程建设标准规范建立了一套严格程度用词，严格程度用词是建立在对标准规范执行程度上确立的，即使是强制性标准在具体内容上，标准规范中也采用“宜、不宜、可”的用词，表明是允许选择的。这样就出现了在强制性标准中有许多推荐使用的条文，执行起来较困难。

4. 在标准体制发展上，我国在计划经济体制时期，标准采用的是单一标准体制；20 世纪 80 年代有计划的商品经济时期，采用的强制性标准与推荐性标准相结合的体制；在社会主义市场经济体制时期，标准的体制应当进行改革，才能适应发展。

强制性标准的范围过宽，不该强制执行要求强制执行，造成的结果是标准得不到有效的贯彻，这是因为：一方面，强制性标准的范围过宽，对执行者来讲，要求严格，可能是大家都难以做到，"法不责众"起不到法律的威严作用。另一方面，要求强制的标准范围过宽，同时又严格要求执行，而标准规范的发展是需要人们不断积累经验和不断发展科学技术，不断发展会对标准规范原来的规定进行突破，标准规范才能得到发展。

（二）强制性条文的范围

对于强制性标准的范围，《标准化法》是有规定的。在《标准化法》没有进行修改以前，我们要维护法律的权威性，不能轻易更改法律的规定。强制性标准的范围涉及标准体制问题，国际上多数国家按照世界贸易组织（WTO）的技术法规和技术标准构成技术文件，我国标准体制改革正在逐步向国际惯例靠拢。

世界贸易组织制定的"技术贸易壁垒协定"，给出的技术法规的范围为国家安全、防止欺骗、保护人体健康和安全、保护动植物的生命和健康、保护环境。

国际通行的技术法规与本规定的强制性条文在法律属性上是相近的，因此，它所确立的范围为"质量、安全、卫生及环境保护"和"公共利益"。

## 三、工程建设强制性标准的监督管理

建设部于 2000 年 8 月 25 日批准发布《实施工程建设强制性标准监督规定》（2015 年修订）标志着实施工程建设强制性标准的监督有法可依、有章可循了。《实施工程建设强制性标准监督规定》的出台对整个工程建设标准化工作具有重要的意义：第一，落实了标准化工作的三大任务，即制定标准、实施标准和对标准实施的监督；第二，规划了标准体制改革的方向；第三，对违反强制性标准的处罚有了明确、具体的规定。

（一）制定标准的必要性

工程建设标准化是我国基本建设中一项重要的基础性工作。在新的形势下，围绕以规范建设市场行为，促进技术进步，提升传统产业，强化标准规范的实施力度，确保建设工程的质量和安全，为逐步形成有效的政府对工程建设技术的宏观调控机制，已经成为工程建设标准化工作的中心任务。

标准规范批准发布后，如果不能在实际工作中得以贯彻执行，就只能是一纸空文，标准规范的作用将难以发挥。对于标准规范的实施，《标准化法》《建筑法》《消防法》《人民防空法》《能源法》等法律和法规有着专门的规定和要求。作为政府部门，加强标准规范实施的监督管理，有着非常重要的意义。住房和城乡建设部是全国工程建设标准化的综合管理部门，组织制定《工程建设标准实施监督规定》，推动标准规范实施监督工作的开展，规范这项工作的执行，是十分必要的，其主要原因有：

1. 按照《标准化法》的规定，标准化工作的任务包括制订标准、实施标准和对标准实施的监督。过去，各级工程建设标准化管理部门的主要力量在于制订标准，标准的实施主要靠从事工程建设活动单位和个人的自觉性；而对于实施标准的监督，则一直是一个薄弱环节。

2. 1998 年国务院制订的建设部“三定”方案，明确了对标准实施进行监督是建设部的一项重要行政职能。早在 1997 年召开的“全国工程建设标准定额工作会议”上，就已经提出了要加强标准定额的实施监督工作，并要求各级建设行政主管部门将这项工作纳入工程建设标准化的日常工作之中。

3. 按照工程建设标准的立法体系，第一层次是《中华人民共和国标准化法》（1988 年颁布）；第二层次是《中华人民共和国标准化法实施条例》（1990 年颁布）、《建设工程质量管理条例》（2000 年颁布）；第三层次是《工程建设国家标准管理办法》（1992 年颁布）、《工程建设行业标准管理办法》（1992 年颁布）和《工程建设标准实施监督规定》等。《工程建设标准实施监督规定》是工程建设标准化法规建设中的一个组成部分。

4. 当前，工程建设的质量和安全受到了党中央、国务院领导以及建设部领导的高度重视，受到了从事工程建设活动各有关方面以及人民群众的广泛关注。一些工程建设中发生的质量事故或安全事故，虽然呈现的结果是多种多样的，但其原因都是违反标准的规定，特别是强制性标准的规定。反过来，如果严格按照标准、规范、规程去执行，工程的安全和质量是能够得到保证的，就绝对不会出现桥垮屋塌的现象，这一点已成为广大工程技术人员的共识，并且被大量的工程实例所证明。

（二）制定标准的目的

1. 完善标准化的任务。《标准化法》规定，制定标准、组织实施标准和对标准的制定、实施进行监督是标准化工作的总任务。这一规定充分体现了标准化的全过程，完整地反映了标准化的基本定义。应注意的是这三项任务是对整个标准化工作而言，并非对某一机构而言。制定标准是标准化工作的重要组成部分，《标准化法》对各级各类标准的制定作了明确的规定；组织实施标准是标准制定部门、使用标准的部门和企业将标准贯彻到建设活动中去的过程，它是标准制定部门、使用标准的部门和企业的共同任务；对实施标准的监督应当是对贯彻标准的全过程进行的，并在标准化管理部门的指导下进行。

2. 贯彻落实《建设工程质量管理条例》的需要。2000 年 3 月国务院颁布了《建设工程质量管理条例》（2019 的修订），该条例对工程建设领域意义重大，不仅对违法行为进行重罚，还在制度建设方面有新的突破。第一是明确了参与建设活动各方的责任主体，并对工程竣工后实行备案制度；第二是对设计阶段实行审查制度；第三是对执行强制性标准实行监督检查制度。这三个制度，其内容都直接涉及标准化工作制度的创新。要建立实施强制性标准监督制度，就应当有一个规范这种行为的法规，而在实施工程建设标准监督方面却一直没有专门的规定。

3. 按照《建设工程质量管理条例》的要求，规范实施工程建设强制性标准监督活动的需要。当前，违反标准规范，只有造成后果以后，才能依据标准的规定按照有关法规进行处罚。而一旦造成后果以后，其影响较大，不仅涉及投资，还涉及安全等一系列的问题，一般单位或者个人是难以挽回损失的，因此应当从以事后处罚为主改为事前控制和过程控制为主，事后处罚为辅。这就需要参与建设活动各方主体，在基本建设活动程序过程中受到应有的监督。《实施工程建设强制性标准监督规定》从强制性标准的要求出发，规定了实施工程建设强制性标准监督应该遵循的原则和程序。

（三）监督检查的内容

根据《实施工程建设强制性标准监督规定》的内容的规定，有关审查机关、审查单位和监督机构，应当对下列几个方面进行强制性标准的监督检查：

1. 应对建设单位、设计单位、施工单位和监理单位是否组织有关工程技术人员对工程建设强制性标准的学习和考核进行监督检查。对未能按期组织学习和考核的单位应予以批评，并应责令其采取措施，达到熟悉掌握标准的目的；对未经学习和考核的技术人员，不得参与勘察、设计、施工、监理、审查和监督等工作。

2. 应对本行政区域内的建设工程项目，根据各建设工程项目实施的不同阶段，分别对其规划、勘察、设计、施工、验收等阶段监督检查，对一般工程的重点环节或重点工程项目，应加大监督检查的力度。对发现违反强制性标准的工程，应按《建设工程质量管理条例》、《建设工程勘察设计管理条例》、《建设工程安全生产管理条例》和本规定的罚则进行处理。

3. 对建设工程项目采用的建筑材料、设备，必须按强制性标准的规定进行进场验收，以符合合同约定和设计要求。建设单位不得明示或暗示施工单位使用不合格的建筑材料、建筑构配件和设备；设计单位对设计文件选用的建筑材料、建筑构配件和设备，不得指定生产厂、供应商；施工单位不得滥用或错误使用建筑材料、建筑构配件和设备。

4. 在建设工程项目的整个建设过程中，严格执行工程建设强制性标准，确保工程项目的工期和质量，建设单位作为责任主体，负责对工程建设各个环节的综合管理工作。因此，必须规范建设单位的行为。建设单位不得明示或暗示设计、施工单位违反工程建设强制性标准，任意压缩工期、降低工程质量；勘察、设计单位应遵照工程建设强制性标准和有关技术标准进行工程的勘察和设计，施工图设计文件未经审查批准的，不得使用；施工单位应按工程设计图纸和工程建设强制性标准及有关技术标准进行施工，不得擅自修改工程设计，不得偷工减料。工程监理单位对施工质量实施监督，并对施工质量承担监督责任。

5. 为了便于工程设计和施工的实施，社会上编制了各专业工程的导则、指南、手册、计算机软件等，它们为工程设计和施工提供了具体、辅助的操作方法和手段，但是，它们应遵照而不得擅自修改工程建设强制性标准和有关技术标准中的有关规定。凡有擅自修改工程建设强制性标准有关规定的，设计与施工单位应禁止使用，并应通报有关管理部门。负责组织出版导则、指南、手册、计算机软件等的部门和单位，应提请工程建设标准的批准部门或有关部门进行技术论证和审查。

（四）监督检查职责和监督检查方式

工程建设标准批准部门对工程项目执行强制性标准情况进行监督检查是法律赋予的职责。根据《建设工程质量管理条例》和住房和城乡建设部“三定”方案，住房和城乡建设部承担建立科学规范的工程建设标准体系的责任。组织制定工程建设实施阶段的国家标准，制定和发布工程建设全国统一定额和行业标准，拟订建设项目可行性研究评价方法、经济参数、建设标准和工程造价的管理制度，拟订公共服务设施（不含通信设施）建设标准并监督执行，指导监督各类工程建设标准定额的实施和工程造价计价，组织发布工程造价信息。

标准定额司组织拟订工程建设国家标准、全国统一定额、建设项目评价方法、经济参数和建设标准、建设工期定额、公共服务设施（不含通信设施）建设标准；拟订工程造价管理的规章制度；拟订部管行业工程标准、经济定额和产品标准，指导产品质量认证工作；指导监督各类工程建设标准定额的实施；拟订工程造价咨询单位的资质标准并监督执行。

监督检查方式有三种，即重点检查、抽查和专项检查。

1. 重点检查。一般是指对于某项重点工程，或工程中某些重点内容进行的检查。这种检查通常有较强的针对性，检查的重点与目的比较明确。比如，为了掌握世界银行贷款项目的工程质量状况，就可以对所有利用世界银行贷款建设的工程项目进行检查；为了了解近期以来工程结构的安全状况，可以对去年某月某日后开工的工程结构施工质量进行重点检查；为了确保小学校舍建设质量，可以开展对全国小学教学楼施工质量的重点检查，等等。

2. 抽查。一般指采用随机方法，在全体工程或某类工程中抽取一定数量进行检查，即统计理论中从母体中抽取样本进行检查。这些被抽查的工程项目应该具有一定的代表性。这样检查的目的，不仅是了解被查工程执行强制性标准的情况，还要借此了解未检查到的其他工程在这方面的情况。实际上，住房和城乡建设部不定期组织的全国工程质量大检查就是一种比较典型的全国性的工程建设强制性标准贯彻执行情况的大抽查。

3. 专项检查。是指对建设项目在某个方面或某个专项执行强制性标准情况进行的检查。目的是查明某个专项内容执行强制性标准情况以及存在的问题等。

以上三种检查方式，实际上是最常用也是最有效的检查方式。需注意的是，无论哪种方式的检查，均应以检查强制性标准的执行情况为主线。

## 四、工程建设强制性标准执法检查

工程建设标准批准部门应当对工程项目执行强制性标准情况进行监督检查。监督检查可以采取重点检查、抽查和专项检查的方式。

强制性标准监督检查的内容包括：

有关工程技术人员是否熟悉、掌握强制性标准；工程项目的规划、勘察、设计、施工、验收等是否符合强制性标准的规定；工程项目采用的材料、设备是否符合强制性标准的规定；工程项目的安全、质量是否符合强制性标准的规定；工程中采用的导则、指南、手册、计算机软件的内容是否符合强制性标准的规定。工程技术人员应当参加有关工程建设强制性标准的培训，并可以计入继续教育学时。任何单位和个人对违反工程建设强制性标准的行为有权向住房城乡建设主管部门或者有关部门检举、控告、投诉。

## 五、不符合强制性标准规定的处理

按照建设部《实施工程建设强制性标准监督规定》，建设工程勘察、设计文件中规定采用的新技术、新材料，可能影响建设工程质量和安全，又没有国家技术标准的，应当由国家认可的检测机构进行试验、论证，出具检测报告，并经国务院有关主管部门或者省、自治区、直辖市人民政府有关主管部门组织的建设工程技术专家委员会审定后，方可使用。

工程建设中采用国际标准或者国外标准，现行强制性标准未作规定的，建设单位应当向国务院住房城乡建设主管部门或者国务院有关主管部门备案。

不符合现行强制性标准规定的与现行强制性标准未作规定的是不一样的。对于新技术、新工艺、新材料不符合现行强制性标准规定的，是指现行强制性标准（实质是强制性条文）中已经有明确的规定或者限制，而新技术、新工艺、新材料达不到这些要求或者超过其限制条件，这时如果现行强制性标准中未作规定，则不受建设部《实施工程建设强制性标准监督规定》的约束；对于国际标准或者国外标准的规定，现行强制性标准未作规定，采纳时应当办理备案程序，此时应当由采纳单位自负其责，但是，如果国际标准或者国外标准的规定不符合现行强制性标准规定，则不允许采用，这时国际标准或者国外标准的规定属于新技术、新工艺、新材料的范畴，则应该按照新技术、新工艺、新材料的约束进行办理审批程序。

（一）科学技术是推动标准化发展的动力。人们的生产实践活动都需要运用科学技术，依照对客观规律的认识，掌握了科学技术和实践经验，去制定一套生产建设活动的技术守则，以指导、制约人们的活动，从而避免因违反客观事物规律受到惩罚或经济损失，同时也是准确评价劳动成果，公正解决贸易纠纷的尺度，通过标准来指导生产建设，促进工程质量、效益的提高，科学技术成为标准的重要组成部分，也是推动标准化发展的动力。

标准是以实践经验的总结和科学技术的发展为基础的，它不是某项科学技术研究成果，也不是单纯的实践经验总结，而必须是体现两者有机结合的综合成果。实践经验需要科学的归纳、分析、提炼，才能具有普遍的指导意义；科学技术研究成果必须通过实践检验才能确认其客观实际的可靠程度。因此，任何一项新技术、新工艺，新材料要纳入到标准中，必须具备：（1）技术鉴定；（2）通过一定范围内的试行；（3）按照标准的制定提炼加工。

标准与科学技术发展密切相连，标准应当与科学技术发展同步，适时将科学技术纳入到标准中去。科技进步是提高标准制定质量的关键环节。反过来，如果新技术、新工艺、新材料得不到推行，就难以获取实践的检验，也不能验证其正确性，纳入到标准中也会不可靠，为此，给出适当的条件允许其发展，是建立标准与科学技术桥梁的重要机制。

（二）层次的界限。在本条的规定中，分出了两个层次的界限：（1）不符合现行强制性标准规定的；（2）现行强制性标准未作规定的。这两者的情况是不一样的，对于新技术、新工艺、新材料不符合现行强制性标准规定的，是指现行强制性标准（实质是强制性条文）中已经有明确的规定或者限制，而新技术、新工艺、新材料达不到这些要求或者超过其限制条件，这时如果现行强制性标准中未作规定，则不受本规定的约束；对于国际标准或者国外标准的规定，现行强制性标准未作规定，采纳时应当办理备案程序，此时应当由采纳单位自负其责，但是，如果国际标准或者国外标准的规定不符合现行强制性标准规定，则不允许采用，这时国际标准或者国外标准的规定属于新技术、新工艺、新材料的范畴，则应该按照新技术、新工艺、新材料的约束进行办理审批程序。

（三）国际标准和国外标准。积极采用国际标准和国外先进标准是我国标准化工作的原则。国际标准是指国际标准化组织 ISO 和国际电工委员会 IEC 所制定的标准，以及 ISO 确认并公布的其他国际组织制定的标准。

国外标准是指未经 ISO 确认并公布的其他国际组织的标准、发达国家的国家标准、区域性组织的标准、国际上有权威的团体和企业（公司）标准中的标准。

由于国际标准和国外标准制定的条件不尽相同，在我国对此类标准进行实施时，如果工程中所采用的国际标准和国外标准，规定的内容不涉及强制性标准的内容，一般在双方约定或者合同中采用即可，如果涉及强制性标准的内容，即与安全、卫生、环境保护和公共利益有关，此时在执行标准上涉及国家主权的完整问题，因此，应纳入标准实施的监督范畴。

（四）程序。无论是采用新技术、新工艺、新材料还是采用国际标准或者国外标准，首先是建设项目的建设单位组织论证决定是否采用，然后按照项目的管理权限通过负责实施强制性标准监督的住房城乡建设主管部门或者其他有关主管部门，根据标准的具体规定向标准的批准部门提出。国务院住房城乡建设主管部门、国务院有关部门和各省级住房城乡建设主管部门分别作为国家标准和行业标准的批准部门，根据技术论证的结果确定是否同意。

# 第九章 工程建设风险防范制度

## 第一节 工程建设保险制度

### 一、工程建设保险概述

（一）工程建设保险的概念

工程建设保险，是指业主或承包商为了工程建设项目顺利完成而对工程建设中可能产生的人身伤害或财产损失，而向保险公司投保以化解风险的行为。业主或承包商与保险公司订立的保险合同，即为工程建设保险合同。

（二）工程建设的各种风险

工程建设一般都具有投资规模大、建设周期长、技术要求复杂、涉及面广等特点。正是由于这些特点，使得建筑业成为一种高风险的行业。工程建设领域的风险主要有以下几方面：

1. 建筑风险。指工程建设中由于人为的或自然的原因，而影响工程建设顺利完成的风险，包括设计失误、工艺不善、原材料缺陷、施工人员伤亡、第三者财产的损毁或人身伤亡、自然灾害等。

2. 市场风险。与发达国家和地区的建筑市场相比，我国的建筑市场发展得还很不成熟。不成熟的市场带来的一个突出的问题是信用，业主是否能够保证按期支付工程款，承包商是否能够保证质量、按期完工，对于承包合同双方当事人都是未知的，这是市场所带来的风险。

3. 政治风险。稳定的政治环境，会对工程建设产生有利的影响，反之，将会给市场主体带来顾虑和阻力，加大工程建设的风险。

4. 法律风险。一般涉外工程承发包合同中，都会有“法律变更”或“新法适用”的条款。两个国家关于建筑、外汇管理、税收管理、公司制度等方面的法律、法规和规章的办法和修订都将直接影响到建筑市场各方的权利义务，从而进一步影响其根本利益。现在，我国的建筑市场主体也愈发关注法律规定对其自身的影响。

（三）工程建设保险的作用

对上述种种风险，如不采取有效措施加以防范，不仅会大大影响工程建设项目的顺利进行，而且可能使有关当事人遭到巨大的损失，甚至破产。因此，在工程建设领域开展工程保险，是防范工程建设风险的必然要求。工程建设保险的作用体现在预防风险和补偿风险损失两方面：

1. 预防风险

引进工程建设保险意味着将保险公司引进工程建设领域。保险公司从商业利益角度出发，为了减轻或避免风险的产生，必将对工程的施工、设备的安装进行必要的监督，并针对投保的项目、投保人的资质、信誉进行全面的审查和监督，从而有效地减少和避免风险的发生，这是在风险产生之前对风险进行预防的一种措施。

2. 补偿风险损失

在保险事故发生后，保险公司积极理赔，使投保人由此而产生的损失和费用降至最低，这又是一种在风险发生后对风险损失进行补偿的机制。

这种预防风险和补偿风险损失相结合的保险机制，能够有效地保证工程建设项目的顺利进行。

（四）国内外实施工程建设保险的情况

工程保险按是否具有强制性分为两大类，强制保险和自愿保险。强制保险系工程所在国政府以法规明文规定承包商必须办理的保险。自愿保险是承包商根据自身利益的需要，自愿购买的保险。这种保险虽非强行规定，但对承包商转移风险很有必要。

1. 国内方面

我国对于工程建设保险的有关规定很薄弱，尤其是在强制性保险方面。除《建筑法》规定建筑施工企业必须为从事危险作业的职工办理意外伤害保险属强制保险外，《工程建设施工合同示范文本》第四十条也规定了保险内容。但是，该条款不够详细，缺乏操作性，加之示范文本强制性不够，工程保险在实际操作中会大打折扣。

2. 国际方面

强制性工程保险是一种国际惯例。在英国，未投保工程险的建设项目将无法获得银行的贷款，因为对于贷款银行来说，未投保工程险的建设项目，一旦发生损失或意外风险，银行的贷款安全将无法保证。另外，法国还规定了十年责任险，作为承包商的强制性义务，要求承包商在工程验收前必须向政府指定的保险公司投保，否则工程不予验收。

除了通过标准合同文本来规定工程中的保险要求外，市场机制的作用客观上使业主和承包商必须投保工程保险。支付对于工程投资来说少量的工程保险费，在风险频繁的工程建设中，一旦遇到事故或意外损失，就能够获得明确的保障。这种国际上通过长期实践积累的保障风险的方法，我们完全应当在市场条件下借鉴和引用。

（五）工程建设保险的种类

除强制保险与自愿保险的分类方式外，《中华人民共和国保险法》（以下简称《保险法》）把保险种类分为人身保险和财产保险。自该法施行以来，在工程建设方面，我国已尝试过人身保险中的意外伤害保险、财产保险中的建筑工程一切险和安装工程一切险。

1. 意外伤害险

意外伤害险，是指被保险人在保险有效期间，因遭遇非本意的、外来的、突然的意外事故，致使其身体蒙受伤害而残疾或死亡时，保险人依照合同规定给付保险金的保险。《建筑法》第四十八条规定："鼓励建筑施工企业为从事危险作业的职工办理意外伤害保险，支付保险费。"

2. 建筑工程一切险及安装工程一切险

建筑工程一切险及安装工程一切险是以建筑或安装工程中的各种财产和第三者的经济赔偿责任为保险标的的保险。这两类保险的特殊性在于保险公司可以在一份保单内对所有参加该项工程的有关各方都给予所需要的保障，换言之，即在工程进行期间，对这项工程承担一定风险的有关各方，均可作为被保险人之一。

建筑工程一切险一般都同时承保建筑工程第三者责任险，即指在该工程的保险期内，因发生意外事故所造成的依法应由被保险人负责的工地上及邻近地区的第三者的人身伤亡、疾病、财产损失，以及被保险人因此所支出的费用。本节将在后面重点对建筑工程一切险及安装工程一切险进行介绍。

3. 职业责任险

职业责任险是指承保专业技术人员因工作疏忽、过失所造成的合同一方或他人的人身伤害或财产损失的经济赔偿责任的保险。工程建设标的额巨大、风险因素多，建筑事故造成损害往往数额巨大，而责任主体的偿付能力相对有限，这就有必要借助保险来转移职业责任风险。在工程建设领域，这类保险对勘察、设计、监理单位尤为重要。

4. 信用保险

信用保险是以在商品赊销和信用放款中的债务人的信用作为保险标的，在债务人未能履行债务而使债权人遭受损失时，由保险人向被保险人即债权人提供风险保障的保险。信用保险是随着商业信用、银行信用的普遍化以及道德风险的频繁而产生的，在工程建设领域得到越来越广泛的应用。

## 二、建筑工程一切险

建筑工程一切险承保各类民用、工业和公用事业建筑工程项目，包括道路、水坝、桥梁、港埠等，在建造过程中因自然灾害或意外事故而引起的一切损失。

建筑工程一切险往往还加保第三者责任险，即保险人在承保某建筑工程的同时，还对该工程在保险期限内因发生意外事故造成的依法应由被保险人负责的工地及邻近地区的第三者的人身伤亡、疾病或财产损失，以及被保险人因此而支付的诉讼费用和事先经保险人书面同意支付的其他费用，负赔偿责任。

（一）建筑工程一切险的投保人与被保险人

1. 建筑工程一切险的投保人

根据《保险法》，投保人是指与保险人订立保险合同，并按照保险合同负有支付保险费义务的人。

建筑工程一切险多数由承包商负责投保，如果承包商因故未办理或拒不办理投保或拒不投保，业主可代为投保，费用由承包商负担。如果总承包商未曾为分包工程购买保险的话，负责该分包工程的分包商也应办理其承担的分包任务的保险。

2. 建筑工程一切险的被保险人

被保险人是指其财产或者人身受保险合同保障，享有保险金请求权的人，投保人可以为被保险人。

在工程保险中，除投保人外，保险公司可以在一张保险单上对所有参加该项工程的有关各方都给予所需的保险。即凡在工程进行期间，对这项工程承担一定风险的有关各方，均可作为被保险人。

建筑工程一切险的被保险人可以包括：

（1）业主。

（2）总承包商。

（3）分包商。

（4）业主聘用的监理工程师。

（5）与工程有密切关系的单位或个人，如贷款银行或投资人等。

凡有一方以上被保险人存在时，均须由投保人负责交纳保险费，并应及时通知保险公司有关保险标的在保险期内的任何变动。

由于工程建设的被保险人不止一家，而且各家被保险人各为其本身的权益以及义务而向保险公司投保。为了避免相互之间追偿，大部分保险单都加贴共保交叉责任条款。根据这一条款，每一被保险人如同各自有一张单独的保单，其责任部分的损失就可以获得相应赔偿。如果各个被保险人发生相互之间的责任事故，每一责任的被保险人都可以在保单项下获得赔偿。这样，这些事故造成的损失，都可以由出保单的公司负责赔偿。无须根据责任在相互之间进行追偿。

（二）建筑工程一切险的承保范围

1. 建筑工程一切险适用范围

建筑工程一切险适用于所有房屋工程和公共工程，尤其是：

（1）住宅、商业用房、医院、学校、剧院。

（2）工业厂房、电站。

（3）公路、铁路、飞机场。

（4）桥梁、船闸、大坝、隧道、排灌工程、水渠及港埠等。

2. 建筑工程一切险承保的内容

（1）工程本身。指由总承包商和分包商为履行合同而实施的全部工程。包括：预备工程，如土方、水准测量；临时工程，如引水、保护堤；全部存放于工地，为施工所必需的材料。

包括安装工程的建设项目，如果建筑部分占主导地位的话，也就是说，如果机器、设施或钢结构的价格及安装费用低于整个工程造价的50%，亦应投保建筑工程一切险。如果安装费用高于工程造价的50%，则应投保安装工程一切险。

（2）施工用设施和设备。包括活动房、存料库、配料棚、搅拌站、脚手架，水电供应及其他类似设施。

（3）施工机具。包括大型陆上运输和施工机械、吊车及不能在公路上行驶的工地用车辆，不管这些机具属承包商所有还是其租赁物资。

（4）场地清理费。这是指在发生灾害事故后场地上产生了大量的残砾，为清理工地现场而必须支付的一笔费用。

（5）第三者责任，系指在保险期内，对因工程意外事故造成的、依法应由被保险人负责的工地上及邻近地区的第三者人身伤亡、疾病或财产损失，以及被保险人因此而支付的诉讼费用和事先经保险公司书面同意支付的其他费用等赔偿责任。但是，被保险人的职工的人身伤亡和财产损失应予除外（属于意外伤害保险）。

（6）工地内现有的建筑物。指不在承保的工程范围内的、所有人或承包人所有的工地内已有的建筑物或财产。

（7）由被保险人看管或监护的停放于工地的财产。

3. 建筑工程一切险承保危险与损害

建筑工程一切险承保的危险与损害涉及面很广，凡保险单中列举的除外情况之外的一切事故损失全在保险范围内，尤其是下述原因造成的损失：

（1）火灾、爆炸、雷击、飞机坠毁及灭火或其他救助所造成的损失。

（2）海啸、洪水、潮水、水灾、地震、暴雨、风暴、雪崩、地崩、山崩、冻灾、冰雹及其他自然灾害。

（3）一般性盗窃和抢劫。

（4）由于工人、技术人员缺乏经验、疏忽、过失、恶意行为或无能力等导致的施工拙劣而造成的损失。

（5）其他意外事件。

建筑材料在工地范围内的运输过程中遭受的损失和破坏，以及施工设备和机具在装卸时发生的损失等亦可纳入工程险的承保范围。

（三）建筑工程一切险的除外责任

按照国际惯例，属于除外的情况通常有以下诸种：

1. 由于军事行动、战争或其他类似事件，以及罢工、骚动、民众运动或当局命令停工等情况造成的损失（有些国家规定投保罢工骚乱险）。

2. 因被保险人的严重失职或蓄意破坏而造成的损失。

3. 因原子核裂变而造成的损失。

4. 由于合同罚款及其他非实质性损失。

5. 因施工机具本身原因即无外界原因情况下造成的损失（但因这些损失而导致的建筑事故则不属除外情况）。

6. 因设计错误（结构缺陷）而造成的损失。

7. 因纠正或修复工程差错（例如因使用有缺陷或非标准材料而导致的差错）而增加的支出。

（四）建筑工程一切险的保险期和保险金额

1. 建筑工程一切险的保险期

建筑工程一切险自工程开工之日或在开工之前工程用料卸放于工地之日开始生效，两者以先发生者为准。开工日包括打地基在内（如果地基亦在保险范围内）。施工机具保险自其卸放于工地之日起生效。

保险终止日应为工程竣工验收之日或者保险单上列出的终止日。同样，两者也以先发生者为准。实践中，建筑工程一切险的保险终止常有三种情况：

（1）保险标的工程中有一部分先验收或投入使用，则自该验收或投入使用日起，自动终止该部分的保险责任，但保险单中应注明这种部分保险责任自动终止条款。

（2）含安装工程项目的建筑工程一切险的保险单，通常要规定试车期，一般为一个月。

（3）工程验收后一般还有一个质量保修期，《工程建设质量管理条例》对最低保修期限作出了规定。大多数情况下，建筑工程一切险的承保期可以包括为期一年的质量保证期（不超过质量保修期），但需加缴一定的保险费。质量保证期的保险合同自工程临时验收或投入使用之日起生效，直到规定的保证期满终止。

2. 建筑工程一切险的保险金额

保险金额是指保险人承担赔偿或者给付保险金责任的最高限额。保险金额不得超过保险标的的保险价值，超过保险价值的，超过的部分无效。

建筑工程一切险的保险金额按照不同的保险标的确定：

（1）工程造价，即建成该项工程的总价值，包括设计费、建筑所需材料设备费、施工费（人工费和施工设备费）、运杂费、保险费、税款以及其他有关费用在内。如有临时工程，还应注明临时工程部分的保险金额。

（2）施工机具和设备及临时工程。这些物资一般是承包商的财产，其价值不包括在承包工程合同的价格中，应另列专项投保。这类物资的投保金额一般按重置价值，即按重新换置同一牌号、型号、规格、性能或类似型号、规格、性能的机器、设备及装置的价格，包括出厂价、运费、关税、安装费及其他必要的费用计算重置价值。

（3）安装工程项目。建筑工程一切险范围内承保的安装工程，一般是附带部分。其保险金额一般不超过整个工程项目保险金额的 20%。如果保险金额超过 20%，则应按安装工程费率计算保险费；如超过 50%，则应按安装工程险另行投保。

（4）场地清理费。按工程的具体情况由保险公司与投保人协商确定。场地残物的清理不仅限于合同标的工程，而且包括工程的邻近地区和业主的原有财产存放区。场地清理的保险金额一般不超过工程总保额的 5%（大型工程）或 10%（中小工程）。

（5）第三者责任险的投保金额。根据在工程期间万一发生意外事故时，对工地现场和邻近地区的第三者可能造成的最大损害情况确定。

（五）建筑工程一切险的免赔额

工程保险还有一个特点，就是保险公司要求投保人根据其不同的损失，自负一定的责任。这笔由被保险人承担的损失额称为免赔额。工程本身的免赔额为保险金额的 0.5%～2%；施工机具设备等的免赔额为保险金额的 5%；第三者责任险中财产损失的免赔额为每次事故赔偿限额的 1%～2%，但人身伤害没有免赔额。

保险人向被保险人支付为修复保险标的遭受损失所需的费用时，必须扣除免赔额。支付的赔偿额极限相当于保险总额，但不超过保险合同中规定的每次事故的保险极限之和或整个保险期内发生的全部事故的总保险极限。

（六）建筑工程一切险的保险费率

建筑工程一切险的保险费率通常要根据风险的大小确定。它由五个分项费率组成：

1. 建筑工程一切险的保险费率的组成

（1）业主提供的物料及项目、安装工程项目、场地清理费、工地内现存的建筑物、业主或承包人在工地的其他财产等为一个总的费率，规定整个工期一次性费率。

（2）施工用机器、装置及设备为单独的年度费率，因为它们流动性大，一般为短期使用，旧机器多，损耗大，小事故多。因此，此项费率高于第（1）项费率。如保期不足一年，按短期费率计收保费。

（3）第三者责任险费率，按整个工期一次性费率计取。

（4）保证性费率，按整个工期一次性费率计取。

（5）各种附加保障增收费率或保费，也按整个工期一次性费率计取。

对于大型复杂的工程项目，可根据上述分类分别开具费率；对于一般性的工程项目，为方便起见，也可将上述（1）、（3）、（4）、（5）项合并成整个工程的平均一次性费率。对于上述第（2）项，在任何情况下都必须单独以年费率为基础开价承保，不得与总的平均一次性费率混在一起。

2. 建筑工程一切险的保险费率的制定依据

建筑工程一切险没有固定的费率表，其具体费率系根据以下因素结合参考费率表制定：

（1）风险性质（气候影响和地质构造数据，如地震、洪水或水灾等）。

（2）工程本身的危险程度，工程的性质及建筑高度，工程的技术特征及所用的材料，工程的建造方法等。

（3）工地及邻近地区的自然地理条件，有无特别危险源存在。

（4）巨灾的可能性，最大可能损失程度及工地现场管理和安全条件。

（5）工期（包括试车期）的长短及施工季节，保证期长短及其责任的大小。

（6）承包人及其他与工程有直接关系的各方的资信、技术水平及经验。

（7）同类工程及以往的损失记录。

（8）免赔额的高低及特种危险的赔偿限额。

工程保险往往有免赔额和赔偿限额的规定。这是对被保险人自己应负责任的规定。如果免赔额高、赔偿限额低，则意味着被保险人承担的责任大，则保险费率就应相应降低；如果免赔额低、赔偿限额高，则保险费率应相应提高。

3. 保险费的交纳

建筑工程一切险因保险期较长，保费数额大，可分期交纳保费，但出单后必须立即交纳第一期保费，而最后一笔保费必须在工程完工前半年交清。

如果在保险期内工程不能完工，保险可以延期，不过投保人须交纳补充保险费。延展期的补充保险费只能在原始保险单规定的逾期日前几天确定，以便保险人能及时准确地了解各种情况。

（七）签订建筑工程一切险合同要点

1. 注意事项

（1）一般不宜使用委托人，应当由承包商亲自办理。

（2）建筑工程的名称一定要填写合同中指定的全称，不得缩写；地点一定要填写工程的详细地址及范围，因为保险公司对工地以外的损失如无特别加批是不予负责的。

（3）要写明保险期、试车期或质量保证期。

（4）保险金额、免赔额、费率、保费均应根据保险价值具体确定。工程结束以后根据工程最终建造价调整保额。若最终价额超过原始价额的5%，应出具批单调整，原费率按日比例增加或退还。

2. 提交材料

（1）投保单。

（2）工程承包合同。

（3）承包金额明细表。

（4）工程设计文件。

（5）工程进度表。

（6）工地地质报告。

（7）施工平面图。

3. 保险人的现场查看记录

保险人在了解并掌握上述资料的基础上，应向投保人或其设计人了解核实，并对以下重点环节作出现场查勘记录：

（1）工地的位置，包括地势及周围环境，例如邻近建筑物及人口分布状况，是否江、河、湖及道路和运输条件等。

（2）安装项目及设备情况。

（3）工地内有无现成建筑物或其他财产及其位置、状况等。

（4）储存物资的库场状况、位置、运输距离及方式等。

（5）工地的管理状况及安全保卫措施，例如防水、防火、防盗措施等。

4. 协商确定承保内容

承保人应与投保人进一步协商以明确以下承保内容：

（1）建筑工程项目及其总金额。

（2）物资损失部分的免赔额及特种危险赔偿限额。

（3）是否投保安装项目及其名称、价值和试车期等。

（4）是否投保施工机具设备及其种类、使用时间、重置价值等。

（5）是否投保场地清理费及现成建筑物及其保额。

（6）是否加保维修期保险及期限长短和责任范围。

（7）是否投保第三者责任险及其赔偿限额和免赔额。

（8）是否需要一些特别保障及条件、费率等。

## 三、安装工程一切险

### （一）安装工程一切险的概念和特点

1. 安装工程一切险的概念

安装工程一切险属于技术险种，其目的在于为各种机器的安装及钢结构工程的实施提供尽可能全面的专门保险。

由于工业化在世界范围内取得的进展，安装工程一切险在经济生活中占据着越来越重要的位置。目前，在国际工程承包领域，工程发包人都要求承包人投保安装工程一切险，在很多国家和地区，这种险是强制性的。

安装工程一切险主要适用于安装各种工厂用的机器、设备、储油罐、钢结构、起重机、吊车以及包含机械工程因素的各种工程建设。

2. 安装工程一切险的特点

安装工程一切险与建筑工程一切险有着重要的区别：

（1）建筑工程保险的标的从开工以后逐步增加，保险额也逐步提高，而安装工程一切险的保险标的一开始就存放于工地，保险公司一开始就承担着全部货价的风险，风险比较集中。在机器安装好之后，试车、考核所带来的危险以及在试车过程中发生机器损坏的危险是相当大的，这些危险在建筑工程险部分是没有的。

（2）在一般情况下，自然灾害造成建筑工程一切险的保险标的损失的可能性较大，而安装工程一切险的保险标的多数是建筑物内安装及设备（石化、桥梁、钢结构建筑物等除外），受自然灾害（洪水、台风、暴雨等）损失的可能性较小，受人为事故损失的可能性较大，这就要督促被保险人加强现场安全操作管理，严格执行安全操作规程。

（3）安装工程在交接前必须经过试车考核，而在试车期内，任何潜在的因素都可能造成损失，损失率要占安装工期内的总损失的一半以上。由于风险集中，试车期的安装工程一切险的保险费率通常占整个工期的保费的三分之一左右，而且对旧机器设备不承担赔付责任。

总的来讲，安装工程一切险的风险较大，保险费率也要高于建筑工程一切险。

（二）安装工程一切险的投保人与被保险人

和建筑工程一切险一样，安装工程一切险应由承包商投保，业主只是在承包商未投保的情况下代其投保，费用由承包商承担。承包商办理了投保手续并交纳了保费后即成为被保险人。安装工程一切险的被保险人除承包商外还包括：

（1）业主。

（2）制造商或供应商。

（3）技术咨询顾问。

（4）安装工程的信贷机构。

（5）待安装构件的买受人等。

（三）安装工程一切险的责任范围及除外责任

1. 安装工程一切险的保险标的

（1）安装的机器及安装费，包括安装工程合同内要安装的机器、设备、装置、物料、基础工程（如地基、座基等）以及为安装工程所需的各种临时设施（如水电、照明、通信设备等）等。

（2）安装工程使用的承包人的机器、设备。

（3）附带投保的土木建筑工程项目，指厂房、仓库、办公楼、宿舍、码头、桥梁等。这些项目一般不在安装合同以内，但可在安装险内附带投保：如果土木建筑工程项目不超过总价的20%，整个项目按安装工程一切险投保；介于20%～50%之间，该部分项目按建筑工程一切险投保；若超过50%，整个项目按建筑工程一切险投保。

安装工程一切险也可以根据投保人的要求附加第三者责任险，这与建筑工程一切险是相同的。

2. 安装工程一切险承保的危险和损失

安装工程一切险承保的危险和损害除包括建筑工程一切险中规定的内容外，还包括：

（1）短路、过电压、电弧所造成的损失。

（2）超压、压力不足和离心力引起的断裂所造成的损失。

（3）其他意外事故，如因进入异物或因安装地点的运输而引起的意外事件等。

3. 安装工程一切险的除外责任

安装工程一切险的除外情况主要有以下几种：

（1）由结构、材料或在车间制作方面的错误导致的损失。

（2）因被保险人或其派遣人员蓄意破坏或欺诈行为而造成的损失。

（3）因功力或效益不足而遭致合同罚款或其他非实质性损失。

（4）由战争或其他类似事件，民众运动或因当局命令而造成的损失。

（5）因罢工和骚乱而造成的损失（但有些国家却不视为除外情况）。

（6）由原子核裂化或核辐射造成的损失等。

（四）安装工程一切险的保险期限

1. 安装工程一切险的保险责任的开始和终止

安装工程一切险的保险责任，自投保工程的动工日（如果包括土建任务的话）或第一批被保险项目卸至施工地点时（以先发生为准），即行开始。其保险责任的终止日可以是安装完毕验收通过之日或保险物所列明的终止日，这两个日期同样以先发生者为准。安装工程一切险的保险责任也可以展延至为期一年的维修期满日。

在征得保险人同意后，安装工程一切险的保险期限可以延长，但应在保险单上加批并增收保费。

2. 试车考核期

安装工程一切险的保险期内，一般应包括一个试车考核期。考核期的长短应根据工程合同上的规定来决定。对考核期的保险责任一般不超过 3 个月，若超过 3 个月，应另行加收费用。安装工程一切险对于旧机器设备不负考核期的保险责任，也不承担其维修期的保险责任。如果同一张保险单同时还承保其他新的项目，则保险单仅对新设备的保险责任有效。

3. 关于安装工程一切险的保险期限应注意的问题

（1）部分工程验收移交或实际投入使用。这种情况下，保险责任自验收移交或投入适用之日即行终止，但保单上须有相应的附加条款或批文。

（2）试车考核期的保险责任期（一般定为三个月），系指连续时间，而不是断续累计时间。

(3) 维修期应从实际完工验收或投入使用之日起算，不能机械地按合同规定的竣工日起算。

(五) 安装工程一切险的保险金额的组成

安装工程一切险的保险金额包括物质损失和第三者责任两大部分。

如果投保的安装工程包括土建部分，其保额应为安装完成时的总价值（包括运费、安装费、关税等）；若不包括土建部分，则设备购货合同价和安装合同价加各种费用之和为保额；安装建筑用机器、设备、装置应按安装价值确定保额。通常对物质标的部分的保额先按安装工程完工时的估定总价值暂定，到工程完工时再根据最后建成价格调整。第三者责任的赔偿限额按危险程度由保险双方商定。

(六) 安装工程一切险的保险额的具体确定办法

1. 安装工程项目

安装工程项目，是安装工程一切险的主要保险项目，包括被安装的机器设备、装置、物料、基础工程（地基、机座）以及工程所需的各种临时设施，如水、电、照明、通信等。安装工程一切险的承保标的大致有三种类型：

(1) 新建工厂、矿山或某一车间生产线安装的成套设备。

(2) 单独的大型机械装置，如发电机组、锅炉、巨型吊车、传送装置的组装工程。

(3) 各种钢结构建筑物，例如储油罐、桥梁、电视发射塔之类的安装和管道、电缆敷设等。

安装工程项目的保险金额视承包方式而定：

(1) 采用总承包方式，保险金额为该项目的合同总价。

(2) 由业主引进设备，承包人负责安装并培训，保险金额为CIF价加国内运费和保险费及关税、安装费（人工、材料）、可能的专利、人员培训及备品、备件等费用的总和。

2. 土木建筑工程项目

土木建筑工程项目指新建、扩建厂矿必须有的工程项目，如厂房、仓库、道路、水塔、办公楼、宿舍等。其保险金额应为该工程项目建成的价格，包括勘察设计费、人工费、机械费、材料费、运杂费、税款及其他相关费用。如果这些项目已包括在一揽子承包合同价内，不必另行投保，但应加以说明。

3. 场地清理费

指发生承保危险所致的损失后为清理工地现场所支付的费用。此项费用的保额由被保险人自定并单独投保，不包括在合同价内。大型工程的场地清理费一般不超过总价的5%，小型工程一般不超过10%。

4. 工程业主或承包人在工地上的其他财产

指上述三项以外的可保标的，大致包括安装施工用机具设备，工地内现存财产，其他可保财产。

（1）施工机具设备一般不包括在承包工程合同价内，因此列入本项投保。这项保险金额应按重置价值，即重新换置同一型号、同种性能规格或类似性能规格和型号的机器、设备的价格，包括出厂价、运费、关税、机具本身的安装费及其他必要的费用在内。

（2）工地内现成财产指不包括在承包工程范围内，工程业主或承包人所有的或其保管的工地内已有的建筑物或财产。这笔保险金额可由保险双方商订，但最高不得超过该项现存财产的实际价值。

（3）其他可保财产指不能包括在上述四项范围之内的可保财产，其保险金额由双方商定。

以上四项保额之和构成物质损失总保险金额。

5. 第三者责任险的保险金额

第三者责任部分的赔偿限额应根据责任风险大小的具体情况来考虑，没有统一的规定，通常有两种情况：

（1）只规定每次事故赔偿限额，不分项，也无累计限额。

（2）先规定每次事故中各分项限额，各项相加构成每次事故的总限额，最后算出并规定一个保险期内的累计赔偿限额。

当风险不大时，可采用第一种办法；当风险较大时，则应当采用第二种。

## 四、工程建设保险的理赔

保险作用的充分发挥具体落实在理赔上。理赔是指保险的赔偿处理，它是被保险人享受保险权益和保险人履行承保责任的具体体现。理赔是发挥保险作用的重要体现，因为通过理赔可以使灾害损失得到经济补偿，有利于恢复生产和安定生活。理赔又是加强防灾措施的依据，因为在理赔过程中，还能够从中发现问题，总结经验教训，作为今后防灾防损的参考。

（一）建筑工程一切险

1. 责任期间和责任范围

承保建筑工程一切险的保险公司的责任期间在保险单中都有明确规定，通常为自投保工程动工或被保险物品被卸至建筑工地时起，直至建筑工程经验收时终止。保险的最晚终止期应不超过保单中所列明的终止日期。保险期间如需扩展，必须事先获得保险公司同意。建筑工程一切险的责任范围如前所述。

2. 赔偿条件及争议仲裁

（1）索赔时必须提供必要的有效证明，作为索赔的依据。证明文件应能证明索赔对象及索赔人的索赔资格；证明索赔理由能够成立且属于理赔人的责任范围和责任期间。通常情况下，这些证明文件为保单、工程承包合同、事故照片及事故检验人的鉴定报告及各具体险别的保单中所规定的证明文件。

（2）保险公司的赔款以恢复投保项目受损前的状态为限，受损项目的残值应予扣除。

（3）赔款可以现金支付，也可以重置受损项目或予以修理代替之。总赔款金额不得超过保单规定的保险金额。

（4）一个项目同时由多家保险公司承保，则理赔的保险公司仅负责按比例分担赔偿的责任。

如果被保险人因索赔事宜同保险公司发生争议，通常情况下先进行协商解决，如果协商达不成协议，可申请仲裁或向法院提出诉讼。通常情况下，仲裁与诉讼应在被告方所在地。如果事先另有协议，则按协议处理。

3. 第三者责任险的赔偿

建筑工程一切险中还包括一项附加条款，第三者责任险。

第三者责任险的责任期间与一切险一样。不过，其责任范围仅限于赔偿保险标的工程的工地及邻近地区的第三者因工程实施而蒙受人身伤亡、疾病或财产损失等项责任，这些损失必须是依法应由被保险人负责。这一责任范围还包括赔偿被保险人因此而支付的诉讼费用和事先经保险人书面同意支付的其他费用，但不能超过保单列明的赔偿限额。

（二）安装工程一切险

安装工程一切险的责任范围与建筑工程一切险基本一样，只是增加了对安装工程常碰到的电气事故（如超负荷、超电压、碰线、电弧、走电、短路、大气放电等）造成的损失负赔偿责任。另外，由于承包商的安装人员因技术不善引起的事故也可成为向保险公司索赔的理由。

在免赔责任方面，除建筑工程一切险中所提及事项外，安装工程一切险的免赔责任还包括免赔由电气事故所造成的电气设备或电气用具本身的损失。

关于责任期间，原则上也是规定自投保工程动工之日起直至工程验收之日终止。但是，如果合同中有试车、考核规定，则试车、考核阶段应以保单中规定的期限为准。如果被保险项目本身是旧产品，则试车开始时，责任即告终止。安装工程一切险的最晚终止期应不超过保单中所列明的终止日期。若需扩展期间，必须事先获得保险公司的书面同意。

安装工程一切险的索赔条件及出现争议时的仲裁地点同建筑工程一切险一样。

安装工程一切险也有一项附加条款，安装工程第三者责任险，其具体内容及索赔事项与工程建设第三者责任险一样，故不赘述。

## 第二节　工程建设担保制度

### 一、工程建设担保概述

（一）工程建设担保的概念

工程建设领域是一项风险很大的行业，工程建设合同当事人一方为避免因对方违约或其他违背诚实信用原则的行为而遭受损失，往往要求另一方当事人提供可靠的担保，以维护工程建设合同双方当事人的利益。这种担保即为工程建设担保（以下简称为工程担保），因此而签订的担保合同，即为工程担保合同。

（二）工程担保的种类

工程担保的种类有很多种，承包商在投标和履行合同过程中一般要提交三种工程担保：投标保证担保、履约担保、预付款担保。

1. 投标保证担保。它主要用于筛选投标人。投标保证担保要确保合格者投标以及中标者将签约和提供业主所要求的履约、预付款担保。

2. 履约担保。该项担保的目的在于保护业主的合法权益，促使承包商履行合同的约定，完成工程项目建设。一旦承包商违约，履约担保人要代为履约或赔偿。

3. 预付款担保。该种担保的目的在于保证承包商能够按合同规定进行施工，偿还业主已支付的全部预付金额。

除上述三种担保外，还有一种质量责任担保，该项担保是为了保证承包商在工程竣工后的一定时期内（缺陷责任期），负责工程质量的保修和维护。这种担保一般可包括在履约担保当中。

除上述几种由承包商提供的担保以外，我国还规定了业主工程款支付担保。《房屋建筑和市政基础设施工程施工招标投标管理办法》（建设部令第 89 号，2018 年修订）第四十七条规定：“招标文件要求中标人提交履约担保的，中标人应当提交。招标人应当同时向中标人提供工程款支付担保。”工程款支付担保的作用在于，通过对业主资信状况进行严格审查并落实各项反担保措施，确保工程费用及时支付到位；一旦业主违约，付款担保人将代为履约。上述对工程款支付担保的规定，对解决我国建筑市场上工程款拖欠现象具有特殊重要的意义。

此外，在国际工程承包中，还有诸如临时进口设备税收担保、免税工程进口物资税收担保等工程担保形式，这里不再一一介绍。

（三）工程担保与工程保险的区别和联系

工程担保人，可以为银行、保险公司或专业的工程担保公司。这与《保险法》规定的工程保险人只能为保险公司有着根本的不同。除此之外，两者的区别还表现在以下几方面：

1. 风险对象不同

工程担保面对的是“人祸”，即人为的违约责任；工程保险面对多是“天灾”，即意外事件、自然灾害等。

2. 风险方式不同

工程保险合同是在投保人和保险人之间签订的，风险转移给了保险人。工程担保当事人有三方：委托人、权利人和担保人。权利人是享受合同保障的人，是受益方。当委托人违约使权利人遭受经济损失时，权利人有权从工程担保人处获得补偿。这就与工程保险区别开来，保险是谁投保谁受益，而保证担保的投保人并不受益，受益的是第三方。最重要的在于，委托人并未将风险最终转移给工程担保人，而是以代理加反担保的方式将风险抵押给工程担保人。这也就是说，最终风险承担者仍是委托人自己。

3. 风险责任不同

依据担保法的规定，委托人对保证人为其向权利人支付的任何赔偿，有返还给保证人的义务；而依据保险法的规定，保险人赔付后是不能向投保人追偿的。

4. 风险选择不同

同样作为投保人，工程保险选择相对较小，只要投保人愿意，一般都可以被保险。工程担保则不同，它必须通过资信审查评估等手段选择有资格的委托人。因此，在发达国家，能够轻松地拿到保函，是有信誉、有实力的象征。也正因为这样，通过保证担保可以建立一种严格的建设市场准入制度。

必须指出的是，尽管工程担保和工程保险有着根本区别，但在工程实践中，却是常常在一起为工程建设发挥着保驾护航的重要作用。工程担保和保险是国际市场惯用的制度，我国工程担保和工程保险制度还处于探索时期。1998 年建设部将建立这个制度作为体制改革的重要内容，同年 7 月，我国首家专业化工程保证担保公司——长安保证担保公司挂牌成立。目前，该公司已与中国人民保险公司、国家开发银行、中国民生银行、华夏银行等多家单位展开合作，并已为国家大剧院、广州白云国际机场、中关村科技园区开发建设以及港口、国家粮库等一批重点工程提供了投标、履约、预付款和业主支付等保证担保产品。

（四）工程担保的作用

工程担保的作用，集中体现在规范建设市场行为、提高从业者素质上。目前，在我国建设市场中，市场主体履约意识薄弱，信誉观念淡薄，行为不规范，工程转包、挂靠、垫资施工、拖欠工程款、偷工减料、掺杂使假、以次充好的现象屡见不鲜，工程质量、安全事故时有发生，严重制约了建筑业的健康发展，单纯依靠行政手段已不能解决问题。而工程担保这种全新的经济手段，能让实力强、信誉好的担保人愿意为其担保或承保的建筑企业扩大市场份额，而令那些实力弱、信誉差、工程担保人不愿意替其担保的建筑企业缩减市场份额，进而将其逐出建设市场。显然，工程担保较之一般的行政手段优势明显，这种经济调整手段的作用在于通过一定的途径建立一种“守信者得到酬偿，失信者受到惩罚”的机制。

工程建设管理的最终目标是保证工程质量和施工安全，保证工程建设的顺利完成。由于工程担保引入了第三方保证，因此可为上述目标的实现提供更加有力的保障，进而提高整个建设行业的水平。

## 二、《民法典》关于担保的规定

《民法典》规定了担保的五种形式，包括：保证、抵押、质押、留置和定金。

（一）保证

1. 保证合同的概念

保证合同是为保障债权的实现，保证人和债权人约定，当债务人不履行到期债务或者发生当事人约定的情形时，保证人履行债务或者承担责任的合同。保证具有以下法律特征：

（1）保证属于人的担保范畴，它不是用特定的财产提供担保，而是以保证人的信用和不特定的财产为他人债务提供担保。

（2）保证人必须是主合同以外的第三人，保证必须是债权人和债务人以外的第三人为他人债务所作的担保，债务人不得为自己的债务作保证。

（3）保证人应当具有代为清偿债务的能力，保证是保证人以其信用和不特定的财产来担保债务履行的，因此，设定保证关系时，保证人必须具有足以承担保证责任的财产。

（4）保证人和债权人可以在保证合同中约定保证方式，享有法律规定的权利，承担法律规定的义务。

2. 保证人

保证人须是具有代为清偿债务能力的人，既可以是法人，也可以是其他组织。

机关法人不得为保证人，但是经国务院批准为使用外国政府或者国际经济组织贷款进行转贷的除外。以公益为目的的非营利法人、非法人组织不得为保证人。

3. 保证合同

保证合同的内容一般包括被保证的主债权的种类、数额，债务人履行债务的期限，保证的方式、范围和期间等条款。

保证合同可以是单独订立的书面合同，也可以是主债权债务合同中的保证条款。第三人单方以书面形式向债权人作出保证，债权人接收且未提出异议的，保证合同成立。

4. 保证方式

保证的方式有两种，一是一般保证，二是连带保证。保证方式没有约定或约定不明确的，按一般保证承担保证责任。

（1）一般保证。当事人在保证合同中约定，债务人不能履行债务时，由保证人承担保证责任的，为一般保证。

一般保证的保证人在主合同纠纷未经审判或者仲裁，并就债务人财产依法强制执行仍不能履行债务前，有权拒绝向债权人承担保证责任，但是有下列情形之一的除外：债务人下落不明，且无财产可供执行；人民法院已经受理债务人破产案件；债权人有证据证明债务人的财产不足以履行全部债务或者丧失履行债务能力；保证人书面表示放弃本款规定的权利。

（2）连带保证。当事人在保证合同中约定保证人和债务人对债务承担连带责任的，为连带责任保证。连带责任保证的债务人不履行到期债务或者发生当事人约定的情形时，债权人可以请求债务人履行债务，也可以请求保证人在其保证范围内承担保证责任。

5. 保证范围及保证期间

（1）保证范围。保证的范围包括主债权及其利息、违约金、损害赔偿金和实现债权的费用。当事人另有约定的，按照其约定。

（2）保证期间。保证期间是确定保证人承担保证责任的期间，不发生中止、中断和延长。

债权人与保证人可以约定保证期间，但是约定的保证期间早于主债务履行期限或者与主债务履行期限同时届满的，视为没有约定；没有约定或者约定不明确的，保证期间为主债务履行期限届满之日起六个月。债权人与债务人对主债务履行期限没有约定或者约定不明确的，保证期间自债权人请求债务人履行债务的宽限期届满之日起计算。

（二）抵押

1. 抵押的概念

抵押是指为担保债务的履行，债务人或者第三人不转移财产的占有，将该财产抵押给债权人的，债务人不履行到期债务或者发生当事人约定的实现抵押权的情形，债权人有权就该财产优先受偿。上述规定的债务人或者第三人为抵押人，债权人为抵押权人，提供担保的财产为抵押财产。

抵押具有以下法律特征：

（1）抵押权是一种他物权，抵押权是对他人所有物具有取得利益的权利，当债务人不履行债务时，债权人（抵押权人）有权依照法律以抵押物折价或者从变卖抵押物的价款中得到清偿。

（2）抵押权是一种从物权，抵押权将随着债权的发生而发生，随着债权的消灭而消灭。

（3）抵押权是一种对抵押物的优先受偿权，在以抵押物的折价受偿债务时，抵押权人的受偿权优先于其他债权人。

（4）抵押权具有追及力，当抵押人将抵押物擅自转让他人时，抵押权人可追及抵押物而行使权利。

2. 可以抵押的财产

根据《民法典》第三百九十五条的规定，债务人或者第三人有权处分的下列财产可以抵押：

（1）建筑物和其他土地附着物。

（2）建设用地使用权。

（3）海域使用权。

（4）生产设备、原材料、半成品、产品。

（5）正在建造的建筑物、船舶、航空器。

（6）交通运输工具。

（7）法律、行政法规未禁止抵押的其他财产。

抵押人可以将上述财产一并抵押。

3. 禁止抵押的财产

《民法典》第三百九十九条规定，下列财产不得抵押：

（1）土地所有权。

（2）宅基地、自留地、自留山等集体所有土地的使用权，但是法律规定可以抵押的除外。

（3）学校、幼儿园、医疗机构等为公益目的成立的非营利法人的教育设施、医疗卫生设施和其他公益设施。

（4）所有权、使用权不明或者有争议的财产。

（5）依法被查封、扣押、监管的财产。

（6）法律、行政法规规定不得抵押的其他财产。

4. 抵押合同

设立抵押权，当事人应当采用书面形式订立抵押合同。抵押合同一般包括下列条款：

（1）被担保债权的种类和数额。

（2）债务人履行债务的期限。

（3）抵押财产的名称、数量等情况。

（4）担保的范围。

（三）质押

1. 质押的概念

质押是指债务人或第三人将其动产或权利移交债权人手中占有，用以担保债权的履行，当债务人不能履行债务时，债权人依法有权就该动产或权利优先得到清偿的担保。质押包括动产质押和权利质押两种。

2. 动产质押

为担保债务的履行，债务人或者第三人将其动产出质给债权人占有的，债务人不履行到期债务或者发生当事人约定的实现质权的情形，债权人有权就该动产优先受偿。上述规定的债务人或者第三人为出质人，债权人为质权人，交付的动产为质押财产。设立质权，当事人应当采用书面形式订立质押合同。质押合同一般包括下列条款：

（1）被担保债权的种类和数额。

（2）债务人履行债务的期限。

（3）质押财产的名称、数量等情况。

（4）担保的范围。

（5）质押财产交付的时间、方式。

3. 权利质押

权利质押是指出质人将其法定的可以质押的权利凭证交付质权人，以担保质权人的债权得以实现的法律行为。

债务人或者第三人有权处分的下列权利可以出质：汇票、本票、支票；债券、存款单；仓单、提单；可以转让的基金份额、股权；可以转让的注册商标专用权、专利权、著作权等知识产权中的财产权；现有的以及将有的应收账款；法律、行政法规规定可以出质的其他财产权利。

（1）以汇票、本票、支票、债券、存款单、仓单、提单出质的，质权自权利凭证交付质权人时设立；没有权利凭证的，质权自办理出质登记时设立。法律另有规定的，依照其规定。

汇票、本票、支票、债券、存款单、仓单、提单的兑现日期或者提货日期先于主债权到期的，质权人可以兑现或者提货，并与出质人协议将兑现的价款或者提取的货物提前清偿债务或者提存。

（2）以基金份额、股权出质的，质权自办理出质登记时设立。

基金份额、股权出质后，不得转让，但是出质人与质权人协商同意的除外。出质人转让基金份额、股权所得的价款，应当向质权人提前清偿债务或者提存。

（3）以注册商标专用权、专利权、著作权等知识产权中的财产权出质的，质权自办理出质登记时设立。

知识产权中的财产权出质后，出质人不得转让或者许可他人使用，但是出质人与质权人协商同意的除外。出质人转让或者许可他人使用出质的知识产权中的财产权所得的价款，应当向质权人提前清偿债务或者提存。

（4）以应收账款出质的，质权自办理出质登记时设立。应收账款出质后，不得转让，但是出质人与质权人协商同意的除外。出质人转让应收账款所得的价款，应当向质权人提前清偿债务或者提存。

（四）留置

1. 留置的概念

留置是指债务人不履行到期债务，债权人可以留置已经合法占有的债务人的动产，并有权就该动产优先受偿。上述规定的债权人为留置权人，占有的动产为留置财产。留置具有如下法律特征：

（1）留置权是一种从权利。

（2）留置权属于他物权。

（3）留置权是一种法定担保方式，它依据法律规定而发生，而非以当事人之间的协议而成立。

2. 留置权的要件

债权人留置的动产，应当与债权属于同一法律关系，但是企业之间留置的除外。法律规定或者当事人约定不得留置的动产，不得留置。留置财产为可分物的，留置财产的价值应当相当于债务的金额。

留置权人负有妥善保管留置财产的义务；因保管不善致使留置财产毁损、灭失的，应当承担赔偿责任。

3. 留置权的实现

留置权人与债务人应当约定留置财产后的债务履行期限；没有约定或者约定不明确的，留置权人应当给债务人六十日以上履行债务的期限，但是鲜活易腐等不易保管的动产除外。债务人逾期未履行的，留置权人可以与债务人协议以留置财产折价，也可以就拍卖、变卖留置财产所得的价款优先受偿。留置财产折价或者变卖的，应当参照市场价格。

债务人可以请求留置权人在债务履行期限届满后行使留置权；留置权人不行使的，债务人可以请求人民法院拍卖、变卖留置财产。

留置财产折价或者拍卖、变卖后，其价款超过债权数额的部分归债务人所有，不足部分由债务人清偿。

同一动产上已经设立抵押权或者质权，该动产又被留置的，留置权人优先受偿。留置权人对留置财产丧失占有或者留置权人接受债务人另行提供担保的，留置权消灭。

（五）定金

1. 定金的概念

定金是指合同当事人一方为了证明合同成立及担保合同的履行，在合同中约定应给付对方一定数额的货币。合同履行后，定金或收回或抵作价款。给付定金的一方不履行合同，无权要求返还定金；收受定金的一方不履行合同的，应双倍返还定金。

2. 定金合同

定金应以书面形式约定。当事人在定金合同中应该约定交付定金的期限及数额。定金合同从实际交付定金之日起生效；定金数额最高不得超过主合同标的的20%。

## 三、投标保证担保

投标保证担保，或投标保证金，属于投标文件中可以规定的内容的重要组成部分。所谓投标保证金，是指投标人向招标人出具的，以一定金额表示的投标责任担保。也就是说，投标人保证其投标被接受后对其投标书中规定的责任不得撤销或者反悔。否则，招标人将对投标保证金予以没收。从国外通行的做法看，投标保证金的数额一般为投标价的2%左右。

投标保证金的形式有很多种，通常的做法有如下几种：

（1）交付现金。

（2）支票。这是由银行签章保证付款的支票。其过程一般是投标人开出支票，向付款银行申请保证付款，由银行在票面盖“保付”字样后，将支付票面所载金额，即保付金额从出票人，即投标人的存款账上划出，另行设立专户存储，以备随时支付。经银行保付的支票可以保证持票人一定能够收到款项。

（3）银行汇票。银行汇票是一种汇款凭证，由银行开出，交汇款人寄给异地收款人，异地收款人再凭银行汇票在当地银行兑汇款。

（4）不可撤销信用证。不可撤销信用证是付款人申请由银行出具的保证付款的凭证。由付款人银行向收款人银行发出函件，也由该行本身或者授权另一家银行，在符合规定的条件下，把一定款项付给函中指定的人。需要说明的是，该信用证开出后，在有效期限内不得随意撤销。

（5）银行保函。银行保函是由投标人申请银行开立的保证函，保证投标人在中标之前不撤销投标，中标后应当履行招标文件和中标人的投标文件规定的义务。如果投标人违反规定，开立保函银行将担保赔偿招标人的损失。

（6）由保险公司或者担保公司出具投标保证书。投标保证书是由担保人单独签署或者由投标人和担保人共同签署的承担支付一定金额的书面保证。

在这六种形式的投标保证金中，银行保函和投标保证书是最常用的。

## 四、履约担保

所谓履约担保，是指招标人在招标文件中规定的要求中标的投标人提交的保证履行合同义务的担保。

履行担保一般有三种形式：银行保函、履约担保书和保留金。

1. 银行履约保函

银行履约保函是由商业银行开具的担保证明，通常为合同金额的10%左右。银行保函分为有条件的银行保函和无条件的银行保函。

（1）有条件的保函

有条件的保函是指下述情形：在投标人没有实施合同或者未履行合同义务时，由招标人或工程师机构出具证明说明情况，并由担保人对已执行合同部分和未执行部分加以鉴定，确认后才能收兑银行保函，由招标人得到保函中的款项。建筑行业通常偏向于这种形式的保函。

（2）无条件的银行保函

无条件的保函是指下述情形招标人不需要出具任何证明和理由。只要看到承包人违约，就可对银行保函进行收兑。

2. 履约担保书

履约担保书的担保方式：当中标人在履行合同中违约时，开出担保书的担保公司或者保险公司用该项担保金去完成施工任务或者向招标人支付该项保证金。工程采购项目保证金提供担保形式的，其金额一般为合同价的30%～50%。

承包商违约时，由工程担保人代为完成工程建设的担保方式，有利于工程建设的顺利进行，因此是我国工程担保制度探索和实践的重点内容。

3. 保留金

保留金是指在业主（工程师）根据合同的约定，每次支付工程进度款时扣除一定数目的款项，作为承包商完成其修补缺陷义务的保证。保留金一般为每次工程进度款的10%，但总额一般应限制在合同总价款的5%（通常最高不得超过10%）。一般在工程移交时，业主（工程师）将保留金的一半支付给承包商；质量保修期（或“缺陷责任期满”）时，将剩下的一半支付给承包商。

需要说明的是，履约保证金额的大小取决于招标项目的类型与规模，但必须保证中标人违约时，招标人不受损失。在投标须知中，招标人要规定使用哪一种形式的履约担保。中标人应当按照招标文件中的规定提交履约担保。没有按照上述要求提交履约担保的招标人将把合同授予次低标者，并没收投标保证金。

## 五、预付款担保

工程建设合同签订以后，业主给承包人一定比例的预付款，一般为合同金额的

10%，但需由承包商的开户银行向业主出具预付款担保。其目的在于保证承包商能够按合同规定进行施工，偿还业主已支付的全部预付金额。如果承包商中途毁约，中止工程，使业主不能在规定期限内从应付工程款中扣除全部预付款，则业主作为保函的受益人有权凭预付款担保向银行索赔该保函的担保金额作为补偿。

预付款担保的担保金额通常与业主的预付款是等值的。预付款一般逐月从工程支付款中扣除，预付款担保的担保金额也相应逐月减少。承包商在施工期间，应当定期从业主处取得同意此保函减值的文件，并送交银行确认。承包商还清全部预付款后，业主应退还预付款担保，承包商将其退回银行注销，解除担保责任。

除银行保函以外，预付款担保也可以采用其他形式，但银行保函是最常见的形式。

## 第三节　工程建设风险防范制度案例

**案例 1**

原告：江苏省某建筑集团公司

被告：上海市某房地产开发公司

1. 基本案情

2011 年，上海某大厦建设工程即将开工。原、被告在签订承发包合同的同时签订了一份（履约）保证金协议，约定由原告向被告支付 500 万元作为履约保证金，期限一年；同时约定了补偿办法和违约责任等。协议签订后，经被告认可，原告实际支付了 450 万元。被告收取此笔保证金，即将其挪用于工程建设。一年期满后被告未按约如期履行返还义务。双方于 2014 年 8 月 15 日签订补充协议约定从 2014 年 10 月起，被告按月归还，每季度不少于 225 万元，在 2000 年 3 月前归还全部保证金。但到期被告仍未按约归还，原告催索无着，遂书面通知被告解除补充协议，并向法院提起诉讼，要求法院判令被告归还保证金及利息。

2. 案件审理

庭审过程中，原告代理律师认为，保证金协议尽管不够完善、不尽规范，但并无违法性，亦无危害性，当时的法律、法规并无禁止性的规定，因此，其合法性是毋庸置疑的。2000 年 1 月 1 日起生效、2017 年修订的《招标投标法》明确规定："招标文件要求中标人提交履约保证金的，中标人应当提交。"这从另一方面说明了本案关于保证金协议的超前设定，获得后续法律的肯定。本案的关键在于保证金的如何收取和有效监管。被告收取保证金并将其挪作他用，从而使原本应起履约保证作用的保证金变作投资款，这是导致被告无力归还引发纠纷的根本原因。

至于被告又以自己的行为表明不履行补充协议约定的还款义务，原告有权依照法律规定解除补充协议。双方仍应按原保证金协议享有权利和履行义务。

被告代理律师则认为，所谓保证金协议，实为无效协议。名为履约保证，实为拆借资金，原告的目的是为了保证中标而屈就于被告。补充协议是一个新的协议，被告仅拖延了一个月未还，原告即行使解除权并起诉未免操之过急。

本案经庭审、调解，双方达成共识，保证金应当全额返还，被告长期占用原告的资金，应当给予适当补偿。在此基础上，双方在法院主持下达成调解协议：开发商应归还施工方保证金450万元，并补偿施工方50万元，两项合计500万元，自调解生效时起，每月给付100万元，五个月内付清。

3. 案例评析

工程保证担保制度是规范建筑市场的一个重要的法律手段。在国际工程市场，已经建立了完善的担保制度，如投标担保、履约担保以及预付款担保等。工程合同履约保证金制度相当于国际承包工程中通行的履约保函，其设立的本意是为了确保建设工期和质量，并作为承包方履约的保证担保。

中标人为承包工程提供履约担保，国际惯例采用的方式是履约保函。履约担保实质上是第三人的信用保证。在我国，由于信用制度的不完善，承包人在提供履约担保时，常常无法提供银行保函，这样就不得不提供大笔现金作为担保，即所谓履约保证金。这笔资金到了发包人手中，常常被挪作他用，这样就很难起到履约担保的作用。同时，履约保证金往往又成为发包人为规避“垫资”嫌疑而采取的变相手段，这些都使得履约担保无法发挥其担保作用。因此，在实践中应当明确操作程序，交付“履约保证金”应当像出具履约保证一样，由中标人向第三人提交并由第三人向招标人作担保。

**案例 2**

原告：甲公司

被告：乙公司

1. 基本案情

2000年1月，原告甲公司向乙公司提供借款200万元。同年5月，双方达成还款协议，乙公司承诺于该年10月底之前还清借款，丙公司在还款协议中承诺对乙公司的借款承担连带保证责任。2000年10月初，丙公司召开股东大会，丁公司作为列席方参加会议并形成股东大会决议，决议内容为丙公司将股权的60%及其为乙公司借款提供的保证责任一并转让给丁公司，丁公司同意承担。之后，丙公司于2000年12月函告甲公司，通知其关于乙公司借款的保证责任已转移给丁公司。2001年1月，甲公司复函丙公司，告知同意将丙公司的保证责任转移给丁公司。

后来，甲要求乙公司及丁公司共同承担连带还款责任。丁公司不同意承担责任，理由是：第一，丁公司与甲公司之间不存在保证合同关系，丁公司在股东大会决议中的承诺只能对丙公司产生效力，对甲公司不发生效力；第二，丁公司与甲公司没有签订担保转让协议，也未签订书面保证协议，该保证责任并未发生实际转让；第三，甲公司与乙公司之间的借款合同无效，担保条款亦无效，故丙公司将担保责任转让给丁公司的行为是无效的。

2. 案件审理

法院经审理后认为：企业之间相互拆借属违法行为，因此甲公司与乙公司之间的借款协议无效，其中的担保条款亦无效。丙公司将保证责任转让给丁公司的行为是双方的真实意思表示，且甲公司同意丙、丁之间的保证责任转让行为，故该保证责任转让成立。担保人明知或应知企业之间相互拆借属违法行为而仍为债务人担保，应承担相应的民事责任。法院判决如下：一、甲公司与乙公司达成的借款协议无效；二、乙公司返还甲公司借款200万元，如乙公司不能返还借款，由担保人丁公司赔偿因此所致损失部分的三分之一。

3. 案例评析

处理本案的关键在于解决两个问题，一个是保证责任是否可以转让，一个是如何确定无效保证合同的民事责任。

《民法典》规定，债务人将债务的全部或者部分转移给第三人的，应当经债权人同意。债务人或者第三人可以催告债权人在合理期限内予以同意，债权人未作表示的，视为不同意。从以上规定可以看出，因合同关系确立的债务经债权人同意可以转让。

保证是为确保债权的实现而为法律设立的一项担保制度。保证属于人保，它与物保的不同之处在于，物保属于物权范围，而保证则属于债权范围。因此，保证是合同之债，它的基本属性是主合同的从合同。保证作为合同之债的性质决定了保证责任有可以转让的可能性。

保证合同虽依附于主债务，但它并不是主债务的一部分，而是一个独立的合同，在依附于主债务的范围内有相对的独立性。例如，保证人与债权人可以约定只为主债务的部分提供担保，也可以单独就保证债务约定违约金。对于这些，保证合同都可以单独约定而不依附于主合同。虽然法律没有明文规定保证责任是否可以转让，但是，按照上述法律规定，合同之债可以转让，而保证责任又属于合同之债，且保证合同具有相对独立性，因此，在债权人同意的前提下，保证责任是可以转让的。

本案中，丙公司在还款协议中承诺对乙公司的借款承担连带保证责任，丙公司的保证责任成立；丁公司在股东大会决议中承诺承担丙公司的保证责任，股东大会决议为有效法律文件，丁公司的承诺也是其真实意思表示；事后，债权人甲公司亦同意保证责任转移给丁公司。因此，保证责任由丙公司转移给丁公司的事实成立，丁公司所称与甲公司没有签订担保转让协议也没有签订书面保证合同，故其与甲公司之间不存在保证关系的辩解，没有法律依据，不能成立。

《民法典》第三百八十八条规定，担保合同是主债权债务合同的从合同。主债务合同无效，担保合同无效，但是法律另有规定的除外。担保合同被确认无效后，债务人、担保人、债权人有过错的，应当根据其过错各自承担相应的民事责任。企业互相拆借属违法行为，丁公司明知或应知借款合同无效还为乙公司承担保证责任，因此，丁公司同意承担乙公司的保证责任是一种有过错的行为。本案发生时《民法典》尚未颁布施行，故根据《最高法院关于适用〈担保法〉若干问题的解释》第八条，主合同无效而导致担保合同无效，担保人有过错的，担保人承担民事责任的部分，不应超过债务人不能清偿部分的三分之一。因此，当乙公司不能承担还款责任时，应由担保人丁公司赔偿其造成损失部分的三分之一。

# 第十章　劳动法律制度

## 第一节　劳动法概述

### 一、劳动法概念及调整对象

劳动法是调整一定范围的劳动关系和与其有密切联系的其他关系的法律规范总和。除了包括2007年6月29日主席令65号颁布，自2008年1月1日起施行，2012年修正的《中华人民共和国劳动合同法》，1994年7月5日主席令28号发布，自1995年1月1日起施行，2018年修正的《中华人民共和国劳动法》以及2008年9月18日国务院令535号发布，自公布日起施行的《中华人民共和国劳动合同法实施条例》中的法律规范之外，还包括其他各种规范性文件中有关调整一定范围的劳动关系和与其有密切联系的其他关系的法律规范。

劳动法的调整对象是一定范围的劳动关系和与其有密切联系的其他关系。劳动法调整的劳动关系是指劳动者与用人单位之间在实现劳动过程中发生的社会关系。劳动关系是基于劳动合同，在实现劳动过程中发生的既具有人身关系、经济关系，又具有平等性和从属性的社会关系。与劳动关系密切联系的其他社会关系表现为因管理劳动力、执行社会保险、组织工会和工作活动、处理劳动争议以及监督劳动法律法规的执行等而发生的社会关系。

### 二、劳动法的适用范围

《中华人民共和国劳动法》（简称《劳动法》）第二条规定："在中华人民共和国境内的企业、个体经济组织（以下统称用人单位）和与之形成劳动关系的劳动者，适用本法。国家机关、事业组织、社会团体和与之建立劳动合同关系的劳动者，依照本法执行。"但国家机关、事业单位、社会团体和劳动者之间不是建立劳动合同，而是通过其他形式形成劳动关系的，不适用劳动法调整。

### 三、劳动法的作用

建立劳动法的目的总的来说是"保护劳动者的合法权益，调整劳动关系，建立和维护适应社会主义市场经济的劳动制度，促进经济发展和社会进步"。我国《劳动法》

第一条明确指出了这一点。

劳动法的作用主要体现在如下几个方面：

（一）劳动法保障劳动者的合法权益

在社会主义制度下，劳动者是国家的主人，劳动者享有广泛的权利。如劳动者有劳动的权利、休息的权利、获得物质帮助的权利，有按照劳动的数量和质量取得劳动报酬的权利，享有劳动保护的权利，以及参加民主管理和组织工会的权利等。这些都是劳动者的切身利益，直接关系到劳动者的物质和文化生活水平的提高。我国宪法对于保护劳动者的劳动权益作了大量规定，劳动法建立起保护劳动者合法权益的完善的法律机制，使党和国家的劳动政策具体化。通过劳动法的贯彻，能够切实保证劳动者这些合法权益不受侵犯。

（二）调整劳动关系

劳动关系包括全民所有制劳动关系、集体所有制劳动关系、私营企业的劳动关系、外商投资企业劳动关系、个体经营组织劳动关系和联营单位的劳动关系等，而其中非社会主义性质的劳动关系又具有雇佣劳动的性质。劳动法调整用人单位和劳动者之间的权利义务关系，使用人单位和劳动者自行协调或利用一系列法律协调机制协调劳动关系，形成稳定、和谐的劳动关系。

（三）加强现代企业制度的建立，促进生产力的发展

社会主义市场经济要求现代企业有合格的劳动者并节约使用劳动力，增强市场竞争能力。企业劳动组织要最佳结合劳动力与生产资料。劳动法的规定保护了用人单位的劳动权利。例如，劳动法规定："劳动者应当完成劳动任务，提高职业技能，执行劳动安全卫生规程，遵守劳动纪律和职业道德。"此外，用人单位还有自主用人权、工资分配自主权和非过失性裁减职工等项权利。这些制度对于完善企业劳动组织，不断提高劳动生产率和经济效益有着重要作用，并积极地促进生产力的发展。

（四）促进社会安定团结

在各项生产和经济活动中，领导和群众之间、企业行政和职工之间，难免发生这样或那样的矛盾和隔阂。劳动者和用人单位之间一旦发生劳动权利和劳动义务争议，劳动法中有关处理劳动争议程序的规定，能够保障劳动争议获得正确、及时地解决，增强企业内部以及整个社会的安定团结，为社会主义现代化建设创造良好的环境。

### 四、劳动法的基本原则

劳动法的基本原则贯穿、体现在劳动法制度和法律规范之中的指导思想和基本准则。我国劳动法的基本原则如下：

（一）促进就业的原则

根据我国宪法的规定，国家促进就业被确立为劳动法的一项基本原则，劳动法必

须认真贯彻实施这一原则。《劳动法》进一步对宪法作了明确、具体的规定，“国家通过促进经济发展，创造就业条件，扩大就业机会”，“国家鼓励企业、事业组织、社会团体在法律、行政法规规定的范围内兴办产业或者拓展经营，增加就业。国家支持劳动者自愿组织起来就业和从事个体经营实现就业”，“地方各级人民政府应当采取措施，发展多种类型的职业介绍机构，提供就业服务”等。

（二）公民享有平等的就业机会权和选择职业的自主权的原则

劳动权是公民的一项最基本的权利，我国宪法明确规定“公民有劳动的权利”。劳动权分为就业权和择业权。劳动法基本原则之一就是体现公民享有平等的就业机会权和选择职业的自主权的原则。

在社会主义市场经济条件下，公民与用人单位是劳动市场中平等的两个主体，双方在相互选择，协商一致的基础上，订立劳动合同产生劳动关系。就公民来说具有平等的就业机会权，选择职业的自主权；劳动者有续订或不续订劳动合同权和再次选择职业的自主权。

（三）保护劳动者合法权益的原则

《劳动法》中明确规定：“劳动者享有平等就业和选择职业的权利、取得劳动报酬的权利、休息休假的权利、获得劳动安全卫生保护的权利、接受职业技能培训的权利、享受社会保险和福利的权利、提请劳动争议处理的权利以及法律规定的其他劳动权利。”《劳动法》从政治、经济、文化和人身的各方面内容保护劳动者权益，涉及劳动者从求职、就业、失业、转业，直到退休的全过程；涉及对劳动者的职业训练、劳动报酬、社会保险、劳动安全卫生保护等诸多环节。

## 第二节　劳　动　合　同

### 一、劳动合同的概念

劳动合同又称劳动契约，是指劳动者与用人单位之间为确立劳动关系，依法协商达成的双方权利和义务的书面协议。劳动法规定：建立劳动关系应当订立劳动合同，并应当遵循平等自愿、协商一致的原则，不得违反法律、行政法规的规定。

### 二、劳动合同的订立

（一）劳动合同订立的含义

劳动合同的订立，是指劳动者与用人单位之间为建立劳动关系，依法就双方的权利义务协商一致，设立劳动合同关系的法律行为。

（二）劳动合同订立的原则

1. 合法的原则

依法订立劳动合同，必须符合三项要求：

（1）当事人必须具备合法的资格。

（2）劳动合同内容合法。

（3）订立劳动合同的程序和形式，必须符合法律、法规的规定。

2. 平等自愿、协商一致的原则

平等，是指当事人双方的法律地位平等，双方当事人都以平等的身份订立劳动合同。自愿，是指订立劳动合同完全出于当事人自己的意志，任何一方不得将自己的意志强加给对方，也不允许第三者进行非法干预。协商一致，是指当事人双方在充分表达自己意思的基础上，经过平等协商，取得一致意见，签订劳动合同。

3. 遵守订立劳动合同程序的原则

订立劳动合同的程序，是指劳动者与用人单位订立劳动合同所应遵循的先后有序的行为规范。在目前国家没有制定专门的规范订立劳动合同的程序以前，应当按照合同法原理阐明的一般程序法则进行，即分为要约和承诺两个基本阶段。

（三）订立劳动合同的要求

订立劳动合同一般应符合下列要求：

1. 当事人具有合法的资格。根据劳动法的规定，劳动合同当事人一方是年满16周岁、初中毕业以上文化程度、身体健康、自愿将自己的劳动能力提供用人单位使用的劳动者，包括在我国境内、具备上述条件的中国公民、外国人和无国籍人；当事人另一方是依法批准成立或核准登记、具有用人权利能力、实行劳动合同制度的企业、个体经济组织、国家机关、事业组织、社会团体等用人单位。

2. 劳动合同内容合法。劳动合同的内容，是指劳动合同双方当事人协商达成的劳动权利义务的具体规定。它表现为合同条款，各项条款必须符合法律、行政法规的规定。《劳动法》第十九条规定：“劳动合同应当以书面形式订立，并具备以下条款：（一）劳动合同期限；（二）工作内容；（三）劳动保护和劳动条件；（四）劳动报酬；（五）劳动纪律；（六）劳动合同终止的条件；（七）违反劳动合同的责任。劳动合同除前款规定的必要条款外，当事人可以协商约定其他内容。”

3. 劳动合同形式合法。劳动合同形式，是指订立劳动合同的方式。劳动合同的形式分为书面和口头两种。当事人采用口头形式订立劳动合同，灵活，简便，但不便于履行和监督、检查，特别是发生劳动争议后，往往因口述无凭而难于处理。采用书面形式订立劳动合同，严肃、慎重、明确、肯定、有据，以便于履行和监督。

4. 订立劳动合同的程序合法。用人单位与劳动者签订劳动合同时，劳动合同可以由用人单位拟定，也可以由双方当事人共同拟定，但劳动合同必须经双方当事人协商一致后才能签订，职工被迫签订的劳动合同或未经协商一致签订的劳动合同为无效劳动合同。

（四）劳动合同的效力

1. 劳动合同的成立和生效

劳动合同成立是双方当事人意思表示一致，设立劳动合同关系。但是，劳动合同成立，并不意味着劳动合同一定生效。劳动合同生效，是指劳动合同具有法律效力的起始时间。劳动合同依法成立，即具有法律效力，对双方当事人都具有约束力。因此，依法订立的劳动合同，其生效时间始于合同签订之日。劳动合同订立后，需要签证或公证的，其生效时间始于签证或公证之日。

2. 劳动合同的无效

无效的劳动合同，是指当事人违反法律、行政法规的规定，订立的不具有法律效力的劳动合同。它虽然是当事人双方协商订立的，但因违反法律行政法规的规定，因此，国家不予承认，法律不予保护。无效的劳动合同，从订立的时候起，就没有法律约束力。

无效劳动合同确认权，是指确认劳动合同为无效的权力。无效劳动合同确认权，归国家规定的专门机构。《劳动法》第十八条第三款规定："劳动合同的无效，由劳动争议仲裁委员会或者人民法院确认。"劳动合同无效，不能由合同双方当事人决定。

劳动合同被确认为无效，合同规定的双方当事人的权利义务关系自然终止，终止履行合同，尚未履行的不得履行。

（五）劳动合同鉴证

劳动合同鉴证，是指劳动行政部门依法审查、证明劳动合同真实性、合法性的一项行政监督、服务措施。实行劳动合同鉴证制度，对于纠正无效和违法合同，加强劳动合同管理，保证合同严格履行，维护劳动合同当事人双方的合法权益，都有重要作用。劳动行政部门是劳动合同的鉴证机关。劳动合同鉴证的具体工作由合同签订地或履行地的劳动行政部门承办。

## 三、劳动合同的履行

（一）劳动合同履行的含义

劳动合同履行，是指双方当事人按照劳动合同规定的条件，履行自己所应承担义务的行为。《劳动法》第十七条第二款规定："劳动合同依法订立即具有法律约束力，当事人必须履行劳动合同规定的义务。"劳动合同的履行，并不是当事人一方所能完成的，必须由当事人双方共同完成。只有当事人双方各自履行自己所应承担的义务，才能保证劳动合同履行。

（二）履行劳动合同的原则

根据劳动法律关系的特点，履行劳动合同应当遵循以下几项原则：

1. 亲自履行的原则。亲自履行，是指劳动合同当事人自己履行劳动合同规定的义务的行为。劳动法律关系是劳动者与用人单位依法形成的权利义务关系。劳动者提供劳动力，用人单位使用劳动者提供的劳动力，劳动者与用人单位提供的生产资料相结合，这就决定了劳动合同双方当事人享有的权利必须亲自行使而不得转让，义务必须亲自履行而不得代行或转移。因此，劳动合同双方当事人必须亲自履行劳动合同规定的义务。

2. 权利义务相统一的原则。劳动合同双方当事人互为权利、义务主体，其权利义务是在劳动过程中实现。这就决定当事人权利、义务具有不可分割的统一性。不能只享受权利而不履行义务，也不能只尽义务而不享受权利。劳动合同当事人双方互有请求权，以保证劳动合同规定的双方权利义务得以实现。因此，当事人双方必须按照权利义务相统一的原则履行劳动合同。

3. 全面履行的原则。劳动合同规定的各项条款，是有其内在联系的、不能割裂的统一整体。当事人任何一方不得分割履行某些条款规定的义务或者不按合同约定履行。当事人双方必须按合同约定的时间、地点和方式，全面履行劳动合同规定的各项义务。只有当事人双方全面履行自己的义务，才能保证劳动合同得以全部履行。

4. 协作履行的原则。协作履行，是指当事人双方相互协作，共同完成劳动合同规定的任务。协作履行原则是根据劳动合同客体特征提出的。劳动法律关系客体是劳动行为，而劳动行为是在运用劳动能力、实现劳动过程中发生的行为，只有当事人双方协作才能完成劳动合同规定的任务。因此，协作履行是履行劳动合同的必然要求。

（三）劳动合同的履行行为

劳动合同履行行为，是指劳动合同当事人履行劳动合同的行为。按照合同履行程度，劳动合同履行行为分为完全履行、不完全履行、不履行、单方不履行四种情况。凡是当事人双方按照劳动合同规定的条件，各自完成自己所应承担的义务，就称为劳动合同完全履行。如果双方当事人任何一方只完成劳动合同规定的一部分义务，就称为劳动合同不完全履行或部分不履行。劳动合同的不履行，是指当事人双方都未按劳动合同规定履行自己所应承担义务的行为。如果当事人一方履行了劳动合同规定的自己所应承担的义务，而另一方没有履行劳动合同规定自己所应承担的义务，就称为劳动合同的单方不履行。当事人不履行或不完全履行劳动合同，属于违约行为，应当承担违约责任。但是，劳动者涉嫌违法犯罪被有关机关收容审查、拘留或逮捕的，用人单位在劳动者被限制人身自由期间，可与其暂时停止劳动合同的履行。暂时停止履行劳动合同期间，用人单位不承担劳动合同规定的相应义务。劳动者经证明被错误限制人身自由的，暂时停止履行劳动合同期间劳动者的损失，可由其依据《国家赔偿法》要求有关部门赔偿。

## 四、劳动合同的变更

（一）劳动合同变更的含义

劳动合同变更，是指当事人双方对依法成立、尚未履行的劳动条款所作的修改或增减。劳动合同的变更，只限于劳动合同条款内容的变更，不包括当事人的变更。

劳动合同的变更，是因发生一定的法律事实而对依法成立的劳动合同，在劳动法律、法规允许的范围内变更。

（二）劳动合同变更的条件

劳动合同依法订立后，当事人双方必须全面履行合同规定的义务，任何一方不得擅自变更劳动合同。但是，在履行合同过程中，由于主、客观情况发生变化，也可以变更劳动合同。

根据劳动法律、法规的有关规定和变更劳动合同的实践，允许变更劳动合同的条件是：

（1）订立劳动合同时所依据的法律、法规已经修改或者废止。

（2）用人单位转产或者调整生产任务、改变工作任务。

（3）用人单位严重亏损或者发生自然灾害，确实无法履行劳动合同规定的义务。

（4）当事人双方协商同意。

（5）法律允许的其他情况。

在劳动合同没有变更的情况下，用人单位不得安排职工从事合同规定以外的工作，但下列情况除外：

（1）发生事故或遇灾害，需要及时抢修或救灾。

（2）因工作需要而临时调动工作。

（3）发生短期停工。

（4）法律允许的其他情况。

（三）劳动合同变更的程序

变更劳动合同，应当遵循平等自愿、协商一致的原则，不得违反法律、行政法规的规定。

劳动合同变更的程序，一般分为以下三个步骤：

1. 及时提出变更合同的要求。当事人一方要求变更劳动合同时，应及时向对方提出变更合同的要求，说明变更合同的理由、内容、条件以及请求对方答复的期限等项内容。

2. 按期作出答复。当事人一方对另一方提出变更合同的要求，应在对方规定的期限内作出答复，可以表示同意，也可以提出不同意见，另行协商，还可以表示不同意。

3. 双方达成书面协议。当事人双方就变更劳动合同的内容经过协商，取得一致意见，应当达成变更劳动合同的书面协议，载明变更的具体内容、变更的生效日期，经双方签字盖章生效。当然，在某种情况下，当事人双方也可以口头达成变更劳动合同的协议，不过应尽可能以书面形式达成变更劳动合同的协议。

劳动合同部分内容变更后，其他内容可以维持原劳动合同的规定，也可以作相应的修改。

## 五、劳动合同的解除

（一）劳动合同解除的含义

劳动合同的解除，是指当事人双方提前终止劳动合同的法律效力，解除双方的权利义务关系。它是在劳动合同订立后，尚未全部履行以前，由于某种原因导致劳动合同一方或双方当事人提前消灭劳动关系的法律行为。

（二）劳动合同解除的分类

劳动合同解除分为法定解除和协商解除两种。法定解除，是指因发生法律、法规或劳动合同规定的情况，提前终止劳动合同后的法律效力。协商解除，是指当事人双方因某种原因，协商同意提前终止劳动合同的法律效力。

（三）劳动合同解除与劳动合同订立和变更的关系

劳动合同解除与劳动合同的订立或变更不同。订立或变更劳动合同是当事人双方的法律行为，必须经双方协商一致才能成立；劳动合同解除可以是双方的法律行为，也可以是单方的法律行为，既可以由当事人双方协商一致而解除劳动合同，也可以由当事人一方依法提出解除劳动合同。

## 六、劳动合同的终止

劳动合同终止，是指终止劳动合同的法律效力。劳动合同订立后，双方当事人不得随意终止劳动合同。只有法律规定或当事人约定的情况出现，当事人才能终止劳动合同。凡有下列情形之一的，劳动合同即行终止。

1. 劳动合同期限届满。定期劳动合同在其有效期限届满时，除依法续订合同和其他依法可延期的情况外，即行终止。

2. 约定终止条件出现。双方当事人约定的劳动合同终止条件出现，劳动合同即行终止。

3. 合同目的实现。以完成一定工作为期限的劳动合同，在约定的工作完成时，劳动合同即行终止。

4. 劳动者退休或者死亡。劳动者因达到退休年龄或完全丧失劳动能力而办理退休手续，劳动合同即告终止。劳动者死亡，劳动合同自行终止。

5. 用人单位消灭。用人单位依法被宣告破产、被兼并、解散、关闭或撤销，劳动合同随之终止。

## 七、违反劳动合同的责任

违反劳动合同的责任，是指当事人由于自己的过错造成劳动合同的不履行或不适当履行所应承担相应的经济的、行政的或刑事的责任。追究当事人违反劳动合同的责任，必须同时具备有因果关系的两项必要条件：一是当事人有不履行或不适当履行劳动合同的行为；二是当事人本身有过错。当事人不履行或不适当履行劳动合同，是由于自己的过错造成的。如果当事人有不履行或不适当履行劳动合同的行为，但不是由于自己的过错造成的，则不应追究当事人违反劳动合同的责任。追究当事人违反劳动合同的责任，应当根据其过错情节轻重、后果严重程度和责任大小以及态度好坏，确定当事人所应承担的相应责任。

（一）用人单位承担的责任

用人单位违反劳动法律、行政法规和劳动合同的规定，应当分别不同情况，承担相应的责任：

1. 由于用人单位的原因订立的无效劳动合同，给劳动者造成损害的，应当承担赔偿责任。

2. 用人单位违反《劳动法》规定的条件解除劳动合同或者故意拖延不订立劳动合同的，由劳动行政部门责令改正；给劳动者造成损害的，应当承担赔偿责任。

3. 用人单位克扣或者无故拖欠劳动者工资的，以及拒不支付劳动者延长工作时间工资报酬的，除在规定的时间内全额支付劳动者工资报酬外，还需加发相当于工资报酬25％的经济补偿金。

4. 用人单位支付劳动者的工资报酬低于当地最低工资标准的，要在补足低于标准部分的同时，另外支付相当于低于部分25％的经济补偿。

5. 危害劳动者身体健康，造成职业病、致伤致残的，应按国家规定的条件给予医疗并保证其享受其他保险待遇。

6. 用人单位招用未解除劳动合同的劳动者，给原用人单对造成经济损失的，该用人单位应当依法承担连带赔偿责任。

7. 对于滥用职权，侵犯劳动者合法权益的，或者打击陷害劳动者的，应当分别给予行政处分，追究刑事责任。

（二）劳动者承担的责任

1. 劳动者违反《劳动法》规定的条件解除劳动合同或者违反劳动合同中约定的保密事项，给用人单位造成经济损失的，应当依法承担赔偿责任。

2. 对于违反劳动纪律达到一定程度的，应当分别情况给行政处分或经济处罚。

3. 违法行为情节严重，触犯刑法的，由司法机关依法追究刑事责任。

# 第三节　劳　动　保　护

## 一、劳动保护的概念

劳动保护是国家为了劳动者在生产过程中的安全与健康而采取的各项保护措施，是保证职工肌体不受伤害，保持和提高劳动者持久的劳动能力的组织和技术措施的总称。我国劳动立法的劳动保护内容主要包括有关劳动保护的防护措施和有关劳动保护的行政性管理措施。

## 二、劳动保护的主要内容

（一）安全及劳动卫生规程

安全技术规程是国家为了防止和消除在生产过程中的伤亡事故，保障劳动者安全和减轻繁重的体力劳动而规定的各种法律规范。它不仅指技术措施，还包括组织措施。不同行业的生产单位，由于生产特点、劳动条件不同，需要解决的安全技术问题也不相同。国家制定的安全技术规程，只能对一些比较突出，带有普遍性的问题，作出基本要求。

劳动卫生规程指国家为了改善劳动条件，保护职工在生产过程中的健康，防止、消除职业病和职业中毒而规定的各种法律规范。它包括技术、组织和医疗预防措施的规定，我国《工厂安全卫生规程》就有关安全卫生方面的问题提出了一般要求，但由于工厂安全卫生方面的问题很多，以后又针对某些特殊的工业卫生问题，陆续制定了一些专门的法规。如《关于防止沥青中毒的办法》《关于防止厂矿企业中矽尘危害的决定》《工业企业厂界环境噪声排放标准》《工业企业采光设计标准》《工业企业设计卫生标准》《关于加强防尘防毒工作的决定》等。

安全及劳动卫生规程主要内容如下：

1. 用人单位必须建立、健全劳动安全卫生制度，严格执行国家劳动安全卫生规程和标准，对劳动者进行劳动安全卫生教育，防止劳动过程中的事故，减少职业危害。

2. 劳动安全卫生设施必须符合国家规定的标准。新建、改建、扩建工程的劳动安全卫生设施必须与主体工程同时设计、同时施工、同时投入生产和使用。

3. 用人单位必须为劳动者提供符合国家规定的劳动安全卫生条件和必要的劳动防护用品，对从事有职业危害作业的劳动者应当定期进行健康检查。

4. 从事特种作业的劳动者必须经过专门培训并取得特种作业资格。

5. 劳动者在劳动过程中必须严格遵守安全操作规程。劳动者对用人单位管理人员违章指挥、强令冒险作业，有权拒绝执行；对危害生命安全和身体健康的行为，有权提出批评、检举和控告。

6. 国家建立伤亡事故和职业病统计报告和处理制度。县级以上各级人民政府劳动行政部门、有关部门和用人单位应当依法对劳动者在劳动过程中发生的伤亡事故和劳动者的职业病状况，进行统计、报告和处理。

（二）女工和未成年工特殊保护

女工与未成年工的特殊保护在各国劳动法及劳动保护工作中是一个重要的组成部分。对女工与未成年工的劳动给予特殊保护的主要原因，是由女工和未成年工本身特点所决定的。妇女在生理上与男子有不同的特点和差别，妇女有月经、怀孕、生育、哺乳等生理特点。如果在劳动中对妇女的这些特点不研究、不保护，使其从事劳动强度过大或有毒害劳动，就会损伤女工的生理机能，不仅会影响女工本身的安全和健康，而且还会影响到下一代的正常发育。未成年工是我国劳动法律制度规定的年满 16 周岁、但未满 18 周岁的工人。由于他们正在长身体，发育尚未完全定型，因此，在劳动过程中也必须给予特殊保护。在我国对女工和未成年工实行特殊保护，是我国劳动立法的一项重要内容，充分体现了社会主义制度的优越性。

女工和未成年工特殊保护主要内容如下：

1. 根据妇女生理特点组织劳动就业，实行男女同工同酬。

2. 禁止安排女职工从事矿山井下、国家规定的第四级体力劳动强度的劳动和其他禁忌从事的劳动。

3. 不得安排女职工在经期从事高处、低温、冷水作业和国家规定的第三级体力劳动强度的劳动。

4. 不得安排女职工在怀孕期间从事国家规定的第三级体力劳动强度的劳动和孕期禁忌从事的劳动。对怀孕七个月以上的女职工，不得安排其延长工作时间和夜班劳动。

5. 女职工生育享受不少于 90 天的产假。

6. 不得安排女职工在哺乳未满一周岁的婴儿期间从事国家规定的第三级体力劳动强度的劳动和哺乳期禁忌从事的其他劳动，不得安排其延长工作时间和夜班劳动。

7. 不得安排未成年工从事矿山井下、有毒有害、国家规定的第四级体力劳动强度的劳动和其他禁忌从事的劳动。

8. 用人单位应当对未成年工定期进行健康检查。

## 第四节 劳 动 纪 律

### 一、劳动纪律的概念

劳动纪律是劳动者在共同劳动中所必须遵守的劳动规则，是企业组织集体劳动保证生产秩序和工作秩序正常进行的必要条件，是组织和发扬职工群众劳动积极性和生产主动性的最有力武器。

## 二、劳动纪律的作用

社会主义劳动纪律反映了社会主义文明生产和科学管理的要求，体现了国家、集体和劳动者个人的根本利益的一致性，对于建设社会主义物质文明和精神文明都有重要作用。

（一）稳定社会秩序，巩固国家政权

劳动纪律是维护正常的生产经营秩序和工作秩序的重要保证。同时也是关系到国家的长治久安，关系到社会主义现代化建设的进程以及最终实现的大问题。

（二）提高劳动生产率的必要条件

劳动纪律要求每个劳动者在生产和工作中能够自觉地服从组织的分配和调动，遵守劳动时间，充分利用工时，节约单位产品的劳动消耗，保证产品质量，提高产品的合格率，严格遵守和执行各项劳动法规，保证安全生产和文明生产，同时爱护保护机器设备，降低原材料和能源消耗和产品的成本。劳动者都能够自觉地遵守劳动纪律，就能保证上述要求的实现，就能够提高工作和生产效率。

（三）劳动纪律是加强企业科学管理、实现文明生产的重要保证

现代化大生产分工细密、专业化强、技术性高、连续生产、协作环节多、劳动风险大，需要加强科学管理，要求每个劳动者严格遵守劳动纪律。劳动纪律是现代化大生产客观规律的要求和反映。实行现代企业制度，加强企业科学管理，就是要按照客观规律办事，严格劳动纪律，使现代化大生产有组织、有计划地进行。同时，严格劳动纪律也是实现文明生产的重要保证。我国社会主义企业文明生产的重要标志是，具有现代文化、技术、修养的劳动者在良好的劳动环境中有组织、有秩序、安全地进行生产。社会主义劳动纪律体现了文明生产的精神和要求。严明的劳动纪律，有助于提高职工队伍素质，实现文明生产。

（四）正确指导职工进行生产，调动劳动积极性的有力武器

执行劳动纪律，能激发起职工群众劳动热情，促进生产的发展。工业企业要通过不断地整顿劳动纪律，教育广大职工加强遵纪守法观念，人人争做遵守劳动纪律的模范，把职工的积极性、主动性充分调动起来具有重要意义。

## 三、劳动纪律的奖惩制度

（一）奖励制度

奖励制度是对劳动者在劳动过程中的优秀职业行为给予精神褒奖和物质鼓励的一种劳动法律制度。劳动者有如下表现的，应当给予奖励：

1. 在完成生产任务或工作任务、提高产品质量节约国家资财和能源等方面，做出显著成绩的。

2. 在生产、科研、工艺设计、产品设计、改善劳动条件等方面，在发明、技术改进或者提出合理化建议，取得重大成果或者显著成绩的。

3. 在改进企业经营管理，提高经济效益方面做出显著成绩，对国家贡献较大的。

4. 保护公共财产，防止或者挽救事故有功，使国家和人民利益免受重大损失的。

5. 同坏人坏事作斗争，对维护正常的生产秩序和工作秩序，维护社会治安，有显著功绩的。

6. 维护财经纪律，抵制歪风邪气，事迹突出的。

7. 一贯忠于职守，积极负责，廉洁奉公，舍己为人，事迹突出的。

8. 其他应当给予奖励的。

（二）惩罚制度

惩罚制度是对劳动者在劳动过程中的违纪、违法行为实行惩戒的一种劳动法律制度。

1. 有如下情节违反劳动纪律的人，根据其所犯错误的情节轻重给予批评、教育或者处罚。

（1）根据《企业职工奖惩条例》的规定，有下列行为之一的职工应分别情况给予批评教育和处分：

① 违反劳动纪律，经常迟到、早退、旷工、消极怠工、没在完成生产任务或者工作任务的。

② 无正当理由不服从工作分配、调动和指挥，或者无理取闹，聚众闹事，打架斗殴，影响生产秩序、工作秩序和社会秩序的。

③ 玩忽职守，违反技术操作规程和安全规程，或者违章指挥，造成事故，使人民生命、财产遭受损失的。

④ 工作不负责任，经常产生废品，损坏设备工具，浪费原材料、能源，造成经济损失的。

⑤ 滥用职权，违反政策法令，违反财经纪律；偷税漏税，截留上缴利润，滥发奖金，挥霍国家资财，损公肥私，使国家和企业在经济上遭受损失的。

⑥ 有贪污盗窃、投机倒把、走私贩私、行贿受贿、敲诈勒索以及其他违法乱纪行为的。

⑦ 犯有其他严重错误的。

（2）惩罚方式。对违法、违纪行为的惩罚方式有三种：

① 行政处分，又称纪律处分或纪律制裁。它是指用人单位或有关国家机关按照行政隶属关系，对所属劳动者的违纪、违法行为所给予的纪律制裁。行政处分包括警告、

记过、记大过、降级、撤职、留用察看、开除。

② 经济处罚。它是对违反劳动纪律的劳动者给予的经济制裁。采用经济处罚手段，强制受处分者付出一定的现金或减少其经济收入，可以促使其从关心个人经济利益方面接受教训，改正错误，有利于加强劳动纪律。

③ 刑事制裁。劳动者违纪、违法行为情节严重，使人民生命和国家、用人单位财产遭受重大损失，构成犯罪，应负刑事责任，由司法机关依据我国刑法规定对其进行惩处。

## 第五节　劳动法律制度案例

1. 基本案情

谢某是一家外商投资建筑企业的职工。2010 年“五一”劳动节，因为一位当班的职工请婚假回家结婚，公司与谢某本人协商后安排他 5 月 1～3 日加班 3 天。过后，谢某发现单位发给他的加班工资是按照他本人日平均标准工资的 200％计算的，谢某记得国家规定的休息日加班工资是日标准工资的 200％，而法定节假日加班工资应该按照日工资标准的 300％支付。于是谢某找单位领导反映问题，单位领导对此解释说，《劳动法》的确规定，休息日安排劳动者工作又不能安排补休的，支付不低于工资的 200％的工资报酬；而法定休假日安排劳动者工作的，支付不低于工资的 300％的工资报酬。根据国家有关规定，劳动者在休息日休息是没有工资的，所以休息日加班工资应该在按月发放的正常工资之外另按日工资标准的 200％支付。但是，国家规定法定节假日期间，用人单位应该向劳动者支付工资，也就是说，单位按月发放的工资中已经包括了法定节假日的工资，所以，单位在支付法定节假日加班工资时，只需另外支付日工资标准的 200％，加上包含按月发放的正常工资中的法定节假日工资，就符合了《劳动法》规定的“支付不低于工资的 300％的工资报酬”。谢某不知道单位领导的解释是否正确，向有关机构咨询，希望了解应该如何支付法定节假日加班工资。

2. 案例评析

谢某所在单位的解释是错误的，单位应该另外按日标准工资 300％的标准向谢某支付法定节假日加班工资。

《劳动法》规定，法定休假日安排劳动者工作的，支付不低于工资的 300％的工资报酬。尽管如同谢某所在单位领导所说，劳动者在法定节假日休假期间，用人单位应该支付工资，也就是说，用人单位按月支付的正常工资中已经包括了法定节假日工资。但是，在计算法定节假日加班工资时，却不能将正常工资抵消加班工资。原劳动部发布的《对〈工资支付暂行规定〉有关问题的补充规定》（劳部发〔1995〕226 号）明确规定，凡是安排劳动者在法定工作日延长工作时间或者安排在休息日工作而又不能补休的，均应该支付给劳动者不低于劳动合同约定的劳动者本人小时或日工资标准150％、200％的工资；安排劳动者在法定节假日工作的，则应该另外向劳动者支付不低于劳动合同约定的小时或日工资标准300％的工资。所以，谢某所在单位应该按其日工资标准的300％向其支付加班工资。

# 第十一章　工程建设争议解决制度

## 第一节　主张权利的基本制度

### 一、工程建设保护权利的基本方式

（一）工程建设权利的存在形式

在工程建设活动中，其权利可以归结为以下三大类。

1. 基于工程建设活动本身而形成的权利

这些权利包括：工程建设主体的独立经营权，即依法独立享有的物资采购权、产品销售权、产品定价权、劳动用工权等；经营中的承包发包权，即依法将其所属部门或项目采取承包经营的权利；工程建设主体资产处分权，即依法在保证资产保值、增值的基础上处分其资产的权利；工程建设从业人员的基本权利，即劳动权、休息权、获取报酬权、履行职责不受干涉的权利等。

2. 基于市场而形成的权利

这些权利包括：在采购和销售过程中形成的合同权利；在生产经营过程中形成的工业产权；在市场竞争中形成的反不正当竞争权；在联营过程中形成的其他权利。

3. 国家管理过程中形成的权利

这些权利包括：拒绝摊派的权利；要求国家机关保护合法权利不受非法侵犯的权利；对国家公职人员违法犯罪行为控告的权利；对国家行政机关、司法机关的处分、处罚申诉、上诉的权利。

（二）工程建设保护权利的基本方法

针对以上权利的存在形式，工程建设保护自身权利的方式也是多种多样的。一般地，当依法经营时，其权利也能顺利地实现，但在许多时候，权利受到了侵犯，这就带来了如何保护自身合法权益的问题了。

当一个工程建设主体的自身权利受到侵犯时，保护权利的基本方式有：调解、协商、仲裁、诉讼等。

### 二、工程建设权利保护的非诉讼方式

（一）和解

和解是指建设工程争议当事人在自愿友好的基础上，互相沟通、互相谅解，从而解决争议的一种方式。

建设工程发生争议时，当事人为了维护自身的利益，应首先考虑通过和解方式解决争议。事实上，在工程建设过程中，绝大多数争议都可以通过和解解决。建设工程争议和解方式有以下特点：

1. 简便易行，能经济、及时地解决争议。

2. 争议的解决依靠当事人的妥协与让步，没有第三方的介入，有利于维护合同双方的友好合作关系，使合同能更好地得到履行。

3. 和解协议不具有强制执行的效力，和解协议的执行依靠当事人的自觉履行。

（二）调解

调解，是指建设工程当事人对法律规定或者合同约定的权利、义务发生争议，第三人依据一定的道德和法律规范，通过摆事实、讲道理，促使双方互相作出适当的让步，平息争端，自愿达成协议，以求解决建设工程争议的方法。这里讲的调解是狭义的调解，不包括诉讼和仲裁程序中在审判庭和仲裁庭主持下的调解。

建设工程争议调解方式有以下特点：

1. 有第三者介入作为调解人，调解人的身份没有限制，但以双方都信任者为佳。

2. 它能够较经济、较及时地解决争议。

3. 有利于消除合同当事人的对立情绪，维护双方的长期合作关系。

4. 调解协议不具有强制执行的效力，和解协议的执行依靠当事人的自觉履行。

（三）仲裁

仲裁，亦称“公断”，是当事人双方在争议发生前或争议发生后达成协议，自愿将争议交给第三者，由第三者在事实上作出判断，在权利义务上作出裁决的一种解决争议的方式。这种争议解决方式必须是自愿的，因此必须有仲裁协议。如果当事人之间有仲裁协议，争议发生后又无法通过和解和调解解决，则应及时将争议提交仲裁机构仲裁。

建设工程争议仲裁解决方式有以下特点：

1. 体现当事人的意思自治。这种意思自治不仅体现在仲裁的受理应当以仲裁协议为前提，还体现在仲裁的整个过程，许多内容都可以由当事人自主确定。

2. 专业性。由于各仲裁机构的仲裁员都是由各方面的专业人士组成，当事人完全可以选择熟悉争议领域的专业人士担任仲裁员。

3. 保密性。保密和不公开审理是仲裁制度的重要特点，除当事人、代理人，以及需要时的证人和鉴定人外，其他人员不得出席和旁听仲裁开庭审理，仲裁庭和当事人不得向外界透露案件的任何实体及程序问题。

4. 裁决的终局性。仲裁裁决作出后是终局的，对当事人具有约束力。

5. 执行的强制性。仲裁裁决具有强制执行的法律效力，当事人可以向人民法院申请强制执行。由于中国是《承认及执行外国仲裁裁决公约》的缔约国，中国的涉外仲裁裁决可以在世界上100多个公约成员国得到承认和执行。

## 三、工程建设权利保护的诉讼方式

（一）诉讼的概念

诉讼，是指建设工程当事人依法请求人民法院行使审判权，审理双方之间发生的争议，作出有国家强制保证实现其合法权益、从而解决争议的审判活动。合同双方当事人如果未约定仲裁协议，则只能以诉讼作为解决争议的最终方式。

（二）诉讼的特点

建设工程争议诉讼解决方式有以下特点：

1. 程序和实体判决严格依法。与其他解决争议的方式相比，诉讼的程序和实体判决都应当严格依法进行。

2. 当事人在诉讼中对抗的平等性。诉讼当事人在实体和程序上的地位平等。原告起诉，被告可以反诉；原告提出诉讼请求，被告可以反驳诉讼请求。

3. 二审终审制。建设工程争议当事人如果不服第一审人民法院判决，可以上诉至第二审人民法院。建设工程争议经过两级人民法院审理，即告终结。

4. 执行的强制性。诉讼判决具有强制执行的法律效力，当事人可以向人民法院申请强制执行。

## 四、与诉讼相关联的制度

（一）诉讼参加人制度

在民事诉讼、经济诉讼和行政诉讼中，诉讼参加人是指因形成权利义务关系争议，诉讼结果与其产生利害关系的参加人。它包括：

1. 原告和被告。也称当事人，是指民事或行政上的权利义务关系发生争议，以自己的名义进行诉讼，并受人民法院裁判拘束的利害关系人。其中，原告是指认为自己权利受到侵犯而向人民法院提出诉讼请求的当事人；被告是指受到原告指控侵犯其合法权益，而被人民法院通知应诉的当事人。当事人可以是公民、法人、组织和国家机关。在行政诉讼中，被告只能是国家行政机关或组织。

2. 共同诉讼人。是指当事人一方或双方为二人以上的诉讼。如原告方为二人以上的，称为共同原告；如被告方为二人以上的，称为共同被告。共同诉讼分为必要的共同诉讼和普通的共同诉讼两种。必要的共同诉讼是指当事人一方或双方为二人以上，有共同的诉讼标的或者因作出同一具体行政行为而产生的共同诉讼。普通的共同诉讼是指当事人一方或双方为二人以上，因诉讼标的属于同一种类或因同样具体行政行为而形成的诉讼。

3. 第三人。是指对他人之间的诉讼标的享有请求权或者案件处理结果与其有直接利害关系，因而参加到他人已开始的诉讼中，以维护自己的合法权益的人。

除此之外，共同诉讼的代表人、诉讼代理人也属于诉讼参加人。

（二）诉讼代理制度

在我国的诉讼制度中，诉讼代理制度是一个重要的制度，刑事诉讼中的自诉人，被害人，附带民事诉讼的原告人、被告人，以及民事诉讼和行政诉讼中的当事人、第三人都可以委托代理人参加诉讼，维护自身的合法权益。我们重点介绍两种特殊的代理。

1. 诉讼代表人

1）诉讼代表人的概念。诉讼代表人是指在群体诉讼中，代表众多的当事人进行诉讼的人。群体诉讼的主要特点是：一是一方或双方当事人人数众多，一般都在 10 人以上，因此不可能使每个成员都参加诉讼，而只能由其中的一人或数人作为代表参加诉讼；二是诉讼群体成员之间有着共同的诉讼利益，代表人能够代表其他人进行诉讼；三是法院判决不仅对代表人发生法律效力，而且对未参加诉讼的群体成员也发生效力。所以说，诉讼代表人是一种特殊的代理人，他一方面代表着整个诉讼群体实施诉讼行为，另一方面诉讼结果不仅影响被代表的其他人的利益。从实践看，群体诉讼多发生于职工与企业之间、企业与国家行政机关之间，房地产开发企业与动迁户之间的争议中。

2）诉讼代表人的种类

根据《中华人民共和国民事诉讼法》（以下简称《民事诉讼法》，的规定，群体诉讼代表人可分为人数确定的代表人和人数不确定的代表人。

（1）人数确定的代表人。是指在诉讼时，诉讼群体的人数已经明确，由该群体推选出的诉讼代表人。这类代表人的人数一般应为 2～5 人，每位代表人还可以委托代理人 1～2 人。人数确定的代表人可以由全部当事人共同推选，也可以由部分当事人自己推选自己的代表人。当代表人产生后，由其代表当事人全体，行使诉讼权利，履行诉讼义务，其所实施的诉讼行为视为全体当事人的诉讼行为，对所代表的全体当事人发生法律效力。但是，代表人变更、放弃诉讼请求，或者承认对方当事人的诉讼请求，进行和解等，必须经被代表的当事人同意。

（2）人数不确定的代表人。是指在起诉时，当事人群体的人数尚未确定时而选出的代表人。这类代表人的产生可以由已在人民法院登记的群体当事人中推选产生，也可以由人民法院与参加登记的群体当事人一起商定代表人。协商不成的，由人民法院在登记的当事人中指定代表人。人数不确定的代表人的其他权利义务与人数确定的代表人相同。

2. 律师代理诉讼制度

律师代理诉讼制度是指在民事、经济、刑事诉讼中，律师接受委托担任代理人或辩护人，在代理权限内代理诉讼，以维护委托人的合法权益，保证国家法律正确实施的诉讼制度。律师代理制度主要由《中华人民共和国律师法》等有关法律、法规组成。律师代理诉讼的范围主要是民事、经济和行政诉讼的一审、二审和再审程序，他们可以是法人（包括中国法人和外国法人）、自然人（包括中国公民、外国人和无国籍人）以及具有诉讼主体资格的其他组织。委托可以是当事人（诉讼中的原告和被告）、第三人、共同诉讼人、诉讼代表人、法定代理人、法定代表人或其他组织的负责人。

律师代理之所以是一种特殊的代理，就在于律师在诉讼活动中享有普通代理人没有的权利，即查阅案件、调查案情和搜集证据。但是，律师在作为行政诉讼被告人的代理人时，因行政诉讼的特殊性，律师的权利受到了法律的限制。一是没有起诉权和反诉权，因为行政诉讼的被告只能是行政机关，而且行政行为在起诉前已经执行。所以，作为行政机关的代理人，律师无权起诉和反诉原告。二是收集证据的权利受到限制，因为行政机关作出决定本身就必须依据事实和法律。如果行政决定缺乏证据或证据不足，进入行政诉讼后，行政机关和律师不得自行向原告和证人收集证据。三是没有和解权，在行政诉讼中，当事人对行政法律关系的权利和义务是基于法律、法规形成的，因而当事人无权自由处分，双方都不得随意放弃权利或相互免除义务。

在律师代理诉讼中，需要注意的是委托人的授权范围。根据授权内容的不同，律师代理权可以分为一般授权和特别授权。一般授权主要包括代理起诉、应诉，提供有关证据，发表综合性代理词，参加法院与当事人的谈话、调解的诉讼活动，进行一般性辩论等。特别授权是指必须由委托人明确表态，授权代理人可以对委托的实体权利作出决定的授权。特别授权包括承认、放弃或变更诉讼请求，进行和解，提起反诉或者上诉等。

此外，律师在代理过程中，经委托人同意，律师还可以将委托事项转委托给其他律师代理，或者根据案情需要经与委托人协商变更代理事项。

（三）合议制度

我国诉讼中审判组织主要采取独任制和合议制。

1. 独任制

独任制是指由审判员一人审理案件的制度。这只适用于第一审的刑事诉讼和民事诉讼的简易程序。对于行政诉讼、二审和发回重审程序以及依照审判监督程序提起的再审均不能适用独任制，而必须适用合议制度。

2. 合议制

合议制是指由数名审判员和陪审员集体审判的制度。基层人民法院和中级人民法院在审判第一审案件时由审判员 3 人或者由审判员和人民陪审员共 3 人组成合议庭进行。高级人民法院和最高人民法院审理第一审案件时由审判员 3～7 人或者由审判员和人民陪审员 3～7 人组成合议庭进行。人民法院在审理二审案件时只能由审判员 3～5 人组成合议庭。合议庭人数必须是单数。

合议庭的组成人员只能是经过合法程序任命的本法院审判员、助理审判员和人民陪审员。合议庭由人民法院院长或者庭长指定审判员一人担任审判长。院长或者庭长参加审判案件时，自己担任审判长。

合议庭在庭审结束后，应当对案件进行评议，并制作评议笔录。评议时合议庭每个成员都有平等的发言权，最终按多数人的意见作出决定。遇有疑难、复杂、重大的案件，合议庭认为难以作出决定的，可提交院长决定提交审判委员会讨论决定。

（四）回避制度

回避制度是指在诉讼过程中，同案件有某种利害关系的审判人员及其他人员不得参与本案审理等活动的诉讼制度。回避制度的核心目的就是为了保证案件的公正审理。

回避主要适用的对象是法庭的组成人员、鉴定人、翻译人、勘验人以及刑事诉讼中的检察人员和侦察人员。

回避的理由：一是本案的当事人或当事人、诉讼代理人的近亲属；二是与本案的处理结果有利害关系；三是与本案的当事人有其他关系，可能影响案件的公正审理。如与案件的当事人有特殊的亲密或仇隙；担任过本案的证人、鉴定人、辩护人或代理人；曾违反规定会见当事人及其代理人或者接受过当事人及其委托的人请客送礼的等。

回避的提出应当在法庭开始审理时。应当回避的人员自己主动提出回避要求的是自行回避；由当事人或其代理人对有关人员提出回避要求的为申请回避。回避申请提出后，应当由人民法院院长、人民检察院检察长或公安机关负责人决定应否回避。对该决定申请回避的可以在接到决定时申请复议一次。

被申请回避的人员在人民法院作出是否回避的决定前，应暂停参与本案的工作，但遇有紧急需要的除外。对于法院驳回回避申请，当事人要求复议的，复议期间，被申请回避的人员不得停止参与本案的工作。

（五）期间制度

1. 期间的概念

期间是指司法机关、诉讼当事人及其他参与人进行或完成某种诉讼行为的期限。法律规定期间的意义就在于有利于诉讼活动的顺利进行，保证当事人和其他诉讼参与人行使诉讼权利，维护法律的严肃性和权威性。

2. 期间的种类

（1）法定期间。是指由法律明确规定的期间，法定期间内实施的诉讼行为具有法律效力。司法机关不得依当事人的申请或依职权予以变更。如民事判决必须在送达后 15 日内可以提出上诉，15 日内不提出上诉的，判决方可生效。

（2）指定期间。是指司法机关根据审理案件的具体情况和需要，依职权决定当事人及其他诉讼参与人实施某种诉讼行为的期间。指定期间可以根据具体情况撤销原决定的期间而重新指定，也可以作适当的延长或缩短。

3. 期间的计算

期间以时、日、月、年计算。在计算期间时应注意：一是期间开始的时和日不计算在期间内，以日计算的各种期间均从次日起计算。二是期间届满的最后一日是节假日的，以节假日后的第一日为期间届满日期。三是期间不包括邮件在路途上的时间，诉讼文书在期满前交邮的，不算过期。四是当事人在法定期间内因正当事由未能完成诉讼行为时，可以在障碍消除后10日内向人民法院申请期间顺延，把当事人因障碍而耽误的期间补足。

（六）送达制度

1. 送达的概念

送达是指司法机关依照法定的方式和程序将诉讼文书送交给当事人和其他诉讼参与人的行为。

2. 送达的方式

《民事诉讼法》规定了六种送达方式：

（1）直接送达。是指人民法院直接将法律文书送交当事人的送达方式。这是最常见的送达方式。直接送达时，受送达人是公民的，由本人签收；本人不在的，交与其同住的成年家属签收。受送达人是法人或其他组织的，由法定代表人或组织负责人或负责收件的人签收。受送达人有诉讼代理人的，也可以由诉讼代理人签收；受送达人已向司法机关指定代收人的，应送交代收人签收。在送达回证上签收的日期为送达日期。

（2）留置送达。是指受送达人拒绝签收送达文书时，送达人依法将送达文书留在受送达人住所的送达方式。需要注意的是：一是留置送达时需要有关见证人签字盖章，并记载拒收事由和日期。如果见证人不愿签名盖章的，应当记明情况。二是留置送达不适用于民事、经济调解书。

（3）委托送达。是指司法机关送达法律文书有困难时而委托其他有关司法机关代为送达的方式。办理委托送达应当有委托单位出具的委托函。送达日期为受送达人在送达回证上的签字日期。

（4）邮寄送达。是指司法机关直接送达有困难的情况下，通过邮局将诉讼文书用挂号信邮寄给送达人的送达方式。邮寄送达以挂号信回执上的日期为送达日期。

（5）转交送达。是指司法机关将诉讼文书交受送达人所在机关、单位代收后转交受送达人的送达方式。这种方式只适用于三种情况：一是受送达人是军人的，通过其所在部队团以上单位的政治机关转交；二是受送达人是被监禁的，通过其所在的监所或劳改单位转交；三是受送达人是被劳动教养的，通过其劳动教养单位转交。

（6）公告送达。是指司法机关在受送达人下落不明或采取其他方式无法送达时，采取的一种以公告形式送达的方式。公告送达可以在法院的公告栏、受送达人原所在地张贴公告，也可以在报纸上刊登公告。公告在发出10日后即视为送达。

3. 送达产生的法律后果

送达后产生的法律后果，在程序上视为诉讼行为已经实施。如经传票传唤，当事人无正当理由拒不到庭的，是原告，按撤诉处理；是被告，则法院可以缺席判决。在实体上，则可以实现权利。如判决书送达后，当事人不上诉的，则应当执行判决。

（七）管辖制度

管辖是指司法机关在直接受理案件方面和在审判第一审案件方面的职权分工。在民事诉讼和行政诉讼中即指审判管辖。审判管辖中又包括级别管辖和地域管辖。

1. 级别管辖

级别管辖是指各级人民法院在审判第一审案件上的职责分工。详细规定见表10-1。

**各级人民法院审判第一审案件级别管辖　　表10-1**

| | 民事案件 | 行政案件 |
|---|---|---|
| 基层法院 | 普通的民事案件 | 普通的行政案件 |
| 中级人民法院 | 1. 重大涉外案件。<br>2. 在本辖区有重大影响的案件。<br>3. 最高人民法院确定由中级人民法院管辖的案件 | 1. 确认发明专利权案件，海关处理的案件。<br>2. 对国务院各部门或省级人民政府作出的具体行政行为提起诉讼的案件。<br>3. 本辖区内重大、复杂的案件 |
| 高级人民法院 | 本辖区有重大影响的案件 | 本辖区内重大、复杂的案件 |
| 最高人民法院 | 1. 在全国有重大影响的案件。<br>2. 认为应由本院审理的案件 | 全国范围内重大、复杂的案件 |

2. 地域管辖

地域管辖是指同级人民法院在审判第一审案件时的职责分工。

1）民事、经济案件的地域管辖

民事案件的地域管辖分为普通地域管辖和特殊地域管辖两类。

（1）普通地域管辖。普通的民事案件采取原告就被告的原则确定管辖，即由被告所在地法院管辖。所谓被告所在地是指公民的户籍所在地，经常居住地，法人的住所地、主要营业地或主要办事机构所在地、注册登记地等。

（2）特殊管辖。我国民事诉讼法及其相关法规规定了民事、经济诉讼的特殊管辖。

① 关于合同争议案件的管辖。a. 因合同争议提起的诉讼由被告住所地或者合同履行法院管辖。b. 因保险合同争议提起的诉讼，由被告住所地或者保险标的物所在地法院管辖。c. 因票据争议提起的诉讼，由票据支付地法院管辖。d. 因运输合同争议提起

的诉讼，由运输的始发地、目的地和被告人所在地法院管辖。

② 关于侵权案件的管辖。a. 因侵权行为提起的诉讼，由侵权行为地或被告住所地法院管辖。b. 因产品质量造成的损害赔偿诉讼，由产品制造地、销售地、侵权行为地和被告住所地法院管辖。c. 侵犯名誉权的案件，由侵权行为地和被告住所地法院管辖。d. 因运输事故发生的损害赔偿诉讼，由事故发生地、运输工具最先到达地或被告住所地法院管辖。

③ 关于专利侵权案件的管辖。a. 未经专利权许可而以生产经营为目的制造、使用、销售专利产品的，由该产品的制造地法院管辖；制造地不明的，由该专利产品的使用地或销售地法院管辖。b. 未经专利权人许可而以生产经营目的使用专利方法的，由该专利方法使用人所在地法院管辖。c. 未经专利权人授权而许可或委托他人实施专利的，由许可方或委托方法院管辖；如果被许可方或受委托方实施了专利，从而双方构成共同侵权的，由被许可方或受委托方所在地法院管辖。d. 专利共有人未经他人同意而许可他人实施专利或越权转让专利的，由许可方或转让方所在地法院管辖；如果被许可方实施了专利或受转让方受让了专利，从而构成共同侵权的，由被许可方或受让方所在地的法院管辖。e. 假冒他人专利，造成损害的，由假冒行为地或损害结果发生地法院管辖。

④ 协议管辖。是指合同双方当事人在争议发生前或发生后，采用书面的形式选择解决争议的管辖法院。在适用协议管辖时应注意：一是协议管辖只能确定一审法院，而且只能确定一个法院。二是协议管辖只能涉及合同争议和涉外财产争议，而且不能变更专属管辖。三是协议管辖仅限于选择原告或被告所在地、合同签订地、履行地、标的物所在地的法院，对于选择与合同没有关系法院的协议是无效的。四是管辖协议虽然可以在事前签订也可以在事后达成，但均必须采取书面形式达成协议。

2）行政案件的地域管辖

我国行政诉讼法规定，行政诉讼案件，由最初作出具体行政行为的行政机关所在地法院管辖；经复议的案件，复议机关改变原具体行政行为的，也可以由复议机关所在地法院管辖。对限制人身自由的行政强制措施不服提起的诉讼，由被告所在地或者原告所在地法院管辖。

3）专属管辖

（1）专属管辖的概念

专属管辖是指法律规定的某些案件必须由特定的法院管辖，其他法院无权管辖，当事人也不得协议变更专属管辖。

（2）专属管辖的情形

① 与铁路运输有关的合同争议和侵权争议，由铁路运输法院管辖。因水上运输合同争议和海事损害争议提起的诉讼，我国有管辖权的，由海事法院管辖。

② 法律规定的其他专属管辖还有：a. 因不动产争议提起的诉讼，由不动产争议所在地法院管辖；b. 因港口作业中发生争议提起的诉讼，由港口所在地法院管辖。

4）管辖中特殊情况的处理

（1）共同管辖

共同管辖是指两个以上法院都有管辖权的管辖。此时，由最先立案的法院管辖。

（2）指定管辖

指定管辖是指上级法院依照法律规定，指定其辖区内的下级法院对某一具体案件行使管辖权。这主要包括三种情况：

①有管辖权的法院因特殊原因不能行使管辖权的；②两个均有管辖权的法院发生争议而协商不成的；③接受移送的法院认为移送的案件依法不属于本院管辖的。

（3）移送管辖

① 案件的移送。是指人民法院受理案件后，发现本院对该案没有管辖权，而将案件移送给有管辖权的法院受理。

② 管辖区的转移。是指由上级人民法院决定或者同意，把案件的管辖权由下级法院转移给上级法院，或者由上级法院转移给下级法院审理。

（八）两审终审制度

两审终审制度是指人民法院的一审判决送达后，不能立即生效，而必须给被告人、当事人上诉的期限，在上诉期内，被告人、当事人不上诉，检察机关也未抗诉的，一审判决方可生效。一旦被告人、当事人上诉，或者检察机关抗诉，则一审判决不能生效，而必须由作出一审判决的上级人民法院进行二审。二审判决一经作出后立即生效。

需要注意的是：一是被告人、当事人对一审判决上诉理由不论是否正确，只要是在上诉期间内提出的，都必须进入二审程序。二是上诉期间有严格的规定，在刑事诉讼中，对法院判决不服的上诉期为送达后十日，对裁定不服上诉期为送达后五日，检察机关对刑事判决或裁定提出抗诉的为送达后的五日。在民事、经济和行政诉讼中，对法院判决不服的为送达后十五日，对法院裁定不服的为送达后十日。三是被告人、当事人的上诉状即可以交给一审法院，也可以交给有管辖权的二审法院。但在民事、经济诉讼中，上诉时必须缴纳上诉费。四是上诉时，应当提交上诉状。

二审法院对上诉或抗诉案件必须组成合议庭进行审理，对一审判决正确的，应裁定驳回上诉或抗诉，维持原判；对一审判决错误的，应当依法改判；对一审判决认定事实不清、证据不足的，应当裁定撤销原判决，发回重审，或者查清事实后直接改判。

此外，对已生效的判决，被告人或当事人仍可向作出判决的人民法院或其上级人民法院提出申诉，依法请求对案件重新审理，即进行再审。只是再审时必须提出足够的理由，而且不影响已生效判决的执行。

（九）公开审判制度

公开审判制度是指人民法院在审理各类案件时应当向当事人和社会公开。它包括，向当事人公开定案的证据，允许公民旁听审理情况，判决向社会公开。但是，涉及个人隐私的案件、涉及国家及有关组织秘密的案件和未成年人犯罪的刑事案件不能公开审理。对于不公开审理的案件也应当公开宣判。

（十）或裁或审制度

或裁或审制度是指在处理与合同相当的争议过程中所使用的一种特殊的制度。“审”即指人民法院的审判活动；“裁”即指仲裁机构的仲裁活动。所以，“或裁或审”的完整含义是指在处理合同争议时，当事人有权按照自己的意志选择审判方式或选择仲裁方式来解决问题。但是，不论选择哪一种方式，只能选择其一，不可全选。

仲裁方式具有快速、简捷，一裁终局，便于采用的特点。国际上对于合同争议一般都通过仲裁方式解决。我国《民事诉讼法》和《仲裁法》也将这一在实践中行之有效的制度规范下来。

在运用或裁或审制度中需要注意：

1. 使用仲裁方式必须具有一定的前提条件，即合同双方当事人具有仲裁协议，如果双方当事人没有仲裁协议，则不能使用仲裁方式。

2. 仲裁要求一裁终局，即裁决后发生法律效力，当事人之间没有上诉、申诉、复议的权利。

3. 裁决可以通过人民法院予以撤销。当仲裁协议无效或仲裁活动违反《仲裁法》的有关规定时，当事人可以向人民法院申请撤销裁决，并可直接向人民法院起诉。

## 第二节　工程建设主张权利适用的基本程序法

### 一、民事诉讼法

（一）民事诉讼法概念

1. 民事诉讼的概念

民事诉讼是指人民法院和一切诉讼参与人，在审理民事案件过程中所进行的各种诉讼活动，以及由此产生的各种诉讼关系的总和。诉讼参与人，包括原告、被告、第三人、证人、鉴定人、勘验人等。

2. 民事诉讼法的概念

民事诉讼法就是规定人民法院和一切诉讼参与人，在审理民事案件过程中所进行的各种诉讼活动，以及由此产生的各种诉讼关系的法律规范的总和。它的适用范围包括：

（1）地域效力。即在中国领域内，包括我国的领土、领水和领空，以及领土的延伸范围内进行民事诉讼活动，均应遵从本法。

（2）对人的效力。包括中国公民、法人和其他组织；居住在中国领域内的外国人、无国籍人，以及外国企业和组织；申请在我国进行民事诉讼的外国人、无国籍人以及外国企业和组织。

（3）时间效力。《民事诉讼法》于1991年4月9日生效、2017年修正，《中华人民共和国民事诉讼法（试行）》同时废止。《民事诉讼法》没有溯及力。

（二）民事诉讼法特有的原则

1. 当事人诉讼权利平等原则

我国《民事诉讼法》第八条规定："民事诉讼当事人有平等的诉讼权利。人民法院审理民事案件，应当保障和便利当事人行使诉讼权利，对当事人在适用法律上一律平等。"该法第五条又规定："外国人、无国籍人、外国企业和组织在人民法院起诉、应诉，同中华人民共和国公民、法人和其他组织有同等的诉讼权利、义务。"这就表明，该项原则，既适用于中国人，也适用外国人。当然，如果外国法院对中国公民的民事诉讼权利加以限制的，人民法院对该国公民实行对等原则，同样加以限制。

2. 调解原则

人民法院审理民事案件，对于能够调解的案件，应采用调解方式结案；调解应当自愿、合法；调解贯穿于审判过程的始终；对于调解不成的，不能只调不决，应当及时判决。

3. 辩论原则

辩论原则是指双方当事人可以采取书面或口头的形式，提出有利于自己的事实和理由，相互辩驳，以维护自己的民事实体权利的原则。该原则是民诉活动的一项重要民主原则，认真贯彻该原则，对保护当事人的诉讼权利，准确认定案情，都是十分重要的。

4. 处分原则

《民事诉讼法》第十三条规定："当事人有权在法律规定的范围内处分自己的民事权利和诉讼权利。"根据这一原则，当事人对自己享有的民事权利和诉讼权利，可以行使，也可放弃；诉讼当事人可以委托代理人，也可以不委托代理人；可以对法院的判决提出上诉，也可以不上诉。但当事人在处分这些权利时，不能违背法律的规定。这种有限制的处分权，对保护当事人处分的自由和防止某些人滥用处分权，损害国家、集体和他人的合法权益都很有必要。

5. 人民检察院对民事审判活动实行法律监督。

《民事诉讼法》第十四条规定："人民检察院有权对民事诉讼实行法律监督。"根据这一规定，人民检察院有权对民事审判活动进行监督。其监督的方式，为对法院已经生效的判决、裁定，如有认定事实的主要证据不足的，适用法律有错误的等情况，按审判监督程序提出抗诉。

6. 支持起诉的原则

《民事诉讼法》第十五条规定："机关、社会团体、企业事业单位对损害国家、集体或个人民事权益的行为，可以支持受损害的单位或个人向人民法院起诉。"根据这一规定，只要当事人的行为侵犯了国家、社会、团体、企事业单位都可以支持起诉，但个人无权支持起诉。这种支持起诉的规定可以调动社会力量，同违法行为作斗争，促进社会的精神文明建设。

（三）民事诉讼的受案范围

《民事诉讼法》第三条规定："人民法院受理公民之间、法人之间、其他组织之间以及他们相互之间因财产关系和人身关系提起的民事诉讼，适用本法的规定。"根据这一规定，人民法院对民事案件的主管范围只能是财产关系发生争议的案件和人身关系发生争议的案件，具体来说主要有三种：

1. 民法、婚姻法、继承法等民事实体法调整的财产关系和人身关系发生争议的案件。

2. 经济法调整的财产关系与发生争议的案件，广义上也属于民事案件，也适用《民事诉讼法》的程序。

3. 劳动法调整的劳动关系所产生的，并且依照劳动法的规定，由人民法院依照民事诉讼法规定的程序审理的案件。

（四）起诉与答辩

1. 起诉

1）起诉的概念

起诉是指原告向人民法院提起诉讼，请求司法保护的诉讼行为。

2）起诉的条件

（1）原告是与本案有直接利害关系的公民、法人和其他组织；

（2）有明确的被告；

（3）有具体的诉讼请求、事实和理由；

（4）属于人民法院受理民事诉讼的范围和受诉人民法院管辖。

3）起诉的方式

（1）书面形式。《民事诉讼法》第一百二十条一款规定，起诉应向人民法院递交起诉状。由此可见，我国《民事诉讼法》规定的起诉形式是以书面为原则的。

（2）口头形式。虽然起诉以书面为原则，但当事人书写起诉状有困难的，也可口头起诉，由人民法院记入笔录，并告知对方当事人。可见，我国起诉的形式是以书面起诉为主，口头形式为例外。

4）起诉书的内容

根据《民事诉讼法》第一百二十一条规定，起诉状应当记明下列事项：

（1）原告的姓名、性别、年龄、民族、职业、工作单位、住所、联系方式，法人或者其他组织的名称、住所和法定代表人或者主要负责人的姓名、职务、联系方式。

（2）被告的姓名、性别、工作单位、住所等信息，法人或者其他组织的名称、住所等信息。

（3）诉讼请求和所根据的事实与理由。

（4）证据和证据来源，证人姓名和住所。

2. 答辩

人民法院对原告的起诉情况进行审查后，认为符合条件的，即立案，并于立案之日起 5 日内将起诉状副本发送到被告，被告在收到之日起 15 日内提出答辩状。被告不提出答辩状的，不影响人民法院的审理。

1）答辩的概念

答辩是针对原告的起诉状而对其予以承认、辩驳、拒绝的诉讼行为。

2）答辩的形式

（1）书面形式。即以书面形式向法院提交的答辩状。

（2）口头形式。答辩人在开庭前未以书面形式提交答辩状，开庭时以口头方式进行的答辩。

3）答辩状的内容

针对原告、上诉人诉状中的主张和理由进行辩解，并阐明自己对案件的主张和理由。即揭示对方当事人法律行为的错误之处，对方诉状中陈述的事实和依据中的不实之处；提出相反的事实和证据说明自己法律行为的合法性；列举有关法律规定，论证自己主张的正确性，以便请求人民法院予以司法保护。

（五）财产保全与先予执行

1. 财产保全

财产保全，是指人民法院在案件受理前或诉讼过程中对当事人的财产或争议的标的物所采取的一种强制措施。财产保全有如下几种。

1）诉前财产保全

是指在起诉前人民法院根据利害关系人的申请，对被申请人的有关财产采取的强制措施。采取诉前保全，须符合下列条件：

（1）必须是紧急情况，不立即采取财产保全将会使申请人的合法权益受到难以弥补的损害。

（2）必须由利害关系人向财产所在地的人民法院提出申请，法院可依职权主动采取财产保全措施。

（3）申请人必须提供担保，否则，法院驳回申请。

2）诉讼财产保全

是指人民法院在诉讼过程中，为保证将来生效判决的顺利执行，对当事人的财产或争议的标的物采取的强制措施。采取诉讼财产保全应符合下列条件：

（1）案件须具有给付内容的。

（2）必须是由当事人一方的行为（如出卖、转移、隐匿标的物的行为）或其他行为，使判决不能执行或难以执行。

在诉讼过程中提出申请。必要时，法院也可依职权作出。

申请人提供担保。

财产保全的对象及范围，仅限于请求的范围或与本案有关的财物，而不能对当事人的人身采取措施。限于请求的范围，是指保全财产的价值与诉讼请求的数额基本相同。与本案有关的财物，是指本案的标的物或与本案标的物有关联的其他财物。

财产保全的措施有查封、扣押、冻结或法律规定的其他方法。法院规定的其他方法，按最高人民法院的有关司法解释，应当包括：对债务人到期应得的收益，可以采取财产保全措施，限制其支取，通知有关单位协助执行。债务人的财产不能满足保全请求，但对第三人有到期债权的，人民法院可以依债权人的申请裁定该第三人不得对本债务人清偿；该第三人要求偿付的，由法院提存财物或价款。

财产保全无论是诉讼前的还是诉讼财产保全，都应作出书面裁定。财产保全裁定，具有如下效力：

（1）时间效力。裁定送达当事人立即发生效力，当事人必须按照裁定的内容执行。当事人对裁定内容不服的，可以申请复议一次，但复议期间，不停止财产保全裁定的执行。作出生效判决前，执行完毕就失去效力。诉前财产保全裁定，利害关系人在法定时间（15 日内）不起诉，人民法院决定撤销保全时，财产保全裁定即失去效力。

（2）对当事人和利害关系人的拘束力。当事人和利害关系人在接到人民法院的财产保全裁定后，就必须依照裁定的内容执行，并根据民事诉讼法决定，提供担保。利害关系人申请人在法定期间内提起诉讼。

（3）对有关单位和个人的拘束力。财产保全裁定虽不是终审裁定，但法律效力与终审裁定一样，对有关单位和个人都有同等的效力。有关单位或个人在接到财产保全裁定的协助执行通知书后，必须及时按裁定中指定的保全措施协助执行。

（4）对人民法院的效力。人民法院作出财产保全裁定后即开始执行。诉前财产保全裁定执行后，申请人在法定期间不起诉的，人民法院应当撤销保全，将财产恢复到保全前的状态，保存变卖价款的，交还被申请人；被申请人或被执行人提供担保的，撤销对物品的查封、扣押等措施，解冻银行存款。

2. 先予执行

先予执行是指人民法院对某些民事案件作出判决前，为了解决权利人的生活或生产经营急需，裁定义务人履行一定义务的诉讼措施。

1）先予执行的条件

(1) 当事人之间权利义务关系明确，不先予执行将严重影响申请人的生活或生产经营。

(2) 申请人有履行能力。

(3) 人民法院应当在受理案件后终审判决作出前采取。

2）适用先予执行的范围。

根据《民事诉讼法》的规定，对下列三类案件可以书面裁定先予执行：

(1) 追索赡养费、抚养费、抚育费、抚恤金、医疗费用的案件。

(2) 追索劳动报酬的案件。

(3) 因情况紧急需要先予执行的案件。

3）先予执行的程序

(1) 申请。先予执行根据当事人的申请而开始，人民法院不能主动采取先予执行措施。

(2) 责令提供担保。人民法院应据案件具体情况来决定是否要求申请人提供担保。如果认为有必要让申请人提供担保，可以责令其提供；不提供的，驳回申请。

(3) 裁定。人民法院对当事人先予执行的申请，经审查认为符合法定条件的，应当及时作出先予执行的裁定。裁定一经送达当事人，即发生法律效力，当事人不服的，可申请复议。

(4) 错误的补救。人民法院裁定先予执行后，经过审理，判决申请人败诉的，申请人应返还因先予执行所取得的利益。拒不返还的，由法院强制执行，被申请人因先予执行遭受损失的，还应赔偿被申请人的损失。

（六）强制措施

1. 强制措施的概念

强制措施是对妨碍民事诉讼的强制措施的简称，它是指人民法院在民事诉讼中，对有妨害民事诉讼行为的人采用的一种强制措施。

2. 妨害民事诉讼的行为

1）必须到庭的被告，经过两次传票传唤，无正当理由拒不到庭的。

2）诉讼参与人或其他人在诉讼中有下列行为：

(1) 伪造、隐藏、毁灭证据。

(2) 以暴力，威胁，贿买方法阻止证人作证或指使、贿买、胁迫他人作伪证。

(3) 隐藏、转移、变卖、毁损已被查封、扣押的财产或已被清点并责令其保管的财产，转移已被冻结的财产的。

(4) 拒不履行人民法院已经发生法律效力的判决裁定的。

（5）对司法人员、诉讼参与人、证人、翻译人员、鉴定人、勘验人、协助执行的人进行侮辱、诽谤诬陷、殴打或打击报复的。

（6）以暴力威胁或其他方法阻碍司法工作人员执行职务的。

3）有义务协助执行的单位和个人有下列之一的，人民法院可以处罚、拘留：

（1）银行、信用合作社和其他有储蓄业务的单位接到人民法院协助执行通知书后，拒不协助查询、冻结或划拨存款的。

（2）有关单位接到人民法院协助执行通知书后，拒不协助扣留被执行人的收入，办理有关证照转移手续、转交有关的票证、证照或其他财产。

（3）当事人以外的人不按照人民法院通知交出有关物资或票证的。

（4）其他拒绝协助执行的。

3. 强制措施的种类

1）拘留

拘留是对法律规定必须到庭听审的被告人，所采取的一种特别的传讯方法，其目的在于强制被告人到庭参加诉讼。

2）训诫

训诫是指人民法院对妨碍民事诉讼行为较为轻微的人，以国家名义对其进行公开的谴责。这种强制方式主要以批评、警告为形式，指出当事人违法的事实和错误，教育其不得再作出妨碍民事诉讼的行为。

3）责令退出法庭

责令退出法庭是指人民法院对违反法庭规则，妨碍民事诉讼但情节较轻的人，责令他们退出法庭，反思自己的错误。

4）罚款

罚款是指人民法院对于妨害民事诉讼的人，在一定条件下，强令其按照法律规定，限期缴纳一定数额的罚款。罚款的数额因个人和法人、非法人单位不同而不同。对个人的罚款金额为人民币 1000 元以下，对法人、非法人单位的罚款金额为人民币 1000 元以上 30000 元以下。

5）拘留

拘留是人民法院为了制止严重妨碍和扰乱民事诉讼程序的人继续进行违法活动，在紧急情况下。限制其人身自由的一种强制性手段。期限为 15 天以下。拘留和罚款可并用。

（七）民事诉讼的主要程序

1. 普通程序

1）普通程序的概念

基本的程序，是整个民事审判程序的基础。

普通程序是指人民法院审理第一审民事案件通常适用的程序。普通程序是第一审程序中适用最广最普遍的程序。

2）起诉与受理（见本章有关内容）

3）审理前的准备

（1）向当事人发送起诉状、答辩状副本。人民法院应于立案后5日内将起诉状副本发送被告，被告在收到起诉状副本之日起15日内提出答辩，人民法院应于收到答辩状之日起5日内将答辩状副本发送原告。

（2）告知当事人的诉讼权利和义务。当事人享有的诉讼权利有：委托诉讼代理人，申请回避，收集提出证据，进行辩论，请求调解，提起上诉，申请执行。当事人可以查阅本案的有关资料，并可以复制本案的有关资料和法律文书。双方当事人可以自行和解。原告可以放弃或变更诉讼请求，被告人可以承认或反驳诉讼请求，有权提起反诉等。当事人应承担的诉讼义务有：当事人必须依法行使诉讼权利，遵守诉讼程序，履行发生法律效力的判决裁定和调解协议。

（3）审阅诉讼材料，调查收集证据。人民法院受案后，应由承办人员认真审阅诉讼材料，进一步了解案情。同时受诉人民法院既可以派人直接调查收集证据，也可以委托外地人民法院调查，两者具有同等的效力。当然，进行调查研究，收集证据工作，应以直接调查为原则，委托调查为补充。

（4）更换和追加当事人。人民法院受案后，如发现起诉人或应诉人不合格，应将不合格的当事人更换成合格的当事人。在审理前的准备阶段，人民法院如发现必须共同进行诉讼的当事人没有参加诉讼，应通知其参加诉讼。当事人也可以向人民法院申请追加。

4）开庭审理

开庭审理是指人民法院在当事人和其他诉讼参与人参加下，对案件进行实体审理的诉讼活动过程。主要有以下几个步骤：

（1）准备开庭。即由书记员查明当事人和其他诉讼参与人是否到庭，宣布法庭纪律，由审判长核对当事人，宣布开庭并公布法庭组成人员。

（2）法庭调查阶段。其顺序为：①当事人陈述；②证人出庭作证；③出示书证、物证和视听资料；④宣读鉴定结论；⑤宣读勘验笔录。在法庭调查阶段，当事人可以在法庭上提出新的证据，也可以要求法庭重新调查证据。如审判员认为案情已经查清，即可终结法庭调查，转入法庭辩论阶段。

（3）法庭辩论。其顺序为：①原告及其诉讼代理人发言；②被告及其诉讼代理人答辩；③第三人及其诉讼代理人发言或答辩；④相互辩论。法庭辩论终结后，由审判长按原告、被告、第三人的先后顺序征得各方面最后意见。

（4）法庭调解。法庭辩论终结后，应依法作出判决。但判决前能够调解的，还可进行调解。

（5）合议庭评议。法庭辩论结束后，调解又没达成协议的，合议庭成员退庭进行评议。评议是秘密进行的。

（6）宣判。合议庭评议完毕后应制作判决书，宣告判决公开进行。宣告判决时，须告知当事人上诉的权利、上诉期限和上诉法庭。

人民法院适用普通程序审理的案件，应在立案之日起 6 个月内审结，有特殊情况需延长的，由本院院长批准，可延长 6 个月；还需要延长的，报请上级人民法院批准。

2. 第二审程序

1）第二审程序的概念

第二审程序又叫终审程序，是指民事诉讼当事人不服地方各级人民法院未生效的第一审裁判，在法定期限内向上级人民法院提起上诉，上一级人民法院对案件进行审理所适用的程序。

2）上诉的提起和受理

（1）上诉的条件。①主体。即是第一审程序中的原告、被告、共同诉讼人、诉讼代表人、有无独立请求的第三人。②客体。即上诉的对象，即为依法上诉的判决和裁定。③上诉期限。即须在法定的上诉期限内提起。对判决不服，提起上诉的时间为 15 天；对裁定不服，提起上诉的期限为 10 天。④要递交上诉状上诉应提交上诉状，当事人口头表示上诉的，也应在上诉期补交上诉状。上诉状的内容包括：当事人的姓名；法人的名称及其法定代表人的姓名，或其他组织的名称及其他主要负责人的姓名；原审人民法院名称、案件的编号和案由；上诉的请求和理由。

（2）上诉的受理。上级人民法院接到上诉状后，认为符合法定条件的，应当立案审理。人民法院受理上诉案件的程序：①当事人向原审人民法院提起上诉的，上诉状由原审人民法院审查。原审人民法院收到上诉状，在 5 日内将上诉状副本送达对方当事人，对方当事人应在收到之日起 15 日内提出答辩状。人民法院应在收到答辩状之日起 5 日内，将副本送达上诉人。对方当事人不提出答辩状的，不影响人民法院审理。原审人民法院收到上诉状、答辩状，应在 5 日内连同全部卷宗和证据，报送第二审人民法院。②当事人直接向第二审人民法院上诉的，第二审人民法院应在 5 日内将上诉状移交原审人民法院。原审人民法院接到上级人民法院移交当事人的上诉状，应认真审查上诉，积极做好准备工作，尽快按上诉程序报送上级人民法院审理。③上诉的撤回。上诉人在第二审人民法院受理上诉后，到第二审作出终审判决以前，认为上诉理由不充分，或接受了第一审人民法院的裁判，而向第二审人民法院申请，要求撤回上诉，这种行为，称为上诉的撤回。可见，上诉撤回的时间，须在第二审人民法院宣判以前。如在宣判以后，终审裁判发生法律效力，上诉人的撤回权利消失，不再允许撤回上诉。

3）对上诉案件的裁判

（1）维持原判。即原判认定事实清楚，适用法律正确的，判决驳回上诉，维持原判。

（2）改判。如原判决适用法律错误的，依法改判；或原判决认定事实错误或原判决认定事实不清，证据不足，裁定撤销原判，发回原审人民法院重审，或查清事实后改判。

（3）发回重审。即原判决违反法定程序，可能影响案件正确判决的，裁定撤销原判决，发回原审人民法院重审。

3. 审判监督程序

1）审判监督程序的概念

审判监督程序即再审程序，是指由有审判监督权的法定机关和人员提起，或由当事人申请，由人民法院对发生法律效力的判决、裁定、调解书再次审理的程序。

2）审判监督程序的提起

（1）人民法院提起再审的程序。人民法院提起再审，须为判决、裁定已经发生法律效力，必须是判决裁定确有错误。其程序如下：①各级人民法院院长对本院作出的已生效的判决、裁定确有错误，认为需要再审的，应当裁定中止原判决、裁定的执行；②最高人民法院对地方各级人民法院已生效的判决、裁定，上级人民法院对下级人民法院已生效的判决、裁定，发现确有错误的，有权提审或指令下级人民法院再审。再审的裁定中同时写明中止原判决、裁定的执行。

（2）当事人申请再审。当事人申请不一定导致审判监督程序，只有在同时符合下列条件的前提下，才由人民法院依法决定再审：①只有当事人才有提出申请的权利，如果当事人为无诉讼行为能力的人，可由其法定代理人代为申请；②只能向作出生效判决、裁定、调解书的人民法院或它的上一级人民法院申请；③当事人的申请，应在判决、裁定、调解书发生法律效力之日起两年内提出；④有新的证据，足以推翻原判决、裁定的；或原判决、裁定认定事实的主要证据不足的；或原判决、裁定适用法律确有错误的；或人民法院违反法定程序，可能影响案件正确判决、裁定的；或审判人员在审理该案件时有贪污受贿、徇私舞弊，枉法裁判行为的。当事人的申请应以书面形式提出，指明判决、裁定、调解书中的错误，并提供申请理由和证据事实。人民法院经对当事人的申请审查后，认为不符合申请条件的，驳回申请；确认符合申请条件的，由院长提交审判委员会决定是否再审；确认需要补正或补充判决的，由原审人民法院依法进行补正判决或补充判决。

（3）人民检察院抗诉。是指人民检察院对人民法院发生法律效力的判决、裁定，发现有提起抗诉的法定情形，提请人民法院对案件重新审理。最高人民检察院对各级人民法院已经发生法律效力的判决、裁定，发现有下列情形之一的，应当按照审判监督程序提出抗诉：①原判决裁定认定事实的主要证据不足的；②原判决、裁定适用法律确有错误的；③人民法院违反法定程序，可能影响案件正确判决、裁定的；④审判人员在审理该案件时有贪污受贿、徇私舞弊、枉法裁判行为的。

4. 执行程序

1）执行程序的概念

执行程序，是指保证具有执行效力的法律文书得以实施的程序。

2）执行根据

执行根据是当事人申请执行，人民法院移交执行以及人民法院采取强制措施的依据。执行根据是执行程序发生的基础，没有执行根据，当事人不能向人民法院申请执行，人民法院也不得采取强制措施，执行根据主要有：

（1）人民法院作出的民事判决书和调解书。

（2）人民法院作出的先予执行的裁定、执行回转的裁定以及承认并协助执行外国判决、裁定或裁决的裁定。

（3）人民法院作出的要求债务人履行债务的支付命令。

（4）人民法院作出的具有给付内容的刑事判决、裁定书。

（5）仲裁机关作出的裁决和调解书。

（6）公证机关作出的依法赋予强制执行效力的公证债权文书。

（7）我国行政机关作出的法律明确规定由人民法院执行的行政决定。

3）执行案件的管辖

（1）人民法院制作的具有财产内容的民事判决、裁定、调解书和刑事判决、裁定中的财产部分，由第一审人民法院执行。

（2）法律规定由人民法院执行的其他法律文书，由被执行人住所地或被执行的财产所在地人民法院执行。

（3）法律规定两个以上人民法院都有执行管辖权的，由最先接受申请的人民法院执行。

4）执行程序的发生

（1）申请执行。人民法院作出的判决、裁定等法律文书，当事人必须履行。如果不履行，另一方可向有管辖权的人民法院申请执行。申请执行应提交申请执行书，并附作为执行根据的法律文书。申请执行，还须遵守民诉法规的申请执行期限。即双方或一方当事人是个人的为一年，双方是法人或其他组织的为六个月，从法律文书规定履行期限的最后一日起计算，如是分期履行的，从规定的每次履行期限的最后一日起计算本次应履行的义务的申请执行期限。

（2）移交执行。即人民法院的裁判生效后，由审判该案的审判人员将案件直接交付执行人员，随即开始执行程序。提交执行的案件有三类：①判决、裁定具有交付赡养费、抚养费、医药费等内容的案件；②具有财产执行内容的刑事判决书；③审判人员认为涉及国家、集体或公民重大利益的案件。

(3) 委托执行。指有管辖权的人民法院遇到特殊情况，依法将应由本院执行的案件送交有关的人民法院代为执行。我国《民事诉讼法》二百一十条规定，被执行人或执行的财产在外地的，负责执行的人民法院可以委托当地人民法院代为执行，也可以直接到当地执行。直接到当地执行的，负责执行的人民法院可以要求当地人民法院协助执行，当地人民法院应当根据要求协助执行。

5）执行措施

(1) 查封、冻结、划拨被执行人的存款。

(2) 扣留、提取被执行人的收入。

(3) 查封、扣押、拍卖、变卖被执行人的财产。

(4) 对被执行人及其住所或财产隐匿地进行搜查。

(5) 强制被执行人交付法律文书指定的财物或票证。

(6) 强制被执行人迁出房屋或退出土地。

(7) 强制被执行人履行法律文书指定的行为。

(8) 办理财产权证照转移手续。

(9) 强制被执行人支付迟延履行期间的债务利息或迟延履行金。

(10) 债权人可以随时请求人民法院执行。

除此之外，还有三种执行措施：

(1) 申请参与分配。被执行人为公民或其他组织，在执行程序开始后，被执行人的其他已经取得执行根据或已经起诉的债权人发现被执行人的财产不能清偿所有债权的，可以向法院申请参与分配。

(2) 执行第三人到期债权。被执行人不能清偿债务，但第三人享有到期债权的，人民法院可以依申请执行人的申请，通知该第三人向申请执行人履行债务，该第三人对债务没有异议但又在通知指定的期限内不履行的，人民法院可以强制执行。

(3) 通过公告、登报等方式为对方恢复名誉、消除影响。

6）执行中止和终结

(1) 执行中止。即在执行过程中，因发生特殊情况，需要暂时停止执行程序。有下列情况之一的，人民法院应裁定中止执行：①申请人表示可以延期执行；②案外人对执行标的提出确有理由的异议的；③作为一方当事人的公民死亡，需要等待继承人继承权利或承担义务的；④作为一方当事人的法人或其他组织终止，尚未确定权利义务承受人的；⑤人民法院认为应当中止执行的其他情形。中止的情形消失后，恢复执行。

(2) 执行终结。即在执行过程中，由于出现某些特殊情况，执行工作无法继续进行或没有必要继续进行时，结束执行程序。有下列情况之一的，人民法院应当裁定终结执行：①申请人撤销申请的。②据以执行的法律文书被撤销的。③作为被执行人的公民死亡，无遗产可供执行，又无义务承担人的。④追索赡养费、抚养费、抚育费案件的权利人死亡的。⑤作为被执行人的公民因生活困难无力偿还借款，无收入来源，又丧失劳动能力的。⑥人民法院认为应当终结执行的其他情形。

（八）几个特殊的民事程序

1. 督促程序

1）督促程序的概念

督促程序是指人民法院根据债权人要求债务人给付金钱或有价证券的申请，向债务人发出有条件的支付命令，若债务人逾期不履行，人民法院则可强制执行所适用的程序。

2）适用督促程序的要件

（1）债权人必须提出请求，且申请内容只能是关于给付金钱或有价证券。

（2）债权人与债务人没有其他债务争议。

（3）支付令能够送达债务人的。

在具备上述条件后，债权人可以向有管辖权的人民法院提出申请。否则人民法院不予受理。

3）支付令申请的受理

（1）债权人提出申请后，人民法院应在5日内通知债权人是否受理。

（2）对申请的审查和发布支付令。人民法院受理申请后，经审查债权人提供的事实、证据，对债权、债务关系明确、合法的，应在受理之日起15日内向债务人发出支付令；申请不成立的，裁定予以驳回。该裁定不得上诉。

4）支付令的异议和效力

支付令异议，是指债务人对人民法院发出的支付声明不服。支付令异议应由债务人自收到支付令之日起15日内提出，人民法院收到债务人提出的书面异议后，应当裁定终结督促程序，支付令自行失效，债权人可以起诉。

如果债务人自收到支付令之日起15日内不提出异议又不履行支付令的，债权人可以申请人民法院予以执行。支付令与生效的判决具有同等法律效力。

2. 公示催告程序

1）公示催告程序的概念

公示催告程序，是指人民法院根据当事人的申请，以公示的方式催告不明的利害关系人，在法定期间内申报债权，逾期无人申报，就作出除权判决所适用的诉讼程序。

2）适用公示催告程序的要件

（1）申请公告催告的，必须是可以背书转让的票据或法律规定的其他事项。

（2）申请人必须依法拥有申请权。

（3）必须是因票据遗失、被盗或灭失，相对人无法确定的。

（4）申请人必须向人民法院提交申请书。

3）对公示催告申请的受理和处理

（1）申请的受理。当事人申请公示催告时，须向人民法院提交申请书。申请书应写明票金额、发票人、持票人、背书人等票据主要内容及申请的理由和根据的事实。人民法院在接到申请后，经审查，认为符合条件的，应作出受理的裁定，如决定不予受理，就以裁定的形式驳回，并说明理由。

（2）公示催告。人民法院决定受理申请，应同时通知支付人停止支付，并在三日内发出公告，催促利害关系人申报权利。公示催告期间，由人民法院根据情况决定，但不得少于两个月。支付人收到人民法院停止支付的通知，应当停止支付，至公示催告程序终结。在公示催告期间，转让票据权利的行为无效。

（3）公示催告程序的终结。①利害关系人应在公示催告期间向人民法院申报。人民法院收到利害关系人的申报后，应裁定终结公示催告程序，并通知申请人和支付人。②如果在法定期间内没有人申报的，申请人应享有票据上的权利。人民法院应判决票据无效，并予以公告，公示催告程序终结。

4）提起诉讼

（1）利害关系人在公示催告期间向人民法院申报权利，申请人或申报人可以向人民法院起诉。

（2）利害关系人因正当理由不能在判决前向人民法院申报的，自知道或应当知道判决公告之日起一年内，可向作出判决的人民法院提起诉讼。

## 二、行政诉讼法

（一）行政诉讼

1. 行政诉讼的概念

行政诉讼是指公民、法人或其他组织认为行政机关的具体行政行为侵犯其合法权益，在法定期限内，依法向人民法院起诉，并由人民法院依法审理裁决的活动。行政诉讼包含五个要件：

（1）原告是行政管理相对人，即公民、法人和其他组织。

（2）被告是行使国家管理职权的行政机关即做出具体行政行为的行政机关。

（3）原告起诉的原因是其认为行政机关的具体行政行为侵犯了自己的合法权益。

（4）必须是法律、法规明文规定当事人可以向人民法院起诉的行政案件。

（5）必须在法定的期限内向有管辖权的人民法院起诉。

2. 行政诉讼法的概念

行政诉讼法是指调整人民法院、当事人和其他诉讼参与人在审理案件过程中所发生的行政诉讼关系的法律规范的总称。根据2017年6月27日第十二届全国人民代表大会常务委员会第二十八次会议决定对《中华人民共和国行政诉讼法》(以下简称《行政诉论法》)作出修改,自2017年7月1日起施行。

(二)行政诉讼的受案范围

1.人民法院受理的案件

《行政诉讼法》第十二条规定,人民法院受理公民、法人或者其他组织提起的下列诉讼:

(1)对行政拘留、暂扣或者吊销许可证和执照、责令停产停业、没收违法所得、没收非法财物、罚款、警告等行政处罚不服的;

(2)对限制人身自由或者对财产的查封、扣押、冻结等行政强制措施和行政强制执行不服的;

(3)申请行政许可,行政机关拒绝或者在法定期限内不予答复,或者对行政机关作出的有关行政许可的其他决定不服的;

(4)对行政机关作出的关于确认土地、矿藏、水流、森林、山岭、草原、荒地、滩涂、海域等自然资源的所有权或者使用权的决定不服的;

(5)对征收、征用决定及其补偿决定不服的;

(6)申请行政机关履行保护人身权、财产权等合法权益的法定职责,行政机关拒绝履行或者不予答复的;

(7)认为行政机关侵犯其经营自主权或者农村土地承包经营权、农村土地经营权的;

(8)认为行政机关滥用行政权力排除或者限制竞争的;

(9)认为行政机关违法集资、摊派费用或者违法要求履行其他义务的;

(10)认为行政机关没有依法支付抚恤金、最低生活保障待遇或者社会保险待遇的;

(11)认为行政机关不依法履行、未按照约定履行或者违法变更、解除政府特许经营协议、土地房屋征收补偿协议等协议的;

(12)认为行政机关侵犯其他人身权、财产权等合法权益的。

除上述规定外,人民法院受理法律、法规规定可以提起诉讼的其他行政案件。

2.人民法院不受理的案件

《行政诉讼法》第十三条规定,人民法院不受理公民、法人或者其他组织对下列事项提起的诉讼:

(1)国防、外交等国家行为;

(2)行政法规、规章或者行政机关制定、发布的具有普遍约束力的决定、命令;

(3)行政机关对行政机关工作人员的奖惩、任免等决定;

(4)法律规定由行政机关最终裁决的行政行为。

（三）行政诉讼的起诉与受理

1. 起诉

（1）起诉的条件

《行政诉讼法》第四十九条规定，提起诉讼应当符合下列条件：

1）原告是符合本法第二十五条规定的公民、法人或者其他组织；

2）有明确的被告；

3）有具体的诉讼请求和事实根据；

4）属于人民法院受案范围和受诉人民法院管辖。

（2）起诉的期限

行政诉讼必须在法定期限内提起，这也是提起行政诉讼的条件之一。我国《行政诉讼法》在第四十五条、第四十六条及《行政复议法》第三十一条对此做出了明确规定。

1）公民、法人或其他经济组织向行政机关申请复议的，复议机关应在收到申请书之日起 60 日内做出决定，法律规定少于 60 日的除外。公民、法人或者其他组织不服复议决定的，可以在收到复议决定书之日起十五日内向人民法院提起诉讼。复议机关逾期不作决定的，申请人可以在复议期满之日起十五日内向人民法院提起诉讼。法律另有规定的除外。

2）公民、法人或者其他组织直接向人民法院提起诉讼的，应当自知道或者应当知道作出行政行为之日起六个月内提出。法律另有规定的除外。因不动产提起诉讼的案件自行政行为作出之日起超过二十年，其他案件自行政行为作出之日起超过五年提起诉讼的，人民法院不予受理。

2. 受理

受理是人民法院对原告的起诉进行审查，认为符合规定条件的，决定立案审理的诉讼行为。我国《行政诉讼法》第五十一条规定，人民法院在接到起诉状时对符合本法规定的起诉条件的，应当登记立案。对当场不能判定是否符合本法规定的起诉条件的，应当接收起诉状，出具注明收到日期的书面凭证，并在七日内决定是否立案。不符合起诉条件的，作出不予立案的裁定。裁定书应当载明不予立案的理由。原告对裁定不服的，可以提起上诉。起诉状内容欠缺或者有其他错误的，应当给予指导和释明，并一次性告知当事人需要补正的内容。不得未经指导和释明即以起诉不符合条件为由不接收起诉状。对于不接收起诉状、接收起诉状后不出具书面凭证，以及不一次性告知当事人需要补正的起诉状内容的，当事人可以向上级人民法院投诉，上级人民法院应当责令改正，并对直接负责的主管人员和其他直接责任人员依法给予处分。

（四）行政诉讼的主要程序

1. 第一审程序

（1）人民法院应当在立案之日起五日内，将起诉状副本发送被告。被告应当在收到起诉状副本之日起十五日内向人民法院提交作出行政行为的证据和所依据的规范性文件，并提出答辩状。人民法院应当在收到答辩状之日起五日内，将答辩状副本发送原告。被告不提出答辩状的，不影响人民法院审理。

（2）诉讼期间不停止具体行政行为的执行。但有下列情形之一的，停止具体行政行为的执行。①被告认为需要停止执行的；②原告或者利害关系人申请停止执行，人民法院认为该行政行为的执行会造成难以弥补的损失，并且停止执行不损害国家利益、社会公共利益的；③人民法院认为该行政行为的执行会给国家利益、社会公共利益造成重大损害的；④法律、法规规定停止执行的。当事人对停止执行或者不停止执行的裁定不服的，可以申请复议一次。

（3）人民法院审理行政案件，不适用调解。但是，行政赔偿、补偿以及行政机关行使法律、法规规定的自由裁量权的案件可以调解。调解应当遵循自愿、合法原则，不得损害国家利益、社会公共利益和他人合法权益。

（4）人民法院对行政案件宣告判决或者裁定前，原告申请撤诉的，或者被告改变其所作的行政行为，原告同意并申请撤诉的，是否准许，由人民法院裁定。

（5）人民法院应当在立案之日起六个月内作出第一审判决。有特殊情况需要延长的，由高级人民法院批准，高级人民法院审理第一审案件需要延长的，由最高人民法院批准。

2. 第二审程序

（1）人民法院审理上诉案件，应当对原审人民法院的判决、裁定和被诉行政行为进行全面审查。

（2）人民法院审理上诉案件，应当在收到上诉状之日起三个月内作出终审判决。有特殊情况需要延长的，由高级人民法院批准，高级人民法院审理上诉案件需要延长的，由最高人民法院批准。

（3）人民法院对上诉案件的处理。《行政诉讼法》第八十九条规定，人民法院审理上诉案件，按照下列情形，分别处理：①原判决、裁定认定事实清楚，适用法律、法规正确的，判决或者裁定驳回上诉，维持原判决、裁定；②原判决、裁定认定事实错误或者适用法律、法规错误的，依法改判、撤销或者变更；③原判决认定基本事实不清、证据不足的，发回原审人民法院重审，或者查清事实后改判；④原判决遗漏当事人或者违法缺席判决等严重违反法定程序的，裁定撤销原判决，发回原审人民法院重审。原审人民法院对发回重审的案件作出判决后，当事人提起上诉的，第二审人民法院不得再次发回重审。人民法院审理上诉案件，需要改变原审判决的，应当同时对被诉行政行为作出判决。

3. 审判监督程序

（1）当事人对已经发生法律效力的判决、裁定，认为确有错误的，可以向上一级人民法院申请再审，但判决、裁定不停止执行。

（2）各级人民法院院长对本院已经发生法律效力的判决、裁定，发现有《行政诉讼法》第九十一条规定情形之一，或者发现调解违反自愿原则或者调解书内容违法，认为需要再审的，应当提交审判委员会讨论决定。最高人民法院对地方各级人民法院已经发生法律效力的判决、裁定，上级人民法院对下级人民法院已经发生法律效力的判决、裁定，发现有本法第九十一条规定情形之一，或者发现调解违反自愿原则或者调解书内容违法的，有权提审或者指令下级人民法院再审。

## 三、仲裁法

（一）仲裁

1. 仲裁的概念

仲裁是争议双方在争议发生前或争议发生后达成协议，自愿将争议交给第三者作出裁决，双方有义务执行的一种解决争议的办法。

首先，仲裁的发生是以双方当事人自愿为前提。这种自愿，体现在仲裁协议中。仲裁协议，可以在争议发生前达成，也可以在争议发生后达成。

其次，仲裁的客体是当事人之间发生的一定范围的争议。这些争议大体包括：经济争议、劳动争议、对外经贸争议、海事争议等。

再次，仲裁须有三方活动主体。即双方当事人和第三方（仲裁组织）。仲裁组织以当事人双方自愿为基础进行裁决。

第四，裁决具有强制性。当事人一旦选择了仲裁解决争议，仲裁者所作的裁决对双方都有约束力，双方都要认真履行，否则，权利人可以向法院申请强制执行。

2. 仲裁的种类

1）国内仲裁和涉外仲裁

这是根据当事人是否具有涉外因素划分的。国内仲裁一般只涉及国内经贸方面的争议。涉外仲裁是指具有涉外因素的仲裁。

2）普通仲裁和特殊仲裁

这是根据仲裁机构和争议的性质不同划分的。普通仲裁是指由非官方仲裁机构对民事、商事争议所进行的仲裁。包括大多数国家的国内民商事仲裁和国际贸易与海事仲裁。特殊仲裁则是指由官方机构依据行政权力而不是依据仲裁协议所进行的仲裁，它是由国家行政机关所实施的仲裁，如我国过去的经济合同仲裁法。

3. 仲裁法

1）仲裁法的概念

仲裁法是国家制定和确认的关于仲裁制度的法律规范的总和。其基本内容包括仲裁协议、仲裁组织、仲裁程序、仲裁裁决及执行等。

2）仲裁法的适用范围

（1）对人的效力。仲裁法对平等主体的公民、法人和其他组织之间适用。

（2）空间效力。仲裁法适用于中国领域内的平等主体之间发生的合同争议和其他财产权益争议。

（3）时间效力。《中华人民共和国仲裁法》（以下简称《仲裁法》）于1995年9月1日起施行。

（二）仲裁的范围

仲裁的范围是指哪些争议可以申请仲裁，解决可仲裁性的问题。

1. 确定仲裁范围的原则

我国《仲裁法》中对仲裁范围的确定，是基于下列原则制定的：

（1）发生争议的双方应当属于平等主体的当事人。

（2）仲裁的事项，应是当事人有权处分的。

（3）从我国法律规定和国际做法看，仲裁范围主要是合同争议，也包括一些非合同的经济争议。

因此，我国《仲裁法》在第二条规定："平等主体的公民、法人和其他组织之间发生的合同争议和其他财产权益争议，可以仲裁。"

2. 不能仲裁的情形

根据我国《仲裁法》第三条的规定，下列争议不能仲裁：

（1）婚姻、收养、监护、抚养、继承争议。

（2）依法应当由行政机关处理的行政争议。

3. 关于仲裁范围的几点说明

1）劳动争议仲裁和农业承包合同争议仲裁的问题

由于劳动争议不同于一般经济争议，劳动争议的仲裁有自己的特点，因此，劳动争议仲裁由法律另行规定。农业承包合同争议面广量大，涉及广大农民的切身利益，在仲裁机构设立、仲裁程序上有其特点，因此，依照《仲裁法》第二十二条规定，农业承包合同争议的仲裁另行规定。

2）企业承包合同仲裁问题

1988年国务院颁布了《全民所有制工业企业承包经营责任制暂行条例》，其中对企业承包合同争议规定了由工商行政管理局的经济合同仲裁委员会仲裁。《仲裁法》中没有明确规定企业承包合同争议的仲裁问题。

（三）仲裁协议

1. 仲裁协议的概念

根据《仲裁法》第十六条规定："仲裁协议包括合同订立的仲裁条款。和以其他书面方式在争议发生前或者争议发生后达成的请求仲裁的协议。"从这一规定可以看出，仲裁协议具有以下的特点。

（1）仲裁协议是合同双方商定的通过仲裁方式解决争议的协议。其内容规定的是关于仲裁的事项。

（2）仲裁协议必须以书面形式存在，口头形式不能成为仲裁协议。仲裁协议的形式可以有两种，一种是在订立的合同中规定的仲裁条款；另一种是双方另行达成的独立于合同之外的仲裁协议。不论哪一种形式，都具有同样的法律效力。

（3）仲裁协议订立的时间可以在合同争议发生之前，也可以在合同争议发生之后。协议确立的时间与经济合同没有必然的联系，订立时间的先后也不影响仲裁协议的效力。

（4）仲裁协议是双方当事人申请仲裁的前提。没有有效的仲裁协议，仲裁机构不予受理仲裁申请。

2. 仲裁协议的内容

根据《仲裁法》第十六条第二款的规定："仲裁协议应包括下列内容：（一）请求仲裁的意思表示；（二）仲裁事项；（三）选定的仲裁委员会。"

3. 仲裁协议的效力

仲裁协议一经作出即发生法律效力。除非双方当事人同意解除仲裁协议，否则必须通过仲裁的方式解决争议，任何一方都不得向人民法院起诉。

但是，仲裁协议同其他合同一样，当其内容违反有关法律规定时，也可以被仲裁机构或人民法院裁定为无效。根据《仲裁法》第十七条规定："有下列情形之一的，仲裁协议无效：约定仲裁事项超出法律规定的仲裁范围的；无民事行为能力人或者限制民事行为能力人订立的仲裁协议；一方采取胁迫手段，迫使对方订立仲裁协议的。"

在掌握仲裁协议的效力时，还应当注意以下几个问题：

仲裁协议对仲裁事项或仲裁委员会没有约定或者约定不明确的，当事人可以补充协议；达不成补充协议的，仲裁协议无效。

仲裁协议独立存在，合同的变更、解除、终止或者无效，不影响仲裁协议的效力。

当事人对仲裁协议效力提出异议的，可以请求仲裁委员会作出决定或者请求人民法院作出裁定。如对仲裁协议的效力，一方请求仲裁委员会决定，另一方请求人民法院裁定的，则由人民法院裁定。

当事人对仲裁协议的效力提出异议，应当在仲裁庭首次出庭前提出。

（四）仲裁的主要程序

仲裁程序，是指当事人提出仲裁申请直至仲裁庭作出裁决的程序。根据我国《仲裁法》第四章的规定，仲裁程序主要有申请和受理、仲裁庭的组成、开庭和裁决。

1. 申请和受理

1）申请仲裁的条件

当事人申请仲裁应符合下列条件：

（1）有仲裁协议。

（2）有具体的仲裁请求和事实、理由。

（3）属于仲裁委员会的受理范围。

2）受理

仲裁委员会收到仲裁申请书之日起 5 日内，认为符合受理条件的，应当受理，并通知当事人；认为不符合受理条件的，应书面通知当事人不予受理，并说明理由。

3）送达法律文书

仲裁委员会受理仲裁申请后，应在仲裁规则规定的期限内将仲裁规则和仲裁员名册送达申请人，并将仲裁申请书副本和仲裁规则、仲裁员名册送达被申请人。

被申请人收到仲裁申请书后，应在仲裁规则规定的期限内向仲裁委员会提交答辩书。仲裁委员会收到答辩书后，应在仲裁规则规定的期限内将答辩书副本送达申请人。被申请人未提交答辩书的，不影响仲裁程序的进行。

4）有仲裁协议但一方起诉时的处理

《仲裁法》第二十六条规定双方当事人有仲裁协议但一方却向法院起诉的情形作了明确规定。即“当事人达成仲裁协议，一方向人民法院起诉未声明有仲裁协议，人民法院受理后，另一方在首次开庭前递交仲裁协议的，人民法院应当驳回起诉，但仲裁协议无效的除外；另一方在首次开庭前未对人民法院受理该案提出异议的，视为放弃仲裁协议，人民法院应当继续审理”。

5）财产保全

仲裁中的财产保全，是指法院根据仲裁委员会提交的当事人的申请，就被申请人的财产作出临时性的强制措施，包括查封、扣押、冻结、责令提供担保或法律规定的其他方法，以保障当事人的合法权益不受损失，保证将来作出的裁决能够得到实现。

财产保全因国内仲裁和涉外仲裁不同，因而在选择法院上也有所不同。国内仲裁的财产保全申请，一般提交基层人民法院裁定。涉外仲裁财产保全申请，则应提交被申请人住所地或财产所在地的中级人民法院裁定。

根据《仲裁法》第二十八条规定，当事人申请财产保全的，仲裁委员会应当将当事人的申请依民事诉讼法的有关规定提交人民法院。申请有错误的，申请人应当赔偿被申请人因财产保全所遭受的损失。

2. 仲裁庭的组成

1）仲裁庭的种类

（1）合议仲裁庭。即由 3 名仲裁员组成的仲裁庭。

(2) 独任仲裁庭。即由1名仲裁员组成的仲裁庭。

2) 仲裁庭的组成

(1) 合议仲裁庭的组成。当事人约定组成合议仲裁庭的，应当各自选定或各自委托仲裁委员会主任指定一名仲裁员，第三名仲裁员由当事人共同选定或共同委托仲裁委员会主任指定。第三名仲裁是首席仲裁员。

(2) 独任仲裁庭的组成。当事人约定由一名仲裁员成立独任仲裁庭的，应当由当事人共同选定或共同委托仲裁委员会主任指定仲裁员。

仲裁庭组成后，仲裁委员会应将仲裁庭的组成情况书面通知当事人。

3) 仲裁员的回避

(1) 仲裁员回避的种类。仲裁员的回避可以有主动回避和申请回避两种情形，如果当事人提出回避申请的，应当说明理由，并在首次开庭前提出。如果回避事由是在首次开庭后知道的，可以在最后一次开庭终结前提出。

(2) 仲裁员回避的原因。我国《仲裁法》第三十四条作出明确规定，即仲裁员有下列情形之一的，必须回避，当事人也有权提出回避申请：①是本案当事人或当事人、代理人的近亲属；②与本案有利害关系；③与本案当事人、代理人有其他关系，可能影响公正仲裁的；④私自会见当事人、代理人，或接受当事人、代理人的请客送礼的。

(3) 仲裁员回避的决定权。仲裁员是否回避，由仲裁委员会主任决定；仲裁委员会主任担任仲裁员时，由仲裁委员会集体决定。

(4) 仲裁员的重新确定。仲裁员因回避或其他原因不能履行职责的，应依照《仲裁法》的规定重新选定或指定仲裁员；因回避而重新选定或指定仲裁员后，当事人可以请求已进行的仲裁程序重新进行，是否准许，由仲裁庭决定；仲裁庭也可以自行决定已进行的仲裁程序是否重新进行。

3. 开庭和裁决

在开庭和裁决中，仅介绍不公开仲裁、举证责任、和解协议、调解和裁决等四个问题。

1) 不公开仲裁

我国《仲裁法》规定，仲裁应当开庭进行，但不公开进行。当事人协议公开的，可以公开进行，但涉及国家秘密的除外。

所谓仲裁不公开进行，包括申请与受理仲裁的情况不公开报道、仲裁开庭不允许旁听、裁决不向社会公布等。该项规定，是仲裁制度的一项特点，也是国际商事仲裁的惯例。正是由于其不公开，使得当事人能放心地将争议提交仲裁，一方面尽快将争议了结，另一方面也不影响自己的商业信誉，并尽可能地不损害双方的合作关系，因而人们往往在实践中多选择仲裁而不是诉讼。

2）举证责任

《仲裁法》第四十三条第一款规定："当事人应当对自己的主张提供证据。"这是因为提供证据是确认当事人权利的前提，也是在仲裁过程中当事人应尽的义务。申请人提出仲裁或请求，那么他就有责任举证加以证明，被申请人提出答辩，反驳申请人的请求，也需要提供证据来证明其反驳是有根据的。因此，仲裁法规定的当事人应当对自己的主张提供证据，贯彻的正是"谁主张，谁举证"的原则。

在强调当事人举证责任的同时，《仲裁法》第四十三条第二款规定："仲裁庭认为有必要收集的证据，可以自行收集。"如某些事实尚不清楚，当事人自己举出的证据又不清楚，仲裁庭则可自行收集证据。这对争议的解决很有必要。

另外，在仲裁时，在证据可能灭失或以后难以取得的情况下，当事人可申请证据保全。

3）和解协议

和解是指争议的双方当事人以口头或书面的方式直接交涉以解决争议的一种方式，它是在没有仲裁庭介入，由当事人自己协商解决争议的一种方法。

和解达成协议的，当事人既可以请求仲裁庭根据和解协议作出判决书，也可撤回仲裁申请。如果一方或双方达成和解协议撤回了仲裁申请后，又反悔或没有履行和解协议的，可以根据仲裁协议重新申请仲裁。

4）调解和裁决

《仲裁法》第五十一条第一款规定："仲裁庭在作出裁决前，可以先行调解。当事人自愿调解的，仲裁庭应当调解。调解不成的，应当及时作出裁决。"

（1）调解的概念。是指当事人在自愿的基础上，在仲裁庭主持下，查明事实，分清是非，通过仲裁庭的工作，促使双方当事人互谅互让，达成协议解决争议。

（2）调解与和解的不同。主要区别在于有无仲裁庭的介入，有无仲裁庭做双方当事人的工作。后者没有仲裁庭的介入，也无仲裁庭做双方当事人的工作。

（3）调解应坚持的原则。自愿原则，即如有一方不同意调解，则应裁决。合法原则，即调解须在查明事实，分清是非、公平合理、实事求是的前提下进行。调解不是裁决前的必经程序。

（4）调解书及其效力。如果调解达成协议的，仲裁庭应当制作调解书。调解书应当写明仲裁请求和当事人协议的结果。调解书由仲裁员签名，加盖仲裁委员会印章，送达双方当事人。调解书与裁决书具有同等法律效力。如果当事人在签收调解书前反悔的（调解书经双方当事人签收后生效），仲裁庭应当及时作出裁决。

（5）裁决及裁决书。裁决应当按照仲裁员的意见作出，仲裁庭不能形成多数意见时，裁决应当按照首席仲裁员的意见作出。裁决书应当写明仲裁请求、争议事实、裁决理由、裁决结果、仲裁费用的负担和裁决的日期。当事人协议不愿写明争议事实和裁决理由的，可以不写。裁决书由仲裁员签字，加盖仲裁委员会印章。裁决书自作出3

日起发生法律效力。

（五）申请撤销裁决

实行或审或裁的制度后，法院对仲裁不加以干预，但需要一定的监督。申请撤销裁决便是法院实行监督的一种方法。

1. 裁决被撤销的原因

根据《仲裁法》五十八条的规定，当事人提出证据证明裁决有下列情形之一的，可以向仲裁委员会所在地的中级人民法院申请撤销裁决：

（1）没有仲裁协议的。

（2）裁决的事项不属于仲裁协议的范围或仲裁委员会无权仲裁的。

（3）仲裁庭的组成或仲裁的程序违反法定程序的。

（4）裁决所根据的证据是伪造的。

（5）对方当事人隐瞒了足以影响公正裁决的证据的。

（6）仲裁员在仲裁该案时有索贿受贿、徇私舞弊、枉法裁决行为的。

人民法院经组成合议庭审查核实裁决有上述规定情形之一的，应当裁定撤销。人民法院认定该裁定违背社会公共利益的，应当裁定撤销。

2. 申请撤销裁决的时效

我国《仲裁法》第五十九条规定，当事人申请撤销裁决的，应当自收到裁决书之日起 6 个月内提出。

3. 我国《仲裁法》第六十条规定，人民法院应当在受理撤销裁决申请之日起 2 个月内作出撤销裁决或驳回申请的裁定。

（六）裁决的执行

1. 裁决的执行

由于仲裁基本上是基于当事人的意愿进行的，特别是在是否采用仲裁方式解决争议，以及由谁来公断争议这两个关键性问题上都遵循了当事人的约定。因而，在仲裁的调解书和裁决书作出后，绝大多数当事人都能自觉履行义务。但也出现有些当事人不履行义务的情况。如果一方当事人不履行裁决，另一方当事人可以依照民事诉讼法的有关规定向人民法院申请执行，受申请的人民法院应当予以执行。

2. 不予执行制度

《民事诉讼法》第二百七十四条规定，对中华人民共和国涉外仲裁机构作出的裁决，被申请人提出证据证明仲裁裁决有下列情形之一的，经人民法院组成合议庭审查核实，裁定不予执行：

（1）当事人在合同中没有订有仲裁条款或者事后没有达成书面仲裁协议的；

（2）被申请人没有得到指定仲裁员或者进行仲裁程序的通知，或者由于其他不属于被申请人负责的原因未能陈述意见的；

（3）仲裁庭的组成或者仲裁的程序与仲裁规则不符的；

（4）裁决的事项不属于仲裁协议的范围或者仲裁机构无权仲裁的。

人民法院认定执行该裁决违背社会公共利益的，裁定不予执行。

3. 不予执行或撤销裁决的后果

法院裁定不予执行或撤销裁决后，当事人之间的争议如何处理？原仲裁协议是否有效？对此，《仲裁法》第九条第二款规定："裁决被人民法院依法裁定撤销或者不予执行的，当事人就该纠纷可以根据双方重新达成的仲裁协议申请仲裁，也可以向人民法院起诉。"由此可见，在裁决不予执行或被撤销后，原仲裁协议失效，当事人不能按照原仲裁协议申请仲裁。但为了解决争议，当事人可以按照重新达成的仲裁协议申请仲裁，也可以向人民法院提起诉讼。

## 第三节　工程建设活动中的证据

### 一、证据概述

（一）证据的概念

证据是指能够证明案件事实的一切材料。在工程建设主体维护自身权利的过程中，根本的目的就是要明确对方的责任和自身的权利，减轻自己的责任，减少、甚至消除对方的权利。但这一切都必须依法进行。因为我国的法律都明确规定了哪一种行为应当承担什么样的后果，所以，确定自己和对方实施了什么样的行为，形成一个什么样的案件事实，便成了保护权利的核心问题。不论是在诉讼中，还是在仲裁、调解、谈判中，案件事实都是确定权利和责任的核心问题。然而，一个行为或一项事实要依靠什么来判断其是否存在呢？依靠的就是证据。因此，证据是工程建设主体维护权利的基础。

在实践中，工程建设主体的合法权利不能得到及时、有效的保证和实现，直接的问题就反映在了不能提供充分的、明确自己权利的证据上。

（二）证据的种类

根据我国刑事诉讼法、民事诉讼法和行政诉讼法的规定，可以作为证据使用的材料有以下七种：

（1）书证。是指以其文字或数字记载的内容起证明作用的书面文书和其他载体。如合同文本、财务账册、欠据、收据、往来信函以及确定有关权利的判决书、法律文件等。

（2）物证。是指以其存在、存放的地点、外部特征及物质特性来证明案件事实真相的证据。如购销过程中封存的样品，被损坏的机械、设备，有质量问题的产品等。

（3）证人证言。是指知道、了解事实真相的人所提供的证词，或向司法机关所作的陈述。

(4) 视听材料。是指能够证明案件真实情况的音像资料。如录音带、录像带等。

(5) 被告人供述和有关当事人陈述。它包括：犯罪嫌疑人、被告人向司法机关所作的承认犯罪并交代犯罪事实的陈述或否认犯罪或具有从轻、减轻、免除处罚的辩解、申诉。被害人、当事人就案件事实向司法机关所作的陈述。

(6) 鉴定结论。是指专业人员就案件有关情况向司法机关提供的专门性的书面鉴定意见。如损伤鉴定、痕迹鉴定、质量责任鉴定等。

(7) 勘验、检验笔录。是指司法人员或行政执法人员对与案件有关的现场、物品、人身等进行勘察、试验、实验或检查的文字记载。这项证据也具有专门性。

(三) 证据的特点

作为可以证明案件事实的证据，必须具备三个特点：

(1) 真实性。即证据必须符合客观实际情况，能够用来证明真实情况。虚假的材料是不能用来作为证据使用的。

(2) 联系性。也称相关性，是指各个证据之间相互能够印证，共同证明事实。它一方面要求每一个证据都与整个事实或其中的一部分有密切的联系，可以反映事实的内容；另一方面还要求各个证据之间相互衔接、相互印证，形成完整的证据体系。比如甲乙方各自所持两个合同文本，其内容不同时，则任何一个合同文本都不能直接作为证据使用。只有在用其他证据排除其中一个合同文本后，另一个合同文本才能作为证据使用。

(3) 合法性。只有依据合法的形式和手段取得的材料才能作为证据使用。采用非法的手段，如刑讯逼供、欺诈等形式取得的证据都是无效的证据。

## 二、工程建设活动中证据的特殊性

工程建设主体的权利主要产生在工程建设活动中，所以在工程建设活动中如何维护自身的权利至关重要，充分地认识建设活动中的证据则也显得尤为突出了。在工程建设活动中，也存在着诉讼中常使用的七种证据，只是工程建设活动中的证据，有它自己的特点。

(一) 体系庞杂

由于工程建设活动本身是一个庞大的系统工程，环节较多，涉及的权利在各个方面都存在着，所以需要的证据也是一个庞杂的体系。如有以合同、签证、财务账目为代表的书证，以建筑原材料为代表的物证，以管理人员、中介人员、监督人员为代表的证人证言，以技术鉴定为代表的鉴定结论，以现场调查为代表的勘验检查笔录，以现场录像、照相为代表的视听证据等。

(二) 内容繁多

由于建设工程涉及方方面面的问题，这就决定了工程建设活动中的证据所反映的内容也是繁杂的，它包括：工程承发包方面的证据，施工组织与管理方面的证据，原材料采购方面的证据，涉及国家行政监督方面的证据，工程结算证据等。

（三）证据易逝、难以获取

由于施工中隐蔽工程多、工期长等原因，往往造成了其中的证据被湮没，获取证据的难度明显增加。

（四）专业性强

工程建设专业是一个独立的专业，其中又涉及多方面的专业知识，加之现场复杂、环节多变等因素，对于工程建设活动中的证据往往靠普通的勘查检验或技术鉴定难以得出真实的结论。这就需要组织较强的专业技术人员进行收集证据的活动。

除此之外，就我国而言，涉及工程建设活动的法律法规繁多且易变化，这也带来了工程建设活动中证据收集时目的不易明确、证据运用时矛盾较多等困难。

## 三、证据的收集和保全

（一）证据的收集和保全的含义

从狭义上讲，证据的收集单指司法机关在办案过程中，围绕案件事实收集证据的活动。但民事诉讼法把举证责任归为主张权利的当事人以后，证据的收集就不仅仅是司法机关的工作了，它还包括当事人自己在具体工作中为维护自身的合法权益而收集的有关证明材料。这就是广义的证据收集。

在现实的生活中，有许多证据是不易收集的。或者由于其自身的因素，或者由于人为的因素，这些证据往往一闪即逝，不注意保管证据，在真正需要它的时候，便后悔莫及了。从广义上讲，证据保全就是司法机关即企事业单位和公民个人，为了维护合法权益、查明案件事实，对容易灭失或难以取得的证据所采取的固定、保护措施。它包括对书证的拍照、复制，对物证的勘验、绘图、拍照、录像和保存。对证人证言的笔录、文书、录音等措施。

（二）工程建设主体收集和保全证据的原则

就工程建设主体而言，在收集和保全证据过程中，必须明确一个指导思想，即其在生产经营过程中收集和保全证据不仅仅是为了打官司。因为工程建设主体的权利涉及了诸多面的行为，收集和保全各种证据的核心目的就是要维护自身的合法权益。不论是通过谈判、调解，还是通过仲裁、诉讼，都要依靠事实和法律来处理问题。所以收集和保全证据，如同协商、诉讼一样，仅仅是维护自身权益、实现权利的手段而已。在实践中，许多工程建设主体为了强调合作，往往碍于情面或因为其他的人为因素，对该索取的证据不予索取，对该保全的不予保全，结果让对方钻了空子，造成不该赔偿的赔偿，应该实现的权利没有实现。

（三）工程建设主体收集和保全证据的方法

在工程建设活动中，收集和保全证据的最佳方法就是加强管理，建立、健全文书流转制度，及时、全面、准确记载有关情况。最重要的有：

1. 加强以合同为代表的文书档案管理

（1）要加强合同文本管理。在合同订立中坚持签订合法有效的合同，对无效的合同既不能签订也不能执行；合同订立时不仅要明确合同的主要内容，对具体操作细节也应当予以明确；对难以确定的内容，应当在合同中载明以双方代表临时确认的签字为依据。

（2）要在执行合同过程中，对变更的内容也应坚持依法变更，全面细腻的原则。

（3）要注意保存与业务相关的往来信函、电报、文书，不能业务刚刚结束，就将其销毁、扔掉。

（4）要建立业务档案，将涉及具体业务的相关资料集中分类归档，定期销毁。

（5）对采取以合同方式授权代理的合同，一定要在合同标的或项目名称中详细载明标的内容及授权范围；或者在合同中注明该合同在使用中必须以授权方式或含有授权内容的介绍信同时使用方能生效。

（6）要加强单位公章、法定代表人名章和合同专用章的管理，不能乱扔、乱放，随便授之以人。

2. 加强以收支票据为代表的财务管理

对于每一项收支必须要有完整的账目记录，详细记载资金来源及使用目的，资金去向及用途，并附之以有关票据，特别是对于暂付、暂借等款项，绝不能简单地凭所谓的信誉或感情用事而不是收据或欠据。

3. 加强施工中的证据固定工作

对施工的进度情况、停工原因、租赁设备的使用情况，应当坚持日记制度，而且每一项日记都应坚持甲乙双方代表签字。对施工中发现的质量问题应当及时进行现场拍照，必要时可及时聘请有关技术监督部门迅速作出技术鉴定和勘验检查笔录，或者将有关情况详细记录在日记中，并由甲乙双方签字。

（四）工程建设主体在收集和保全证据时需要注意的几个问题

1. 对重要的文件、书证，要注意留有备份，以防止遗失。

2. 对遗失的有关文件、书证要根据情况分别处理：对可能涉及对方不承认的情况时，要注意保密，防止对方篡改有关证据或否认事实而侵犯自身的权利；在可能的情况下，应从对方重新复制、索取有关文件，或找到有关知情人及时回忆，形成书面证言予以保留；对涉及隐蔽工程，现场已遭破坏等情况时，应及时聘请有关专业人员重新勘验，确定原因。

3. 对涉及的重要知情人，要记载清楚其下落、联系方式，以便随时请其出证。

4. 在开始诉讼时，对于那些对自己有利而对方不愿提供的证据，要及时请求法院采取强制性的证据保全措施。

## 四、证据的运用

### （一）证据的运用的概念

证据的运用就是为了要形成事实以用来维护自身的权利。运用证据在各种保护权利的方式中，都可能碰到。由于运用证据的方式是相同的，在此我们完整地介绍诉讼中的证据的运用。

### （二）举证责任

举证责任是指司法机关、行政机关及当事人为证明案件事实而向人民法院提供证据的责任。我国法律规定，负有举证责任的人不能提供足够证据来证明案件事实时，则其所阐述的事实不能被法庭所认可，当然其权利也不可能得到保护了。

在刑事诉讼中，检察机关负有举证责任。它负责对犯罪嫌疑人的犯罪事实提供证据。对犯罪嫌疑人的辩解，它必须提出肯定或否定的证据。

在民事和经济诉讼中，主张权利者负有举证责任。原告人在起诉时必须提供其权利受到侵犯的证据；被告人在答辩时或提出反诉时也必须提供自己不应承担责任或对方应当承担责任的证据。

在行政诉讼中，作为被告人的行政机关负有举证责任。它必须提供作出具体行政行为时所依据的事实和法律文件等有关证据。

### （三）运用证据的基本原则

工程建设主体在运用证据时，首先，要注意的是，案件事实与客观事实往往存在着一定的误差。这主要是由于法律规定得较为笼统，客观事实又较为复杂等原因造成的。所以，运用证据的核心目的就是排除或削减对方的权利，形成对自己有利的案件事实。这样，在运用证据时，就必须结合具体案情和涉及该案的有关法律，充分地利用各种证据对案件定性提出意见。

在使用证据时，必须紧紧围绕着证据的三个特点进行，即提供的证据应当是真实的，不能提供伪证；提供的证据应当全面，能够互相印证，而不是相互矛盾；提供的证据必须是经合法手段取得的。其中，证据的联系性尤为重要。

具体使用证据时，则应提供出涉及案件客观事实的证据，事实与对方的关系，事实与己方的关系等证据，将其组合成一个证据体系来证明事实，明确责任。比如，若要起诉对方产品质量不合格给乙方造成损失而请求赔偿时，则首先应提供购货证据，如购销合同、协议、付款凭证，以证明产品从对方处购买或是对方生产的。其次，应提供产品质量瑕疵的证据，如产品和损坏部位的照片、录像带，被封存的损坏的产品，关于质量问题的技术鉴定结论等。第三，应提供造成损失情况的证据，如产品的购价证明，对现场破坏情况的照片、录像带，恢复原状时的支付明细，对造成人身伤亡时的医疗证明，延误工期的施工日记等。

（四）运用证据时需要注意的几个问题

由于在民事、经济和行政诉讼中，往往要互相质证，各自提供有利于自己的证据，因此经常出现双方之间证据的矛盾，此时需要注意以下几点问题：

1. 要设法否定对方的证据效力，使对方的证据不能够作为证据使用。一是注意对方的证据是否是伪证；二是注意对方所提供的证据之间是否存在矛盾，相互间能否印证；三是注意对方的主要证据能否证明完整的事实，对于各具体情节间的联系，是否存在着漏洞；四是注意对方所提供的证据是否是通过合法手段取得的，有无法律效力。

2. 证人证言带有较大的主观性，视听证据具有模糊、不准确的一面，鉴定结论、勘查记录也有疏漏的时候。针对这些情况，结合具体案情，当发现自己的权利因错误的证据而受到侵犯时，可以采取请证人出庭，当庭质证，对视听证据请求鉴定真伪，要求重新鉴定或重新勘验等。

3. 在认定事实时，应将双方的证据同时考虑，以去伪存真，特别是要注意对方提供的对自己有利的证据，将其结合到自己的证据体系中。

4. 与此案相关的他案事实，或有关政策、法规往往也可以成为此案的证据。如因甲方违约造成了乙方对丙方的违约，则丙方向乙方主张权利的诉讼文书就成为乙方向甲方索赔的证据之一。再如，国家有关具体法规和政策的调整，也可以成为违约方免责的证据。

## 第四节　工程建设争议解决制度案例

**案例 1**

申请人：××建筑集团公司

被申请人：××跨国集团

1. 基本案情

××跨国集团作为业主与作为承包商××建筑集团公司订立了一份施工总承包合同，就业主投资的某室内装修工程作了约定。该室内装修工程总承包面积 9954m$^2$，以原报价单为基础，双方确认合同总价款为 6771435 美元。在施工过程中发生的设计变更所引起的工程费用在工程决算中予以调整。装修工程完工后，承包商应提前通知业主并与业主指定的设计师及管理人员进行验收，经验收合格后由业主委任的设计师、管理人员签发验收证明书。如验收中发现施工安装质量部分未全达到合同规定的技术要求但又不影响使用的，由承包商提出书面承诺在保修期内按合同规定的技术要求加以改善后，业主发给承包商工程验收证明书。业主在合同生效后两个星期内付给承包商合同总价的30%作预付款。半年保修期满后，业主付还承包商合同总价5%的工程保修金。合同签订后，乙方开始装修工程的施工。但装修完成后，双方因拖欠装修工程款的争议协商未果，乙方遂依合同约定争议条款向中国国际经济贸易仲裁委员会深圳分会申请仲裁，请求裁决甲方偿付工程尾款110000美元、工程保修金283777美元及两项欠款利息。

在仲裁庭审理期间，被申请人的主要答辩意见是：由于工程质量问题，双方曾口头协商不再付给申请人5%保修金，此外的工程款早已全部支付。装修工程进行到最后，经双方协商确定最后付款额为5651443美元。因被申请人通过申请人将430440美元转交香港某公司用来购买装修材料，而该香港公司的法定代表人与申请人的法定代表人都是同一个人，被申请人有理由认为，该笔款项实际上是由申请人收取了，故应冲抵工程款，且余额应返还被申请人。对于申请人提交的工程竣工验收证书，被申请人提出没有其公章、未经总经理签字，是申请人单方面制造的。

2. 案件审理

仲裁庭审理查明：关于工程总价款问题，双方认可曾共同签字确认合同总价款由原来6771435美元降为5610099美元，申请人交给被申请人的工程预（结）算表中，就增加工程及签证分项列价，标明新增工程价为56636美元。被申请人代表对部分单价作修改，并注明"实际数量及价格合理，应按我们改后的单价结算，实际为52057美元"。仲裁庭由此认定工程总价款为5662156美元。

关于工程验收问题，申请人在装修工程完工后，即会同被申请人指定的设计师及管理人员进行验收，并且设计师及管理人员向申请人签发了"工程竣工验收证书"。由此仲裁庭认为被申请人有关验收证书异议不成立。

关于5%保修金问题，在工程竣工后的保修期内，申请人按照被申请人在验收证书中所列的保修项目作了全面整改，被申请人对整改项目也有签字认可。仲裁庭认为：被申请人主张无事实依据，应按合同约定支付申请人5%保修金及利息。关于工程尾款问题，根据被申请人已付数额，认定尚欠尾款为110000美元。对于多支付的430440美元，被申请人称双方均同意转交给某香港公司作为被申请人装修酒店购买装修材料的定金，被申请人同时承认申请人已将该定金汇给某香港公司。仲裁庭认为，香港公司和申请人是两个不同法人，被申请人不能以该两公司的法定代表人是同一人为由，而认为是申请人收取了定金，也不能以香港公司未履约为由，认为定金抵偿了工程款。最后仲裁委员会裁决被申请人偿付申请人工程尾款110000美元、保修金283777美元及两款相应利息。

3. 案例评析

诉讼与仲裁，是解决合同争议的两个基本法律途径。仲裁一般以不公开审理为原则，有着很好的保密性，对当事人今后的商业机会影响较小。同时仲裁实行一裁终局制、有利于迅速解决纠纷，并且由于时间上的快捷性，费用相应节省，又无需多级审级收费，故仲裁收费总体来说要比诉讼低一些。相对诉讼而言，建筑企业可优先考虑通过仲裁解决拖欠工程款等工程合同纠纷。此外，由于仲裁员通常是具有行业背景的专家，在解决复杂的专业问题上更有权威，因此仲裁结果更能符合实际。

选择仲裁解决工程合同纠纷，应在合同中事先约定或在发生争议后各方对通过仲裁解决达成一致，这是仲裁协议成立的法律要件之一。我国一些直辖市、省、自治区人民政府所在地及其他设区的市设有仲裁委员会，受理国内仲裁案件。中国国际经济贸易仲裁委员会和中国海事仲裁委员会是我国两个常设涉外仲裁机构，前者受理涉及中国法人、自然人、其他经济组织利用外国的、国际组织的或我国香港特别行政区、澳门特别行政区、台湾地区的资金、技术或服务进行项目融资、招标投标、工程建设等活动的争议以及其他涉外争议，后者受理的是涉外海事争议。

**案例 2**

原告：某经济技术开发区某建筑装饰公司

被告：某地区城乡建设委员会

1. 基本案情

原告某经济技术开发区某建筑装饰公司（以下简称某装饰公司）于 2005 年 3 月 15 日经某地区工商行政管理局核准登记，并领取营业执照，经营范围为：室内外装饰等。2005 年 3 月 14 日领取了由某省第二轻工业厅颁发的《室内装饰施工企业资质等级证书》。

2005 年 10 月 13 日，原告某装饰公司与某地区河道工程管理处海河宾馆签订了室内装饰工程施工承包合同。10 月 15 日，某装饰公司进入施工工地，同时聘用了江苏省泰兴市田河乡集城村的 6 名工人。10 月 20 日，某地区建设市场管理办公室对原告某装饰公司在海河宾馆的施工现场进行检查、认定原告某装饰公司有违法行为，遂于 2005 年 11 月 7 日对原告某装饰公司作出（95）某地建查字 1109 号《建设工程检查处理决定通知书》，认定原告某装饰公司有如下违法行为，并分别予以罚款：

1. 地区海河宾馆装饰工程，在未取得建设装饰装修资质证书的情况下进行建筑装饰装修设计、施工，违反了建设部第 46 号令《建筑装饰装修管理规定》第二十五条第一款的规定，处以罚款 12900 元。

2. 海河宾馆装饰工程由某装饰公司非法转包给江苏泰兴施工队伍，违反了建设部、国家工商局建法（1991）798 号即《建筑市场管理规定》第二十六条第二款的规定，处以罚款 2 万元。

3. 某装饰公司擅自招用未办理进省手续的省外队伍（江苏省泰兴施工队伍）进行施工，违反了《某省对省外建筑企业进省施工管理暂行办法》第十五条第一款的规定，处以罚款 5000 元。原告某装饰公司不服某地区建设市场管理办公室对其作出的上述处罚，在法定期限内向某地区中级人民法院提起了行政诉讼。

2. 案件审理

某地区中级人民法院经审理后认为：装饰行业管理问题，国务院办公厅（1992）31 号文对此作了明确的规定，由轻工系统管理室内装饰企业，某装饰公司取得了某省二轻厅核发的施工资质证书，依据该证书与海河宾馆签订的室内装饰合同，符合国务院的有关规定，被告某地区城乡建设委员会以原告某装饰公司无资质证书为由对其进行处罚属超越职权。某地区城乡建设委员会以某装饰公司非法转包和招用省外施工队伍为由进行处罚，既缺乏事实根据又超越职权，其三项处罚应予撤销。依照《中华人民共和国行政诉讼法》第七十条第（二）项、第（五）项的规定，判决如下：

（1）撤销地区建委（1995）某地建查字第 1109 号建设工程检查处理决定通知书。

（2）案件受理费 1526 元由被告某地区城乡建设委员会负担。

被告某地区城乡建设委员会不服某地区中级人民法院的一审判决，以某地区中级人民法院的行政判决严重背离事实，适用法律错误为由向某省高级人民法院提起上诉，请求二审人民法院撤销一审人民法院的判决。

某省高级人民法院作为第二审人民法院，审理认为：关于装饰行业归口管理问题，国务院办公厅（1992）31 号文已作了明确规定，室内装饰企业由轻工系统管理。某装饰公司已取得了某某省二轻厅核发的室内装饰企业资质证书，与海河宾馆签订的室内装饰合同，既未超出经营范围又不违反国务院办公厅的有关规定。经查，某装饰公司既未非法转包工程，又未招用省外施工队伍，某地区城乡建设委员会以某装饰公司无资质证书等为由对其进行行政处罚属超越职权，且无事实根据和法律依据。一审人民法院依法撤销其作出（1995）某地建查字 1109 号《建设工程检查处理决定通知书》并无不当。一审人民法院的判决认定事实清楚，适用法律、法规正确，应当予以维持。依据《中华人民共和国行政诉讼法》第六十一条第（一）项之规定，某省高级人民法院判决如下：驳回上诉，维持原判；二审案件受理费 1526 元由上诉人承担。

3. 案例评析

国务院办公厅（1992）31 号文将室内装饰的行政许可权归于轻工系统，也就是将室内装饰企业的许可证的核发以及监督管理一并赋予轻工系统。这样，在《建设工程质量管理条例》颁布实施之前，对违反室内装饰行政许可有关规定的行为进行处罚的行政处罚权也只能属于轻工系统的行政主管部门。本案原告某装饰公司经某地区工商行政管理局核准登记，并领取了营业执照，并于同年取得由某某省第二轻工业厅颁发的《室内装饰施工企业资质等级证书》，手续齐备，程序合法，已具备从事室内装饰工程的法定条件。

本案被告某地区城乡建设委员会并不是室内装饰企业行政许可的法定机关（即无权颁发《室内装饰施工企业资质等级证书》），被告某地区城乡建设委员会依据1995年建设部第46号令，即《建筑装饰装修管理规定》第二十五条第一款的规定，以原告某装饰公司未领取资质证书为由对其进行行政处罚无事实根据，同国务院办公厅的有关规定冲突，又未经有权机关委托对原告某装饰公司进行处罚，此行为属于超越职权，应予撤销。

**案例3**

原告：××建筑公司

被告：××房地产公司

1. 基本案情

2007年原告与被告签订建筑安装工程施工合同，约定由原告承包被告某项目一期和二期工程。一期工程如期于2008年9月竣工并交付使用。工程质量经建筑工程质量监督站评定为优良等级，后又经省建设厅评定为省优良样板工程。而此项工程，被告欠工程尾款75万元。二期工程由原告施工，工程进度按合同约定进行，至收尾阶段，被告欠工程尾款560万元。另按合同约定，被告还应付两项工程逾期付款违约金46万元，逾期付款利息100万元。被告拖欠巨额工程款，原告为维护企业的合法权益，在多次与被告交涉未果的情况下，于2009年诉至人民法院。

2. 案件审理

法院审理过程中，被告对原告诉指无异议，但对一期工程延误20天的工期，要求原告承担违约责任。法院在审理中查明，原告施工期间，市防汛国道指挥部于1998年8月1日发布冻结全市所有建筑施工单位的砂石建筑材料，以备统一调用的6号令，直到8月28日此令才得以解除。延误工期20天是不可抗拒力造成，原告不承担责任。

2009年12月法院对此案作出判决，就一期工程欠款判决被告偿付原告75万元，并付给原告垫付的案件受理费49300元。然而，判决下达后，被告既未在法定时限内提出上诉，判决生效后又不履行法律文书确定的还款义务。2010年11月，法院裁定将被告二期工程1～8层和地下室拍卖。

当法院下达194号《民事裁定书》后，某保险公司于12月15日向法院提出执行异议，声明二期工程由该公司全额出资兴建，拥有产权，并出示了一份实际上并未履行的所谓“联合开发”的合同，希图否定被告作为开发单位的身份。可是，在同年12月12日给原告的复函中则称该公司“已按合同向被告付款”，表明被告是开发单位。原来被告将未竣工在建项目二期卖给了保险公司，保险公司则在四层以上安排了员工居住。依据《建筑法》，未验收工程是不准使用的。处于此种情况下，保险公司想为自身一辩。但是，法院在2001年4月12日明确通知该公司：“你公司提出的执行异议不成立，现予以驳回。你公司应按我院194号裁定书履行。”

3．案例评析

业主的不规范行为是造成建筑市场混乱的一个主要原因。在本案中，房地产开发商一方面拖欠巨额工程款，另一方面又将在建工程卖给他人，这种不规范行为应当受到法律的制裁。我国《建筑法》及《建设工程质量管理条例》均明确规定，建设工程未经竣工验收合格，不得交付使用。违反了这一强制性规定的交易行为是违法的。本案中，案外人某保险公司在无完备竣工验收手续的情况下购买楼盘，这种行为是不受法律保护的。法院根据《建筑法》的有关规定驳回保险公司的异议是正确的。

# 第十二章　建设法律责任

## 第一节　法律责任概述

### 一、法律责任的概念

（一）法律责任的概念

法律责任也称违法责任，是指自然人、法人或国家公职人员因违反法律而应依照法律承担的法律后果。

（二）法律责任的特征

1. 法律责任具有法定性

法律责任的法定性主要表现了法律的强制性，即违反法律时就必然要受到法律的制裁，它是国家强制力在法律规范中的一个具体体现。

2. 引起法律责任的原因是法律关系的主体违反了法律

法律关系主体违反法律不仅包括没有履行法定义务，而且还包括超越法定权利。任何违反法定的义务或超越法定权利的行为，都是对法律秩序的破坏，因而必然要受到国家强制力的修正或制裁。

3. 法律责任的大小同违反法律义务的程度相适应

违反法律义务的内容多、程度深，法律责任就大，相反，违反法律义务少、程度浅，法律责任就小。

4. 法律责任须由专门的国家机关和部门来认定

法律责任是根据法律的规定而让违法者承担一定的责任，是法律适用的一个组成部分。因此，它必须由专门的国家机关或部门来认定，无权的单位和个人是不能确定法律责任的。

### 二、法律责任的构成要件

通常，有违法行为就要承担法律责任，受到法律制裁。但是，并不是每一个违法行为都能引起法律责任，只有符合一定条件的违法行为才能引起法律责任。这种能够引起法律责任的各种条件的总和称之为法律责任的构成要件。法律责任的构成要件有两种：一类是一般构成要件，即只要具备了这些条件就可以引起法律责任，法律无需明确规定这些条件；另一类是特殊要件，即只有具备法律规定的要件时，才能构成法律责任。特殊要件必须有法律的明确规定。

（一）一般构成要件

法律责任的一般构成要件由以下四个条件构成，它们之间互为联系、互为作用，缺一不可。

1. 有损害事实发生

损害事实就是违法行为对法律所保护的社会关系和社会秩序造成的侵害。这种损害事实首先具有客观性，即已经存在，没有存在损害事实，则不构成法律责任。其次，损害事实不同于损害结果。损害结果是违法行为对行为指向的对象所造成的实际损害。由此可见，有些违法行为尽管没有损害结果，但是已经侵犯了一定的社会关系或社会秩序，因而也要承担法律责任，如犯罪的预备、未遂、中止等。

2. 存在违法行为

法律规范中规定法律责任的目的就在于让国家的政治生活和社会生活符合统治阶级的意志，以国家强制力来树立法律的威严，制裁违法，减少犯罪。如果没有违法行为，就无需承担法律责任，而且合法的行为还要受到法律的保护。所以，只要行为没有违法，尽管造成了一定的损害结果，也不承担法律责任。如正当防卫、紧急避险和执行职务的行为，就不承担法律责任。

3. 违法行为与损害事实之间有因果关系

违法行为与损害事实之间的因果关系，指的是违法行为与损害事实之间存在着客观的、必然的因果关系。就是说，一定损害事实是该违法行为所引起的必然结果，该违法行为正是引起损害事实的原因。

4. 违法者主观上有过错

所谓过错，是指行为人对其行为及由此引起的损害事实所抱的主观态度，包括故意和过失。如果行为在主观上既没有故意也没有过失，则行为人对损害结果不必承担法律责任。如企业在施工中遇到严重的暴风雨，造成停工，从而延误了工期，在这种情况下，停工行为和延误工期造成损失的结果并非出自施工者的故意和过失，而属于不可抗力，因而不应承担法律责任。

（二）特殊构成要件

特殊构成要件是指由法律特殊规定的法律责任的构成要件，它们不是有机地结合在一起的，而是分别同一般要件构成法律责任。

1. 特殊主体

在一般构成要件中对违法者即承担责任的主体没有特殊规定，只要具备了相应的行为能力即可成为责任主体，而特殊主体则不同。它是指法律规定违法者必须具备一定的身份和职务时才能承担法律责任。主要指刑事责任中的职务犯罪，如贪污、受贿等，以及行政责任中的职务违法，如徇私舞弊、以权谋私等。不具备这一条件时，则不承担这类责任。

2. 特殊结果

在一般构成要件中，只要有损害事实的发生就要承担相应的法律责任，而在特殊结果中则要求后果严重、损失重大，否则不能构成法律责任。如质量监督人员对工程的质量监督工作粗心大意、不负责任，致使应当发现的隐患而没有发现，造成严重的质量事故，那么他就要承担玩忽职守的法律责任。

3. 无过错责任

一般构成要件都要求违法者主观上必须有过错，但许多民事责任的构成要件则不要求行为者主观上是否有过错，只要有损害事实的发生，那么，受益人就要承担一定的法律责任。这种责任，主要反映了法律责任的补偿性，而不具有法律制裁意义。

4. 转承责任

一般构成要件都是要求实施违法行为者承担法律责任，但在民法和行政法中，有些法律责任则要求与违法者有一定关系的第三人来承担。如未成年人将他人打伤的侵权赔偿责任，应由未成年人的监护人来承担。

## 三、法律责任的种类

依照行为违法的不同和违法者承担法律责任的方式的不同，法律责任可分为民事责任、行政责任、经济责任、刑事责任和违宪责任。这里，仅介绍前四种。

1. 民事责任

民事责任是指按照民法规定，民事主体违反民事义务时所应承担的法律责任。以产生责任的法律基础为标准，民事责任可分为违约责任和侵权责任。违约责任是指行为人不履行合同义务而承担的责任。侵权责任是指行为人侵犯国家、集体和公民的财产权利以及侵犯法人名称权和自然人的人身权时所应承担的责任。承担民事责任的方式有：停止侵害、排除妨碍、消除危险、返还财产、恢复原状、修理、更换、重作、赔偿损失、支付违约金、消除影响、恢复名誉、赔礼道歉等。

2. 行政责任

行政责任是指因违反法律和法规而必须承担的法律责任。它包括两种情况：一种是公民和法人因违反行政管理法律、法规的行为而应承担的行政责任；另一种是国家工作人员因违反政纪或在执行职务时违反行政法规的行为而应承担的责任。与此相适应的行政责任的承担方式分为两类：一类是行政处罚，即由国家行政机关或授权的企事业单位、社会团体，对公民和法人违反行政管理法律和法规的行为所实施的制裁，主要有警告、罚款、拘留、没收、停止营业等；另一类是行政处分，即由国家机关、企事业单位对其工作人员违反行政法规或政纪的行为所实施的制裁，主要有警告、记过、记大过、降职、降薪、撤职、留用察看、开除等。

3. 经济责任

经济责任是指经济法律关系主体因违反经济法律和法规而应承担的法律责任。由于经济法律关系包含了行政、民事法律关系的内容，因此，其法律责任的承担方式主要是行政责任和民事责任的承担方式，如果违反经济法律关系的行为触犯了刑法的规定，那么，必须承担刑事责任。

4. 刑事责任

刑事责任是指犯罪主体因违反刑法的规定，实施了犯罪行为时所应承担的法律责任。刑事责任是法律责任中最强烈的一种，其承担方式是刑事处罚。刑事处罚有两种：一种是主刑，包括管制、拘役、有期徒刑、无期徒刑和死刑；另一种是附加刑，包括罚金、没收财产和剥夺政治权利。有些刑事责任可以根据犯罪的具体情况而免除刑事处罚。对免除刑事处罚的罪犯，有关部门可以根据法律的规定使其承担其他种类法律责任，如对贪污犯可以给予开除公职的行政处分等。

## 第二节　工程建设常见法律责任

### 一、工程建设民事责任

1. 民事责任概念

民事责任是指按照民法规定，民事主体违反民事义务时所应承担的法律责任。

2. 民事责任分类

(1) 违约责任是指行为人不履行合同义务而承担的责任。

(2) 侵权责任是指行为人侵犯国家、集体和公民的财产权利以及侵犯法人名称权和自然人的人身权时所应承担的责任。

3. 承担民事责任的方式

1) 停止侵害

当侵权行为人实施的侵权行为仍然处于继续状态时，受害人可以依法要求法院责令加害人停止侵害人身或财产权的行为。停止侵害可以及时制止侵权行为，防止侵害后果的继续扩大。

2) 排除妨碍

当侵权行为人实施的侵权行为使受害人的财产权利、人身权利无法正常行使时，受害人有权请求排除妨碍。

3) 消除危险

当行为人的行为对他人的人身财产安全造成了威胁，或存在对他人人身、财产造成损害的危险时，处于危险中的人有权要求行为人采取措施消除危险。

4）返还财产

当侵权行为人没有合法依据，将他人财产据为己有时，受害人有权要求其返还财产。返还财产是物的追及权的表现形式，根据民法理论，无论物权标的物辗转于何人之手，其所有人均可要求物的占有人进行返还。

5）恢复原状

恢复原状是指侵权行为致使他人的财产遭到损坏或形状改变，受害人有权要求加害人对受损财产进行修复或采取其他措施，使其回复到原来状态。

6）赔偿损失

当侵权行为人给他人造成财产或人身损害时，应当给予赔偿。所谓赔偿，就是以金钱方式对受害人遭受的损失进行弥补。一般而言包括对财产损失的赔偿，对人身损害的赔偿以及精神损害的赔偿。

（1）对财产损失的赔偿。侵权行为人侵犯他人财产权的，首先应返还原物，原物如果损坏但能修复的要尽量修复，修复后导致价值减少的应给予经济补偿，如果既不能返还原物，又不能恢复原状的，就应考虑进行赔偿损失。

（2）对人身损害的赔偿。侵害公民身体造成伤害的，应当赔偿医疗费、因误工减少收入、残废者生活补助费等费用；造成死亡的，并应当支付丧葬费、死者生前抚养的人必要的生活费等费用。

（3）精神损害的赔偿。所谓精神损害，是指民事主体依法享有的人格权和身份权受到不法侵害，遭受到的精神上的痛苦。对精神损害以金钱的方式给予赔偿可以对受害者以经济上的补偿、精神上的抚慰。精神损害赔偿的内容除要求侵权人承担停止侵害、恢复名誉、消除影响、赔礼道歉等民事责任外，受害人还可要求侵权人赔偿相应的精神损害抚慰金。精神抚慰金的方式包括：致人残疾的，为残疾赔偿金；致人死亡的，为死亡赔偿金；以及其他损害情形的精神抚慰金。

7）消除影响、恢复名誉

（1）公民的姓名权、肖像权。名誉权、荣誉权受到侵害的，有权要求恢复名誉，消除影响。

（2）法人的名称权、名誉权、荣誉权受到侵害的，也可要求恢复名誉、消除影响。

（3）消除影响，是指行为人因为其侵权行为在一定范围内对受害人的人格权造成了不良影响，应该予以消除。

（4）恢复名誉，是指侵权行为人因其侵权行为导致被害人人格评价降低的，应该使受害人的人格利益恢复至未受侵害前的状态。

8）赔礼道歉

（1）赔礼道歉是指侵权行为人通过向受害人承认错误、表达歉意、请求原谅的方式以弥补受害人心理上的创伤。

（2）赔礼道歉适用于对公民的姓名权、肖像权、名誉权、荣誉权的侵害及对法人的名称权、名誉权、荣誉权的侵害。

4. 违反建筑市场管理法律、法规责任认定与处理

1）连带责任

建筑施工企业转让，出借资质证书或者以其他方式允许他人以本企业的名义承揽工程的，对承揽工程不符合规定的质量标准造成的损失，建筑施工企业与使用本企业名义的单位或者个人承担连带赔偿责任。

2）损害赔偿责任

涉及主体或承重结构变动的装修工程擅自施工的，给他人造成损失的，应当承担补偿损失的责任。

3）因相邻关系引起的民事责任

（1）施工现场对毗邻建筑物、构筑物和特殊环境可能造成损害的，建筑施工企业应当采取安全防护措施。否则，对方有权要求排除危险，由此造成损失的，建筑施工单位应当赔偿。

（2）建筑施工企业应当保护施工现场的地下管线。否则有关方面有权要求停止侵害；造成损失的，建筑施工单位应当赔偿。

（3）施工现场因噪声，振动等妨碍周围人生产、生活的，他人有权要求建筑施工单位采取控制措施。对由此造成损害的，建筑施工单位应当赔偿。

4）职务侵权责任

负责颁发建筑工程施工许可证的部门及其工作人员，对不符合施工条件的建筑工程颁发许可证的，负责工程质量监督检查或竣工验收部门及其工作人员，对不合格的建筑工程出具合格文件或按合格工程验收的。如造成损失，由该部门承担相应的赔偿责任。

5. 违反建设工程质量管理法律、法规责任认定与处理

1）连带责任

（1）承包单位转包工程或者违法分包，造成工程不符合工程质量标准的损失由承包单位与接受转包和分包的单位承担连带赔偿责任。

（2）工程监理单位与建设单位或施工企业串通，弄虚作假，降低工程质量造成损失，由工程监理单位、建设单位或施工企业承担连带赔偿责任。

2）损害赔偿责任

（1）建筑设计单位不按照建筑工程质量、安全标准进行设计，造成损失的，承担赔偿责任。

（2）建筑企业在施工中偷工减料的，使用不合格建筑材料、建筑构配件和设备的，

或者不按工程设计图纸或施工技术标准施工的行为，造成工程质量不符合规定的质量标准，首先是返工、修理，如果造成损失，还应当赔偿因此造成的损失。

3）质量责任

（1）在建筑物的合理使用寿命内，因建筑质量不合格受到损害、受害方有权依据实际情况向施工单位、设计单位、建设单位、监理单位要求赔偿。

（2）在建设工程保修期内出现屋顶、墙面渗漏、开裂等质量问题，有关方面应当承担维修和赔偿责任。但因意外事件而出现的问题，有关方面不承担责任。

## 二、工程建设行政责任

1. 行政责任概念

行政责任是指因违反法律和法规而必须承担的法律责任。

2. 行政责任分类

（1）公民和法人因违反行政管理法律、法规的行为而应承担的行政责任。

（2）国家工作人员因违反政纪或在执行职务时违反行政法规的行为。

3. 行政责任的承担方式

（1）行政处罚。即由国家行政机关或授权的企事业单位、社会团体，对公民和法人违反行政管理法律和法规的行为所实施的制裁，主要有警告、罚款、拘留、没收、停止营业等。

（2）行政处分。即由国家机关、企事业单位对其工作人员违反行政法规或政纪的行为所实施的制裁，主要有警告、记过、记大过、降职、降薪、撤职、留用察看、开除等。

4. 违反建筑市场管理法律、法规责任认定与处理

（1）建设单位未取得施工许可证或者开工报告未经批准擅自施工的，责令停止施工，限期改正，处工程合同价款1%以上2%以下罚款。

（2）建设单位将工程发包给不具有相应资质等级的勘察、设计、施工单位或委托给不具有相应资质等级的工程监理单位的，责令改正，处以50万以上100万以下的罚款；将建筑工程肢解发包的，责令改正，处以合同价款的0.5%以上1%以下的罚款；超越本单位资质等级承揽工程的，责令停止违法行为并处以罚款，可以责令停业整顿，降低资质等级；情节严重的，吊销资质证书；有违法所得的，予以没收。未取得资质证书的，予以取缔，并处罚款；有违法所得的，予以没收。以欺骗手段取得资质证书的，吊销资质证书，处以罚款。

（3）勘察、设计、施工、监理单位超越本单位资质等级承揽工程的，责令停止违法行为，对勘察、设计、施工、监理单位处以合同约定的勘察费、设计费或者监理酬金1倍以上2倍以下的罚款。对施工单位处以工程合同价款2%以上4%以下的罚款，

可以责令停业，降低资质等级；情节严重的，吊销资质证书；有违法所得的，予以没收。未取得资质证书承揽工程的，予以取缔，处以罚款；以欺骗手段取得资质证书承揽工程的，吊销资质证书，处以罚款。

（4）勘察、设计、施工、工程单位允许其他单位或个人以本单位名义承揽工程的，责令改正，没收违法所得，对勘察、设计单位和工程监理单位处以合同约定的勘察费、设计费和监理酬金1倍以上2倍以下的罚款。对施工单位处以工程合同价款2%以上4%以下的罚款；可以责令停业整顿，降低资质等级；情节严重的，吊销资质证书。

（5）承包单位将承包的工程转包的，或者违反法律规定进行分包的，责令改正，没收违法所得，并处以罚款，对勘察设计单位，处以合同约定的勘察费、设计费25%以上50%以下的罚款。对施工单位处以工程合同价款0.5%以上1%以下的罚款；可以责令停业整顿，降低资质等级；情节严重的，吊销资质证书。

（6）在工程发包与承包中索贿、受贿、行贿构成犯罪的，分别处以罚款，没收贿赂的财物，对直接负责的主管人员和其他直接责任人员给予处分。对行贿的单位除依照上述的规定处罚外，可以责令停业整顿，降低资质等级或者吊销资质证书。

（7）违反法律规定，涉及建筑主体或者承重结构变动的装修工程擅自施工的，责令改正，处以罚款。

5. 违反建设工程质量管理法律、法规责任认定与处理

（1）勘察单位未按照工程建设强制性标准进行勘察的；设计单位未根据勘察成果文件进行工程设计的；设计单位指定建筑材料、建筑构配件的生产厂、供应商的；设计单位未按照工程建设强制性标准进行设计的，责令其改正，并处以10万元以上30万元以下罚款，造成工程质量事故的，责令停止整顿，降低资质等级；情节严重的，吊销资质证书。

（2）工程监理单位与建设单位或者建筑施工企业串通，弄虚作假、降低工程质量的；或者将不合格的建设工程、建筑材料、建筑构配件和设备按照合格签字的，责令改正，处以50万以上100万以下的罚款，降低资质等级或者吊销资质证书；有违法所得的，予以没收，造成损失的，承担连带赔偿责任。工程监理单位转让监理业务的，责令改正，没收违法所得，可以责令停止整顿，降低资质等级；情节严重的，吊销资质证书。工程监理单位与监理工程的施工承包单位以及建筑材料、建筑构配件和设备供应单位有隶属关系或者其他利害关系而承担该项建设工程的监理业务的，责令改正，处以5万元以上10万元以下的罚款，降低资质等级或者吊销资质证书；有违法所得的，予以没收。

（3）建设单位违反规定，明示或者暗示设计单位或者施工单位违反工程建设强制性标准，降低工程质量的，责令改正，处20万以上50万以下的罚款。

（4）施工单位在施工中偷工减料的，使用不合格的建筑材料、建筑构配件和设备

的，或者有不按照工程设计图纸或者施工技术标准施工的其他行为的，责令改正，处工程合同价款2%以上4%以下的罚款；造成建设工程质量不符合规定的质量标准的，负责返工、修理，并赔偿因此造成的损失；情节严重的，责令停业整顿，降低资质等级或者吊销资质证书。

（5）施工单位不履行保修义务或者拖延履行保修义务的，责令改正，处10万元以上20万元以下的罚款，并对在保修期内因质量缺陷造成的损失承担赔偿责任。

（6）涉及建筑主体或者承重结构变动的装修工程，没有设计方案擅自施工的，责令改正，处50万元以上100万元以下的罚款；房屋建筑使用者在装修过程中擅自变动房屋建筑主体和承重结构的，责令改正，处5万元以上10万元以下的罚款。造成损失的，承担赔偿责任。

（7）发生重大质量事故隐瞒不报、谎报或者拖延报告期限的，对直接负责的主管人员和其他责任人员依法给予行政处分。

（8）注册建筑师、注册结构工程师、监理工程师等注册执业人员因过错造成质量事故的，责令停止执业1年；造成重大质量事故的，吊销执业资格证书，5年以内不予注册，情节特别恶劣的，终身不予注册。

（9）建设、勘察、设计、施工、工程监理单位的工作人员因调动工作、退休等原因离开该单位后，被发现在该单位工作期间违反国家有关建设工程质量管理规定，造成重大工程质量事故的，仍应当依法追究法律责任。

6. 违反建设工程安全管理法律、法规责任认定与处理

（1）建筑设计单位不按照建筑工程质量、安全标准进行设计的，责令改正，处以罚款；造成工程质量事故的，责令停业整顿，降低资质等级或者吊销资质证书，没收违法所得，并处以罚款；造成损失的，承担赔偿责任。

（2）建筑施工企业安全生产规章制度不落实或者违章指挥、违章作业的；不按照建筑安全生产技术标准施工或者构配件生产，存在着严重事故隐患或者发生伤亡事故的；不按照规定提取和使用安全技术措施费，安全技术措施不落实，连续发生伤亡事故的；连续发生同类伤亡事故或者伤亡事故连年超标，或者发生重大死亡事故的；对发生重大伤亡事故抢救不力，致使伤亡人数增多的；对于伤亡事故隐匿不报或者故意拖延不报的，由县级以上人民政府建设行政主管部门分别给予警告、通报批评、责令限期改正、限期不准承包工程或者停产整顿、降低企业资质等级的处罚。

（3）负责行政审批的政府部门或者机构对不符合法律、法规和规章规定的安全条件予以批准的，不对取得批准的单位和个人实施严格监督检查，或者发现其不再具备安全条件而不立即撤销原批准的，对发现或者举报的未依法取得批准而擅自从事有关活动的，不予查封、取缔、不依法给予行政处罚，工商行政管理部门不予吊销营业执照的，对部门或者机构的正职负责人，根据情节轻重，给予降级、撤职直至开除公职

的行政处分。

(4) 市（地、州）、县（市、区）人民政府依照规定应当履行职责而未履行，或者未按照规定的职责和程序履行，本地区发生特大安全事故的，对政府主要领导人，根据情节轻重，给予降级或者撤职的行政处分。

(5) 发生特大安全事故，社会影响特别恶劣或者性质特别严重的，由国务院对负有领导责任的省长、自治区主席、直辖市市长和国务院有关部门正职负责人给予行政处分。

## 三、工程建设刑事责任

1. 刑事责任概念

刑事责任是指犯罪主体因违反刑法的规定，实施了犯罪行为时所应承担的法律责任。

2. 刑事责任的承担方式

1）刑事责任的承担方式是刑事处罚。刑事处罚有两种

(1) 主刑，包括管制、拘役、有期徒刑、无期徒刑和死刑。

(2) 附加刑，包括罚金、没收财产和剥夺政治权利。

2）有些刑事责任可以根据犯罪的具体情况而免除刑事处罚。对免除刑事处罚的罪犯，有关部门可以根据法律的规定使其承担其他种类法律责任，如对贪污犯可以给予开除公职的行政处分等。

3. 在城乡规划实施过程中引起刑事责任的行为

(1) 由于违法建设行为而造成严重危害，威胁居民生命安全，使国家财产遭受重大损失，情节严重，已经构成违法的。

(2) 以暴力、威胁方法阻挠城市规划管理人员依法执行公务，造成城乡规划实施受到严重影响，国家财产受到重大损失的直接责任人员，情节严重，已经构成犯罪的。

(3) 由于城市规划行政主管部门的工作人员玩忽职守、滥用职权、徇私舞弊使国家、集体和公民个人财产遭受重大损失，情节严重，构成犯罪的。

(4) 在城市规划实施过程中，由于违法建设行为而造成严重危害，威胁居民生命安全，使国家财产遭受重大损失，已经构成犯罪的，对于有关责任人员要追究刑事责任。

4. 违反建筑市场管理法律、法规责任认定与处理

(1) 在工程发包与承包中索贿、受贿、行贿，情节严重的，分别依照《刑法》第一百六十三条、第一百六十四条、第三百八十五条、第三百八十六条和第三百九十条的规定追究受贿罪和行贿罪的刑事责任，可以判处 5 年以下有期徒刑或者拘役；数额巨大或特别巨大的，可以处 5 年以上有期徒刑直至死刑，并可没收财产。

（2）对不具备相应资质等级条件的单位颁发该等级资质证书的；对不符合施工条件的建筑工程颁发施工许可证的；对不合格的建筑工程出具质量合格文件或者按合格工程验收的；政府及其所属部门的工作人员指定发包单位将招标发包的工程发包给指定的承包单位的，依照《刑法》第三百九十七条追究滥用职权罪、玩忽职守罪或者徇私舞弊罪的刑事责任。其中，滥用职权或者玩忽职守致使公共财产、国家和人民利益遭受重大损失的，处 3 年以下有期徒刑或者拘役；情节特别严重的，处 3 年以上 7 年以下有期徒刑。徇私舞弊致使公共财产、国家和人民利益遭受重大损失的，处 5 年以上 10 年以下有期徒刑。

5. 违反建设工程质量管理法律、法规责任认定与处理

工程监理单位与建设单位、施工单位串通，弄虚作假、降低工程质量的；建设单位要求建筑设计单位或施工企业违反建筑工程质量、安全标准，降低工程质量的；建筑设计单位不按照建筑质量、安全标准进行设计的；建筑施工企业在施工中偷工减料、使用不合格的建筑材料、建筑构配件和设备的，或者其他不按工程设计图纸或者施工技术标准施工的；涉及建筑主体或承重结构变动的装修工程擅自施工的；用欺骗手段取得资质证书的，发生重大质量、安全事故的，追究其建筑工程安全事故罪的刑事责任，依照《刑法》第一百三十七条的规定，对直接责任人员处五年以下有期徒刑或者拘役，并处罚金；后果特制严重的，处 5 年以上 10 年以下有期徒刑，并处罚金。

6. 违反建设工程安全管理法律、法规责任认定与处理

（1）工程设计单位不按照建筑工程质量、安全标准进行设计的，构成犯罪的，依法追究刑事责任。

（2）工程施工企业对事故隐患不采取措施，致使发生重大事故，造成劳动者生命和财产损失的，追究刑事责任。工程施工企业强令劳动者违章冒险作业，发生重大伤亡事故，造成严重后果的，对责任人员依法追究刑事责任。工程施工企业安全生产规章制度不落实或者违章指挥、违章作业的；不按照建筑安全生产技术标准施工或者构配件生产，存在着严重事故隐患或者发生伤亡事故的；不按照规定提取和使用安全技术措施费，安全技术措施不落实，连续发生伤亡事故的；连续发生同类伤亡事故或者伤亡事故连年超标，或者发生重大死亡事故的；对发生重大伤亡事故抢救不力，致使伤亡人数增多的；对于伤亡事故隐匿不报或者故意拖延不报，构成犯罪的，由司法机关依法追究刑事责任。

（3）负责行政审批的政府部门或者机构与当事人勾结串通的，构成受贿罪、玩忽职守罪或者其他罪的，依法追究刑事责任。负责行政审批的政府部门或者机构、负责安全监督管理的政府有关部门，未依照规定履行职责，发生特大安全事故的，对部门或者机构的正职负责人，根据情节轻重，给予撤职或者开除公职的行政处分；构成玩忽职守罪或者其他罪的，依法追究刑事责任。

（4）市（地、州）、县（市、区）人民政府依照规定应当履行职责而未履行，或者未按照规定的职责和程序履行，本地区发生特大安全事故的，对构成玩忽职守罪的政府主要领导人，依法追究刑事责任。

7. 工程建设活动中常见的刑事犯罪

1）重大责任事故罪。

重大责任事故罪是在生产、作业中违反有关安全管理的规定，因而发生重大伤亡事故或者造成其他严重后果的，处三年以下有期徒刑或者拘役；情节特别恶劣的，处三年以上七年以下有期徒刑。

2）重大劳动安全事故罪

重大劳动安全事故罪，是刑法修改后新增设的罪名，是指安全生产设施或者安全生产条件不符合国家规定，因而发生重大伤亡事故或者造成其他严重后果的行为。本罪的犯罪构成，犯罪主体是特殊主体，即是企事业单位中的对造成重大责任事故负有直接责任的主管人员或其他直接责任人员。

安全生产设施或者安全生产条件不符合国家规定，因而发生重大伤亡事故或者造成其他严重后果的，对直接负责的主管人员和其他直接责任人员，处三年以下有期徒刑或者拘役；情节特别恶劣的，处三年以上七年以下有期徒刑。

3）工程重大安全事故罪

工程重大安全事故罪，是指建设单位、设计单位、施工单位、工程监理单位违反国家规定，降低工程质量标准，造成重大安全事故的行为。

建设单位、设计单位、施工单位、工程监理单位违反国家规定，降低工程质量标准，造成重大安全事故的，对直接责任人员，处五年以下有期徒刑或者拘役，并处罚金；后果特别严重的，处五年以上十年以下有期徒刑，并处罚金。

4）公司、企业人员受贿罪

（1）公司、企业人员受贿罪是指公司、企业的工作人员利用职务上的便利，索取他人财物或者非法收受他人财物，为他人谋取利益，数额较大的行为。

（2）公司、企业人员受贿罪是故意犯罪，犯本罪，数额较大（5000 元至 2 万元以上）的，处 5 年以下有期徒刑或者拘役；数额巨大（10 万元以上）的，处 5 年以上有期徒刑，可以并处没收财产。

5）向公司、企业人员行贿罪

（1）向公司、企业人员行贿罪是指为谋取不正当利益，给予公司、企业的工作人员以财物，数额较大的行为。

（2）向公司、企业人员行贿罪是故意犯罪，犯本罪，数额较大（5000 元至 2 万元以上）的，处 3 年以下有期徒刑或者拘役；数额巨大（10 万元以上）的，处 3 年以上 10 年以下有期徒刑，可以并处罚金。单位犯本罪的，实行双罚制，即对单位判处罚金，并对其直接负责的主管人员或其他责任人员作出相应处罚。

6）贪污罪

（1）贪污罪是指国家工作人员利用职务上的便利，侵吞、窃取、骗取或者以其他手段非法占有公共财物的行为。

（2）贪污罪是故意犯罪，犯本罪，数额较大（5000 元至 2 万元以上）的，处 5 年以下有期徒刑或者拘役；数额巨大（10 万元以上）的，处 5 年以上有期徒刑，可以并处没收财产。

7）介绍贿赂罪

（1）介绍贿赂罪，是指向国家工作人员介绍贿赂，情节严重的行为。

（2）介绍贿赂罪是故意犯罪，犯本罪的，处 3 年以下有期徒刑或者拘役。介绍贿赂人在被追诉前主动交代介绍贿赂行为的，可以减轻处罚或者免除处罚。

8）单位行贿罪

（1）单位行贿罪，是指公司、企业、事业单位、机关、团体为谋取不正当利益而行贿，或者违反国家规定，给予国家工作人员以回扣、手续费，情节严重的行为。

（2）单位行贿罪是故意犯罪，犯本罪的，对单位判处罚金，并对其直接负责的主管人员和其他直接责任人员，处 5 年以下有期徒刑或者拘役。

9）签订、履行合同失职罪

（1）国家机关工作人员签订、履行合同失职被骗罪，是指国家机关工作人员在签订、履行合同过程中，因严重不负责任被诈骗，致使国家利益遭受重大损失的行为。

（2）国家机关工作人员签订、履行合同失职被骗罪是过失犯罪，犯本罪的，处 3 年以下有期徒刑或者拘役；致使国家利益遭受特别巨大损失的，处 3 年以上 7 年以下有期徒刑。

10）非法低价出让国有土地使用权罪

（1）非法低价出让国有土地使用权罪，是指国家机关工作人员徇私舞弊，违反土地管理法规，非法低价出让国有土地使用权，情节严重的行为。

（2）非法低价出让国有土地使用权是故意犯罪，犯本罪的，处 3 年以下有期徒刑或者拘役；致使国家或者集体利益遭受特别重大损失的，处 3 年以上 7 年以下有期徒刑。

11）强迫职工劳动罪

（1）强迫职工劳动罪，是指用人单位违反劳动管理法规，以限制人身自由方法强迫职工劳动，情节严重的。

（2）强迫职工劳动罪是故意犯罪，犯本罪的，实行单罚制，即对用人单位的直接责任人员，处 3 年以下有期徒刑或者拘役；并处或单处罚金。

12）挪用公款罪

（1）挪用公款罪，是指国家工作人员利用职务上的便利，挪用公款归个人使用，进行非法活动的，或者挪用公款数额较大、进行营利活动的，或者挪用公款数额较大、超过 3 个月未还的行为。

（2）挪用公款罪是故意犯罪，犯本罪的，处 5 年以下有期徒刑或者拘役；情节严重的，处 5 年以上有期徒刑；挪用公款数额巨大不退还的，处 10 年以上有期徒刑或者无期徒刑。

13）重大环境污染事故罪

（1）是指违反国家规定，向土地、水体、大气排放、倾倒或者处置有放射性废物、含传染病病原体的废物、有毒物质或者其他危险废物，造成重大环境污染事故，致使公共财产遭受重大损失或者人身伤亡的严重后果的行为。

（2）重大环境污染事故罪是过失犯罪，犯本罪的，处 3 年以下有期徒刑或者拘役，并处或者单处罚金；后果特别严重的，处 3 年以上 7 年以下有期徒刑，并处罚金。单位犯本罪的，对单位判处罚金，对其直接负责的主管人员和其他直接责任人员依照上述规定处罚。

## 第三节　工程建设法律责任的认定与处理

### 一、违反《城乡规划法》的法律责任

1. 对依法应当编制城乡规划而未组织编制，或者未按法定程序编制、审批、修改城乡规划的，由上级人民政府责令改正，通报批评；对有关人民政府负责人和其他直接责任人员依法给予处分。

2. 城乡规划组织编制机关委托不具有相应资质等级的单位编制城乡规划的，由上级人民政府责令改正，通报批评；对有关人民政府负责人和其他直接责任人员依法给予处分。

3. 镇人民政府或者县级以上人民政府城乡规划主管部门有下列行为之一的，由本级人民政府、上级人民政府城乡规划主管部门或者监察机关依据职权责令改正，通报批评；对直接负责的主管人员和其他直接责任人员依法给予处分：

（1）未依法组织编制城市的控制性详细规划、县人民政府所在地镇的控制性详细规划的。

（2）超越职权或者对不符合法定条件的申请人核发选址意见书、建设用地规划许可证、建设工程规划许可证、乡村建设规划许可证的。

（3）对符合法定条件的申请人未在法定期限内核发选址意见书、建设用地规划许可证、建设工程规划许可证、乡村建设规划许可证的。

（4）未依法对经审定的修建性详细规划、建设工程设计方案的总平面图予以公

布的。

（5）同意修改修建性详细规划、建设工程设计方案的总平面图前未采取听证会等形式听取利害关系人的意见的。

（6）发现未依法取得规划许可或者违反规划许可的规定在规划区内进行建设的行为，而不予查处或者接到举报后不依法处理的。

4. 县级以上人民政府有关部门有下列行为之一的，由本级人民政府或者上级人民政府有关部门责令改正，通报批评；对直接负责的主管人员和其他直接责任人员依法给予处分：

（1）对未依法取得选址意见书的建设项目核发建设项目批准文件的。

（2）未依法在国有土地使用权出让合同中确定规划条件或者改变国有土地使用权出让合同中依法确定的规划条件的。

（3）对未依法取得建设用地规划许可证的建设单位划拨国有土地使用权的。

5. 城乡规划编制单位有下列行为之一的，由所在地城市、县人民政府城乡规划主管部门责令限期改正，处以合同约定的规划编制费一倍以上两倍以下的罚款；情节严重的，责令停业整顿，由原发证机关降低资质等级或者吊销资质证书；造成损失的，依法承担赔偿责任：

（1）超越资质等级许可的范围承揽城乡规划编制工作的。

（2）违反国家有关标准编制城乡规划的。

未依法取得资质证书承揽城乡规划编制工作的，由县级以上地方人民政府城乡规划主管部门责令停止违法行为，依照前款规定处以罚款；造成损失的，依法承担赔偿责任。

以欺骗手段取得资质证书承揽城乡规划编制工作的，由原发证机关吊销资质证书，依照本条第一款规定处以罚款；造成损失的，依法承担赔偿责任。

6. 城乡规划编制单位取得资质证书后，不再符合相应的资质条件的，由原发证机关责令限期改正；逾期不改正的，降低资质等级或者吊销资质证书。

7. 未取得建设工程规划许可证或者未按照建设工程规划许可证的规定进行建设的，由县级以上地方人民政府城乡规划主管部门责令停止建设；尚可采取改正措施消除对规划实施的影响的，限期改正，处以建设工程造价5%以上10%以下的罚款；无法采取改正措施消除影响的，限期拆除，不能拆除的，没收实物或者违法收入，可以并处建设工程造价10%以下的罚款。

8. 在乡、村庄规划区内未依法取得乡村建设规划许可证或者未按照乡村建设规划许可证的规定进行建设的，由乡、镇人民政府责令停止建设、限期改正；逾期不改正的，可以拆除。

9. 建设单位或者个人有下列行为之一的，由所在地城市、县人民政府城乡规划主管部门责令限期拆除，可以并处临时建设工程造价一倍以下的罚款：

（1）未经批准进行临时建设的。

（2）未按照批准内容进行临时建设的。

（3）临时建筑物、构筑物超过批准期限不拆除的。

10. 建设单位未在建设工程竣工验收后六个月内向城乡规划主管部门报送有关竣工验收资料的，由所在地城市、县人民政府城乡规划主管部门责令限期补报；逾期不补报的，处以1万元以上5万元以下的罚款。

11. 城乡规划主管部门作出责令停止建设或者限期拆除的决定后，当事人不停止建设或者逾期不拆除的，建设工程所在地县级以上地方人民政府可以责成有关部门采取查封施工现场、强制拆除等措施。

12. 违反本法规定，构成犯罪的，依法追究刑事责任。

## 二、违反《招标投标法》的法律责任

1. 应该招标而未招标的法律责任

必须进行招标的项目而不招标的，将必须进行招标的项目化整为零或者以其他任何方式规避招标的，责令限期改正，可以处项目合同金额5‰以上10‰以下的罚款；对全部或者部分使用国有资金的项目，可以暂停项目执行或者暂停资金拨付；对单位直接负责的主管人员和其他直接责任人员依法给予处分。

2. 招标代理机构法律责任

招标代理机构违反本法规定，泄露应当保密的与招标投标活动有关的情况和资料的，或者与招标人、投标人串通损害国家利益、社会公共利益或者他人合法权益的，处五万元以上二十五万元以下的罚款，对单位直接负责的主管人员和其他直接责任人员处单位罚款数额百分之五以上百分之十以下的罚款；有违法所得的，并处没收违法所得；情节严重的，禁止其一年至二年内代理依法必须进行招标的项目并予以公告，直至由工商行政管理机关吊销营业执照；构成犯罪的，依法追究刑事责任。给他人造成损失的，依法承担赔偿责任。上述所列行为影响中标结果的，中标无效。

3. 招标人法律责任

（1）招标人以不合理的条件限制或者排斥潜在投标人的，对潜在投标人实行歧视待遇的，强制要求投标人组成联合体共同投标的，或者限制投标人之间竞争的，责令改正，可以处以1万元以上5万元以下的罚款。

（2）依法必须进行招标的项目的招标人向他人透露已获取招标文件的潜在投标人的名称、数量或者可能影响公平竞争的有关招标投标的其他情况的，或者泄露标底的，给予警告，可以并处以1万元以上10万元以下的罚款；对单位直接负责的主管人员和其他直接责任人员依法给予处分；构成犯罪的，依法追究刑事责任。上述所列行为影响中标结果的，中标无效。

(3) 依法必须进行招标的项目，招标人违反本法规定，与投标人就投标价格、投标方案等实质性内容进行谈判的，给予警告，对单位直接负责的主管人员和其他直接责任人员依法给予处分。上述所列行为影响中标结果的，中标无效。

(4) 招标人在评标委员会依法推荐的中标候选人以外确定中标人的，依法必须进行招标的项目在所有投标被评标委员会否决后自行确定中标人的，中标无效。责令改正，可以处中标项目金额 0.5%以上 1%以下的罚款；对单位直接负责的主管人员和其他直接责任人员依法给予处分。

4. 投标人法律责任

(1) 投标人相互串通投标或者与招标人串通投标的，投标人以向招标人或者评标委员会成员行贿的手段谋取中标的，中标无效，处中标项目金额 0.5%以上 1%以下的罚款，对单位直接负责的主管人员和其他直接责任人员处单位罚款数额 5%以上 10%以下的罚款；有违法所得的，并处没收违法所得；情节严重的，取消其 1 年至 2 年内参加依法必须进行招标的项目的投标资格并予以公告，直至由工商行政管理机关吊销营业执照；构成犯罪的，依法追究刑事责任。给他人造成损失的，依法承担赔偿责任。

(2) 投标人以他人名义投标或者以其他方式弄虚作假，骗取中标的，中标无效。给招标人造成损失的，依法承担赔偿责任；构成犯罪的，依法追究刑事责任。

依法必须进行招标的项目的投标人有上述所列行为尚未构成犯罪的，处中标项目金额 0.5%以上 1%以下的罚款，对单位直接负责的主管人员和其他直接责任人员处单位罚款数额 5%以上 10%以下的罚款；有违法所得的，并处没收违法所得；情节严重的，取消其 1 年至 3 年内参加依法必须进行招标的项目的投标资格并予以公告，直至由工商行政管理机关吊销营业执照。

5. 评标委员会法律责任

评标委员会成员收受投标人的财物或者其他好处的，评标委员会成员或者参加评标的有关工作人员向他人透露对投标文件的评审和比较、中标候选人的推荐以及与评标有关的其他情况的，给予警告，没收收受的财物，可以并处以 3000 元以上 5 万元以下的罚款，对有所列违法行为的评标委员会成员取消担任评标委员会成员的资格，不得再参加任何依法必须进行招标的项目的评标；构成犯罪的，依法追究刑事责任。

6. 中标人法律责任

(1) 中标人将中标项目转让给他人的，将中标项目肢解后分别转让给他人的，违反本法规定将中标项目的部分主体、关键性工作分包给他人的，或者分包人再次分包的，转让、分包无效，处转让、分包项目金额 0.5%以上 1%以下的罚款；有违法所得的，并处没收违法所得；可以责令停业整顿；情节严重的，由工商行政管理机关吊销营业执照。

（2）中标人不履行与招标人订立的合同的，履约保证金不予退还，给招标人造成的损失超过履约保证金数额的，还应当对超过部分予以赔偿；没有提交履约保证金的，应当对招标人的损失承担赔偿责任。

（3）中标人不按照与招标人订立的合同履行义务，情节严重的，取消其2年至5年内参加依法必须进行招标的项目的投标资格并予以公告，直至由工商行政管理机关吊销营业执照。

7. 行政处罚

（1）招标人与中标人不按照招标文件和中标人的投标文件订立合同的，或者招标人、中标人订立背离合同实质性内容的协议的，责令改正；可以处中标项目金额0.5%以上1%以下的罚款。

（2）《招标投标法》中所列的规定的行政处罚，由国务院规定的有关行政监督部门决定。《招标投标法》已对实施行政处罚的机关作出规定的除外。

8. 行政监督机关法律责任。

对招标投标活动依法负有职责的国家机关工作人员徇私舞弊、滥用职权或者玩忽职守，构成犯罪的，依法追究刑事责任；不构成犯罪的，依法给予行政处分。

## 三、违反《建筑法》的法律责任

1. 建设施工企业法律责任

（1）未取得施工许可证或者开工报告未经批准擅自施工的，责令改正，对不符合开工条件的责令停止施工，可以处以罚款。

（2）超越本单位资质等级承揽工程的，责令停止违法行为，处以罚款，可以责令停业整顿，降低资质等级；情节严重的，吊销资质证书；有违法所得的，予以没收。未取得资质证书承揽工程的，予以取缔，并处以罚款；有违法所得的，予以没收。以欺骗手段取得资质证书的，吊销资质证书，处以罚款；构成犯罪的，依法追究刑事责任。

（3）建筑施工企业转让、出借资质证书或者以其他方式允许他人以本企业的名义承揽工程的，责令改正，没收违法所得，并处以罚款，可以责令停业整顿，降低资质等级；情节严重的，吊销资质证书。对因该项承揽工程不符合规定的质量标准造成的损失，建筑施工企业与使用本企业名义的单位或者个人承担连带赔偿责任。

2. 工程承包单位法律责任

（1）承包单位将承包的工程转包的，或者违反本法规定进行分包的，责令改正，没收违法所得，并处以罚款，可以责令停业整顿，降低资质等级；情节严重的，吊销资质证书。

承包单位有前款规定的违法行为的，对因转包工程或者违法分包的工程不符合规定的质量标准造成的损失，与接受转包或者分包的单位承担连带赔偿责任。

（2）在工程发包与承包中索贿、受贿、行贿，构成犯罪的，依法追究刑事责任；不构成犯罪的，分别处以罚款、没收贿赂的财物，对直接负责的主管人员和其他直接责任人员给予处分。

对在工程承包中行贿的承包单位，除依照前款规定处罚外，可以责令停业整顿，降低资质等级或者吊销资质证书。

3．工程监理单位法律责任

工程监理单位与建设单位或者建筑施工企业串通，弄虚作假、降低工程质量的，责令改正，处以罚款，降低资质等级或者吊销资质证书；有违法所得的，予以没收；造成损失的，承担连带赔偿责任；构成犯罪的，依法追究刑事责任。

工程监理单位转让监理业务的，责令改正，没收违法所得，可以责令停业整顿，降低资质等级；情节严重的，吊销资质证书。

4．建筑施工、设计单位法律责任

（1）违反本法规定，涉及建筑主体或者承重结构变动的装修工程擅自施工的，责令改正，处以罚款；造成损失的，承担赔偿责任；构成犯罪的，依法追究刑事责任。

（2）建筑施工企业违反本法规定，对建筑安全事故隐患不采取措施予以消除的，责令改正，可以处以罚款；情节严重的，责令停业整顿，降低资质等级或者吊销资质证书；构成犯罪的，依法追究刑事责任。

建筑施工企业的管理人员违章指挥、强令职工冒险作业，因而发生重大伤亡事故或者造成其他严重后果的，依法追究刑事责任。

（3）建设单位违反本法规定，要求建筑设计单位或者建筑施工企业违反建筑工程质量、安全标准，降低工程质量的，责令改正，可以处以罚款；构成犯罪的，依法追究刑事责任。

（4）建筑设计单位不按照建筑工程质量、安全标准进行设计的，责令改正，处以罚款；造成工程质量事故的，责令停业整顿，降低资质等级或者吊销资质证书，没收违法所得，并处罚款；造成损失的，承担赔偿责任；构成犯罪的，依法追究刑事责任。

（5）建筑施工企业在施工中偷工减料的，使用不合格的建筑材料、建筑构配件和设备的，或者有其他不按照工程设计图纸或者施工技术标准施工的行为的，责令改正，处以罚款；情节严重的，责令停业整顿，降低资质等级或者吊销资质证书；造成建筑工程质量不符合规定的质量标准的，负责返工、修理，并赔偿因此造成的损失；构成犯罪的，依法追究刑事责任。

（6）建筑施工企业违反本规定，不履行保修义务或者拖延履行保修义务的，责令改正，可以处以罚款，并对在保修期内因屋顶、墙面渗漏、开裂等质量缺陷造成的损失，承担赔偿责任。

5. 处罚

(1) 责令停业整顿、降低资质等级和吊销资质证书的行政处罚，由颁发资质证书的机关决定；其他行政处罚，由建设行政主管部门或者有关部门依照法律和国务院规定的职权范围决定。依照本法规定被吊销资质证书的，由工商行政管理部门吊销其营业执照。

(2) 对不具备相应资质等级条件的单位颁发该等级资质证书的，由其上级机关责令收回所发的资质证书，对直接负责的主管人员和其他直接人员给予行政处分；构成犯罪的，依法追究刑事责任。

6. 主管部门法律责任

(1) 政府及其所属部门的工作人员违反本法规定，限定发包单位将招标发包的工程发包给指定的承包单位的，由上级机关责令改正；构成犯罪的，依法追究刑事责任。

(2) 负责颁发建筑工程施工许可证的部门及其工作人员对不符合施工条件的建筑工程颁发施工许可证的，负责工程质量监督检查或者竣工验收的部门及其工作人员对不合格的建筑工程出具质量合格文件或者按合格工程验收的，由上级机关责令改正，对责任人员给予行政处分；构成犯罪的，依法追究刑事责任；造成损失的，由该部门承担相应的赔偿责任。

## 四、违反《安全生产法》的法律责任

1. 安全生产监督管理部门相关法律责任

(1) 负有安全生产监督管理职责的部门的工作人员，有下列行为之一的，给予降级或者撤职的处分；构成犯罪的，依照刑法有关规定追究刑事责任：

① 对不符合法定安全生产条件的涉及安全生产的事项予以批准或者验收通过的；

② 发现未依法取得批准、验收的单位擅自从事有关活动或者接到举报后不予取缔或者不依法予以处理的；

③ 对已经依法取得批准的单位不履行监督管理职责，发现其不再具备安全生产条件而不撤销原批准或者发现安全生产违法行为不予查处的；

④ 在监督检查中发现重大事故隐患，不依法及时处理的。

负有安全生产监督管理职责的部门的工作人员有上述规定以外的滥用职权、玩忽职守、徇私舞弊行为的，依法给予处分；构成犯罪的，依照刑法有关规定追究刑事责任。

(2) 负有安全生产监督管理职责的部门，要求被审查、验收的单位购买其指定的安全设备、器材或者其他产品的，在对安全生产事项的审查、验收中收取费用的，由其上级机关或者监察机关责令改正，责令退还收取的费用；情节严重的，对直接负责的主管人员和其他直接责任人员依法给予处分。

（3）承担安全评价、认证、检测、检验工作的机构，出具虚假证明的，没收违法所得；违法所得在十万元以上的，并处违法所得两倍以上五倍以下的罚款；没有违法所得或者违法所得不足十万元的，单处或者并处十万元以上二十万元以下的罚款；对其直接负责的主管人员和其他直接责任人员处两万元以上五万元以下的罚款；给他人造成损害的，与生产经营单位承担连带赔偿责任；构成犯罪的，依照刑法有关规定追究刑事责任。

2. 生产经营单位相关法律责任

（1）生产经营单位的决策机构、主要负责人或者个人经营的投资人不依照本法规定保证安全生产所必需的资金投入，致使生产经营单位不具备安全生产条件的，责令限期改正，提供必需的资金；逾期未改正的，责令生产经营单位停产停业整顿。

有上述违法行为，导致发生生产安全事故的，对生产经营单位的主要负责人给予撤职处分，对个人经营的投资人处两万元以上二十万元以下的罚款；构成犯罪的，依照刑法有关规定追究刑事责任。

（2）生产经营单位的主要负责人未履行本法规定的安全生产管理职责的，责令限期改正；逾期未改正的，处两万元以上五万元以下的罚款，责令生产经营单位停产停业整顿。

生产经营单位的主要负责人有前款违法行为，导致发生生产安全事故的，给予撤职处分；构成犯罪的，依照刑法有关规定追究刑事责任。

生产经营单位的主要负责人依照前款规定受刑事处罚或者撤职处分的，自刑罚执行完毕或者受处分之日起，五年内不得担任任何生产经营单位的主要负责人；对重大、特别重大生产安全事故负有责任的，终身不得担任本行业生产经营单位的主要负责人。

（3）生产经营单位有下列行为之一的，责令限期改正，可以处五万元以下的罚款；逾期未改正的，责令停产停业整顿，并处五万元以上十万元以下的罚款，对其直接负责的主管人员和其他直接责任人员处一万元以上两万元以下的罚款：

1）未按照规定设置安全生产管理机构或者配备安全生产管理人员的；

2）危险物品的生产、经营、储存单位以及矿山、金属冶炼、建筑施工、道路运输单位的主要负责人和安全生产管理人员未按照规定经考核合格的；

3）未按照规定对从业人员、被派遣劳动者、实习学生进行安全生产教育和培训，或者未按照规定如实告知有关的安全生产事项的；

4）未如实记录安全生产教育和培训情况的；

5）未将事故隐患排查治理情况如实记录或者未向从业人员通报的；

6）未按照规定制定生产安全事故应急救援预案或者未定期组织演练的；

7）特种作业人员未按照规定经专门的安全作业培训并取得相应资格，上岗作业的。

(4) 生产经营单位有下列行为之一的，责令停止建设或者停产停业整顿，限期改正；逾期未改正的，处五十万元以上一百万元以下的罚款，对其直接负责的主管人员和其他直接责任人员处二万元以上五万元以下的罚款；构成犯罪的，依照刑法有关规定追究刑事责任：

1) 未按照规定对矿山、金属冶炼建设项目或者用于生产、储存、装卸危险物品的建设项目进行安全评价的；

2) 矿山、金属冶炼建设项目或者用于生产、储存、装卸危险物品的建设项目没有安全设施设计或者安全设施设计未按照规定报经有关部门审查同意的；

3) 矿山、金属冶炼建设项目或者用于生产、储存、装卸危险物品的建设项目的施工单位未按照批准的安全设施设计施工的；

4) 矿山、金属冶炼建设项目或者用于生产、储存危险物品的建设项目竣工投入生产或者使用前，安全设施未经验收合格的。

(5) 未经依法批准，擅自生产、经营、运输、储存、使用危险物品或者处置废弃危险物品的，依照有关危险物品安全管理的法律、行政法规的规定予以处罚；构成犯罪的，依照刑法有关规定追究刑事责任。

(6) 生产经营单位有下列行为之一的，责令限期改正，可以处十万元以下的罚款；逾期未改正的，责令停产停业整顿，并处十万元以上二十万元以下的罚款，对其直接负责的主管人员和其他直接责任人员处二万元以上五万元以下的罚款；构成犯罪的，依照刑法有关规定追究刑事责任：

1) 生产、经营、运输、储存、使用危险物品或者处置废弃危险物品，未建立专门安全管理制度、未采取可靠的安全措施的；

2) 对重大危险源未登记建档，或者未进行评估、监控，或者未制定应急预案的；

3) 进行爆破、吊装以及国务院安全生产监督管理部门会同国务院有关部门规定的其他危险作业，未安排专门人员进行现场安全管理的；

4) 未建立事故隐患排查治理制度的。

(7) 生产经营单位将生产经营项目、场所、设备发包或者出租给不具备安全生产条件或者相应资质的单位或者个人的，责令限期改正，没收违法所得；违法所得十万元以上的，并处违法所得二倍以上五倍以下的罚款；没有违法所得或者违法所得不足十万元的，单处或者并处十万元以上二十万元以下的罚款；对其直接负责的主管人员和其他直接责任人员处一万元以上二万元以下的罚款；导致发生生产安全事故给他人造成损害的，与承包方、承租方承担连带赔偿责任。

生产经营单位未与承包单位、承租单位签订专门的安全生产管理协议或者未在承包合同、租赁合同中明确各自的安全生产管理职责，或者未对承包单位、承租单位的安全生产统一协调、管理的，责令限期改正，可以处五万元以下的罚款，对其直接负责的主管人员和其他直接责任人员可以处一万元以下的罚款；逾期未改正的，责令停产停业整顿。

（8）两个以上生产经营单位在同一作业区域内进行可能危及对方安全生产的生产经营活动，未签订安全生产管理协议或者未指定专职安全生产管理人员进行安全检查与协调的，责令限期改正，可以处五万元以下的罚款，对其直接负责的主管人员和其他直接责任人员可以处一万元以下的罚款；逾期未改正的，责令停产停业。

（9）生产经营单位有下列行为之一的，责令限期改正，可以处五万元以下的罚款，对其直接负责的主管人员和其他直接责任人员可以处一万元以下的罚款；逾期未改正的，责令停产停业整顿；构成犯罪的，依照刑法有关规定追究刑事责任：

1）生产、经营、储存、使用危险物品的车间、商店、仓库与员工宿舍在同一座建筑内，或者与员工宿舍的距离不符合安全要求的；

2）生产经营场所和员工宿舍未设有符合紧急疏散需要、标志明显、保持畅通的出口，或者锁闭、封堵生产经营场所或者员工宿舍出口的。

（10）生产经营单位与从业人员订立协议，免除或者减轻其对从业人员因生产安全事故伤亡依法应承担的责任的，该协议无效；对生产经营单位的主要负责人、个人经营的投资人处二万元以上十万元以下的罚款。

（11）生产经营单位的从业人员不服从管理，违反安全生产规章制度或者操作规程的，由生产经营单位给予批评教育，依照有关规章制度给予处分；构成犯罪的，依照刑法有关规定追究刑事责任。

（12）生产经营单位的主要负责人在本单位发生生产安全事故时，不立即组织抢救或者在事故调查处理期间擅离职守或者逃匿的，给予降级、撤职的处分，并由安全生产监督管理部门处上一年年收入百分之六十至百分之一百的罚款；对逃匿的处十五日以下拘留；构成犯罪的，依照刑法有关规定追究刑事责任。

生产经营单位的主要负责人对生产安全事故隐瞒不报、谎报或者迟报的，依照上述规定处罚。

（13）有关地方人民政府、负有安全生产监督管理职责的部门，对生产安全事故隐瞒不报、谎报或者迟报的，对直接负责的主管人员和其他直接责任人员依法给予处分；构成犯罪的，依照刑法有关规定追究刑事责任。

（14）生产经营单位不具备本法和其他有关法律、行政法规和国家标准或者行业标准规定的安全生产条件，经停产停业整顿仍不具备安全生产条件的，予以关闭；有关部门应当依法吊销其有关证照。

（15）生产经营单位发生生产安全事故造成人员伤亡、他人财产损失的，应当依法承担赔偿责任；拒不承担或者其负责人逃匿的，由人民法院依法强制执行。

生产安全事故的责任人未依法承担赔偿责任，经人民法院依法采取执行措施后，仍不能对受害人给予足额赔偿的，应当继续履行赔偿义务；受害人发现责任人有其他财产的，可以随时请求人民法院执行。

## 五、违反《建设工程质量管理条例》的法律责任

1. 建设单位法律责任

1）建设单位将建设工程发包给不具有相应资质等级的勘察、设计、施工单位或者委托给不具有相应资质等级的工程监理单位的，责令改正，处50万元以上100万元以下的罚款。

2）建设单位将建设工程肢解发包的，责令改正，处工程合同价款0.5%以上1%以下的罚款；对全部或者部分使用国有资金的项目，并可以暂停项目执行或者暂停资金拨付。

3）建设单位有下列行为之一的，责令改正，处20万元以上50万元以下的罚款：

（1）迫使承包方以低于成本的价格竞标的。

（2）任意压缩合理工期的。

（3）明示或者暗示设计单位或者施工单位违反工程建设强制性标准，降低工程质量的。

（4）施工图设计文件未经审查或者审查不合格，擅自施工的。

（5）建设项目必须实行工程监理而未实行工程监理的。

（6）未按照国家规定办理工程质量监督手续的。

（7）明示或者暗示施工单位使用不合格的建筑材料、建筑构配件和设备的。

（8）未按照国家规定将竣工验收报告、有关认可文件或者准许使用文件报送备案的。

4）建设单位未取得施工许可证或者开工报告未经批准，擅自施工的，责令停止施工，限期改正，处工程合同价款1%以上2%以下的罚款。

5）建设单位有下列行为之一的，责令改正，处工程合同价款2%以上4%以下的罚款；造成损失的，依法承担赔偿责任：

（1）未组织竣工验收，擅自交付使用的。

（2）验收不合格，擅自交付使用的。

（3）对不合格的建设工程按照合格工程验收的。

2. 勘察、设计、施工、工程监理单位法律责任

1）勘察、设计、施工、工程监理单位超越本单位资质等级承揽工程的，责令停止违法行为，对勘察、设计单位或者工程监理单位处合同约定的勘察费、设计费或者监理酬金1倍以上2倍以下的罚款；对施工单位处工程合同价款2%以上4%以下的罚款，可以责令停业整顿，降低资质等级；情节严重的，吊销资质证书；有违法所得的，予

以没收。

未取得资质证书承揽工程的，予以取缔，依照上述规定处以罚款；有违法所得的，予以没收。

以欺骗手段取得资质证书承揽工程的，吊销资质证书，依照本条第一款规定处以罚款；有违法所得的，予以没收。

2）勘察、设计、施工、工程监理单位允许其他单位或者个人以本单位名义承揽工程的，责令改正，没收违法所得，对勘察、设计单位和工程监理单位处合同约定的勘察费、设计费和监理酬金 1 倍以上 2 倍以下的罚款；对施工单位处工程合同价款 2%以上 4%以下的罚款；可以责令停业整顿，降低资质等级；情节严重的，吊销资质证书。

3）承包单位将承包的工程转包或者违法分包的，责令改正，没收违法所得，对勘察、设计单位处合同约定的勘察费、设计费 25%以上 50%以下的罚款；对施工单位处工程合同价款 0.5%以上 1%以下的罚款；可以责令停业整顿，降低资质等级；情节严重的，吊销资质证书。

工程监理单位转让工程监理业务的，责令改正，没收违法所得，处合同约定的监理酬金 25%以上 50%以下的罚款；可以责令停业整顿，降低资质等级；情节严重的，吊销资质证书。

4）违反本条例规定，有下列行为之一的，责令改正，处 10 万元以上 30 万元以下的罚款：

（1）勘察单位未按照工程建设强制性标准进行勘察的。

（2）设计单位未根据勘察成果文件进行工程设计的。

（3）设计单位指定建筑材料、建筑构配件的生产厂、供应商的。

（4）设计单位未按照工程建设强制性标准进行设计的。

有上述所列行为，造成重大工程质量事故的，责令停业整顿，降低资质等级；情节严重的，吊销资质证书；造成损失的，依法承担赔偿责任。

5）施工单位在施工中偷工减料的，使用不合格的建筑材料、建筑构配件和设备的，或者有不按照工程设计图纸或者施工技术标准施工的其他行为的，责令改正，处工程合同价款 2%以上 4%以下的罚款；造成建设工程质量不符合规定的质量标准的，负责返工、修理，并赔偿因此造成的损失；情节严重的，责令停业整顿，降低资质等级或者吊销资质证书。

6）施工单位未对建筑材料、建筑构配件、设备和商品混凝土进行检验，或者未对涉及结构安全的试块、试件以及有关材料取样检测的，责令改正，处 10 万元以上 20 万元以下的罚款；情节严重的，责令停业整顿，降低资质等级或者吊销资质证书；造成损失的，依法承担赔偿责任。

7）施工单位不履行保修义务或者拖延履行保修义务的，责令改正，处 10 万元以上 20 万元以下的罚款，并对在保修期内因质量缺陷造成的损失承担赔偿责任。

8）工程监理单位有下列行为之一的，责令改正，处 50 万元以上 100 万元以下的罚款，降低资质等级或者吊销资质证，有违法所得的，予以没收；造成损失的，承担连带赔偿责任：

（1）与建设单位或者施工单位串通，弄虚作假、降低工程质量的。

（2）将不合格的建设工程、建筑材料、建筑构配件和设备按照合格签字的。

9）工程监理单位与被监理工程的施工承包单位以及建筑材料、建筑构配件和设备供应单位有隶属关系或者其他利害关系承担该项建设工程的监理业务的，责令改正，处 5 万元以上 10 万元以下的罚款，降低资质等级或者吊销资质证书；有违法所得的，予以没收。

10）违反本条例规定，涉及建筑主体或者承重结构变动的装修工程，没有设计方案擅自施工的，责令改正，处 50 万元以上 100 万元以下的罚款；房屋建筑使用者在装修过程中擅自变动房屋建筑主体和承重结构的，责令改正，处 5 万元以上 10 万元以下的罚款。有上述所列行为，造成损失的，依法承担赔偿责任。

3. 其他相关部门人员法律责任

（1）发生重大工程质量事故隐瞒不报、谎报或者拖延报告期限的，对直接负责的主管人员和其他责任人员依法给予行政处分。

（2）供水、供电、供气、公安消防等部门或者单位明示或者暗示建设单位或者施工单位购买其指定的生产供应单位的建筑材料、建筑构配件和设备的，责令改正。

（3）注册建筑师、注册结构工程师、监理工程师等注册执业人员因过错造成质量事故的，责令停止执业 1 年；造成重大质量事故的，吊销执业资格证书，5 年以内不予注册；情节特别恶劣的，终身不予注册。

（4）建设单位、设计单位、施工单位、工程监理单位违反国家规定，降低工程质量标准，造成重大安全事故，构成犯罪的，对直接责任人员依法追究刑事责任。

（5）国家机关工作人员在建设工程质量监督管理工作中玩忽职守、滥用职权、徇私舞弊，构成犯罪的，依法追究刑事责任；尚不构成犯罪的，依法给予行政处分。

（6）建设、勘察、设计、施工、工程监理单位的工作人员因调动工作、退休等原因离开该单位后，被发现在该单位工作期间违反国家有关建设工程质量管理规定，造成重大工程质量事故的，仍应当依法追究法律责任。

## 六、违反《建设工程勘察设计管理条例》的法律责任

1. 建设单位的违法责任

发包方将工程建设勘察、设计业务发包给不具有相应资质等级的工程建设勘察、设计单位的，责令改正，处 50 万元以上 100 万元以下的罚款。

2. 勘察、设计单位的违法责任

1）非法承揽业务的责任。

建设工程勘察、设计单位未取得资质证书承揽工程的，予以取缔；以欺骗手段取得资质证书承揽工程的，吊销其资质证书；对于超越资质等级许可的范围，或以其他勘察、设计单位的名义承揽勘察、设计业务或者允许其他单位或个人以本单位的名义承揽工程建设勘察、设计业务的工程建设勘察、设计单位，可责令其停业整顿，降低资质等级；情节严重的，吊销其资质证书。

对有上述各种行为的勘察设计单位，还应处以合同约定的勘察费、设计费 1 倍以上 2 倍以下的罚款，并没收其违法所得。

2）非法转包的责任。

建设工程勘察、设计单位将所承揽的工程进行转包的，责令改正，没收违法所得，处合同约定的勘察费、设计费 25%以上 50%以下的罚款，还可责令其停业整顿、降低其资质等级；情节严重的，吊销其资质证书。

3）不按规定进行设计的责任。

对于不按工程建设强制性标准进行勘察、设计的勘察、设计单位；不按勘察成果文件进行设计，或指定建筑材料、建筑构配件生产厂、供应商的设计单位，责令其改正，并处以 10 万元以上 30 万元以下的罚款。因上述行为造成工程事故的，责令停业整顿，降低资质等级。情节严重的，吊销资质证书；造成损失的，依法承担赔偿损失。

3. 勘察、设计执业人员的违法责任

未经注册、擅自以注册工程建设勘察、设计人员的名义从事工程建设勘察、设计活动的，责令停止违法行为；已经注册的执业人员和其他专业技术人员，但未受聘于一个建设工程勘察、设计单位或同时受聘于两个以上建设工程勘察、设计单位从事有关业务活动的，可责令停止执行业务或吊销资格证书。对于上述人员，还要没收其违法所得，处违法所得 2 倍以上 5 倍以下的罚款，给他人造成损失的，依法承担赔偿责任。

4. 国家机关工作人员的违法责任

国家机关工作人员在建设工程勘察、设计活动的监督管理工作中玩忽职守、滥用职权、徇私舞弊的，责令改正，构成犯罪的，依法追究刑事责任；尚不构成犯罪的，依法给予行政处分。

## 七、违反《建设工程安全生产管理条例》的责任

1. 行政主管部门及其工作人员的责任

县级以上人民政府建设行政主管部门或者其他有关行政管理部门的工作人员，有下列行为之一的，给予降级或者撤职的行政处分；构成犯罪的，依照刑法有关规定追

究刑事责任：

（1）对不具备安全生产条件的施工单位颁发资质证书的。

（2）对没有安全施工措施的建设工程颁发施工许可证的。

（3）发现违法行为不予查处的。

（4）不依法履行监督管理职责的其他行为。

2. 建设单位的安全责任

建设单位未提供建设工程安全生产作业环境及安全施工措施所需费用的，责令限期改正；逾期未改正的，责令该建设工程停止施工。

建设单位未将保证安全施工的措施或者拆除工程的有关资料报送有关部门备案的，责令限期改正，给予警告。

建设单位有下列行为之一的，责令限期改正，处以 20 万元以上 50 万元以下的罚款；造成重大安全事故，构成犯罪的，对直接责任人员，依照刑法有关规定追究刑事责任；造成损失的，依法承担赔偿责任：

（1）对勘察、设计、施工、工程监理等单位提出不符合安全生产法律、法规和强制性标准规定的要求的。

（2）要求施工单位压缩合同约定的工期的。

（3）将拆除工程发包给不具有相应资质等级的施工单位的。

3. 勘察、设计单位的安全责任

勘察单位、设计单位有下列行为之一的，责令限期改正，处 10 万元以上 30 万元以下的罚款；情节严重的，责令停业整顿，降低资质等级，直至吊销资质证书；造成重大安全事故，构成犯罪的，对直接责任人员依照刑法有关规定追究刑事责任；造成损失的，依法承担赔偿责任：

（1）未按照法律、法规和工程建设强制性标准进行勘察、设计的。

（2）采用新结构、新材料、新工艺的建设工程和特殊结构的建设工程，设计单位未在设计中提出保障施工作业人员安全和预防生产安全事故的措施建议的。

4. 监理单位的安全责任

工程监理单位有下列行为之一的，责令限期改正；逾期未改正的，责令停业整顿，并处 10 万元以上 30 万元以下的罚款；情节严重的，降低资质等级，直至吊销资质证书；造成重大安全事故，构成犯罪的，对直接责任人员，依照刑法有关规定追究刑事责任；造成损失的，依法承担赔偿责任：

（1）未对施工组织设计中的安全技术措施或者专项施工方案进行审查的。

（2）发现安全事故隐患未及时要求施工单位整改或者暂时停止施工的。

（3）施工单位拒不整改或者不停止施工，未及时向有关主管部门报告的。

（4）未依照法律、法规和工程建设强制性标准实施监理的。

5. 注册执业人员的安全责任

注册执业人员未执行法律、法规和工程建设强制性标准的，责令停止执业 3 个月以上 1 年以下；情节严重的，吊销执业资格证书，5 年内不予注册；造成重大安全事故的，终身不予注册；构成犯罪的，依照刑法有关规定追究刑事责任。

6. 物资供应单位的安全责任

为建设工程提供机械设备和配件的单位，未按照安全施工的要求配备齐全有效的保险、限位等安全设施和装置的，责令限期改正，处合同价款 1 倍以上 3 倍以下的罚款；造成损失的，依法承担赔偿责任。

出租单位出租未经安全性能检测或者经检测不合格的机械设备和施工机具及配件的，责令停业整顿，并处 5 万元以上 10 万元以下的罚款；造成损失的，依法承担赔偿责任。

施工起重机械和整体提升脚手架、模板等自升式架设设施安装、拆卸单位有下列行为之一的，责令限期改正，处 5 万元以上 10 万元以下的罚款；情节严重的，责令停业整顿，降低资质等级，直至吊销资质证书；造成损失的，依法承担赔偿责任：

（1）未编制拆装方案、制定安全施工措施的。

（2）未由专业技术人员现场监督的。

（3）未出具自检合格证明或者出具虚假证明的。

（4）未向施工单位进行安全使用说明，办理移交手续的。

施工起重机械和整体提升脚手架、模板等自升式架设设施安装、拆卸单位有上述规定的第（1）项、第（3）项行为，经有关部门或者单位职工提出后，对事故隐患仍不采取措施，因而发生重大伤亡事故或者造成其他严重后果，构成犯罪的，对直接责任人员，依照刑法有关规定追究刑事责任。

7. 施工单位的安全责任

施工单位有下列行为之一的，责令限期改正；逾期未改正的，责令停业整顿，依照《中华人民共和国安全生产法》的有关规定处以罚款；造成重大安全事故，构成犯罪的，对直接责任人员，依照刑法有关规定追究刑事责任：

1）未设立安全生产管理机构、配备专职安全生产管理人员或者分部分项工程施工时无专职安全生产管理人员现场监督的。

2）施工单位的主要负责人、项目负责人、专职安全生产管理人员、作业人员或者特种作业人员，未经安全教育培训或者经考核不合格即从事相关工作的。

3）未在施工现场的危险部位设置明显的安全警示标志，或者未按照国家有关规定在施工现场设置消防通道、消防水源、配备消防设施和灭火器材的。

4）未向作业人员提供安全防护用具和安全防护服装的。

5）未按照规定在施工起重机械和整体提升脚手架、模板等自升式架设设施验收合格后登记的。

6）使用国家明令淘汰、禁止使用的危及施工安全的工艺、设备、材料的。

施工单位挪用列入建设工程概算的安全生产作业环境及安全施工措施所需费用的，责令限期改正，处挪用费用20%以上50%以下的罚款；造成损失的，依法承担赔偿责任。

违反本条例的规定，施工单位有下列行为之一的，责令限期改正；逾期未改正的，责令停业整顿，并处5万元以上10万元以下的罚款；造成重大安全事故，构成犯罪的，对直接责任人员，依照刑法有关规定追究刑事责任：

（1）施工前未对有关安全施工的技术要求作出详细说明的。

（2）未根据不同施工阶段和周围环境及季节、气候的变化，在施工现场采取相应的安全施工措施，或者在城市市区内的建设工程的施工现场未实行封闭围挡的。

（3）在尚未竣工的建筑物内设置员工集体宿舍的。

（4）施工现场临时搭建的建筑物不符合安全使用要求的。

（5）未对因建设工程施工可能造成损害的毗邻建筑物、构筑物和地下管线等采取专项防护措施的。

施工单位有上述规定第（4）项、第（5）项行为，造成损失的，依法承担赔偿责任。

施工单位有下列行为之一的，责令限期改正；逾期未改正的，责令停业整顿，并处10万元以上30万元以下的罚款；情节严重的，降低资质等级，直至吊销资质证书；造成重大安全事故，构成犯罪的，对直接责任人员，依照刑法有关规定追究刑事责任；造成损失的，依法承担赔偿责任：

（1）安全防护用具、机械设备、施工机具及配件在进入施工现场前未经查验或者查验不合格即投入使用的。

（2）使用未经验收或者验收不合格的施工起重机械和整体提升脚手架、模板等自升式架设设施的。

（3）委托不具有相应资质的单位承担施工现场安装、拆卸施工起重机械和整体提升脚手架、模板等自升式架设设施的。

（4）在施工组织设计中未编制安全技术措施、施工现场临时用电方案或者专项施工方案的。

施工单位的主要负责人、项目负责人未履行安全生产管理职责的，责令限期改正；逾期未改正的，责令施工单位停业整顿；造成重大安全事故、重大伤亡事故或者其他严重后果，构成犯罪的，依照刑法有关规定追究刑事责任。

作业人员不服管理、违反规章制度和操作规程冒险作业造成重大伤亡事故或者其他严重后果，构成犯罪的，依照刑法有关规定追究刑事责任。

施工单位的主要负责人、项目负责人有上述违法行为，尚不够刑事处罚的，处 2 万元以上 20 万元以下的罚款或者按照管理权限给予撤职处分；自刑罚执行完毕或者受处分之日起，5 年内不得担任任何施工单位的主要负责人、项目负责人。

施工单位取得资质证书后，降低安全生产条件的，责令限期改正；经整改仍未达到与其资质等级相适应的安全生产条件的，责令停业整顿，降低其资质等级直至吊销资质证书。

## 八、违反《民用建筑节能条例》的责任

1. 建设单位的法律责任

建设单位有下列行为之一的，由县级以上地方人民政府建设主管部门责令改正，处 20 万元以上 50 万元以下的罚款：

（1）明示或者暗示设计单位、施工单位违反民用建筑节能强制性标准进行设计、施工的。

（2）明示或者暗示施工单位使用不符合施工图设计文件要求的墙体材料、保温材料、门窗、采暖制冷系统和照明设备的。

（3）采购不符合施工图设计文件要求的墙体材料、保温材料、门窗、采暖制冷系统和照明设备的。

（4）使用列入禁止使用目录的技术、工艺、材料和设备的。

建设单位对不符合民用建筑节能强制性标准的民用建筑项目出具竣工验收合格报告的，由县级以上地方人民政府建设主管部门责令改正，处民用建筑项目合同价款 2％以上 4％以下的罚款；造成损失的，依法承担赔偿责任。

2. 设计单位的法律责任

设计单位未按照民用建筑节能强制性标准进行设计，或者使用列入禁止使用目录的技术、工艺、材料和设备的，由县级以上地方人民政府建设主管部门责令改正，处 10 万元以上 30 万元以下的罚款；情节严重的，由颁发资质证书的部门责令停业整顿，降低资质等级或者吊销资质证书；造成损失的，依法承担赔偿责任。

3. 施工单位的法律责任

施工单位未按照民用建筑节能强制性标准进行施工的，由县级以上地方人民政府建设主管部门责令改正，处民用建筑项目合同价款 2％以上 4％以下的罚款；情节严重的，由颁发资质证书的部门责令停业整顿，降低资质等级或者吊销资质证书；造成损失的，依法承担赔偿责任。

施工单位有下列行为之一的，由县级以上地方人民政府建设主管部门责令改正，处 10 万元以上 20 万元以下的罚款；情节严重的，由颁发资质证书的部门责令停业整顿，降低资质等级或者吊销资质证书；造成损失的，依法承担赔偿责任：

（1）未对进入施工现场的墙体材料、保温材料、门窗、采暖制冷系统和照明设备进行查验的。

（2）使用不符合施工图设计文件要求的墙体材料、保温材料、门窗、采暖制冷系统和照明设备的。

（3）使用列入禁止使用目录的技术、工艺、材料和设备的。

4. 监理单位的法律责任

工程监理单位有下列行为之一的，由县级以上地方人民政府建设主管部门责令限期改正；逾期未改正的，处 10 万元以上 30 万元以下的罚款；情节严重的，由颁发资质证书的部门责令停业整顿，降低资质等级或者吊销资质证书；造成损失的，依法承担赔偿责任：

（1）未按照民用建筑节能强制性标准实施监理的。

（2）墙体、屋面的保温工程施工时，未采取旁站、巡视和平行检验等形式实施监理的。

对不符合施工图设计文件要求的墙体材料、保温材料、门窗、采暖制冷系统和照明设备，按照符合施工图设计文件要求签字的，依照《建设工程质量管理条例》第六十七条的规定处罚。

## 第四节　行政处罚程序

### 一、行政处罚的实施主体

行政处罚的实施主体是指享有行政处罚权，进行行政处罚行为的组织。行政处罚权作为一项重要的行政管理职权，必须对其实施主体作出严格的规定。2021 年 1 月 22 日，《中华人民共和国行政处罚法》（以下简称《行政处罚法》）由中华人民共和国第十三届全国人民代表大会常务委员会第二十五次会议修订通过，自 2021 年 7 月 15 日起施行。根据《行政处罚法》，行政处罚的实施主体包括以下几类：

（一）行政机关

《行政处罚法》第十五条规定：“行政处罚由具有行政处罚权的行政机关在法定职权范围内实施。”行政机关是行政处罚实施主体中最重要的一类，行政处罚权作为行政管理的重要手段，应当由行政机关行使，但并不是任何行政机关都可以行使处罚权，只有法律、法规和规章明确授权，即依法取得行政处罚权的行政机关才能行使。如《建筑法》第七十六条规定：“本法规定的责令停业整顿、降低资质等级和吊销资质证书的行政处罚，由颁发证书的机关决定；其他行政处罚，由建设行政主管部门或者有关部门依照法律和国务院规定的职权范围决定。依照本法规定被吊销资质证书的，由工商行政管理部门吊销其营业执照。”这一规定，将建设管理的行政处罚权赋予了建设行政主管部门及其他有关部门，建设行政主管部门成为实施建设管理处罚的重要主体。

除了由单一的行政机关实施处罚外，《行政处罚法》还规定了有关综合执法机关实施行政处罚的问题。综合执法就是将原来由几个行政机关分别行使管理权力的管理领域统一由一个行政机关合并进行管理，其目的是为了便于精简机构、提高效率、减少职权纠纷。在决定合并的处罚事项上，只要经过国务院或者经国务院授权的省、自治区、直辖市人民政府决定，有关行政机关就取得了独立的行政处罚主体的地位，它可以以自己的名义实施处罚，并独立承担法律后果。

（二）法律、法规授权的组织

根据《行政处罚法》第十九条的规定：“法律、法规授权的具有管理公共事务职能的组织可以在法定授权范围内实施行政处罚。”所以，除行政机关拥有行政处罚权外，经法律、法规授权的组织也可以行使行政处罚权。但是，这些组织要成为实施行政处罚的主体，必须具备一定条件，即必须有法律、法规的明确授权，该组织必须是具有管理公共事务职能的组织。如《中华人民共和国注册建筑师条例》第二十九条规定：“以不正当手段取得注册建筑师考试合格资格或者注册建筑师证书的，由全国注册建筑师管理委员会或者省、自治区、直辖市注册建筑师管理委员会取消考试合格资格或者吊销注册建筑师证书；对负有直接责任的主管人员和其他直接责任人员，依法给予行政处分。”在这里，注册建筑师管理委员就是一种由行政法规授权的组织。

（三）受行政机关委托的组织

基于公共管理的需要，行政机关还可以依法将自己拥有的行政处罚权委托给非行政机关组织行使。但受行政机关委托的组织必须具备法定的条件：（1）该组织应属依法成立的管理公共事务的事业组织；（2）具有熟悉有关法律、法规、规章和业务的工作人员；（3）对违法行为需要进行技术检查或者技术鉴定的。

与法律、法规授权的组织不同，受行政机关委托的组织不具有行政主体的地位。其在委托的范围内，不能以自己的名义，而是以委托行政机关名义实施行政处罚，而且不得再委托其他任何组织或者个人实施行政处罚；其实施行政处罚的行为受到委托机关的监督，并由该机关对其行为的后果承担法律责任。

《建设工程质量管理条例》第四十六条规定：“建设工程质量监督管理，可以由建设行政主管部门或者其他有关部门委托的建设工程质量监督机构具体实施。”在这里，工程质量监督机构就是受建设行政主管部门委托的组织。

## 二、行政处罚的管辖和适用

（一）行政处罚的管辖

行政处罚的实施主体解决了行政处罚权由谁行使的问题，但对于一个具体的行政处罚案件应由谁作出处理，是行政处罚管辖所要解决的问题。行政处罚的管辖就是确定对某个行政违法行为由哪一个享有处罚权的主体实施处罚，它解决的是处罚实施的权限分工。

《行政处罚法》第二十三条规定："行政处罚由县级以上地方人民政府具有行政处罚权的行政机关管辖。法律、行政法规另有规定的，从其规定。"这一规定确定了行政处罚的管辖原则，明确了有关行政处罚的地域管辖、级别管辖等问题。

1. 地域管辖

在地域管辖上，以由违法行为发生地的行政机关管辖为一般原则，即违法行为发生在何处，就由当地有行政处罚权的行政机关管辖。如果违法行为的发生地与发现地不在同一个地域，或者违法行为发生地与行为人的住所地不在同一个地域，则都应由违法行为发生地的行政机关管辖。

2. 级别管辖

在级别管辖上，由县级以上地方人民政府具有行政处罚权的行政机关管辖，县以下的行政机关无权实施行政处罚。在我国，行政机关的各职能部门的设置大多在县一级，县一级是我国按区域实行管理较为基层的单位，由县一级的职能部门实施行政处罚符合我国的国情。但是，如果法律、行政法规对级别管辖有特别规定的，应按特别规定进行管辖。如《中华人民共和国注册建筑师条例》第三十二条规定："因建筑设计质量不合格发生重大责任事故，造成重大损失的，对该建筑设计负有直接责任的注册建筑师，由县级以上人民政府建设行政主管部门责令停止执行业务；情节严重的，由全国注册建筑师管理委员会或者省、自治区、直辖市注册建筑师管理委员会吊销注册建筑师证书。"

3. 指定管辖

《行政处罚法》还规定了指定管辖，指定管辖主要是针对共同管辖的。共同管辖是指两个或两个以上行政机关对同一违法行为均享有行政处罚权。两个以上行政机关都有管辖权的，由最先立案的行政机关管辖。对管辖发生争议的，应当协商解决，协商不成的，报请共同的上一级行政机关指定管辖；也可以直接由共同的上一级行政机关指定管辖。

（二）行政处罚的适用

行政处罚的适用，是行政处罚实施主体对违法案件具体运用行政处罚法规范实施处罚的活动。

1. 应受处罚的构成要件

应受处罚的构成要件，是指某种行为受到行政处罚所必须具备的条件。具体的构成要件是：

（1）必须已经实施了违法行为，违法事实已经客观存在，不能将行为人主观想象或者计划设想当违法行为。

（2）违法行为属于违反行政法律规范的行为，这区别于其他违法行为。

（3）具有责任能力的行政管理相对人。受到行政处罚的相对人是公民、法人和其他组织，其中法人和其他组织应是具有责任能力的责任主体，公民必须达到责任年龄并具备责任能力。

（4）依法应当受到处罚。尽管相对人有违法行为的存在，但因有些违法行为可能尚未达到受处罚的程度，或者因法律有特别规定而不应给予处罚的，行政机关不能对其实施行政处罚。

2. 不予处罚的规定

不予处罚是指行为人虽然实施了违法行为，但由于具有特定的情形，而不给予处罚。《行政处罚法》规定有下列情形之一的不予处罚：

（1）不满十四周岁的未成年人有违法行为的，不予行政处罚，责令监护人加以管教。

（2）精神病人、智力残疾人在不能辨认或者不能控制自己行为时有违法行为的。

（3）违法行为轻微并及时改正，没有造成危害后果的。

（4）初次违法且危害后果轻微并及时改正的。

（5）当事人有证据足以证明没有主观过错的。

3. 从轻或减轻处罚

从轻处罚，是指在行政处罚的法定种类和法定幅度内，使用较轻的种类或者处罚的下限给予处罚，但不能低于法定处罚幅度的最低限度。减轻处罚，是指在法定处罚幅度的最低限以下给予处罚。根据《行政处罚法》的规定，下列几种情况适用从轻或减轻处罚：

（1）已满 14 周岁不满 18 周岁的人有违法行为的。

（2）主动消除或者减轻违法行为危害后果的。

（3）受他人胁迫或者诱骗实施违法行为的。

（4）配合行政机关查处违法行为有立功表现的。

（5）主动供述行政机关尚未掌握的违法行为的。

（6）法律、法规、规章规定其他应当从轻或者减轻行政处罚的。

4. 行政处罚的追诉时效

所谓行政处罚的追诉时效，是指对违法行为人追究责任，给予行政处罚的有效期限。如果超出这个期限，就不再实施行政处罚。

违法行为在两年内未被发现的，不再给予行政处罚；涉及公民生命健康安全、金融安全且有危害后果的，上述期限延长至五年。法律另有规定的除外。

上述期限，从违法行为发生之日起计算；违法行为有连续或者继续状态的，从行为终了之日起计算。

## 三、行政处罚决定

为保障和监督建设行政执法机关有效实施行政管理，保护公民、法人和其他组织的合法权益，促进建设行政执法工作程序化、规范化，建设部根据《行政处罚法》发布实施了《建设行政处罚程序暂行规定》(1999 年月 3 日建设部令第 66 号发布)。结合《行政处罚法》和《建设行政处罚程序暂行规定》的有关规定，建设行政处罚程序应遵守如下规定：

(一) 一般程序

1. 立案

执法机关依据职权，或者依据当事人的申诉、控告等途径发现违法行为。执法机关对于发现的违法行为，认为应当给予行政处罚的，应当立案，但适用简易程序的除外。立案应填写立案审批表，附上相关材料，报主管领导批准。

2. 调查取证

立案后，执法人员应及时进行调查，收集证据。执法人员调查案件，不得少于二人，并应当出示执法身份证件。执法人员对案件进行调查，应当收集以下证据：书证、物证、证人证言、视听资料、当事人陈述、鉴定结论、勘验笔录和现场笔录。只有查证属实的证据，才能作为处罚的依据。

执法人员询问当事人及证明人，应当个别进行。询问应当制作笔录，笔录经被询问人核对无误后，由被询问人逐页在笔录上签名或盖章。如有差错、遗漏，应当允许补正。

执法人员应当收集、调取与案件有关的原始凭证作为书证。调取原始凭证有困难的，可以复制，但复制件应当标明“经核对与原件无误”，并由出具书证人签名或盖章。调查取证应当有当事人在场，对所提取的物证要开具物品清单，由执法人员和当事人签名或盖章，各执一份。对违法嫌疑物品进行检查时，应当制作现场笔录，并有当事人在场。当事人拒绝到场的，应当在现场笔录中注明。

执法机关查处违法行为过程中，在证据可能灭失或者难以取得的情况下，可以对证据先行登记保存。先行登记保存证据，必须当场清点，开具清单，清单由执法人员和当事人签名或盖章，各执一份。

案件调查终结，执法人员应当出具书面案件调查终结报告。调查终结报告的内容包括：当事人的基本情况、违法事实、处罚依据、处罚建议等。

3. 案件核审

调查终结报告连同案件材料，由执法人员提交执法机关的法制工作机构，由法制工作机构会同有关单位进行书面核审。执法机关的法制工作机构接到执法人员提交的核审材料后，应当登记，并指定具体人员负责核审。案件核审的主要内容包括：

（1）对案件是否具有管辖权。

（2）当事人的基本情况是否清楚。

（3）案件事实是否清楚，证据是否充分。

（4）定性是否准确。

（5）适用法律、法规、规章是否正确。

（6）处罚是否适当。

（7）程序是否合法。

执法机关的法制工作机构对案件核审后，应提出以下书面意见：

（1）对事实清楚、证据充分、定性准确、程序合法、处理适当的案件，同意执法人员意见。

（2）对定性不准、适用法律不当、处罚不当的案件，建议执法人员修改。

（3）对事实不清、证据不足的案件，建议执法人员补正。

（4）对程序不合法的案件，建议执法人员纠正。

（5）对超出管辖权的案件，按有关规定移送。

对执法机关法制工作机构提出的意见，执法人员应予采纳。执法机关法制工作机构与执法人员就有关问题达不成一致意见时，给予较轻处罚的，报请本机关分管负责人决定；给予较重处罚的，报请本机关负责人集体讨论决定或本机关分管负责人召集的办公会议讨论决定。

4. 作出处罚决定

执法机关对当事人作出行政处罚，必须制作行政处罚决定书。行政处罚决定书的内容包括：

（1）当事人的名称或者姓名、地址。

（2）违法的事实和证据。

（3）行政处罚的种类和依据。

（4）行政处罚的履行方式和期限。

（5）不服行政处罚决定，申请行政复议或提起行政诉讼的途径和期限。

（6）作出处罚决定的机关和日期。

行政处罚决定书必须盖有作出处罚机关的印章。行政处罚决定生效后，任何人不得擅自变更或解除。处罚决定确有错误需要变更或修改的，应由原执法机关撤销原处罚决定，重新作出处罚决定。

（二）听证程序

行政机关拟作出下列行政处罚决定，应当告知当事人有要求听证的权利，当事人要求听证的，行政机关应当组织听证：较大数额罚款；没收较大数额违法所得、没收较大价值非法财物；降低资质等级、吊销许可证件；责令停产停业、责令关闭、限制从业；其他较重的行政处罚；法律、法规、规章规定的其他情形。当事人不承担行政机关组织听证的费用。

听证应当依照以下程序组织：

（1）当事人要求听证的，应当在行政机关告知后五日内提出；

（2）行政机关应当在举行听证的七日前，通知当事人及有关人员听证的时间、地点；

（3）除涉及国家秘密、商业秘密或者个人隐私依法予以保密外，听证公开举行；

（4）听证由行政机关指定的非本案调查人员主持；当事人认为主持人与本案有直接利害关系的，有权申请回避；

（5）当事人可以亲自参加听证，也可以委托一至二人代理；

（6）当事人及其代理人无正当理由拒不出席听证或者未经许可中途退出听证的，视为放弃听证权利，行政机关终止听证；

（7）举行听证时，调查人员提出当事人违法的事实、证据和行政处罚建议，当事人进行申辩和质证；

（8）听证应当制作笔录。笔录应当交当事人或者其代理人核对无误后签字或者盖章。当事人或者其代理人拒绝签字或者盖章的，由听证主持人在笔录中注明。

（三）简易程序

违法事实确凿并有法定依据，对公民处以二百元以下、对法人或者其他组织处以三千元以下罚款或者警告的行政处罚的，可以当场作出行政处罚决定。法律另有规定的，从其规定。

执法人员当场作出行政处罚决定的，应当向当事人出示执法证件，填写预定格式、编有号码的行政处罚决定书，并当场交付当事人。当事人拒绝签收的，应当在行政处罚决定书上注明。

上述行政处罚决定书应当载明当事人的违法行为，行政处罚的种类和依据、罚款数额、时间、地点，申请行政复议、提起行政诉讼的途径和期限以及行政机关名称，并由执法人员签名或者盖章。

执法人员当场作出的行政处罚决定，应当报所属行政机关备案。

（四）送达

（1）执法机关送达行政处罚决定书或有关文书，应直接送受送达人。送达必须有送达回执。受送达人应在送达回执上签名或盖章，并注明签收日期。签收日期为送达日期。受送达人拒绝接受行政处罚决定书或有关文书的，送达人应当邀请有关基层组织的代表或其他人到场见证，在送达回执上注明拒收事由和日期，由送达人、见证人签名或盖章，把行政处罚决定书或有关文书留在受送达人处，即视为送达。

（2）不能直接送达或直接送达有困难的，按下列规定送达：受送达人不在的，交其同住的成年家属签收；送达人已向执法机关指定代收人的，由代收人签收；邮寄送达的，以挂号回执上注明的收件日期为送达日期；送达人下落不明的，以公告送达，自公告发布之日起三个月即视为送达。

## 四、行政处罚的执行

行政处罚执行程序，是指确保行政处罚决定所确定的内容得以实现的程序。行政处罚决定一旦作出，就具有法律效力，当事人应当在行政处罚决定的期限内予以履行。公民、法人或者其他组织对行政机关作出的行政处罚，有权申诉或者检举；行政机关应当认真审查，发现行政处罚有错误的，应当主动改正。当事人对行政处罚决定不服申请行政复议或者提起行政诉讼的，行政处罚不停止执行，法律另有规定的除外。《行政处罚法》关于处罚执行程序的规定，有三项重要内容：

（一）作出罚款决定的行政机关应当与收缴罚款的机构分离

除依照《行政处罚法》的规定可当场收缴的罚款以外，作出行政处罚决定的行政机关及其执法人员不得自行收缴罚款。当事人应当自收到行政处罚决定书之日起 15 日内，到指定的银行或通过电子支付系统缴纳罚款。银行应当收受罚款，并将罚款直接上缴国库。但下列情形之一的，执法人员可以当场收缴罚款：

（1）依法给予 100 元以下的罚款的。

（2）不当场收缴事后难以执行的。

（3）在边远、水上、交通不便地区，行政机关及其执法人员依照《行政处罚法》第五十一条、第五十七条的规定作出罚款决定后，当事人到指定的银行或者通过电子支付系统缴纳罚款确有困难，经当事人提出，行政机关及其执法人员可以当场收缴罚款。

行政机关及其执法人员当场收缴罚款的，必须向当事人出具国务院财政部门或者省、自治区、直辖市人民政府财政部门统一制发的专用票据；不出具财政部门统一制发的专用票据的，当事人有权拒绝缴纳罚款。

（二）严格实行收支两条线

执法人员当场收缴的罚款，应当自收缴罚款之日起二日内，交至行政机关；在水上当场收缴的罚款，应当自抵岸之日起二日内交至行政机关；行政机关应当在二日内将罚款缴付指定的银行。

除依法应当予以销毁的物品外，依法没收的非法财物必须按照国家规定公开拍卖或者按照国家有关规定处理。

罚款、没收的违法所得或者没收非法财物拍卖的款项，必须全部上缴国库，任何行政机关或者个人不得以任何形式截留、私分或者变相私分。

罚款、没收的违法所得或者没收非法财物拍卖的款项，不得同作出行政处罚决定的行政机关及其工作人员的考核、考评直接或者变相挂钩。除依法应当退还、退赔的外，财政部门不得以任何形式向作出行政处罚决定的行政机关返还罚款、没收的违法所得或者没收非法财物拍卖的款项。

（三）行政处罚的强制执行

当事人逾期不履行行政处罚决定的，作出行政处罚决定的行政机关可以采取下列措施：

（1）到期不缴纳罚款的，每日按罚款数额的百分之三加处罚款，加处罚款的数额不得超出罚款的数额。

（2）根据法律规定，将查封、扣押的财物拍卖、依法处理或者将冻结的存款、汇款划拨抵缴罚款。

（3）根据法律规定，采取其他行政强制执行方式。

（4）依照《中华人民共和国行政强制法》的规定申请人民法院强制执行。

## 五、行政处罚的监督管理

《行政处罚法》第七十五条规定，行政机关应当建立健全对行政处罚的监督制度。县级以上人民政府应当定期组织开展行政执法评议、考核，加强对行政处罚的监督检查，规范和保障行政处罚的实施。行政机关实施行政处罚应当接受社会监督。公民、法人或者其他组织对行政机关实施行政处罚的行为，有权申诉或者检举；行政机关应当认真审查，发现有错误的，应当主动改正。

行政处罚终结后，执法人员应当及时将立案登记表、案件处理批件、证据材料、行政处罚决定书和执行情况记录等材料立卷归档。上级交办的行政处罚案件办理终结后，承办单位应当及时将案件的处理结果向交办单位报告。

执法机关及其执法人员应在法定职权范围内、依法定程序从事执法活动；超越职权范围、违反法定程序所作出的行政处罚无效。

对当场作出的处罚决定，执法人员应当定期将当场处罚决定书向所属执法机关的法制工作机构或指定机构备案；执法机关作出属于听证范围的行政处罚决定之日起 7 日内，应当向上级建设行政主管部门的法制工作机构或有关部门备案。各级建设行政主管部门，要对本行政区域内的执法机关作出的处罚决定的案件进行逐月统计。省、自治区、直辖市建设行政主管部门，应在每年的 2 月底以前，向国务院建设行政主管部门的法制工作机构报送上一年度的执法统计报表和执法工作总结。

上级执法机关发现下级执法机关作出的处罚决定确有错误，可责令其限期纠正。对拒不纠正的，上级机关可以依据职权，作出变更或撤销行政处罚的决定。执法人员玩忽职守、滥用职权、徇私舞弊的，由所在单位或上级机关给予行政处分。

对于无理阻挠、拒绝执法人员依法行使职权，打击报复执法人员的单位或个人，由建设行政主管部门或有关部门视情节轻重，根据有关法律、法规的规定依法追究其责任。

## 第五节　建设法律责任案例

**案例 1**

1. 基本案情

××省中学教学楼工程由××市××区规划设计院设计（项目负责人宋××），××建筑工程总公司施工（项目经理杜××），于2008年7月6日开工，2009年10月31日竣工验收，2010年4月4日正式投入使用。该工程为5层外廊式砖混结构，建筑面积3535m$^2$，楼层为预应力多孔板混凝土梁结构。6月5日，校方发现部分大梁及五层多功能厅、阶梯挑梁出现不同程度的裂缝，最宽处达1.5mm左右。经省质量安全监督总站组织省设计院、省检测中心专家对事故进行全面分析鉴定，并经建设部建筑管理司质量技术处、勘察设计司技术质量处负责同志现场察看，一致认为，造成质量事故的主要原因是施工图设计文件未严格按该地区6度抗震设防的规定进行设计，结构体系不合理，整体性差，构造措施不符合要求；施工单位施工的混凝土梁不能满足设计混凝土强度等级的要求，梁的质量不均匀，离差太大。

2. 事故处理

事故发生后，××省建设厅、××地区建设局、××县建设局等有关部门非常重视，采取了一系列有效措施保证师生的安全，并对事故进行了认真的调查处理。2001年8月3日，××省建设厅就这起事故的处理情况发出了《关于××中学教学楼质量事故的通报》，对有关责任单位和责任人作出了严肃处理。

根据《建筑法》、国务院《建设工程质量管理条例》以及××省建筑市场、建设工程质量管理的有关规定，对××中学教学楼质量事故有关责任单位和责任人处理如下：

（1）对事故主要责任方××市××区规划设计院责令停业整顿，整顿经××市建设局验收合格后，方可承接新的设计任务。收回该项目设计负责人宋××二级注册建筑师资格证书，五年内不得承担设计任务。

（2）对事故次要责任方××市建筑工程总公司黄牌警告，收回项目经理杜××三级项目经理资格证书，一年内不得担任施工项目经理。

（3）对未认真履行建设单位职责、向××市建筑工程总公司介绍不符合条件的联营单位，并对事故负有一定责任的××中学，由××县委、县政府调查处理。

（4）对既无施工企业资质、又无企业法人营业执照的××县××建筑队，由××

县政府依法处理。

(5) 对在质量监督过程中把关不严的子洲县质监站予以通报批评。

(6) 事故造成的经济损失，待加固结束后由××市建设局根据各方责任大小另行处理。

3. 案例评析

建设行政管理部门及有关部门应当从这次质量事故中认真吸取教训，本着对国家、对人民生命财产高度负责的精神，认真贯彻《建设工程质量管理条例》，加强建筑市场管理，落实建筑市场主体各方质量责任制，严格执行工程建设强制性标准，依法查处工程质量事故，防止重大质量事故的发生。

**案例 2**

1. 基本案情

××区××桥，位于××区××镇新建西路的××河上，该桥东西方向共三孔，两个边孔跨径各为 16m，采用非预应力预制梁，中孔跨径为 20m，采用预应力预制梁，全长 52.54m，桥宽 16m。该工程 1995 年 5 月 4 日开工，同年 10 月 16 日桥梁部分竣工，因桥接坡未完成，在桥梁坍塌时，尚未验收使用。1995 年 12 月 26 日下午 4 时 15 分，贝港桥两个桥墩突然下沉，致使整个桥面中间部位下沉后呈 V 字形。经过调查，事故原因查明，造成这起桥梁下沉坍塌事故的主要原因是两个桥墩的钻孔灌注桩施工质量低劣，桩身质量差，长度不足，桩尖没有达到设计要求的持力层，由于承载力不足，造成桥梁突然下沉。

2. 事故责任及处理

(1) ××市政建设工程公司按工程承包合同承担桥梁下部结构施工，该公司承接任务后，转包给陈某私人承包施工。施工时偷工减料弄虚作假、施工质量低劣。在施工过程中，施工单位未按规定桩基施工完成后应及时报质监站核验桩基质量，直至桥基和下盖梁完成后即 1995 年 8 月 10 日，才通知××区质监站核验检查质量，××区质监站于 8 月 11 日到位检查时指出了××桥存在的包括钻孔灌注桩成桩后无质量检查报告等五个问题，并要求弄清情况后，再进行下一步施工。施工单位对质监站指出的质量问题，既未进行检测，又未予答复而继续施工。同时该公司为市政三级资质企业，按规定仅能承担跨度为 15m 以下的桥梁，却未办报批手续，属擅自越级施工。因此，该施工企业应对这起事故负主要责任。为此对其作出降低一级资质，赔偿事故直接经济损失 80%的决定。

(2) ××区市政管理所是该工程的建设单位，在工程开工前，将本工程的桥基进行了设计修改，其修改设计未提交原设计单位同意，却转给了无桥梁设计资质的××建筑设计所出图；在发包工程时，未对施工企业进行资质审核；违反规定，将工程发包给不具备相应资质的施工单位施工。在施工中现场管理形同虚设，质量管理严重失控，对质监站提出的整改意见，没有督促施工单位落实，而让其继续施工，因此对这起事故负重要责任。对该单位给予通报批评，赔偿事故直接经济损失20%。

(3) ××市政建设公司法定代表人管理不严，违反规定擅自越级承包施工，将工程交给公司以外私人承包施工，负有领导责任，给予行政撤职处分。该公司技术负责人质量管理不严，未落实桩基质量验收措施，负有技术把关不严之责，给予行政记过处分。该工程承包方陈某，在施工中偷工减料，弄虚作假，致使工程质量低劣，对酿成这起重大事故应负直接责任，由司法部门立案侦查，追究刑事责任。

县市政管理所法人代表管理不严，违反规定，将工程发包给无桥梁设计资质的非桥梁设计单位修改设计，将工程发包给无相应资质企业施工，对现场管理人员缺乏教育，质量管理失控，负有领导之责，给予行政撤职处分。现场项目负责人对施工企业监督检查不严，质量管理失控，工作失职，给予留用察看一年处分。

3. 案例评析

本案中，施工单位××市政建设公司和建设单位××区市政管理所违反了多项法律禁止性规定。具体有：

(1)《建设工程质量管理条例》第七条第一款规定："建设单位应当将工程发包给具有相应资质等级的单位。"第五十四条规定："违反本条例规定，建设单位将建设工程发包给不具有相应资质等级的勘察、设计、施工单位或者委托给不具有相应资质等级的工程监理单位的，责令改正，处50万元以上100万元以下的罚款。"

(2)《建设工程质量管理条例》第二十五条规定："施工单位应当依法取得相应等级的资质证书，并在其资质等级许可的范围内承揽工程。禁止施工单位超越本单位资质等级许可的业务范围或者以其他施工单位的名义承揽工程。禁止施工单位允许其他单位或者个人以本单位的名义承揽工程。施工单位不得转包或者违法分包工程。"该条例第六十条第一款规定："违反本条例规定，勘察、设计、施工、工程监理单位超越本单位资质等级承揽工程的，责令停止违法行为，对勘察、设计单位或者工程监理单位处合同约定的勘察费、设计费或者监理酬金1倍以上2倍以下的罚款；对施工单位处工程合同价款2%以上4%以下的罚款，可以责令停业整顿，降低资质等级；情节严重的，吊销资质证书；有违法所得的，予以没收。"第六十二条规定："违反本条例规定，承包单位将承包的工程转包或者违法分包的，责令改正，没收违法所得，对勘察、设计单位处合同约定的勘察费、设计费25%以上50%以下的罚款；对施工单位处工程合同价款0.5%以上1%以下的罚款；可以责令停业整顿，降低资质等级；情节严重的，吊销资质证书。"

# 附录　建设工程消防设计审查验收管理暂行规定

## 第一章　总　　则

**第一条**　为了加强建设工程消防设计审查验收管理，保证建设工程消防设计、施工质量，根据《中华人民共和国建筑法》《中华人民共和国消防法》《建设工程质量管理条例》等法律、行政法规，制定本规定。

**第二条**　特殊建设工程的消防设计审查、消防验收，以及其他建设工程的消防验收备案（以下简称备案）、抽查，适用本规定。

本规定所称特殊建设工程，是指本规定第十四条所列的建设工程。

本规定所称其他建设工程，是指特殊建设工程以外的其他按照国家工程建设消防技术标准需要进行消防设计的建设工程。

**第三条**　国务院住房和城乡建设主管部门负责指导监督全国建设工程消防设计审查验收工作。

县级以上地方人民政府住房和城乡建设主管部门（以下简称消防设计审查验收主管部门）依职责承担本行政区域内建设工程的消防设计审查、消防验收、备案和抽查工作。

跨行政区域建设工程的消防设计审查、消防验收、备案和抽查工作，由该建设工程所在行政区域消防设计审查验收主管部门共同的上一级主管部门指定负责。

**第四条**　消防设计审查验收主管部门应当运用互联网技术等信息化手段开展消防设计审查、消防验收、备案和抽查工作，建立健全有关单位和从业人员的信用管理制度，不断提升政务服务水平。

**第五条**　消防设计审查验收主管部门实施消防设计审查、消防验收、备案和抽查工作的经费，按照《中华人民共和国行政许可法》等有关法律法规的规定执行。

**第六条**　消防设计审查验收主管部门应当及时将消防验收、备案和抽查情况告知消防救援机构，并与消防救援机构共享建筑平面图、消防设施平面布置图、消防设施系统图等资料。

**第七条**　从事建设工程消防设计审查验收的工作人员，以及建设、设计、施工、工程监理、技术服务等单位的从业人员，应当具备相应的专业技术能力，定期参加职业培训。

## 第二章　有关单位的消防设计、施工质量责任与义务

**第八条**　建设单位依法对建设工程消防设计、施工质量负首要责任。设计、施工、工程监理、技术服务等单位依法对建设工程消防设计、施工质量负主体责任。建设、设计、施工、工程监理、技术服务等单位的从业人员依法对建设工程消防设计、施工质量承担相应的个人责任。

**第九条**　建设单位应当履行下列消防设计、施工质量责任和义务：

（一）不得明示或者暗示设计、施工、工程监理、技术服务等单位及其从业人员违反建设工程法律法规和国家工程建设消防技术标准，降低建设工程消防设计、施工质量；

（二）依法申请建设工程消防设计审查、消防验收，办理备案手续并接受抽查；

（三）实行工程监理的建设工程，依法将消防施工质量委托监理；

（四）委托具有相应资质的设计、施工、工程监理单位；

（五）按照工程消防设计要求和合同约定，选用合格的消防产品和满足防火性能要求的建筑材料、建筑构配件和设备；

（六）组织有关单位进行建设工程竣工验收时，对建设工程是否符合消防要求进行查验；

（七）依法及时向档案管理机构移交建设工程消防有关档案。

**第十条**　设计单位应当履行下列消防设计、施工质量责任和义务：

（一）按照建设工程法律法规和国家工程建设消防技术标准进行设计，编制符合要求的消防设计文件，不得违反国家工程建设消防技术标准强制性条文；

（二）在设计文件中选用的消防产品和具有防火性能要求的建筑材料、建筑构配件、设备，应当注明规格、性能等技术指标，符合国家规定的标准；

（三）参加建设单位组织的建设工程竣工验收，对建设工程消防设计实施情况签章确认，并对建设工程消防设计质量负责。

**第十一条**　施工单位应当履行下列消防设计、施工质量责任和义务：

（一）按照建设工程法律法规、国家工程建设消防技术标准，以及经消防设计审查合格或者满足工程需要的消防设计文件组织施工，不得擅自改变消防设计进行施工，降低消防施工质量；

（二）按照消防设计要求、施工技术标准和合同约定检验消防产品和具有防火性能要求的建筑材料、建筑构配件和设备的质量，使用合格产品，保证消防施工质量；

（三）参加建设单位组织的建设工程竣工验收，对建设工程消防施工质量签章确认，并对建设工程消防施工质量负责。

**第十二条**　工程监理单位应当履行下列消防设计、施工质量责任和义务：

（一）按照建设工程法律法规、国家工程建设消防技术标准，以及经消防设计审查合格或者满足工程需要的消防设计文件实施工程监理；

（二）在消防产品和具有防火性能要求的建筑材料、建筑构配件和设备使用、安装前，核查产品质量证明文件，不得同意使用或者安装不合格的消防产品和防火性能不符合要求的建筑材料、建筑构配件和设备；

（三）参加建设单位组织的建设工程竣工验收，对建设工程消防施工质量签章确认，并对建设工程消防施工质量承担监理责任。

**第十三条** 提供建设工程消防设计图纸技术审查、消防设施检测或者建设工程消防验收现场评定等服务的技术服务机构，应当按照建设工程法律法规、国家工程建设消防技术标准和国家有关规定提供服务，并对出具的意见或者报告负责。

## 第三章 特殊建设工程的消防设计审查

**第十四条** 具有下列情形之一的建设工程是特殊建设工程：

（一）总建筑面积大于二万平方米的体育场馆、会堂，公共展览馆、博物馆的展示厅；

（二）总建筑面积大于一万五千平方米的民用机场航站楼、客运车站候车室、客运码头候船厅；

（三）总建筑面积大于一万平方米的宾馆、饭店、商场、市场；

（四）总建筑面积大于二千五百平方米的影剧院，公共图书馆的阅览室，营业性室内健身、休闲场馆，医院的门诊楼，大学的教学楼、图书馆、食堂，劳动密集型企业的生产加工车间，寺庙、教堂；

（五）总建筑面积大于一千平方米的托儿所、幼儿园的儿童用房，儿童游乐厅等室内儿童活动场所，养老院、福利院，医院、疗养院的病房楼，中小学校的教学楼、图书馆、食堂，学校的集体宿舍，劳动密集型企业的员工集体宿舍；

（六）总建筑面积大于五百平方米的歌舞厅、录像厅、放映厅、卡拉 OK 厅、夜总会、游艺厅、桑拿浴室、网吧、酒吧，具有娱乐功能的餐馆、茶馆、咖啡厅；

（七）国家工程建设消防技术标准规定的一类高层住宅建筑；

（八）城市轨道交通、隧道工程，大型发电、变配电工程；

（九）生产、储存、装卸易燃易爆危险物品的工厂、仓库和专用车站、码头，易燃易爆气体和液体的充装站、供应站、调压站；

（十）国家机关办公楼、电力调度楼、电信楼、邮政楼、防灾指挥调度楼、广播电视楼、档案楼；

（十一）设有本条第一项至第六项所列情形的建设工程；

（十二）本条第十项、第十一项规定以外的单体建筑面积大于四万平方米或者建筑高度超过五十米的公共建筑。

**第十五条**　对特殊建设工程实行消防设计审查制度。

特殊建设工程的建设单位应当向消防设计审查验收主管部门申请消防设计审查，消防设计审查验收主管部门依法对审查的结果负责。

特殊建设工程未经消防设计审查或者审查不合格的，建设单位、施工单位不得施工。

**第十六条**　建设单位申请消防设计审查，应当提交下列材料：

（一）消防设计审查申请表；

（二）消防设计文件；

（三）依法需要办理建设工程规划许可的，应当提交建设工程规划许可文件；

（四）依法需要批准的临时性建筑，应当提交批准文件。

**第十七条**　特殊建设工程具有下列情形之一的，建设单位除提交本规定第十六条所列材料外，还应当同时提交特殊消防设计技术资料：

（一）国家工程建设消防技术标准没有规定，必须采用国际标准或者境外工程建设消防技术标准的；

（二）消防设计文件拟采用的新技术、新工艺、新材料不符合国家工程建设消防技术标准规定的。

前款所称特殊消防设计技术资料，应当包括特殊消防设计文件，设计采用的国际标准、境外工程建设消防技术标准的中文文本，以及有关的应用实例、产品说明等资料。

**第十八条**　消防设计审查验收主管部门收到建设单位提交的消防设计审查申请后，对申请材料齐全的，应当出具受理凭证；申请材料不齐全的，应当一次性告知需要补正的全部内容。

**第十九条**　对具有本规定第十七条情形之一的建设工程，消防设计审查验收主管部门应当自受理消防设计审查申请之日起五个工作日内，将申请材料报送省、自治区、直辖市人民政府住房和城乡建设主管部门组织专家评审。

**第二十条**　省、自治区、直辖市人民政府住房和城乡建设主管部门应当建立由具有工程消防、建筑等专业高级技术职称人员组成的专家库，制定专家库管理制度。

**第二十一条**　省、自治区、直辖市人民政府住房和城乡建设主管部门应当在收到申请材料之日起十个工作日内组织召开专家评审会，对建设单位提交的特殊消防设计技术资料进行评审。

评审专家从专家库随机抽取，对于技术复杂、专业性强或者国家有特殊要求的项目，可以直接邀请相应专业的中国科学院院士、中国工程院院士、全国工程勘察设计大师以及境外具有相应资历的专家参加评审；与特殊建设工程设计单位有利害关系的专家不得参加评审。

评审专家应当符合相关专业要求，总数不得少于七人，且独立出具评审意见。特殊消防设计技术资料经四分之三以上评审专家同意即为评审通过，评审专家有不同意见的，应当注明。省、自治区、直辖市人民政府住房和城乡建设主管部门应当将专家评审意见，书面通知报请评审的消防设计审查验收主管部门，同时报国务院住房和城乡建设主管部门备案。

**第二十二条** 消防设计审查验收主管部门应当自受理消防设计审查申请之日起十五个工作日内出具书面审查意见。依照本规定需要组织专家评审的，专家评审时间不超过二十个工作日。

**第二十三条** 对符合下列条件的，消防设计审查验收主管部门应当出具消防设计审查合格意见：

（一）申请材料齐全、符合法定形式；

（二）设计单位具有相应资质；

（三）消防设计文件符合国家工程建设消防技术标准（具有本规定第十七条情形之一的特殊建设工程，提交的特殊消防设计技术资料通过专家评审）。

对不符合前款规定条件的，消防设计审查验收主管部门应当出具消防设计审查不合格意见，并说明理由。

**第二十四条** 实行施工图设计文件联合审查的，应当将建设工程消防设计的技术审查并入联合审查。

**第二十五条** 建设、设计、施工单位不得擅自修改经审查合格的消防设计文件。确需修改的，建设单位应当依照本规定重新申请消防设计审查。

## 第四章 特殊建设工程的消防验收

**第二十六条** 对特殊建设工程实行消防验收制度。

特殊建设工程竣工验收后，建设单位应当向消防设计审查验收主管部门申请消防验收；未经消防验收或者消防验收不合格的，禁止投入使用。

**第二十七条** 建设单位组织竣工验收，应当对建设工程是否符合下列要求进行查验：

（一）完成工程消防设计和合同约定的消防各项内容；

（二）有完整的工程消防技术档案和施工管理资料（含涉及消防的建筑材料、建筑构配件和设备的进场试验报告）；

（三）建设单位对工程涉及消防的各分部分项工程验收合格；施工、设计、工程监理、技术服务等单位确认工程消防质量符合有关标准；

（四）消防设施性能、系统功能联调联试等内容检测合格。

经查验不符合前款规定的建设工程，建设单位不得编制工程竣工验收报告。

**第二十八条**　建设单位申请消防验收，应当提交下列材料：

（一）消防验收申请表；

（二）工程竣工验收报告；

（三）涉及消防的建设工程竣工图纸。

消防设计审查验收主管部门收到建设单位提交的消防验收申请后，对申请材料齐全的，应当出具受理凭证；申请材料不齐全的，应当一次性告知需要补正的全部内容。

**第二十九条**　消防设计审查验收主管部门受理消防验收申请后，应当按照国家有关规定，对特殊建设工程进行现场评定。现场评定包括对建筑物防（灭）火设施的外观进行现场抽样查看；通过专业仪器设备对涉及距离、高度、宽度、长度、面积、厚度等可测量的指标进行现场抽样测量；对消防设施的功能进行抽样测试、联调联试消防设施的系统功能等内容。

**第三十条**　消防设计审查验收主管部门应当自受理消防验收申请之日起十五日内出具消防验收意见。对符合下列条件的，应当出具消防验收合格意见：

（一）申请材料齐全、符合法定形式；

（二）工程竣工验收报告内容完备；

（三）涉及消防的建设工程竣工图纸与经审查合格的消防设计文件相符；

（四）现场评定结论合格。

对不符合前款规定条件的，消防设计审查验收主管部门应当出具消防验收不合格意见，并说明理由。

**第三十一条**　实行规划、土地、消防、人防、档案等事项联合验收的建设工程，消防验收意见由地方人民政府指定的部门统一出具。

## 第五章　其他建设工程的消防设计、备案与抽查

**第三十二条**　其他建设工程，建设单位申请施工许可或者申请批准开工报告时，应当提供满足施工需要的消防设计图纸及技术资料。

未提供满足施工需要的消防设计图纸及技术资料的，有关部门不得发放施工许可证或者批准开工报告。

**第三十三条**　对其他建设工程实行备案抽查制度。

其他建设工程经依法抽查不合格的，应当停止使用。

**第三十四条**　其他建设工程竣工验收合格之日起五个工作日内，建设单位应当报消防设计审查验收主管部门备案，提交下列材料：

（一）消防验收备案表；

（二）工程竣工验收报告；

（三）涉及消防的建设工程竣工图纸。

本规定第二十七条有关建设单位竣工验收消防查验的规定，适用于其他建设工程。

**第三十五条** 消防设计审查验收主管部门收到建设单位备案材料后，对备案材料齐全的，应当出具备案凭证；备案材料不齐全的，应当一次性告知需要补正的全部内容。

**第三十六条** 消防设计审查验收主管部门应当对备案的其他建设工程进行抽查。抽查工作推行“双随机、一公开”制度，随机抽取检查对象，随机选派检查人员。抽取比例由省、自治区、直辖市人民政府住房和城乡建设主管部门，结合辖区内消防设计、施工质量情况确定，并向社会公示。

消防设计审查验收主管部门应当自其他建设工程被确定为检查对象之日起十五个工作日内，按照建设工程消防验收有关规定完成检查，制作检查记录。检查结果应当通知建设单位，并向社会公示。

**第三十七条** 建设单位收到检查不合格整改通知后，应当停止使用建设工程，并组织整改，整改完成后，向消防设计审查验收主管部门申请复查。

消防设计审查验收主管部门应当自收到书面申请之日起七个工作日内进行复查，并出具复查意见。复查合格后方可使用建设工程。

## 第六章　附　　则

**第三十八条** 违反本规定的行为，依照《中华人民共和国建筑法》《中华人民共和国消防法》《建设工程质量管理条例》等法律法规给予处罚；构成犯罪的，依法追究刑事责任。

建设、设计、施工、工程监理、技术服务等单位及其从业人员违反有关建设工程法律法规和国家工程建设消防技术标准，除依法给予处罚或者追究刑事责任外，还应当依法承担相应的民事责任。

**第三十九条** 建设工程消防设计审查验收规则和执行本规定所需要的文书式样，由国务院住房和城乡建设主管部门制定。

**第四十条** 新颁布的国家工程建设消防技术标准实施之前，建设工程的消防设计已经依法审查合格的，按原审查意见的标准执行。

**第四十一条** 住宅室内装饰装修、村民自建住宅、救灾和非人员密集场所的临时性建筑的建设活动，不适用本规定。

**第四十二条** 省、自治区、直辖市人民政府住房和城乡建设主管部门可以根据法律、法规和本规定，结合本地实际情况，制定实施细则。

**第四十三条** 本规定自 2020 年 6 月 1 日起施行。

# 参　考　文　献


[1]　建设部政策法规司. 建设法律法规[M]. 北京：中国建筑工业出版社，2002.

[2]　何佰洲. 建设工程法规与案例[M]. 北京：中国建筑工业出版社，2004.

[3]　李印. 建设工安全生产法律法规[M]. 青岛：中国海洋大学出版社，2006.

[4]　王东升. 建设工程法律法规及相关知识[M]. 徐州：中国矿业大学出版社，2009.